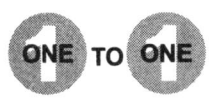

ONE TO ONE

Bilingual Dictionary

English-Nepali
Nepali-English
Dictionary

Compiled by
Anil Mandal

STAR Foreign Language BOOKS

© Publishers
ISBN : 978 1 908357 63 2

All rights reserved with the Publishers. No part of this publication may be reproduced or transmitted in any form or by any means, electronic, mechanical, photocopying, recording or otherwise, without the prior written permission of the Publishers.

This Edition : 2024

Published by
STAR Foreign Language BOOKS
a unit of
Star Books
56, Langland Crescent
Stanmore HA7 1NG, U.K.
info@starbooksuk.com
www.bilingualbooks.co.uk

Printed in India at
Star Print-O-Bind, New Delhi-110 020

About this Dictionary

Developments in science and technology today have narrowed down distances between countries, and have made the world a small place. A person living thousands of miles away can learn and understand the culture and lifestyle of another country with ease and without travelling to that country. Languages play an important role as facilitators of communication in this respect.

To promote such an understanding, **STAR Foreign Language BOOKS** has planned to bring out a series of bilingual dictionaries in which important English words have been translated into other languages, with Roman transliteration in case of languages that have different scripts. This is a humble attempt to bring people of the word closer through the medium of language, thus making communication easy and convenient.

Under this series of *one-to-one dictionaries*, we have published almost 59 languages, the list of which has been given in the opening pages. These have all been compiled and edited by teachers and scholars of the relative languages.

Publishers

Bilingual Dictionaries in this Series

English-Afrikaans / Afrikaans-English	Abraham Venter
English-Albanian / Albanian-English	Theodhora Blushi
English-Amharic / Amharic-English	Girun Asanke
English-Arabic / Arabic-English	Rania-al-Qass
English-Bengali / Bengali-English	Amit Majumdar
English-Bosnian / Bosnian-English	Boris Kazanegra
English-Bulgarian / Bulgarian-English	Vladka Kocheshkova
English-Burmese (Myanmar) / Burmese (Myanmar)-English	Kyaw Swar Aung
English-Cambodian / Cambodian-English	Engly Sok
English-Cantonese / Cantonese-English	Nisa Yang
English-Chinese (Mandarin) / Chinese (Mandarin)-Eng	Y. Shang & R. Yao
English-Croatian / Croatain-English	Vesna Kazanegra
English-Czech / Czech-English	Jindriska Poulova
English-Danish / Danish-English	Rikke Wend Hartung
English-Dari / Dari-English	Amir Khan
English-Dutch / Dutch-English	Lisanne Vogel
English-Estonian / Estonian-English	Lana Haleta
English-Farsi / Farsi-English	Maryam Zaman Khani
English-French / French-English	Aurélie Colin
English-Georgian / Georgina-English	Eka Goderdzishvili
English-Gujarati / Gujarati-English	Sujata Basaria
English-German / German-English	Bicskei Hedwig
English-Greek / Greek-English	Lina Stergiou
English-Hindi / Hindi-English	Sudhakar Chaturvedi
English-Hungarian / Hungarian-English	Lucy Mallows
English-Italian / Italian-English	Eni Lamllari
English-Japanese / Japanese-English	Miruka Arai & Hiroko Nishimura
English-Korean / Korean-English	Mihee Song
English-Latvian / Latvian-English	Julija Baranovska
English-Levantine Arabic / Levantine Arabic-English	Ayman Khalaf
English-Lithuanian / Lithuanian-English	Regina Kazakeviciute
English-Malay / Malay-English	Azimah Husna
English-Malayalam - Malayalam-English	Anjumol Babu
English-Nepali / Nepali-English	Anil Mandal
English-Norwegian / Norwegian-English	Samuele Narcisi
English-Pashto / Pashto-English	Amir Khan
English-Polish / Polish-English	Magdalena Herok
English-Portuguese / Portuguese-English	Dina Teresa
English-Punjabi / Punjabi-English	Teja Singh Chatwal
English-Romanian / Romanian-English	Georgeta Laura Dutulescu
English-Russian / Russian-English	Katerina Volobuyeva
English-Serbian / Serbian-English	Vesna Kazanegra
English-Sinhalese / Sinhalese-English	Naseer Salahudeen
English-Slovak / Slovak-English	Zuzana Horvathova
English-Slovenian / Slovenian-English	Tanja Turk
English-Somali / Somali-English	Ali Mohamud Omer
English-Spanish / Spanish-English	Cristina Rodriguez
English-Swahili / Swahili-English	Abdul Rauf Hassan Kinga
English-Swedish / Swedish-English	Madelene Axelsson
English-Tagalog / Tagalog-English	Jefferson Bantayan
English-Tamil / Tamil-English	Sandhya Mahadevan
English-Thai / Thai-English	Suwan Kaewkongpan
English-Tigrigna / Tigrigna-English	Tsegazeab Hailegebriel
English-Turkish / Turkish-English	Nagme Yazgin
English-Twi / Twi-English	Nathaniel Alonsi Apadu
English-Ukrainian / Ukrainian-English	Katerina Volobuyeva
English-Urdu / Urdu-English	S. A. Rahman
English-Vietnamese / Vietnamese-English	Hoa Hoang
English-Yoruba / Yoruba-English	O. A. Temitope

ENGLISH-NEPALI

ENGLISH-NEPALI

A

A *a* एक ek

a back अनिवार्य कुरा aniwarya kura

abacus *n.* अंकगणक ankganak

abandon *v* छोड्नु chhodnu

abashed *adj.* लज्जित lajjit

abate *v.* कम गर्नु kam garnu

abbey *n.* साधुहरूको आश्रम sadhuharuko ashram

abbreviate *v.* छोटो पार्नु chhoto parnu

abdicate *v.* त्यागनु tayaganu

abdomen *n.* पेट pett

abduct *v.* अपहरण गर्नु apharan garnu

abhor *v.* घृणा गर्नु ghrina garnu

abide *v.* सहनु sahnu

ability *n* योग्यता yogyata

abject *adj.* फेंकनु pheknu

able *adj.* योग्य yogya

ablutions *n.* स्नान sanan

abnormal *adj.* असामान्य asamanya

aboard *adv.prep.* जहाज वा रेलमा jahaj va railma

abode *n.* बासस्थान bassthan

abolish *adj.* समाप्त गर्नु smapat garnu

abominable *adj.* साहै नराम्रो sahai naramro

aborigines *n.* आदिवासी adivasi

abort *v.* गर्भपात हुनु garbhapath hunu

abound *v.* प्रशस्त हुनु prashasta hunu

about *prep.* लगभग lagbhag

above *adv* माथि maathi

abrasive *n.* रगड़ने वस्तु ragharne vastu

abreast *adv.prep.* सँगै-सँगै sange-sange

abridge *v.* छोटो पार्नु chhoto parnu

abroad *adv.* परदेश pardesh

abrupt *adj.* अकस्मात् akasmaat

absatin *v.* अलग रहनु alag rahanu

abscess *n.* पिप peep

abscond *v.* सुटुक्क भाग्नु suttuk bhagnu

absence *n.* अनुपस्थिति anupasthiti

absolute *adj.* पूर्ण purn

absorb *v.* सोस्नु sosnu

abstemious *adj.* खान-पानमा संयमी khan-panma sanyami

abstrat *n.* अमूर्त amurt

absurd *adv.* वाहियात wahiyat

abundance *n.* प्रचुरता prachurta

abundant *adj.* प्रशस्त prashasta

abuse *n.* गाली दिनु gaali denu

acacia *n.* गम पाइने रूख gam paene rukh

academic *adj.* शिक्षा वा शिक्षण संबंधी shiksha va shikshan sambandhi

accde *v.* स्वीकार गर्नु swikar garnu

accelerate *v.* गति वा चाल बढ़ाउनु gati va chal badhanu

accent *n.* उच्चारण uccharan

accentuate *v.* जोर दिनु jordinu

accept *v.* स्वीकार/मन्जुर गर्नु swikar/ manjur garnu

access *n.* पहुँच pahunch

accessible *adj.* पुग्न सकिने pugna sakine

accessory *n.* अतिरिक्त वस्तु atirikt vastu

accident *n* दुर्घटना durgha Tana

acclaim *v.* जयजयकार गर्नु jaijaikar garnu

acclimatize *v.* नयाँ जलवायुमा बानी पार्नु naya jalbayuma bani parnu

accolade *n.* प्रशंसा prashansa

accommodate *v.* मिलाउनु milaunu

accommodation *n.* बास बस्ने ठाउँ bas basne thaun

accompany *v.* साथ दिनु sath dinu

accomplice *n.* अपराध काममा सघाउने साथी apradh kamma saghaune sathi

accomplish *v.* पूरा गर्नु pura garnu

accord *v.* सित मेल खानु sith mail khanu

according to *adv.* अनुसार anusar

accordion *n.* बाजा baja

account *n.* हिसाब-किताब hisabkitab

accountant *n.* लेखापाल lekha pal

accrue *v.* थपिनु thapinu

accumulate *v.* थुपार्नु thurpanu

accurate *adj.* ठीक thik

accurately *v.* ठीकसँग thik sanga

accusation *v.* दोष dosh

accuse *v.* दोष लगाउनु dosh lagannu

accustom *v.* बानी बसाल्नु bani basalnu

ace *n.* एक्का ekka

acetic *adj.* अमिलो amelo

ache *n.* दुख्नु dukhnu

achieve *v.* प्राप्त गर्नु prapt garnu

achievement *n.* उपलब्धि uplabdhi

acid *n.* तेजाब tejab

acidity *n.* अमलपित्त amal pitta

acknowledge *v.* आभर मान्नु abhar

acknowledgement *n.* स्वीकृति swlkriti

acne *n.* नाकको त्वचाको खटिरो nakko twaghako kathira

acorn *n.* कटुस katus

acoustic *adj.* घ्वनि वा श्रवण सम्बन्धी dhwani va shravan sambandhi

acquaint *v.* परिचय गराउनु parichaya garaunu

acquaintance *n.* चिनजान chinjan

acquire *v.* प्राप्त गर्नु prapat garnu

acquit *v.* छुटकारा chhutkara

acquit *v.* निर्दोष घोषित गर्नु nirdosh ghoshit garnu

acqwuisition *n.* प्राप्ति prapti

acrid *n.* कड़ा kada

acrobat *n.* कसरत देखाउने व्यक्ति kasrat dekhaune vyakti

across *prep.* वारपार warpar

act *n.* ऐन yain

action *n.* कारबाई karbai

activate *v.* क्रियाशील बनाउनु kriyasheel banaunu

active *adj.* जाँगरिलो jangarilo

activity *n.* संक्रियता sankriyta

actor *n.* अभिनेता abhineta

actress *n.* अभिनेत्री abhinetrl

actual *adj.* वास्तविक wastawik

acute *adj.* तीक्ष्ण teekshan

adage *n.* उखान ukhaan

adamant *adj.* एक कडा बस्तु ek kada bastu

adapt *v.* अनुकूल बनाउनु anukool banaunu

add *v.* जोड्नु jodnu

addict *v.* लत लाग्नु lat lagnu

addition *n.* जोड़ jodh

additional *adj.* अतिरिक्त atirikta

address *n.* ठेगाना thegana

adept *adj.* सिपालु sipalu

adequate *adj.* पर्याप्त, योग्य paryapt

adhere *v.* टाँसिनु tansinu

adhesive *adj.* टाँस्ने वस्तु taasne vastu

adjacent नजीकमा रहेको najeekma raheko

adjective *n.* विशेषण visheshan

adjourn *v.* स्थगित गर्नु staggit garnu

adjust *v.* मिलाउनु milaunu

administer *v.* शासन गर्नु shashan garnu

administrator *n.* प्रशासक prashasak

admire *v.* प्रशंसा गर्नु prashansagarnu

admission *n.* प्रवेश prawesh

admit *v.* भर्ती गर्नु bharti garnu

adolescence *n.* किशोरावस्था kishoravastha

adorable *adj.* पूजनीय pujniya

adore *v.* पूजा गर्नु puja garnu

adorn *v.* सिंगार्नु, सज्नु singarnu

adrift *adv.* बग्दै गरेको bagdae gareko

adroit *adj.* दक्ष daksh

adult *n.* युवा व्यक्ति yuva vyakti

adulterate *v.* मिलावट गर्नु milavat garnu

adultery *n.* परगमन pargaman

advance *n.* पेस्की peski

advantage *n.* फाइदा phaida

advent *n.* आगमन aagman

adventure *n.* साहसिक काम sahasik kam

adventurous *adj.* साहसिलो sahasilo

adverb *n.* क्रियाविशेषण kriyavisheshan

adverse *adj.* प्रतिकूल pratikool

adversity *n.* दुर्भाग्य durbhagya

advertisement *n.* विज्ञापन advertisement

advice *n.* सल्लाह sallah

advisor *n.* सल्लाहकार sallah kar

advocate *n.* वकील vakeel

aerial *n.* रेडियो radio

aerodrome *n.* हवाईअड्डा hawaiaddha

aeronautics *n.* उड़ानको विज्ञान udhanko vigyan
aeroplane *n.* विमान wiman
aesthetic *adj.* सौन्दय्र सम्बन्धी saundarya sambandhi
affable *adj.* मिलनसार milansaar
affair *n.* कार्य karya
affect *v.* प्रभाव पार्नु prabhaw parnu
affectation *n.* झूटो प्रेम jhuto prem
affection *n.* माया maya
affestionate *adj.* मायालु mayalu
affidavit *n.* ापथ पत्र shapath patra
affinity *n.* गहिरो सम्बनध gahior sambandh
affirm *v.* निश्चयसँग भन्नु nishchaya sanga bhannu
afflict *v.* कष्ट दिनु kasht dinu
affluent *adj.* धनी dhani
afford *v.* खर्च गर्न सक्नु Kharcha garna saknu
afforestation *n.* वनरोपण vanropan
aflame *adj.* जल्दे गरेको jaldae gareko
afloat *adj.* पानीमा उत्रेको, बगी रहेको pani ma utreko, bagi raheko
afoot *adv.* पैदल paidal
aforesaid *adj.* उपर्युक्त upruyukt
afraid *adj.* डराएको daraeko
afresh *adv.* नया ढँगले naya dhangle
after *prep.* पछि pachhi
afternoon *n.* अपरान्ह apranha
afterwards *adv.* पछि वाट pachhi bata
again *adv.* फेरि pheri
against *prep.* विरुद्ध wiruddha
age *n.* उमेर umer
agency *n.* एजेन्टको काम agentko kaam
agenda *n.* सभाको कार्यसूची sabhako karyasuchi
agent *n.* कर्त्ता karta
age-old *adj.* बूढो budho
aggrandize *v.* बढ़ाउनु badhaunu
aggravate *v.* गंभीर बनाउनु gambhir banaunu
aggregate *n.* कुलयोग kulyog
aggression *n.* आक्रमण akarman
aghast *adj.* आतंकित aatankit
agile *adj.* फुर्तिलो phurtilo
agitate *v.* उत्तेजित गर्नु uttejit garnu
aglow *adj.* चहकिलो chehkilo
agnostic *adj.* भगवान छकि छेन भन्ने व्यक्ति bhagwan chaki chaain bhanne vyakti
ago *adv.* अघि aghi
agony *n.* पीड़ा peerha
agrarian *adj.* भूमिको सम्बन्धी bhoomisambandhi
agree *v.* स्वीकार गर्नु swikar garnu
agreement *n.* मन्जूरी नामा manjuri nama
agriculture *n.* कृषि krishi
ahead *adv.* अघि aghi
aid *n.* सहायता/मद्‌दत गर्नु sahayata/ maddat garnu

aids *n.* योन रोग yaun rog

aim *n.* लक्ष्य laksha

air *n.* हावा hawa

airhostess *n.* विमान परिचारिका wiman paricharika

airline *n.* विमानसेवा wiman sewa

airport *n.* विमाानस्थल wiman sthal

airy *adj.* प्रशस्त हावा लाग्ने prashast hava lagne

aisle *n.* गिर्जाघरको खण्ड girjaghar ko khand

alacrity *v.* तत्परता tatparta

alarm *n.* खतराको संकेत khatarako sanket

alas *inter.* शोकसूचक शब्द sokhsuchak sabdha

albatross *n.* सामुद्रिक चरो samudrik charo

albino *n.* सेतो setho

album *n.* तस्वीर राख्ने किताब taswir rakhne kitab

albumen *n.* फुलको सेतो भाग phulko seto bhag

alchemy *n.* मध्ययुगको रासायनिक शास्त्र madhyayugko rasayanik shashtra

alcohol *n.* रक्सी raksi

alcove *n.* कोठाको छुट्टिएको भाग kothako chutiyeko bhag

ale *n.* बियर beer

alert *adj.* होशियार hoseyar

algebra *n.* बीजगणित beejganit

alias *n.* उपनाम upnaam

alienate *v.* अलग पार्नु alag parnu

alight *adj.* जल्दे गरेको jaldae gareko

align *v.* सोझो राख्नु sojho rakhnu

alike *adj.* एकैनासको ekai nas ko

alimentary *adj.* आहारको aaharko

aline *n.* परदेशी pardeshi

alive *adj.* जिउँदो jiundo

alkali *n.* क्षारीय kshariya

all *adj.* सबै sabai

allege *v.* आरोप aarop

allegiance *n.* निष्ठा nishta

alleviate *v.* कम गर्नु kam garnu

alley *n.* गल्ली galli

alliance *n.* सन्धि sandhi

alliteration *n.* अनुप्रास anupras

allocate *v.* निर्धारित गर्नु nirdharit garnu

allot *v.* व्यक्ति को हिस्सा तोक्नु vyaktiko hissa toknu

allow *v.* अनुमति दिनु anumati dinu

allowance *n.* भत्ता bhattha

alloy *n.* मिश्र धातु mishra dhatu

allude *v.* संकेत गर्नु sanket garnu

ally *v.* जोडिनु jodinu

almanac *n.* पात्रे patro

almighty *n.* सर्वशक्तिमान् sarwa shakti man

almond *n.* बदाम badam

almost *adv.* प्रायः prayah

alms *n.* भिक्षा bhiksha

alone *adj.* एक्लो eklo

along *prep.* साथमा sathma

aloof *adj.* टाडा tadha

aloud *adv.* ठूलो स्वरमा thulo swarma
alphabet *adv.* वर्णमाला warn mala
already *adv.* अघि नै aghi nai
alright *adj.* ठीक thik
also *adv.* पनि pani
altar *n.* वेदी vedi
alter *v.* बदल्नु badalnu
alteration *n.* अदलबदल adal badal
alternate *adj.* पालैपालो palai palo
alternately *adv.* पालैपालोसँग palai palo sanga
alternative *adj.* वैकल्पिक waikalpik
although *conj.* यद्यपि yadyapi
altitude *n.* उचाइ uchai
altogether *adv.* जम्मै jammai
alum *n.* फिटकिरि phitkiri
aluminium *n.* सेतो धातु seto dhatu
always *adv.* सधैँ sadhain
amalgam *n.* मिश्रण mishran
amateur *n.* सोखिन sokhin
amazing *adj.* अचम्मको achamma ko
ambassador *n.* राजदूत rajdut
ambience *n.* परिवेश pariwesh
ambiguous *adj.* अर्थ स्पष्ट नभएको arth spasht nabheyko
ambition *n.* आकांक्षा akansha
ambulance *n.* एम्बुलेन्स embulens
ameliorate *v.* अझ राम्रो पार्नु ajh ramro parnu
amen *int.* तथास्तु tathastu
amenity *n.* सुविधा suwidha
amiable *adj.* मिलनसार milansaar
amid, amidst *prep.* बीचमा beechma
ammonia *n.* अमोनिया amoniea
ammunition *n.* गोला बारूद gola-barood
amnesia *n.* स्मृति लोप smriti-lop
amoeba *n.* एक कोषीय प्राणी ek koshiya prani
among *prep.* बीच bich
amorous *adj.* प्रेम गरिहाल्ने prem garihaalne
amount *n.* रकम rakam
ample *adj.* प्रचुर prachur
amplify *v.* विस्तार गर्नु vishthar garnu
amputate *v.* काट्नु katnu
amulet *v.* जन्तर janter
amuse *n.* रमाउनु ramaunu
amusement *n.* मनोरंजन manoranjan
anaemia *n.* रक्तक्षीनताले पीड़ित raktshintale pidhit
anaesthetic *n.* बेहोशीकी अवस्था behoshi ki avashta
analyse *v.* विशलेषण गर्नु vishleshan garnu
anarchy *n.* अराजकता arajakta
anatomy *n.* शरीर रचना को विज्ञान sharir-rachnako vigyan
ancestor *n.* पुर्खा purkha

anchor *n.* लंगर खसाल्नु langar khasalnu
ancient *adj.* प्राचीन prachin
and *conj.* र ra
anecdote *n.* छोटो किस्सा chhoto kissa
angel *n.* देवदुत dewdut
angle *n.* कोण kon
angry *adj.* रिसाएको risaeko
anguish *n.* वेदना vedna
animal *n.* जानवर janwer
animate *v.* प्राण हाल्नु pran halnu
animosity *n.* घृणा ghrina garnu
aniseed *n.* सौंफ saunf
anklet *n.* पाउजेब paujeb
anniversary *n.* वार्षिकी warshiki
announce *v.* घोषणा गर्नु ghoshana garnu
announcement *n.* घोषणा ghoshnana
annoy *v.* दिक्क लाउनु dikka launu
annual *adj.* वार्षिक warshik
annuity *n.* सालाना भत्ता salana battha
annul *v.* रद्द गर्नु radh garnu
anonymous *adj.* गुमनाम gumnaam
another *adj.* अर्को arko
answer *n.* जवाफ jawaph
ant *n.* कमिला kamila
antarctic *adj.* दक्षिण ध्रुव प्रदेश dakshin dhruv pradesh
antelope *n.* हरिण harin
antenna *n.* रेडियो आदि को एरियल radio adiko ariel
anthem *n.* प्रार्थनागान prarthnagaan
anthracite *n.* कड़ा कोइला kada koila
anthropology *n.* मानव विज्ञान manav vigyan
antibiotic *n. adj.* जीवाणु मार्ने औषधि jeevanu marne aushadhi
antibody *n* रोग रोक्ने तत्व rog rokne tattva
antifreeze *n.* हिमनिरोधी himnirodhi
antisocial *adj.* समाजविरोधी samajvirodhi
antler *n.* जरायोकोसीङ jaraekoseengh
antonym *n.* उल्टो अर्थको शब्द ulto artha ko shabda
anus *n.* मलद्वार maldwar
anxiety *n.* चिन्ता chinta
anxious *adj.* चिन्तित chintit
any *adj.* कुनै kunai
anyhow *adv.* जसरी पनि jasari pani
anyone *pron.* कुनै व्यक्ति kunai wyakti
anyway *adv.* जे होस् je hos
anywere *adv.* कही पनि kahin pani
apart *adv.* अलग alag
apartment *n.* कोठा kotha
ape *n.* पुच्छर नभएको बाँदर pucchar nabhayko bandar
aperture *n.* छिद्र chiddra
apex *n.* शिखर shikhar

apology *n.* क्षमायाचना ksham yachna
apparel *n.* वस्त्र धारण गर्नु wastra dharan garnu
apparent *adj.* स्पष्ट spastha
appartus *n.* उपकरण upkaran
appeal *n.* बिन्ती गर्नु ujur/ bintigarnu
appear *v.* देखा पर्नु dekha parnu
appearance *n.* अनुहार anuhar
appeased *v.* सन्तुष्ट गर्नु santush garnu
appetite *n.* भोक bhok
apple *n.* स्याउ syau
appliance *n.* उपकरण वा यन्त्र upkaran va yantra
application *n.* प्रार्थना पत्र prarthna patra
appluad *v.* तारिफ/प्रशंसा गर्नु tariph
apply *v.* प्रयोगमा ल्याउनु paryog ma lyaunu
appoint *v.* नियुक्त गर्नु niyukta garnu
appreciate *v.* गुन मान्नु gun mannu
apprentice *n.* काम सिक्ने व्यक्ति kam sikne vyakti
approach *v.* नजीक आउनु najeek aaunu
appropriate *adj.* सुहाउँदो suhaoudho
approval *n.* मन्जुरी manjuri
approve *v.* मन्जुरी manjuri
approximately *adv* अन्दाजी andaji

apricot *n.* खुर्पानी फल khurpani phal
apt *adj.* झुकाउ भएको jukao bhaeko
aptitude *n.* क्षमता kschamta
aquarius *n.* कुम्भराशि kumbhrashi
arable *adj.* कृषि-योग्य krishi yogya
arachind *n.* माकुरा makura
arc *n.* चाप chap
arch *n.* मुख्य mukhya
archaeology *n.* पुरातत्व puratattva
archipelago *n.* द्वीपसमूह dweepsmuh
architect *n.* वास्तुकार wastukar
architecture *n.* भवन निर्माण कला bhawan nirman kala
arctic *adj.* अति ठण्डा ati thanda
ardent *adj.* प्रबल prabal
arduous *adj.* कठिन kathin
area *n.* क्षेत्रफल kshetra phal
arehaic *adj.* अहिले प्रयोग नहुने ahile prayog nahune
arena *n.* रंगभूमि rangbhoomi
argue *v.* बहस गर्नु bahas garnu
argument *n.* तर्क tark
arid *adj.* सुक्खा sikkha
aries *n.* मेष राशि mesh rashi
arise *v.* उठ्नु uthnu
aristrocracy *n.* अभिजाततंत्र abhijattantra
arithmetic *n.* अंकगणित ank ganit
arm *n.* पाखुरा paakhura
armour *n.* जंगी जहाज jangi jahaj

arms *n.* हातहतियार hathatiyar
army *n.* सेना shyna
aroma *n.* सुगन्धित sugandhit
around *adv.* चारैतरि charaitira
arouse *v.* उत्तेजित गराउनु uttejit garaunu
arrangement *n.* बन्दोबस्त bandobast
arrest *v.* गिरफ्तार गर्नु giraphtar garnu
arrival *n.* आगमन agaman
arrive *v.* आइपुग्नु aipignu
arrogant *adj.* अहंकारी ahankari
arrow *v.* तीर tir
arson *n.* घर जलाउने दोष ghar jalouney dosh
art *n.* कला kala
artery *n.* धमनी dhamni
arthritis *n.* गठियावात gathiawat
article *n.* लेख lekh
artifact *n.* कला निर्मित बस्तु kala nirmith bastu
artificial *adj.* बनावटी banawati
artisan *n.* शिल्पी shilpi
artist *n.* कलाकार kalakar
as *adv.* जस्तो jasto
ascend *v.* उक्लनु uklanu
ascent *n.* चढ़ाइ chadhai
ascertain *v.* पत्ता लाउनु patta launu
ascetic *n.* सन्यांसी sanyasi
ashamed *adj.* लाज लागेको laj lageko
ashes *n.* खरानी kharani
ashore *adv.* किनारमा kinarma
aside *adv.* एकापट्टि ekapatti
ask *v.* सोध्नु sodhnu
ask for *v.* माग्नु magnu
asleep *v.* निदाएको nidaeko
aspect *n.* रूप rup
asphalt *n.* अलकत्रा alkatra
asphyxiate *v.* निसासिने पार्नु nisasine parnu
aspire *v.* आकांक्षा गर्नु akanksha garnu
aspirin *n.* पीड़ानाशक peerhanashak
ass *n.* गधा gadha
assassin *n.* हत्यारा hatyara
assassination *n.* हत्या hatya
assault *n.* कुटपिट kutpit
assemble *v.* जम्मा हुनु jamma hunu
assembly *n.* सभा sabha
assent *v,* सहमत हुनु sahmat hunu
assess *v.* मूल्याकन गर्नु mulyankan garnu
assessment *n.* महसूल mahasul
asset *n.* सम्पत्ति sampati
assiduous *adj.* परिश्रमी parishrami
assign *v.* निर्दिष्ट गर्नु nirdishta garnu
assignment *n.* सुम्पिएको काम sumpieko kam
assisant *n.* सहायक sahayak
assist *v.* सहायता गर्नु sahayata garnu
assocation *n.* संगठन sangathan

associate *v.* मिलाउनु millaunu
assorted *adj.* मिश्रित mishrit
assume *n.* मानिलिनु manilinu
assurance *n.* भरोसा bharosa
asthma *n.* दमको रोग dam ka rog
astonishment *n.* आश्चर्य ashcharya
astrologer *n.* जयोतिषी jyotishi
astrology *n.* ज्योतिष शास्त्र jyotish shastra
astronaut *n.* अन्तरिक्ष यात्री antariksha yatri
astronomy *n.* खगोल विज्ञान सम्बन्धी khagol vigyansambandhi
asylum *n.* पागलखाना pagalkhana
at *prep.* माथि mathi
atheist *n.* नास्तिक nastik
athlete *n.* मल्लयोद्धा maalyodha
atlas *n.* मानचित्रवली maanchirawali
atmosphere *n.* वायुमण्डल wayumandal
atoll *n.* प्रवाल द्वीप prawal dweep
atom *n.* परमाणु parmanu
atrocious *adj.* अति नराम्रो ati naramro
attach *v.* गाँस्नु gansnu
attachment *n.* लगाव lagaw
attack *v.* हमला गर्नु hamla garnu
attain *v.* प्राप्त गर्नु prapat garnu
attampt *v.* प्रयत्न गुर्न prayatna garnu
attend *v.* हाजिर हुनु hajir hunu
attendance *n.* हाजिरी hajiri
attention *n.* ध्यान dhyan
attire *vc.* लुगा लगाउनु luga lagaunu
attitude *n.* ढाँचा dhancha
attract *v.* आकर्षित गर्नु akarshit garnu
attraction *n.* आकर्षण akarshan
auction *n.* लिलाम lilam
audacious *adj.* साहस sahas
audible *adj.* सुन्न सकिने sunna sakine
audience *n.* श्रोतागण shrota gan
audit *v.* लेखा जाँच्नु lekha janchnu
auditor *n.* लेखा परीक्षक lekha parikshak
auditorium *n.* सभाकक्षा sabha kakasha
augment *v.* वृद्धि गर्नु vridhi garnu
august *n.* अगस्त महीना august mahina
aunt *n.* काकी kaki
auspices *n.* तत्त्वाधान tattwawdhan
auspicious *adj.* शुभ shubha
auster *adj.* अति सरल ati saral
authentic *adj.* विश्वसनीय wishwasnlya
author *n.* लेखक lekhak
authority *n.* अधिकार adhikar
autobiography *n.* आत्मकथा atamkatha
autocrat *n.* तानाशाही tanashahi
autograph *adj.* हस्ताक्षर hastakshar

automatic *adj.* आफै चल्ने aphai chalne

automobile *n.* मोटरगाड़ी motargadi

autumn *n.* शरद ऋतु sharad ritu

available *adj.* उपलब्ध uplabdha

avalanche *n.* हिउँको पहिरो hiunko pahiro

avenge *v.* बदला लिनु badla linu

avenue *n.* मार्ग marg

average *n.* औसत ausat

avert *v.* कुरा तर्नु kura tarnu

aviary *n.* चराचुरूंगी राख्ने ठाउँ chrachurungi rakhne thaun

avid *adj.* उत्सुक utsuk

avoid *v.* टार्नु tarnu

await *v.* प्रतीक्षा गर्नु prateeksha garnu

awake *adj.* जगाउनु jagaaunu

award *n.* पुरस्कार puraskar

aware *adj.* सतर्कता satarkta

away *adv.* टाढ़ा tadha

awe *n.* श्रद्धा र डर shradha r dar

awful *adj.* भयानक bhayanak

awhile *adv.* एक छिन ek chiine

awkward *adj.* भद्दा bhadda

axe *n.* बन्चारो bancharo

axis *n.* धुरी dhuri

azure *n.* आसमानी रंग asmani rang

B

babe *n.* नानी nani

baboon *n.* लंगूर langoor

baby *n.* बच्चा bachcha

bachelor *n.* विवाह नभएको मानिस wiwah na bhaeko manis

backbone *n.* ढाड dhad

backwards *adv.* पछिल्तिर pacchil tira

backwoods *n.* पछौटे ठाउँ pachhote thaun

bacteria *n.* जीवाणु jeevanu

bad *adj.* खराब kharab

badge *n.* बिल्ला billa

bag *n.* झोला jhola

baggage *n.* मालमत्ता mal matta

baggy *adj.* धोक्रे dhokre

bagpipes *n.* मसक बाजा masakbaja

bail *n.* जमानी jamani

bailiff *n.* चप्रासी charparsasi

bait *n.* चारा chara

bake *v.* सेक्नु seknu

bakery *n.* पाउरोटी बनाउने पसल pauroti banaune pasal

balance *n.* तराजु (scales) taraju

balcony *n.* बार्दली bardali

bald *adj.* तालुखुइले talu khuile

baleful *adj.* खराब kharab

ball *n.* भकुण्डो bhakundo

ballast *n.* रोड़ा rorha

ballet *n.* नृत्य nritya
balloon *n.* गुब्बारा belun
ballot *n.* गुप्तमतदान guptmatdan
balm *n.* मलम malam
bamboo *n.* बाँस bans
ban *n.* निषेध nishedh
banana *n.* केरा kera
band *n.* घेरा ghera
bandage *n.* पटटी patti
bandit *n.* डाँकु danku
bandy *v.* भनाभन गर्नु bhanban garnu
bang *n.* जोरको आवाज jorko awaaz
bangle *n.* च?ुरा chura
bangle *n.* चुरा chura
banish *v.* देशभाट निकाल्नु deshbat niklanu
bank *n.* बैंक baink
bankrupt *adj.* दिवालिया बनाउनु diwaliya banaunu
banner *n.* ध्वजपताका dhwaja pataka
banquet *n.* भोज bhoj
banyan *n.* बरको रुख bar ko rukh
bar *n.* डण्डा danda
barber *n.* हजाम hajam
bard *n.* गाइने gyane
bare *adj.* नांगो nango
barely *adv.* मुस्किलले muskil le
bargain *n.* मोलमोलाइ mol molai
barium *n.* बेरिअम berium
bark *n.* रूखको बोक्रा rukh ko bokra
barley *n.* जौ jau
barometer *n.* वायुचापमापक vayuchapmapak
barracks *n.* छाउनी chauni
barrel *n.* बन्दूकको नाल bandukko naal
barrier *n.* हद hadh
barrister *n.* उच्च अदालत का वकील ucch adalatka vakil
barter *n.* साटफेर satpher
basalt *n.* कालो रंग का चट्टान kalo rangko chattan
base *n.* पीण्ड pindh
basin *n.* भाँडा bhanda
basis *n.* आधारभूत adhar bhut
basket *n.* टोकरी tokari
bassoon *n.* मुखले बजाउने बाजा mukhle bajaune baaja
bat *n.* चमेरा chamero
batch *n.* बथन bathan
bath *n.* स्नान snan
battalion *n.* स्थल वाहिनी sthal wahini
batter *v.* लगातार हान्नु lagatar hannu
battery *n.* ब्याट्री byatri
battle *n.* लडाइँ ladin
bawdy *adj.* फोहोर fohor
bayonet *n.* संगीन sangeen
be *v.* हुनु hunu
beach *n.* किनारा kinarar
bead *n.* पोतेको गेडा pote ko geda
beagle *n.* शिकारी कुकुर shikari kukkur

beak *n.* चुच्चो chuchcho
beam *n.* किरण kiran
bean *n.* सिमी simi
bear *n.* भालु bhalu
beard *n.* दाही darhi
bearing *n.* आचरण aachran
beat *n.* ढुकढुकी dhukdhuki
beatific *adj.* आनन्द प्रदर्शित गर्ने anand pradarshit garne
beautiful *adj.* सुन्दर sundar
because *conj.* किनकि kinaki
become *v.* हुनु hunu
becoming *adj.* सुहाउँदो suhaundo
bed *n.* बिछ्यौना bichhyauna
bedbug *n.* उडुस udus
bedeeked *adj.* सिँगारिएको singareako
bedlam *n.* पागलखाला pagakhana
bee *n.* माहुरी mahuri
beef *n.* गाईको मासु gaiko masu
beehive *n.* माहुरीको चाका mahuri ko chaka
beekon *v.* हात इशाराले बोलाउनु haatko isharale bolaunu
beer *n.* बियर biyar
beet *n.* चुकन्दर chukandar
beetle *n.* गोब्रे कीरा gobre kira
befall *v.* घट्नु ghatnu
before *prep.* अगाडि agadi
beforehand *adv.* पहिले नै pahile nai
beg *v.* माग्नु magnu
beggar *n.* माग्ने magne
begin *v.* थाल्नु thalnu
beginning *n.* शुरुवात shuruwat
begrudge *v.* ईर्ष्या गर्नु irshya garnu
behalf *n.* को पक्षमा ko pakshma
behave *v.* व्यवहार गर्नु wyawahar garunu
behavio(u)r *n.* व्यवहार wyawahar garunu
behind *adv.* पछाडि pachhadi
behold *v.* हेर्नु hernu
beholden *adj.* आभारी abahari
being *n.* अस्तित्व astitva
belch *v.* डकार्नु dakarnu
belief *n.* विश्वास wishwas
believe *v.* विश्वास गर्नु wishwas garnu
bell *n.* घण्टी ghanti
belladonna *n.* धतरो dhaturo
belle *n.* सुन्दरी नारी sundari naari
belly *n.* पेट pet
belong *v.* कसैको हुनु kasai to hunu
below *adv.* मुन्तिर muntira
belt *n.* पटुका patuka
bench *n.* बेंच bench
bend *n.* मोड mod
beneficent *adj.* उपकार गर्ने upkaar garne
beneficial *adj.* लाभदायक labh dayak
benevolent *adj.* दयालु dayalu
benign *v.* नम्र र दयालु namra dayalu

bereavement *n.* वियोग wiyog
berry *n.* गेडा फल geda phal
berth *n.* बस्ने र सुत्ने ठाउँ basne ra sutne thaun
besides *prep.* बाहेक bahek
besmirch *v.* मैला पार्नु mailla parnu
best *adj.* सवभन्दा असल sab bhanda asal
bestow *v.* दिनु dinu
bet *n.* बाजी baji
betel *n.* पान pan
betel nut *n.* सुपारी supari
betray *v.* धोखा दिनु dhokha dinu
better *adj.* भन्दा राम्रो bhanda ramro
between *adv./prep.* बीच bichhyauna
beverage *n.* पिउने वस्तु piune wastu
beware *v.* सावधान हुनु sawdhan hunu
bewilder *v.* हडबडाउनु hadbadaunu
beyond *adv.* पर para
bias *n.* पक्षपात paksha pat
bickskin *n.* मृग को छाला mrigko chhal
bicscuit *n.* biskut
bicycle *n.* साइकल saikal
bid *v.* दाम लगाउनु dam lagaunu
big *adj.* ठूलो thulo
bigamy *n.* दुई विवाह गर्ने व्यक्ति dui vivah garne vyakti
bike *n.* साइकल saikal
bile *n.* पित्त pitta
bilingual *n.* दोभाषे dobhase
bill *n.* बिल billa
billet *n.* सिपाहीहरुको डेरा sipahiharuko dera
billion *n.* दश खरब dash kharab
billy-goat *n.* बोका boka
bin *n.* भ्कारी bhakari
bind *v.* बाँध्नु bandhnu
bingo *n.* ताशको खेल taashko khel
binoculars *n.* दुर्बिन durbin
biped *n.* दुईखुट्टे dul khutte
birch *n.* सउर saur
bird *n.* चरा chara
birth *n.* जन्म janma
birthday *n.* जन्मदिन janmadin
bishop *n.* बिशप bishop
bit *n.* टुक्रा tukra
bitch *n.* कुकुर्नी kukurni
bite *n.* टोक्नु toknu
bizarre *adj.* अनौठो anutho
black *adj.* कालो kalo
blackguard *n.* बदमाश badmaash
blacksmith *n.* कामी kami
bladder *n.* मूत्राश्य mutrashaya
blade *n.* छुरी chhuri
blame *n.* दोष dosh
blank *n.* रिक्तता riktata
blanket *n.* कम्बल kambal
blatant *adj.* स्पष्ट spasht
blaze *n.* ज्वाला jwala
bleak *adj.* उजाड़ ujjadh
bleary *adj.* धमिलो आँखा भएको dhamilo ankha bhaeko

bleed *v.* रगत बग्नु ragat bagnu
bleep *n.* तीखो आवाज teekho awaaz
blemish *n.* दाग daag
bless *v.* आशीर्वाद/आसिक दिनु ashirwad/asik dinu
blind *adj.* अन्धो andho
blink *v.* आँखा झिमझिम गर्नु ankha jhimjhim garnu
bliss *n.* आनन्द anand
blister *n.* पानी फोका pank phoka
blithe *adj.* प्रसन्न prasann
blitz *n.* हमला hamla
blizzard *n.* हिउँको आँधी hiunko aandhi
block *n.* काठको मुढो kathko mudho
blockade *v.* नाकाबन्दी गर्नु nakkabandi garnu
blockage *n.* अवरोध awrodh
bloke *n.* मान्छे manchhe
blood *n.* रगत ragat
bloodshed *n.* रक्तचाप rakta pat
bloom *v.* फुल्नु phulnu
blouse *n.* चोलो cholo
blow *n.* ठक्कर thakkar
blowzy *adj.* फोहोरी fohori
blue *adj.* नीलो nilo
blueprint *n.* रूपरेखा rooprekha
bluff *n.* ठाड़ो भीर tharho bheer
blunder *n.* ठूलो भूल गर्नु thulo bhul garnu
blunder *n.* भूलचूक bhoolchook
blunt *adj.* नभएको dhar na bhaeko
blurt *v.* नसोची भन्नु nasochi bhannu
blush *n.* सरम sharam
boa *n.* अर्जीगर arjigar
boar *n.* बँदेल bandel
board *n.* पाटी pati
boast *v.* धाक लाउनु dhak launu
boat *n.* डुगां dunga
boater *n.* परालको टोपी paraalko topi
bobbin *n.* कोया koya
bobby *n.* पुलीस को सिपाही police ko sipahi
bodice *n.* चोलो cholo
body *n.* शरीर sharir
boffin *n.* वैज्ञानिक vaigayanik
bog *n.* दलदल dal dal
bogus *adj.* झठो jhutho
boil *n.* फोका phoka
bold *adj.* शूरो shuro
bolt *n.* छेस्किनी chheskini
bomb *n.* बम गोला bam gola
bombard *v.* बमबारी गर्नु bambari garnu
bonafide *adj.* असली asli
bonanza *n.* धनको खानी dhan ko khani
bond *n.* बन्धन bandhan
bone *n.* हड्डी haddi
bon-homie *n.* मिलनसारी milansaari
bonus *n.* बोनस bonus

book *n.* किताब kitab
booklet *n.* पुस्तिका pustika
boon *n.* वरदान wardan
boor *n.* असभ्य व्यक्ति asabhya vyakti
boot *n.* जूता jutta
booth *n.* मतदान सलि matdan sthal
booty *n.* लूटको माल lutko mal
borax *n.* सोहाग sohaag
border *n.* सिमाना smiana
bore *n.* उच्चाट लाग्नु uchchat lagnu
boredom *n.* पट्टाई pattai
born *adj.* जन्मेको janmeko
borrow *v.* सापट लिनु sapat linu
bosom *n.* छाती chhati
boss *n.* हाकिम hakim
botch *v.* कच्चा काम गरेर बिगार्नु kachha kaam garer bigarnu
both *adj.* दुवै duwai
bother *v.* कष्ट दिनु kasht dinu
bottle *n.* सिसी sisi
bottom *n.* पींध pindh
boudoir *n.* स्त्रीको निजी कोठा striko niji kotha
bough *n.* हाँगा hangan
boulder *n.* ठूलो ढुंगा thulo dhunga
boulevard *n.* फराकिलो बाटो frakilo baato
bounce *v.* उफ्रनु uphranu
boundary *n.* सिमाना simana
boundless *adj.* अपार apaar
bountiful *adj.* दानशील daanshil
bounty *n.* उदारता uddarta
bouquet *n.* फुलको गुच्छा phulko guchchha
bourgeosis *adj.* मध्यम वर्गको madhyamvargko
bovine *adj.* गोरू जस्तो goru jasto
bow *n.* धनुष dhanush
bowel *n.* आँद्रा, आँत andra, aant
bow-legged *adj.* बाङखट्टे baangkhatte
bowler *n.* बल फयाँक्ने मानिस bowl phyankne manis
box *n.* बाकस bakas
boxer *n.* मुक्केबाज mukke baj
boxing day *n.* क्रिस्मसको पछिको दिन chritsmasko pachiko din
boy *n.* केटा keta
boycott *v.* बहिष्कार गर्नु bahishkar garnu
bra *n.* ढाक्ने चोली dhakne choli
brace *n.* कस्ने चीज kasne cheej
bracelet *n.* बाला bala
bracing *adj.* स्फूर्ति दिने sphurti dine
brackish *adj.* अलि नुनिलो ali nunilo
brain *n.* दिमाग dimag
brake *n.* गतिरोधक gati rodhak
bramble *n.* कांढ़ादार झाड़ी kaarhadaar jhari
bran *n.* चोकर chokar
branch *n.* हाँगा hanga
brand *n.* डामेको चिन्ह dameko chinha
brandish *v.* हल्लाउनु hallaunu

brandy *n.* ब्रान्डी brandy
brash *adj.* ढीठ dheeth
brass *n.* पित्तल pittal
brat *n.* बालक balak
bravado *n.* साहस देखाउने काम sahas dekhune kaam
brave *adj.* बहादुर bahadur
bravo *int.* स्याबास syabaas
brawl *n.* झगड़ा गर्नु jhagrha garnu
brazier *n.* अँगेठी angethi
breach *n.* भंग bhang
bread *n.* पाउरोटी pauroti
breadth *n.* चौडाइ chaudai
break *v.* टुटाउनु tutaunu
breakfast *n.* नास्ता nasta
breast *n.* छाती chhati
breath *n.* श्वास sawas
breed *v.* पाल्नु palnu
breeze *n.* अंगार angaar
brethren *n.* दाजु daazu
breviary *n.* प्रार्थनाको पुस्तक prarthanako pustak
bribe *n.* घूस ghus
brick *n.* ईंटा inta
bridal *adj.* विवाहको vivahko
bride *n.* बेहुली behuli
bridegroom *n.* बेहुलो behulo
bridge *n.* पुल pul
bridle *n.* लगाम lagam
brief *adj.* छोटकरी chhotkari
brigade *n.* सेनाको एक विभाग senako ek vibhaag
bright *adj.* चम्किलो chamkilo
brilliant *adj.* अति चतुर ati chatur
brimstone *n.* गन्धक gandhak
bring *v.* ल्याउनु lyaunu
bring down *v.* झार्नु jharnu
bring out *v.* निकाल्नु nikalnu
bring up *v.* हुर्काउनु hurkaunu
brink *n.* किनारा kinara
brisk *adj.* फुर्तिलो phurtilo
brisket *n.* हयाकुलो hayakulo
brittle *adj.* नाजुक najuk
broad *adj.* चौडाई chaudai
broke *adj.* भाँच्नु vachnu
broker *n.* दलाल dalal
brolly *n.* छाता chaata
bromide *n.* ब्रोमाइड bromide
bronze *n.* काँस kans
brook *n.* सहनु sahanu
broom *n.* कुचो kucho
brothel *n.* रन्डीघर randi ghar
brother *n.* दाजु daju
brother-in-law *n.* जेठाजु jethaju
brougham *n.* बन्दगाड़ी bandh garhi
brow *n.* आँखीभौं ankhibhaun
brown *adj.* खैरो khairo
bruise *n.* चोट लगाउनु वा लाग्नु chot lagaunu va lagnu
brunette *n.* कालो कपाल भएकी आइमाई kalo kapal bhaeki aimai
brunt *n.* धक्का dhakka
brush *n.* कुचो kucho

brusque *adj.* अशिष्ट ashisht
brutal *adj.* निर्दयी nirdayi
brute *n.* पशुतुल्य pashutulya
bubble *n.* पानी फोका panil phoka
buccaneer *n.* समुद्री डाकू samudari daaku
buck *n.* उफ्रनु uphranu
bucket *n.* बाल्टी balti
buckle *n.* खींप लाउनु khip launu
buckwheat *n.* फापर phapar
bud *n.* कोपिला kopila
buddy *n.* साथी saathi
budge *v.* सर्नु sarnu
budget *n.* आय-व्ययक aya-wyayak
buff *n.* राँगाको मासु ranga ko masu
buffalo *n.* भैंसी bhainsi
buffer *n.* ने वस्तु dhakka thamne wastu
buffoon *n.* विदूषक vidushak
bug *n.* उड्स udus
bugle *n.* बिगुल bigul
bugle *n.* बिगुल bigul
build *n.* निर्माण गर्नु nirman garnu
builder *n.* बनाउने banaune
building *n.* भवन bhawan
bulb *n.* चिम chim
bulge *n.* फुल्नु phulnu
bulk *n.* थोक thok
bull *n.* साँढे sandhe
bulldog *n.* बुलडग कुकुर bulldug kukkur
bullet *n.* गोली goli
bullock *n.* गोरू goru

bulrush *n.* नरकट narkat
bum *n.* सापट लिनु sapat linu
bump *v.* ठक्कर खानु thakkar khanu
bumptious *adj.* अहंकारी ahankari
bun *n.* मीठो केक वा रोटी meetho cake va roti
bunch *n.* झुप्पा jhuppa
bundle *n.* पोको poko
bunkum *n.* फजुल कुरा fazool kura
bunsen burner *n.* ग्यास बर्नर gas burner
burden *n.* भारी bhari
bureau *n.* विभाग wibhag
bureaucracy *n.* कर्मचारी तन्त्र karmchari tantra
burgeon *v.* कोपिला हाल्नु kopila halnu
burial *n.* चिहानमा गाड्ने काम chihan ma gadne kam
burly *adj.* हट्टा कट्टा hattakatta
burn *n.* पोल्नु polnu
burst *n.* फुट्नु phutnu
bury *v.* गाड्नु gadnu
bus *n.* बस bas
bush *n.* झाड़ी jhadi
bushel *n.* अन्नको नाप annako naap
businesslike *adj.* व्यवस्थित wyawasthit
businessman *n.* व्यापारी wyapari
bust *n.* शरीरको माथिल्लो आधा भाग sharir ko mathillo adha bhag
bustle *n.* हलचल halchal

busy *adj.* व्यस्त wyasta
but *conj.* तर tara
butcher *n.* बगरे bagare
butt *v.* बन्दूकको कुन्दा bandukko kunda
butter *n.* नौनी nauni
butter *n.* मक्खन, नौनी makhan, nauni
butterfly *n.* पुतली putali
buttocks *n.* चाक chak
button *n.* टाँक tank
buy *n.* किन्नु kinnu
buzz *v.* हतार hattar
buzzard *n.* मासु खाने चरा masu khane chara
by *prep.* सँग sanga
bye *n.* विदाई bidai
bye-bye *int.* बिदाई bidai
bygone *adj.* विगत wigat
by-law *n.* उपनियम upniyam
by-pass *n.* उपमार्ग लिनु upmarg linu
byre *n.* पाठशाला pathshala
by-road *n.* गोरेटो goreto
by-word *n.* उक्ति ukati

C

cab *n.* ट्याक्सी tayksi
cabbage *n.* बन्दाकोभी banda kobhi
cabin *n.* कोठा koyha
cabinet *n.* दराज daraj
cable *n.* डोरी dori
cacao *n.* कोकोको बीज वा रूख cococo beej va rukh
cackle *n.* जोरले हाँस्नु jorle hansnu
cactus *n.* सिउँडी sinudi
cadaver *n.* लाश lash
cadre *n.* तालीम प्राप्त दल taleem prapt dal
caftan *n.* अनुसंधान anusandhan
cage *n.* पिंजड़ा pinjada
cahier *n.* खजान्ची khajanchi
cairn *n.* ढुंगा को स्मारक dhungako smarak
cajole *v.* मीठा कुराले फुस्ल्याउनु meetha kurale fuslayanu
cake *n.* केक kek
calamity *n.* आपत्ति appati
calculate *n.* हिसाब गर्नु hisab garnu
calendar *n.* पात्रो patro
calf *n.* बाच्छो bachchho
calico *n.* सूती लुगा suti luga
call *n.* बोलावट bolawat
call girl *n.* वेश्या weshya
callous *adj.* निर्दय nirday
callow *adj.* अनुभवहीन anubhavheen
calm *n.* शान्ति shanti
calumny *n.* निन्दा ninda
camel *n.* ऊँट ute
camera *n.* क्यामेरा kyamera
camouflage *n.* भेष बदलने काम bhesh badalne kam

camp *n.* क्याम्प kyamp
camphor *n.* कपूर kapur
campus *n.* क्याम्पस kyampas
can *n.* सक्नु saknu
canal *n.* नहर nahar
can-can *n.* नाच naach
cancel *v.* रद्‌द/बदर गर्नु radda/badar garnu
cancer *n.* कर्कट रोग karkat rog
candid *adj.* सरल saral
candidate *n.* उम्मेदवार ummed war
candle *n.* मैनबत्ती main batti
candour *n.* स्पष्टवादिता sapashtwadita
candy *n.* मिस्त्री misri
cane *n.* बेत bet
canister *n.* डिब्बा dibba
canteen *n.* चमेनाघर chamena ghar
canto *n.* सर्ग sarg
canvas *n.* मोटो कपडा moto kapada
canyon *n.* नदी बग्ने घाटी nadi bagne ghatti
cap *n.* टोपी topi
capable *adj.* योग्य yogya
capacity *n.* हैसियत haisiyat
cape *n.* अन्तरीप antreep
capital *n.* राजधानी raj dhani
capitalism *n.* पूंजीवाद punjiwad
capricorn *n.* मकर makar
capsule *n.* चक्की chakki
captain *n.* कप्तान kaptan
caption *n.* ीर्षक sheershak
captivate *v.* मोहित पार्नु mohit pamu
captivate *n.* मोहित गर्नु mohit garnu
capture *n.* पक्राउ pakrau
car *n.* मोटर गाड़ी motar gadi
carafe *n.* पानी वा मदिराको बोतल paani va madirako bottle
caravan *n.* यात्री समूह yatri samuh
caraway *n.* जीरा jeera
carburettor *n.* काबुरिटर carburettor
carcass *n.* जनावर को लाश janawarko laash
card *n.* तास tas
cardamom *n.* अलैंची alainchi
cardboard *n.* गत्त gatta
cardigan *n.* स्वेटर sweater
care *n.* हेरचाह herchah
career *n.* जीवनचर्या jiwan charya
careful *adj.* होशियार hoshiyar
careless *adj.* बेपरवाह beparwah
caress *v.* माया गर्नु mayagarnu
cargo *n.* जहा/गाडीमा लगिने मलमत्ता jahaj/gadima lagine mal matta
caries *n.* हड्डी वा दाँतको क्षय haddi va danthko kshay
carmine *n.* गाढ़ा रातो रंग garrha ratto rang
carnivorous *adj.* मांसाहारी mansahari

carp *n.* माछा विशेष machha vishesh
carpenter *n.* सिकर्मी sikarmi
carpet *n.* गलैंचा galaincha
carriage *n.* वाहन शुल्क wahan sulk
carrier *n.* कुल्ली kulli
carrion *n.* सड़ेको मासु sadeko masu
carrot *n.* गाजर gajar
carry *v.* बोक्नु boknu
cart *n.* बैलगाडी bail gadi
cartel *n.* उत्पादक संघ uttpadak-sangh
cartoon *n.* व्यंग्य चित्र wyanga chitra
carve *v.* काटमा नाक्शा खन्नु kath ma naksha khanu
cascade *n.* छागो chhango
case *n.* मुद्दा mudda
casein *n.* छेना chhena
cash *n.* नगद nagad
cashew nut *n.* काजु kaju
cashier *v.* बर्खास्त गर्नु barkhast garnu
casino *n.* जूवा घर juwa ghar
cassette *n.* क्यासेट kyaset
cassock *n.* लामो पोशाक lamo poshak
caste *n.* जात jate
castle *n.* महल mahal
castor-oil *n.* अँडिरको तेल aandirko tel
casualty *n.* हताहत hatahat
cat *n.* बिरालो biralo
cataclysm *n.* भयानक विपत्ति bhyanak vipati
catacombs *n.* क्रबहरूको तहखाना krubharuko tehkhana
catalogue *n.* सूचीपत्र suchipatra
cataract *n.* आँखाको फुलो aankhako phulo
catch *n.* समात्नु samathnu
catchword *n.* सूचक-शब्द suchak-shabad
category *n.* श्रेणी shreni
caterpillar *n.* लोभी मानिस lovi manis
catharsis *n.* विरेचन virechan
cathedral *n.* मुख्य गिरजाघर mukhya girijaghar
cattle *n.* गाईवस्तु gaivastu
cauliflower *n.* फुलकोभी phulkobhi
cause *n.* कारण karan
caustic *adj.* कटु kattu
caution *adj.* होशियार hoshiyar
cavalier *n.* घोड़चढ़ी godh chadhi
cave *n.* गुफा gupha
cavort *v.* उत्तेजिक भएर उफ्रनु utaigik bhayara uffranu
cease *v.* बन्द गर्नु band garnu
ceaseless *adj.* लगातार lagatar
cedar *v.* देवदार devdar
celebrate *v.* उत्सव मनाउनु utsaw manaaunu
celestial *adj.* आकाशीय akashlya
celibacy *n.* अविवाहित जीवन awiwahit jiwan

cell *n.* जीवकोष्ठ jiwkosth
celling *n.* छाना chhana
cello *n.* भाइलिन जस्तै बाजा violion jasto baja
cement *n.* सिमण्टी simanti
cemetery *n.* कब्रिस्तान kabristan
censor *n.* जाच janch
census *n.* जनगणना jan ganan
cent *n.* प्रतिशत pratisath
centenary *n.* शतवार्षिकी shat warshiki
centennial *adj.* शतवर्षीय satabarsiya
centimetre *adj.* सैन्टीमीटर centimetre
central *adj.* केन्द्रीय kendriya
centre (ter) *n.* केन्द्र kendra
century *n.* शताब्दी shatabdi
cerebral *adj.* मगजको magajako
ceremony *n.* समासेह samaroh
ceritifcate *n.* प्रमाणपत्र praman patra
certain *adj.* निश्चित nischith
certify *n.* प्रमाणित गुर्न pramanit granu
cessation *n.* समाप्ति samapati
chaff *n.* भुस vush
chain *n.* जंजीर janjir
chair *n.* कुर्सी kursi
chairman *n.* अध्यक्ष adhyaksha
chaise *n.* रिक्सा rikshaw
chalet काठको घर kathko ghar
chalk *n.* खरी khari
challenge *n.* चुनौती chunauti
chamber *n.* कोठा kotha
chameleon *n.* छेपारो cheparo
champagne *n.* फ्रेन्च मदिरा french madera
champion *n.* विजेता wijeta
chance *n.* मौका mauka
chancellor *n.* कुलपति kulpati
chancery *n.* राजदूतावासको कार्यालय rajdutawas ko karyalaya
chancy *adj.* अनिश्चित anischit
change *n.* अदलबदल adal badal
chant *v.* गाउनु gauaunu
chaos *n.* अस्त-व्यस्त ast wyasta
chap *n.* फुट्नु phutnu
chapel *n.* सानो गिर्जाघर samp gorkagjar
chapter *n.* अध्याय adhyaya
character *n.* चरित्र charitra
characteristc *n.* विशिष्ट गुण wishisht gun
charade *n.* प्रहेलिका praheiika
charcoal *n.* आरोप aarop
charge *n.* जिम्मा jimma
chariot *n.* रथ rath
charisma *n.* ईश्वरीय दान ishwariya dan
charity *n.* दान dan
charming *adj.* मोहक mohak
chart *n.* नक्सा naksa
chase *n.* लखेटाइ lakhetai
chat *v.* बात मार्नु bat marnu
chateau *n.* महल mahal

chattle *n.* घरको चल वस्तु gharko chal bastu

chauffeur *n.* मोटरचालक motar-chalak

cheap *adj.* सस्तो sasto

cheat *n.* ठग thag

check *n.* रोक rok

cheek *n.* गाला gala

cheerful *adj.* प्रसन्न prasanna

cheese *n.* खुवा khuwa

cheetah *n.* चिता cheta

chef *n.* होटलको मुख्य भान्से hotel ko mukhiya vansay

chemical *adj.* रासायनिक rasayanik

cheque/check *n.* चेक chek

cheroot चुरोट churote

cherry *n.* सानो रातो फल sano rato phal

chess *n.* बुद्धिचाल buddhichal

chest *n.* छाती chhati

chestnut *n.* कटुस katus

chew *v.* चपाउनु chapaunu

chick *n.* चल्ला challa

chicken *n.* कुखुरा kukhura

chicken pox *n.* ठेउला theula

chicory *n.* एक प्रकारको पौधा ek prakar ko podha

chide *v.* हप्काउनु hapkaunu

chief *n.* प्रधान pradhan

children *n.* बच्चाहरू bachcha haru

chilli/chili *n.* खोर्सानी khorsani

chimera *n.* असत्य asathya

chimney *n.* चिउडो dhuwankas

chin *n.* चिउँडो chiundo

china *n.* चिनियाँ माटोका भाडा chiniyan mtoka bhanda

chip *n.* टुका tukra

chisel *n.* छिनु chinu

chit *n.* सानो बच्चा sano baccha

chitchat *n.* कुराकानी kurakani

chlorine *n.* क्लोरीन chlorine

chocolate *n.* चकलेट chaklet

choice *n.* छनोट chhanot

choir *n.* गायकहरूको दल gayak haru ko dal

cholera *n.* हैजा haija

chop *n.* टुका पार्नु tukra parnu

choral *adj.* गायक-दलको gayak dalko

chord *n.* तार taar

chorus *n.* गायकहरूको दल gayak haru ko dal

christian *n.* इसाई isai

christmas *n.* क्रिस्मस चाड krismas chad

chrome *n.* क्रोम crome

chronicle *n.* घटनाहरूको क्रमिक विवरण ghatnaharu ko kramik vitran

chronometer *n.* ठीक समय बताउने घड़ी theek samay bataune ghari

chrysanthemum *n.* गोदावरी फूल godawari phul

chuckle *v.* दबेको हाँसो dabeko haanso

chum *n.* घनिष्ठ साथी ghanisht saathi
church *n.* गिर्जाघर girja ghar
churn *n.* मदानी madani
chute *n.* चिप्लेटी cheplete
chutney *n.* चटनी chutney
cigar *n.* सिगार cigar
cigarette *n.* चुरोट churot
cinema *n.* चलचित्र chal chitra
cinnamon *n.* दालचिनी dalchini
circuit *n.* बिजुली-पथ bijuli-path
circular *adj.* गोलो golo
circulation *n.* प्रचार prachar
circumference *n.* परिधि paridhi
circumspect *adj.* सावधान sabddhan
circumstance *n.* स्थिति sthiti
circus *n.* सर्कस sarkas
cirrhosis *n.* कलेजोको रोग kalegeo ko rog
citizen *n.* नागरिक nagrik
citron *n.* बिमिरा bimiro
citrus *n.* सुन्तला suntala
city *n.* शहर shahar
civil *adj.* निजामती nijamati
civilization *n.* सभ्यता sabhyata
clad *adj.* लगाएको lagaeko
claim *n.* दाबा dabha
clam *n.* ठूलो सीपी thulo sipi
clamp *n.* च्याप्ने पुर्जा chyapne purja
clan *n.* कुल वंश kul bansh
clap *n.* थपड़ी thapadi
claret *n.* रातो फ्रेन्च मदिरा rato french madira
clarify *v.* स्पष्ट गर्नु spasht garnu
clarion *adj.* आह्वान aahawan
clash *n.* भिडन्त bhidanta
class *n.* दर्जा darja
classify *v.* श्रेणीबद्ध shreni baddha
clay *n.* चिप्लो माटो chiplo mato
clean *adj.* सफा sapha
clear *adj.* स्पष्ट spasht
cleft *n.* धाँजा dhanja
clergy *n.* गिर्जाघरका पादरीहरू girjagharka padariharu
clerk *n.* पादरी padhari
clever *adj.* सिपालु sipalu
cliff *n.* चट्टान chattan
climate *n.* हावापानी hawapani
climax *n.* पराकाष्ठा parakasta
climb *v.* चढ्नु chadhnu
cling *v.* टाँसियनु tansInu
clinic *n.* उपचार गृह upchar grih
clip *n.* किलिप kilip
clique *n.* गुट gute
cloak *n.* बहाना bahana
clock *n.* घडी ghadi
cloister *n.* मठ math
close *n.* अन्त ant
closet *n.* दराज daraj
cloth *n.* कपडा kapada
clothes *n.* लुगाफाटो luga phato
cloud *n.* बादल badal
cloudy *adj.* बदली लागेको badali lageko

clove *n.* ल्वांग lwan

clown *n.* पाखे pakhe

clumsy *adj.* बढंगो bedhang ko

coach *nb.* प्रशिक्षक prashikshak

coal *n.* कोइला koila

coarse *adj.* खस्रो khasro

coast *n.* किनारा kinara

coat *n.* कोट kotha

cobalt *n.* कोबाल्ट cobalt

cobbler *n.* सार्की sarki

cobra *n.* गोमन goman

cobweb *n.* माकुराको जालो makura ko jali

cock *n.* भाले कुखुरा bhale kukhura

cock-eyed *adj.* टेढ़ो thedo

cockroach *n.* साहीनउंदग्ला sanglo

cocksure *adj.* सुनिश्चित sunenischit

coconut *n.* नरिवल nariwal

cocoon *n.* रेशमको कोया resham ko koya

cod *n.* समुद्री माछा samundari maccha

co-education *n.* सहशिक्षा saha shiksha

coerce *v.* बाध्य गर्नु badhiya garnu

co-exist *v.* सँगै रहनु sangai rahanu

co-existence *n.* सहअस्तित्व saha astitwa

coffee *n.* कफी kaphi

coffin *n.* लाश राख्ने वाकस iash rakhne bakas

cognac *n.* फ्रेन्च ब्रान्डी french brandi

cognition *n.* ज्ञान gyan

cohabit *v.* अविवाहित पुरूष-स्त्री avivahit purush&stri

cohort प्राचीन रोमन फौजको कम्पनी prachin roman phhojko company

coin *n.* सिक्का sikka

coincide *v.* सन्जोग पर्नु sanjog parnu

coir *n.* नरिवल को जटा nariwal ko jata

coke *n.* कोक kok

cold *adj.* चिसो chiso

colic *n.* सूल sul

collapse *v.* ढल्नु dhalnu

collar *n.* कठालो kathalo

collate *v.* दाँज्नु dajnu

colleague *n.* मित्र mitra

collect *v.* जम्मा गर्नु jamma garnu

collection *n.* सङ्कलन sankalan

college *n.* क्याम्पस kyampas

collide *v.* ठक्कर खानु thakkar khanu

collision *n.* धक्का dhakka

colloquial *adj.* बोलचालको bol chal ko

collusion *n.* साठगाँठ santhganth

collyrium *n.* गाजल gajal

colo(u)r *n.* रंग rang

colonel *n.* मकगजरमाथिको अफिसर makgajarmathiko officer

colonialism *n.* उपनिवेशवाद upniwesh wad
colony *n.* बस्ती basti
colt *n.* घोडा को बच्चा ghoda ko bachcha
column *n.* खम्बा khamba
coma *n.* गहिरो निन्द्रा gahiro nindra
comb *n.* काहीनउंदगियो kangiyo
combat *n.* लड़ाई ladai
combine *v.* जोर्नु jornu
combustible *adj.* सजिलै जल्ने sajellai jalnai
come *v.* आउनु aunu
comedian *n.* हास्य-अभिनेता hasya abhineta
comedy *n.* संयोगान्त नाटक samyogant natak
comely *adj.* सुन्दर sundar
comet *n.* धूमकेतु dhumketu
comfort *n.* आराम aram
comfortable *adj.* आरामदायी aram dayi
comma *n.* अर्धविराम ardh wiram
command *n.* आज्ञा agya
commemorate *v.* स्मरण गर्नु smaran garnu
commence *v.* थाल्नु thalnu
commend *v.* तारिफ गर्नु tariph garnu
comment *n.* टिका-टिप्पणी tika-tippani
commerce *n.* वाणिज्य wanijya
commercial *adj.* व्यावारिक wyaparik
commision *n.* कमिसन kamisan
commit *v.* वचनबद्ध हुनु wachan baddh hunu
committee *n.* समिति samiti
commodious *adj.* फराकिलो pharakilo
commodity *n.* बेपारी सामग्री bepari samagri
commodore *n.* नाविक आफिसर nabik officer
common *adj.* साझा sajha
common sense *n.* सामान्य ज्ञान samanya gyan
commotion *n.* होहल्ला hohalla
communicate *v.* सन्देश दिनु sandesh dinu
communication *n.* संचार sanchar
communion *n.* सहभागिता sahabhagita
communique *n.* विज्ञप्ति bigapith
communism *n.* साम्यवाद samyawad
communist *n.* साम्यवादी samyawadi
community *n.* समुदाय samudaya
compact *adj.* सघन saghan
companion *n.* साथी sathi
company *n.* संस्था samstha
comparable *adj.* तुलना गर्न सकिने tulna garn sakne
compare *v.* दाँज्नु danjnu
compartment *n.* रेलको डब्बा rail ko dabba
compass *n.* कम्पास kampas

compassion *n.* दया daya
compel *v.* कर लाउनु kar launu
compensation *n.* भर्ना bharna
compere *n.* सूत्रधार sutradhar
compete *v.* प्रतियोगिता गर्न्रु pratiyogita garnu
competence *n.* योग्यता, क्षमता yogayta
competent *adj.* लायक layak
competition *n.* प्रतिस्पर्धा pratispardha
complacent *adj.* आत्मसन्तुष्ट aatma santust
complain *v.* सिकायत गर्नु sikayat garnu
complete *adj.* पूरा pura
completion *n.* सम्पन्न sampanna
complex *n.* कठिन kathin
complexion *n.* अनुहार anuhar
compliance *n.* पालन palan
complication *n.* अलझो alijho
complicity *n.* सहभागिता saha bhagita
compliment *n.* तारिफ गर्नु tariph
compose *v.* रच्नु rachnu
composer *n.* रचयिता rachayita
composition *n.* रचना rachna
composure *n.* शान्ति shanti
compound *n.* मिश्रण mishran
comprehend *v.* बुभनु bujhnu
compress *v.* खाँदनु khadnu
compromise *n.* समझौता samjhauta
compulsion *n.* कर लाउनु kar launu
compulsory *adj.* गर्नै पर्ने garnai parne
computer *n.* शुशंक्य sushankya
comrade *n.* साथी sathi
conceal *v.* लुकाउनु lukaunu
conceit *n.* घमण्ड ghamand
concentration *n.* एकाग्रता ekagrata
concept *n.* विचार wichar garnu
concern *n.* चासो chaso
concerning *prep/* बारेमा barema
concert *n.* संगीत कार्यक्रम sdangit karyakram
conch *n.* शंख sankh
conciliation *n.* मेल मिलाप mel milap
concise *adj.* छोटकरी chhotkari
conclave *n.* गुप्त सभा gupt sabha
conclude *v.* निष्कर्ष निकाल्नु nishkarsh nikalnu
conclusion *n.* निचोड़ nichod
concordance *n.* सामंजस्य samanjasya
concrete *adj.* रोडा roda
concur *v.* स्वीकार गर्नु swikar garnu
condemn *v.* दोषी ठहर्‍याउनु doshi thaharyaunu
condescend *v.* तल झर्नु tal jharnu
condition *n.* हालत halat
condolence *n.* श्रद्धांजलि shraddhanjali

condom *n.* गर्भनिरोधक garbh nirodhak
condone *v.* माफ गर्नु maaf garnu
conduct *n.* चरित्र charitra
conduit *n.* पानी जाने नल paani jane nal
confectionery *n.* मिठाई mithai
confederacy *n.* राज्यहरूको संघ rajyaharu sangh
confer *v.* परामर्श गर्नु paramarsh garnu
conference *n.* सभा sabha
confess *v.* स्वीकार गर्नु swikar garnu
confession *n.* कायलनामा kayalnama
confidence *n.* भरोसा bharosa
confine *v.* सीमित राख्नु simit rakhnu
confirm *v.* पुष्टि गर्नु pushti garnu
confiscate *v.* जफत japhat
conflict *n.* विरोध wirodh
confluence *n.* दोभान dobhan
confluence *n.* संगम sangam
confront *v.* सम्मुख पर्नु sammukh parnu
confused *adj.* भ्रमित bhramit
confusion *n.* गोलमाल golmal
confute *v.* खण्डन गर्नु khandan garnu
congeal *v.* जम्नु jamnu
congenital *adj.* जन्मैदेखिको जन्मगत janmedekhiko janamgat
congested *adj.* भीड़भाड़ भएको bhirhbhar bhaeko
congratulate *v.* बधाई दिनु badhai dinu
congratulation *n.* बधाई दिनु badhai dinu
congress *n.* सभा sabha
congruous *adj.* संगत sangat
conifer *n.* शंकुधारी sakundhari
conjugal *adj.* वैवाहिक baibayhik
conjugate *v.* क्रियारूप बनाउनु kriyarup banananu
conk *v.* बिग्रनु bigarnu
connect *v.* जोड्नु jodnu
connive *v.* नदेखेको जस्तो गर्नु najekhaiko jasto garnu
conquer *v.* जित्नु jitnu
conquest *n.* विजय wijaya
conscious *adj.* होसमा भएको hosma bnhaeko
consecrate *v.* पवित्र पार्नु pavitra parnu
consensus *n.* सर्वसम्मति sarvsammati
consent *v.* मान्नु mannu
consequence *n.* फल phal
conservation *n.* संरक्षण samrakshan
conservative *adj.* परिवर्तन नचाहने parivartan nachahane
conserve *v.* संरक्षण sanrakshan
consider *v.* विचार गर्नु wichar garnu
consistent *adj.* अनुरूप anurup

consmos *n.* विश्व vishav
consolation *n.* तसल्ली tasalli
consonant *n.* व्यंजन wyanjan
conspiracy *n.* षड्यंत्र shadyantra
constant *adj.* स्थिर sthir
constellation *n.* तारागण taragan
consternation *n.* विस्मय visamay
constipation *n.* कब्जियत kabjiyat
constituion *n.* संविधान samwidhan
constitutency *n.* चुनाउ क्षेत्र chunau khestra
constrain *v.* बाध्य गर्नु badhya garnu
construct *v.* बनाउनु banaunu
construction *n.* निर्माण nirman
consul *n.* महावाणिज्यदूत maha wanijyadut
consume *v.* खपत/उपभोग गर्नु khapat/upbhog garnu
consummate *adj.* पक्का pakka
consumptive *n.* क्षयरोग kshaya rog
contact *n.* सम्पर्क sampark
contagious *adj.* सर्ने sarne
contain *v.* भित्र हुनु bhitar hunu
contained *adj.* रहेको raheko
container *n.* भाँडो bhando
contaminate *v.* फोहोर/दूषित पार्नु phohor/dushit parnu
contamination *n.* दूषण dushan
contemporary *adj.* समकालीन samkaleen

contempt *n.* घृणा ghrina
contend *v.* विवाद गर्नु wiwad garnu
contention *n.* विवाद, कलह wiwad, kalah
contest *n.* विवाद wiwad
context *n.* संदर्भ sandarbh
continent *n.* महाद्वीप mahadwip
continuation *n.* क्रम kram
continue *v.* लागिरहनु lagi rahanu
continuously *adv.* लगातार lagatar
contort *v.* बटारिनु batarinu
contour *n.* रूपरेखा rooprekha
contraband *n.* अवैध माल awaidhmal
contraception *n.* गर्भनिरोध garbhnirodhak
contract *n.* ठेक्का thekka
contractor *n.* ठेकेदार thekedar
contradict *v.* खण्डन गर्नु khandan garnu
contraption *n.* अनौठो यन्त्र anutho yantra
contrariety *n.* प्रतिकूलता pratikulta
contrary *adj.* विपरीत wiparit
contrast *n.* भेद bhed
contravene *v.* उल्लंघन ullanghan
contribute *v.* मदत/पैसा दिनु madat/paisa dinu
control *n.* नियन्त्रण niyantran
controversy *n.* विवादास्पद wiwadaspad
conuslt *v.* सल्लाह लिनु sallah linu

convection *n.* संवहन sawahan
convenient *adj.* पायक payak
convent *n.* भिक्षुनीहरूको मठ bhikshuniharuko math
conversant *adj.* परिचित parichit
conversation *n.* कुराकानी kurakani
converse *v.* बात गर्नु baatgarnu
convert *n.* दल्ने व्यक्ति dharm badalne wyakti
convex *adj.* बाहिरतिर उठेको bahirtir utheko
convey *v.* सन्देश पुन्याउनु/सुनाइदिनु sandesh pury aunu/sunaidinu
convict *n.* अभियुक्त abhiyukta
convince *v.* विश्वास गराउनु wiswas garaunu
convivial *adj.* मिलनसार milansar
convocation *n.* आह्वान ahawaan
convoy *n.* संगै जाने जहाजी बेडा sangai jane jahaji beda
cook *n.* भान्छे bhanchhe
cool *adj.* चिसो chiso
coop *n.* खोर khor
cooperate *v.* सहयोग गर्नु sahyog garnu
coordinate *v.* समन्वय गर्नु samanwaya garnu
cop *v.* पुलीस police
cope *v.* सामना गर्नु samna garnu
copious *adj.* प्रचुर prachur
copper *n.* तामा tama
copulate *v.* सम्भोग/मैथुन गर्नु sambhog/maithun garnu
copy *n.* प्रतिलिपि pratilipi
coral *n.* मूंगा munga
cord *n.* डोरी dorie
cordial *adj.* हार्दिक hardik
corduroy *n.* मोटो सूती लुगा moto suti luga
coriander *n.* धनिया dhaniya
corn *n.* अनाज anaj
cornerstone *n.* आधारशिला adharshila
cornet *n.* बाजा baaja
cornice *n.* कार्निस karnis
corollary *n.* स्वाभाविक परिणाम swabhavik parinam
coronation *n.* राज्याभिषेक rajyabhishek
corporal *adj.* शारीरिक shareerik
corporation *n.* निगम nigam
corpse *n.* मुर्दा murda
corpulent *adj.* मोटो moto
corpuscle *n.* कणिका kanika
corral *n.* पशु राख्ने घेरा pashu rakhne ghera
correct *thik* ठीक shuddha
correspondence *n.* लेखापढी lekha padhi
corridor *n.* मटान matan
corrigendum *n.* शुद्धिपत्र shudhipatra
corroborate *v.* पुष्टि गर्नु pushti garnu
corrugated *v.* लहरदार lehardar
corruption *n.* भ्रष्टाचार bhrashachar

cortege *n.* ताँती tanti

cosmic *adj.* ब्रह्माण्ड को bramhand ko

cosmos *n.* सम्पूर्ण ब्रह्मण्ड sampurn bhrahmand

cost *n.* मूल्य mulya

costly *adj.* महँगो mahango

costume *n.* पोशाक poshak

cot *n.* सानो खाट sano khaat

cote *n.* गोठ goth

coterie *n.* मण्डली mandali

cottage *n.* कुटी kuti

cottage industry *n.* घरेलु उद्योग gharelu

cotton *n.* कपास kapas

couch *v.* व्यक्त गर्नु vyakat garnu

cough *v.* खोक्नु khoknu

council *n.* परिषद् parishad

counsel *n.* सल्लाह sallah

counsellor *n.* सल्लाहकार sallahkar

count *n.* गन्ती ganti

countenance *n.* अनुहार anuhar

counterfeit *adj.* नकली, जाली nakali, jaali

counterfoil *n.* रसीद rasid

counterpart *n.* प्रतिरूप pratirup

countersigh *v.* थप सही गर्नु thap sahi garnu

country *n.* देश desh

countryside *n.* गाउँघर gaun ghar

county *n.* प्रान्त prant

coup d'etat *n.* विद्रोह widroh

couple *n.* जोडा joda

coupon *n.* कुपन kupan

courage *n.* साहस sahas

courageous *adj.* साहसी sahasi

course *n.* पाठ्यक्रम pathya kram

court *n.* अदलात adalat

courteous *adj.* सुशील sushil

courtesy *n.* आद adar

courtier *n.* दरबारिया darbaria

courtship *n.* प्रणय-याचना pranay-yachna

courtyard *n.* चोक chok

cove *n.* सानो खाड़ी sano khari

cover *n.* बिर्को birko

covert *adj.* गुप्त gupt

cow *n.* गाई gai

coward *adj.* कातर kathar

cower *v.* डरले लुरूक्क पर्नु darle luruk parnu

cowl *n.* चिम्नीको ढकनी chimniko dhakni

cowshed *n.* गाईगोठ gai goth

crab *n.* गँगटो gangato

crack *n.* चेर्केको धर्का charkeko dharka

crackpot *n.* सनकी व्यक्ति sanki vyakti

craft *n.* सीप sip

crag *n.* ठाड़ो पहाड़ वा चट्टान tharo pahad wa chattan

cramp *n.* बाउँडिने रोग baundine rog

crane *n.* सारस saras

cranium *n.* खोपड़ी khopari

crank *n.* सनकी व्यक्ति sanki vyakti
cranny *n.* चिरा chira
crap *n.* बेकवाद bekwad
crash *n.* धड़ाका dhadaka
crass *adj.* अति ठूलो ati thulo
craven *adj.* कातर kattar
crawl *v.* घस्रनु ghasranu
crayon *n.* रंगीन पेन्सिल rangin pencil
craze *n.* धुन dhun
crazy *adj.* बौलाहा baulaha
cream *n.* मलम malam
crease *n.* दोब्र्याएको dobryaeko doro/rekha
create *v.* सृजना/रचना गर्नु srijana/ rachna garnu
creator *n.* सृष्टिकर्ता srishti karta
creature *n.* प्राणी prani
credible *adj.* पत्यारिलो patyarilo
credit *n.* इज्जत ijjat
creditable *adj.* प्रशंसनीय prashansniya
credo *n.* मत mat
creed *n.* मत mat
cremation *n.* दाहसंस्कार dah sanskar
crescent *adj.* अर्द्धचन्द्र ardhchandra
cress *n.* चंसूर chansur
crest *n.* जुरो juro
crestfallesn *adj.* निराश nirasha
cretain *n.* लठुवा lathuwa
crevasse *n.* हिम-दरार him-darar
cricket *n.* क्रिकेट kriket
crime *n.* अपराध apradh
criminal *n.* अपराधी apradhi
crimp *v.* घुँगुरो बनाउनु ghungro banaunu
crimson *n.* गाढ़ा रातो रंग garha rato rang
crinkle *v.* मुजा पर्नु वा पार्नु muja parnu wa paarnu
cripple *n.* लङ्गडो langado
crisis *n.* संकट sankat
critic *n.* आलोचक alochak
critical *adj.* नाजुक najuk
criticize *v.* आलोचना गर्नु alochana garnu
crochet *n.* काँटाको बुनाइ kantako bunai
crockery *n.* माटाका भाँड़ा वा त्यसको खपटा mataka bhanda wa tyasko khapta
crocodile *n.* गोही gohi
croft *n.* सानो खेत sano khet
crone *n.* जराजीर्ण बुढ़िया jarajirn budhiya
croon *n.* गुनगुनाउनु gungunaunu
crop *n.* बाली bali
crore *n.* करोड़ crore
cross *n.* सूली suli
cross-examination *n.* बन्द सवाल band sawal
crossroads *n.* चौबाटो chaubato
crossword *n.* शब्द पहेली shabd paheli
crotchet *n.* पादस्वर padswar

crow *n.* काग kag
crowd *n.* भीड bhid
crowded *adj.* भीडभाडपूर्ण bhidbhadpurn
crown *n.* श्रीपेच shripech
crucial *adj.* ठूलो महत्त्व को thulo mahtav ko
crucible *n.* धातु पगाल्ले भाँड़ो dhatu pagale bharo
cruel *adj.* निर्दयी nirdayi
cruel *adj.* निर्दय nirday
cruiser *n.* वेगवान् जंगी जहाज begwan jango jahaj
crumple *v.* खुम्चिनु khrimchinu
crunch *v.* आवाज निकाल्दै चपाउनु awaz nikarldae chapaunu
crush *v.* किच्नु kichnu
crusty *adj.* पाप्रा जस्तो papra jasto
crutch *n.* बैसाखी baisakhi
cry *v.* रुनु runu
crypt *n.* गिर्जामुनिको कोठा girjamuniko kotha
crystal *n.* काँच kanch
cub *n.* छाउरो chhauro
cube *n.* घन ghan
cubicide *n.* सानो छुट्टै कोठा sano chutai kotha
cubit *n.* हातको नाम hatko nam
cuckoo *n.* कोयली koyali
cucumber *n.* काँक्रो kankro
cud *n.* पागुर pagur
cuddle *v.* प्यारो गरेर अँगाल्नु piaro garer angalnu

cuff *n.* नाड़ीको छेउ nariko cheu
cuisine *n.* पकाउने तरीका pakaune tarika
culpable *adj.* दोषी ठहरिन योग्य doshi thehrin yogya
cultivation *n.* खेती गर्नु kheti garnu
cultural *adj.* सांस्कृतिक sanskritik
culvert *n.* बाटामुनिबाट पानी जाने batamunibat pani jane
cumbersome *adj.* भारी bhari
cunning *n.* धूर्त duhurt
cup *n.* कचौरा kachaura
cupboard *n.* दराज daraj
cupid *n.* कामदेव kamdev
cupidity *n.* धनको लोभ dhanko lobh
cupola *n.* गुम्बज gumbaj
cur *n.* भुस्याहा कुकुर bhusyaha kukur
curable *adj.* निको हुनसक्ने niko huna sakne
curate *n.* पुरोहित purohit
curative *adj.* रोग नाश गर्ने rog nash garne
curb *n.* प्रतिबन्ध गर्नु pratibandh garnu
curcumscribe *v.* रेखाले घेर्नु rekhale ghernu
curd *n.* दही dahi
cure *v.* निको तुल्याउनु niko tulyaunu
curfew *n.* कर्फ्यू karphyu
curious *adj.* उत्सुक utsuk
currency *n.* मुद्रा mudra

current *n.* हालसालको halsalko
curse *n.* सराप sarap
curtail *v.* छोटो र रूखो choto r rukho
curtain *n.* पर्दा parda
cushion *n.* गद्दा gadda
custard apple *n.* सरिफा saripha
custgoms *n.* भन्सार अड्डा bhansaradda
custody *n.* हिरासत hirasat
custom *n.* रीतिथिति ritithiti
customer *n.* गाहक gahak
cut *n.* कटान katan
cuticle *n.* कड़ा त्वचा को बाहिरी तह kara twacha ko bahiri the
cutlass *n.* सानो तरवार sano tarwar
cutlet *n.* कटलेट cutlet
cut-throat *n.* हत्यारा hatyara
cyanide *n.* विष vish
cycle *n.* चक्र chakra
cyclone *n.* आँधी andhi
cymbals *n.* झयाली jhyali

D

dacoit *n.* डाँकू danku
daddy *n.* बाबु babu
dafame *v.* निन्दा गर्नु ninda garnu
daft *adj.* मूर्ख murkh
dagger *n.* कटारी katari
dagger *n.* कटार kattar
dahlia *n.* लाहुरे फूल lahure phul

daily *adv.* दिनदिनै din dinai
dairy *n.* दूध पाइने ठाउँ dudh paine Thaun
dais *n.* मंच manch
daisy *n.* फूल phul
dale *n.* उपत्यका upatyaka
dam *n.* बाँध bandh
damage *n.* हानि hani
dame *n.* उच्च पद की महिला ucch pad ki mahila
damsel *n.* ठिटी thiti
dance *n.* नृत्य nritya
dandruff *n.* चाया chaya
danger *n.* खतरा khatra
danger *n.* खतरा khatra
dangerous *adj.* खतरनाक khatarnak
dangle *v.* लटकिनु latkinu
dare *v.* साहसे/हिम्मत गर्नु sahas/himmat garnu
daring *adj.* सूरो suro
dark *adj.* अँध्यारो andhyaro
darling *n./adj.* प्रिये priye
darn *v.* रफ्फू भर्नु raphphu bharnu
dash *v.* हुत्तिनु huttinu
dashing *adj.* फुर्तिलो phurtilo
dastardly *adj.* कातर kattar
data *n.* तथ्यांक tathanyak
date *n.* मिति miti
dating *n.* मिल्ने/भेट्ने काम milne/bhetne kam
daughter *n.* छोरी chhori
daughter-in-law *n.* बुहारी buhari

daunt *v.* तर्साउनु tarsaunu

dawn *n.* बिहान सबेरै bihana saberai

day *n.* दिनदिनै din dinai

day after tomorrow *n.* पर्सि parsi

day before yesterday *n.* अस्ति asti

daybreak *n.* झिसमिसे बिहान jhismise bihana

daydream *n.* दिवास्वप्न diwaswapna

daylight *n.* दिनको उज्यालो din ko ujyalo

daylong *n.* दिनभरि din bhari

daytime *n.* दिउँसो diunso

daze *v.* रन्थनिनु ranthninu

dazzle *v.* आँखा तिर्मिराउनु ankha tirmir aunu

dead *adj.* मरेको mareko

deadline *n.* समयसीमा samaya sima

deaf *adj.* बहिरा bahiro

deal *v.* दिनु dinu

dealing *n.* व्यवहार wyawahar

dear *adj.* प्यारो pyaro

dearness *n.* महँगाइ mahangai

dearth *n.* अभाव abhav

death *n.* मृत्यु mrityu

death penality *n.* मृत्युदण्ड mrityu dand

debacle *n.* पतन patan

debar *v.* रोक्नु roknu

debate *n.* वादविवाद wadwiwad

debenture *n.* ऋणपत्र rinpatra

debilitate *v.* कमजोर बनाउनु kamjor banaunu

debonair *adj.* मिलनसार milansar

debt *n.* ऋण rin

debunk *v.* असली रूप देखाउने asli roop dekhaune

decade *n.* दस वर्षको समय das warsh ko samaya

decapitate *v.* टाउको काटनु tauko katnu

decay *n.* क्षय kshaya

deceased *adj.* मृत mrit

deceit *n.* छल-कपट chal-kapat

deceitful *n.* कपटी kapati

deceive *v.* ठगनु thagnu

decent *v.* उचित uchit

decide *v.* फेसला phaisala

deciduous *adj.* पतनशीलता pathansilta

decimal *n.* दसमलब dasamalab

decipher अर्थ निकाल्नु arth nikalnu

decision *n.* फैसला phaisala

declaim *v.* प्रभाव पार्ने गरी बोल्नु prabhav parne gari bolnu

declare *v.* घोषित गर्नु ghoshit garnu

declension *n.* शब्द रूप shabd rup

decline *v.* नमान्नु namanun

decor *n.* कोठा को सजावट kothako sajawat

decorate *v.* सिंगार्नु singarnu

decorum *n.* शिष्टाचार shishtachar
decrease *n.* कमी kami
dedicate *v.* समर्पित गर्नु samarpit garnu
dedication *n.* अर्पण arpan
deduce *v.* परिणाम निकाल्नु parinam nikalnu
deduct *v.* काट्नु katnu
deed *n.* काम kam
deep *adj.* गहिरो gahiro
defeated *v.* हारेको hareko
defecate *n.* हग्नु hagnu
defective *n.* दोष भएको dosh bhaeko
defence/defense *v.* रक्षा raksha
defensive *n.* रक्षा आत्मक raksh atmak
defiante *n.* अवज्ञा awagya
deficiency *adj.* कमी kami
deficient *n.* कमी/अभाव भएको kami/abhaw bhaeko
deficit *adj.* घाटा ghata
defiled *v.* जुठो jutho
definition *n.* परिभाषा paribhasha
deflection *adj.* मार्ग विचलन marg wichalan
deft *v.* चतुर chatur
deft *adj.* दक्ष daksh
defy *v.* विरोध गर्नु wirodh garnu
degrade *v.* होच्याउनु hochyunu
degree *n.* दर्जा darja
dehydrate *v.* निर्जल गर्नु nirjal garnu
dehydration *n.* पानीको कमी pani ko kami
deity *n.* देवी dewi
delay *n.* ढिलाई dhilai
delegate *n.* प्रतिनिधि pratinidhi
delegation *n.* खटाउने/सुम्पने काम khataune/sumpane kam
delete *v.* मेट्नु metnu
deliberate *adv.* जानेर गरिएको janera garieko
delicacy *n.* स्वादिलो खाना swadilo khana
delicate *adj.* कोमल komal
delicious *adj.* मीठो mitho
delight *n.* खुसी khusi
delighted *adj.* खुसी khusi
delirious *adj.* अचेत अवस्थामा बर्बराउने achet awastha ma barbaraune
deliver *v.* छोड्नु chhodunu
delude *v.* छल्नु chalnu
deluxe *adj.* उच्चकोटिको ucchkotiko
demand *n.* माग mag
demerit *n.* बैगुन baigun
demi-god *n.* अर्धदेव ardhdev
demise *n.* मृत्यु mrityu
democracy *n.* प्रजातन्त्र prajatantra
demolish *v.* भत्काउनु bhatkaunu
demon *n.* दैत्य daitya
demonstrate *v.* प्रदर्शन गर्नु pradarshan garnu
demoralize *v.* निरुत्साहित गर्नु nirutsashit garnu

demotion *n.* पद अवनति pad awanati

demure *adj.* शान्त shant

den *n.* गुफा gupha

denial *n.* खण्डन khandan

denomination *n.* मूल्यवर्ग mulyawarg

denote *v.* बातउनु bataunu

denounce *v.* निन्दा गर्नु ninda garnu

dense *adj.* घना ghana

dent *n.* खोपिल्टो khopilto

dental *adj.* दाँत सम्बन्धी dant sambandhi

dentist *n.* दाँतको डाक्टर dant ko daktar

denture *n.* नकली दाँत nakali dant

deny *v.* इन्कार गर्नु inkar garnu

depart *v.* प्रस्थान गर्नु prasthan

department *n.* फाँट phant

departure *n.* रमाना ramana hunu

depend *v.* निर्भर हुनु nirbhar hunu

dependable *adj.* भरपर्दो bhar pardo

deplete *v.* कम गर्नु वा खाली गर्नु kam garnu wa khali garnu

deplorable *adj.* ोचनीय shochniya

deplore *v.* अफसोस गर्नु aphsos garnu

deploy *v.* तैनाथ गर्नु tainath garnu

deployment *n.* तैनाथी tainathi

depopulate *v.* जनसंख्या घटाउनु jansankhya ghataunu

deporatation *n.* देशनिकाला desh nikala garnu

deport *v.* देश निकाला गर्नु desh nikala garnu

deposit *n.* जम्मा jamma

depot *n.* भण्डार bhandar

depressed *adj.* झोक्रिएको jhokrieko

depth *n.* गहिराइ gahirai

deputation *n.* प्रतिनिधि-मण्डल pratinidhi mandal

depute *v.* प्रतिनिधि नियुक्त गर्नु pratinidhi niyukat garnu

deputy *n* नायब nayab

deranged *adj.* बौलाहा bolaha

derive *v.* बाट उत्पत्ति हुनु bata utpatti hunu

derogatory *adj.* अपमानजनक apmanjanak

derrick *n.* भारी उठाउने यंत्र bhari uthaune yantra

descend *v.* ओर्लनु orlanu

descent *n.* उतार uttar

description *n.* वर्णन/बयान गर्नु warnan/bayan garnu

descry *v.* देख्नु dekhnu

desert *n.* मरुभूमि maru bhumi

deserts *n.* आफूले पाउनुपर्ने फल aphule paunuparne phal

deserve *v.* योग्य/उचित हुनु yogya/ uchit hunu

desiccated *adj.* सुकाएको sukaeko

design *n.* जुक्ति jukti

desire *n.* इच्छा ichchha

desk *n.* डेस्क desk
desolate *adj.* शून्य shunya
despair *n.* निराशा nirasha
despatch हेर्नु hernu
desperate *adj.* निराशा nirasha
desperate *adj.* निराशाजनक nirashajanak
despite *n.* दुराचार durachar
despoil *v.* लुट्नु lutnu
despot *n.* प्रजापीडक शासक prajapidak shasak
despot *n.* भोजनपछि खाने मिष्टान्न bhojanpachi khane mishthan
destination *n.* जाने ठाउँ jane thaun
destination *n.* गन्तव्य स्थान gantavya sthan
destiny *n.* भाग्य bhagya
destiny *n.* भाग्य bhagya
destroy *v.* नाश/नष्ट गर्नु nash/nasht garnu
destroy *v.* नष्ट गर्नु nasht garnu
destruction *n.* नाश nash
detach *v.* बाट अलग गर्नु baat alag garnu
detail *n.* तपसिल tapsil
detain *v.* रोक्नु roknu
detect *v.* पत्ता लाउनु patta launu
detect *v.* पत्ता लाउनु patta launu
detective *n.* जासूस jasus
détente *n.* तनाउको कमी tanau ko kami
detention *n.* रोक्नु roknu
detention *n.* थुना thuna
deter *v.* रोक्नु roknu
deteriorate *v.* बिग्रनु bigranu
determination *n.* दृढता dridhta
determine *v.* आँट्नु antnu
deterrent *n.* रोक्ने कुरा rokne kura
detest *v.* घृणा गर्नु ghrina garnu
detract *v.* कम गर्नु वा खाली गर्नु kam garnu wa khali garnu
detriment *n.* हानि hani
develop *v.* विकास गर्नु wikas garnu
development *n.* विकास wikas
deviate *v.* ठीक बाटोबाट हट्नु thik batobat hatnu
device *n.* तारिका tarika
devil *n.* सैतान saitan
devil *n.* शैतान shaitaan
devise *v.* उपाय/जुक्ति गर्नु upaya/jukti garnu
devitalize *v.* शक्तिहीन पार्नु shaktiheen parnu
devote *v.* दत्तचित्त हुनु datta chitta hunu
devotee *n.* भक्त bhakta
devotion *n.* भक्ति bhakti
devour *v.* हसुर्नु hasurnu
devout *adj.* धार्मिक dharmik
dew *n.* ओस os
dew *n.* शीत sheet
dexterity *n.* दक्षता dakshta
diabetes *n.* मधुमेह madhumeh
diabolic, diablical *adj.* अति दुष्ट ati dusht
diadem *n.* मुकुट किरीट mukut kirit

diagnose *v.* रोग पत्ता लाउनु rog patta launu
diagonal *n.adj.* विकर्ण vikaran
diagram *n.* रेखा चित्र rekha chitra
dial *v.* सुर्य घडी surya ghadi
dialect *n.* भाषा bhasha
dialect *n.* उपभाषा upbhasha
dialectic *adj.* द्वन्द्वात्मक dwandatamak
dialogue *n.* कुराकानी kurakani
diameter *n.* व्यास vyas
diamond *n.* हीरा hira
diarrh(o)ea *n.* पखाला pakhala
diary *n.* दैनिक विवरण dainik wiwaran
dice *n.* पासा pasa
dichotomy *n.* दुई विभाजन dui vibhajan
dicky *adj.* कमजोर बनाउनु kamjor banaunu
dictate *v.* आदेश दिनु adesh dinu
dictator *n.* तानाशाह tana shah
diction *n.* शब्द-योजना shabd yojna
dictionary *n.* शब्द कोश shabd kosh
didactic *adj.* शिक्षा दिने shiksha dine
die *v.* मर्नु marnu
diesel *n.* डिजेल dijel
diet *n.* आहार ahar
different *adj.* फरक pharak
difficult *adj.* गाह्यो gahyo
diffident *adj.* संकोच sankoch
diffuse *v.* धेरै शब्द प्रयाग गर्ने dherai shabd prayag garne
dig *v.* खन्नु khannu
digestion *n.* पाचनक्रिया pachan kriya
dignify *v.* सम्मान दिनु samman dinu
dignitary *n.* उच्च पदका अधिकारी ucch padka adhikari
dignity *n.* मान maan
dike, dyke *n.* बाँध baandh
dilatory *adj.* विलम्ब गर्ने vilamb garne
dilemma *n.* दोधार dodhar
diligent *adj.* उद्योगी udyogi
dim *adj.* धमिलो dhamilo
dimenstion *n.* आयाम ayam
diminish *v.* घटाउनु ghataunu
dimple *n.* हाँस्दा गालामा पर्ने खाडल hansda galama parne khadal
din *n.* हल्ला halla
din *n.* कोलाहल kolahal
dine *v.* भोजन गर्नु bhojan garnu
dinghy *n.* सानो डुङ्गा sano dunga
dingy *adj.* मेला mela
dinner *n.* रातको खाना rat ko khana
dinosaur *n.* एक किसिमको घस्रने जन्तु ek kisimko ghasrne jantu
dint *n.* सानो खोपिल्टी sano khopilti
dip *v.* डुबाउनु dubaunu
diploma *n.* उपाधि upadhi
diplomacy *n.* कूटनीति kutniti

diplomatic *adj.* कूटनैतिक kutnaitik
diptheria *n.* घाँटीको रोग ghaantiko rog
dire *adj.* भयानक bhayanak
direct *v.* निर्देश दिनु nirdesh dinu
direction *n.* दिशा disha
director *n.* निर्देशक nirdeshak
dirge *n.* शोक-गीत shok-geet
dirty *adj.* फोहोरी phohori
disable *v.* नसक्ने बनाउनु naskane banaunu
disabled *adj.* अपाङ्ग apang
disadvantage *n.* हानि hani
disagnose *v.* रोग खुट्ट्याउनु rog khuttaunu
disagree *v.* नामुजूर/अस्वीकार गर्नु namanjur/aswikar garnu
disallow *v.* अनुमति नदिनु anumati nadinu
disappear *v.* अल्पनु alpanu
disappoint *v.* निराश गर्नु nirash garnu
disapprove *v.* नमान्नु namannu
disarrange *v.* अस्तव्यस्त गर्नु astvyast garnu
disaster *n.* आपत् apat
disavow *v.* अस्वीकार गर्नु aswikar garnu
disc, disk *n.* गोलो वस्तु golo vastu
discard *v.* त्याग्नु tyagnu
discharge *n.* छुट्कारा chhutkara
disciple *n.* चेला chela
discipline *n.* अनुशासन anushasan
disclose *v.* प्रकट गर्नु prakat garnu
discomfort *n.* असुविधा asuvidha
disconsolate *adj.* दुःखी dukhi
discontent *n.* असन्तोष asantosh
discontinue *v.* रोक्नु roknu
discord फूट phoot
discount *n.* छूट chhut
discourage *v.* निरुत्साहित गर्नु nirutsahit garnu
discover *v.* पत्ता लाउनु patta launu
discredit *n.* बदनामी badnami
discriminate *v.* भेदभाव गर्नु bhed bhaw garnu
discuss *v.* छलफल गर्नु chhal phal garnu
discussion *n.* छलफल chhal phal
disease *n.* रोग rog
disembark *v.* उत्रनु utranu
disembodied *adj.* शरीरबाट अलग भएको sharirbaat alag bhaeko
disfavour *n.* अरूचि aroochi
disfigure *v.* रूप बिगार्नु roop bigarnu
disgrace *n.* अपमानजनक apmanjanak
disguise *n.* भेष बदल्नु bhesh badalnu
dish *n.* थाल thal
dishevelled *adj.* नकोरेको nakoreko
dishonest *adj.* बेइमान beiman
disillusion *v.* भ्रम हटाउनु bhram hataunu

disjointed *adj.* असम्बद्ध asambadh
dislike *n.* घिन ghine
dislodge *v.* हटाउनु hataunu
dismal *adj.* उदास udaas
dismantle *v.* भत्काउनु bhatkaunu
dismay *n.* डर र निराशाको भावना dar r nirashako bhawna
dismiss *v.* खोस्नु khosnu
disobey *v.* नटेर्नु na ternu
disoblige सहायता गर्न इन्कार गर्नु sahayta garn inkar garnu
disorder *n.* होहल्ला hohalla
disown *v.* आपनो होइन भन्नु apno hoin bhanu
disparage *v.* तुच्छ सम्झनु tuch samjhanu
dispatch *n.* सन्देश sandesh
dispensary *n.* औषधालय aushdhalaya
dispirited *adj.* हतोत्साह hatoutsaw
displace *v.* हटाउनु hataunu
display *n.* प्रदर्शन pradarshan garnu
displeasure *n.* नाराजी naraji
dispossess *v.* कब्जा हरण गर्नु kabja haran garnu
disprove *v.* असत्य प्रमाणित गर्नु asatya pramanit garnu
dispute *n.* झगडा jhagada
disquiet *v.* पीर पार्नु peer parnu
disquisition *n.* लामो भाषण lamo bhashan
disregard *n.* अनादर anadar
disrepair जीर्णोवस्था jeernovastha
disrepute *n.* बदनामी badnami
disrespect *n.* अनादर anadar
disseminate *v.* प्रचार गर्नु prachar garnu
dissent *v.* असम्मत हुनु asammat hunu
dissimilar *adj.* असमान asamaan
dissolute *adj.* अनैतिक anaitik
dissolution विघटन vighatan
dissonance *n.* बेसुरापन besurapan
distance *n.* दूरी duri
distaste *n.* अरूचि aroochi
distend *v.* फुलाउनु फुल्नु phulaunu phulnu
distiguish *v.* भेद bhed
distillery *n.* भट्टी bhatti
distinct *adj.* छुट्टै chhuttai
distinguish *v.* छुट्टयाउनु chhuttyaunu
distinguished *adj.* विशिष्ट wishisht
distract *v.* अर्कोतिर खिँच्नु arkotir khichnu
distress *n.* कष्ट kasht
distribute *v.* बाँड्नु bandnu
district *n.* जिल्ला jilla
distrust *n.* अविश्वास awishwas
disturb *v.* बाधा दिनु badha dinu
disturbance *n.* बाधा दिनु badha
ditch *n.* खाल्डो khaldo
ditto *n.* उही uhi

ditty *n.* साधारण गीत sadharan geet
diurnal *adj.* दिनको dinko
dive *n.* गोता gota
diverse *adj.* विविध vividh
diversion *n.* मोड़ modh
divert *v.* बहलाउनु bahalaunu
divest *v.* वंचित गर्नु vanchit garnu
divide भाग गर्नु bhag garnu
divination *n.* भविष्यकथन bhavishya kathan
divisible *adj.* भाग लगाउन सकिने bhag lagaun sakine
divorce *n.* पारपाचुके parpachuke
dizzy *adj.* रिंगटा ringata lageko
do *v.* गर्नु garnu
doctor *n.* डाक्टर daktar
doctrine *n.* सिद्धान्त siddhant
document *n.* कागजपत्र kagaj patra
dodder *v.* काम्नु kamnu
dodge *n.* छलने/छक्याउने काम chhalne/chhakyaune kam
doe *n.* मृगी mrigi
doer *n.* कर्त्ता karta
dog *n.* कुकुर kukur
dogged *adj.* दृढ़ dridh
doggerel *n.* कुकविता kukavita
doggy *n.* कुकुर kukur
dole *v.* वितरण गर्नु vitran garnu
doll *n.* पुतली putali
dollar *n.* संयुक्त राज्य अमेरिका sanyukt rajya america
dolly *n.* पुतली putli
dolphin *n.* समुद्री जन्तु samudari jantu
dome *n.* गुम्बज gumbaj
domestic *adj.* घरेलु gharelu
domicile *n.* प्रवास prabas
domicole *n.* निवास-सीान niwas-sthan
dominant *adj.* मुख्य mukhya
dominate *v.* दबाउनु dabaunu
domination *n.* प्रभतुत्व prabhutwa
don *v.* लाउनु launu
donate *v.* दान/चन्दा दिनु dan/chanda dinu
donkey *n.* गधा gadha
donor *n.* दाता data
door *n.* दैलो dailo
doorkeeper *n.* पाले pale
dormant *adj.* सुप्त supt
dormitory *n.* ठूलो सुत्ने कोठा thulo sutne kotha
dorsal *adj.* पिठयूँको pithuyuko
dosage *n.* औषधिको खुराक aushadhiko khurak
dose *n.* मात्रा matra
dot *n.* थोप्लो thoplo
dote *v.* पुल्पुल्याउनु pulpulaunu
double *adj.* दोब्बर dobbar
doubt *n.* शंका shanka
doubtful *adj.* शंकाजनक shanka janak
doubtless *adj.* निस्सन्देह nissandeh

dour *adj.* कड़ा kardha
douse पानी खन्याउनु pani khanyanu
dove *n.* ढुकुर dhukur
dowdy *adj.* भद्‌दा bhadda
down *n.* तल tala
downcast *adj.* झोक्राएको jhokraeko
downfall *n.* पतन patan
downhill *n.* ओरालो orali
downpour *n.* मुसलधार पानी musaldhar pani
downstairs *adv.* तलतिर tala tira
dowry *n.* दाइजो daijo
doyen *n.* वरिष्ठ सदस्य varisht sadasya
doze *v.* उँघ्नु unghnu
dozen *n.* दर्जन darjan
drab *adj.* नीरस neeras
drag *v.* तान्नु tannu
dragon *n.* प्वाँखे सर्प pwankhe sarpa
drain *n.* नाल nal
drake *n.* भाले हाँस bhale haans
dram *n.* तरल पदार्थको तौल taral padarthko tol
drama *n.* नाटक natak
dramatic *adj.* नाटकीय natkiya
drastic *adj.* कठोर kathor
draught *n.* कोठामा हावाको झोंक्का kothama hawako jhokka
draw *n.* खिचातानी khichatani
drawback *n.* दोष dosh
drawer *n.* घर्रा gharra
drawing *n.* रेखाचित्र rekha chitra
drawing room *n.* बैठक baithak
drawl *v.* लेग्रो legro
dread *n.* डर dar
dreadful *adj.* भयानक bhayanak
dream *n.* सपना sapna
dreary *adj.* नीरस neeras
dregs *n.* थेग्रो thegro
drench *v.* भिज्नु bhijnu
dress *n.* लुगा luga
driblet *n.* तप्कने थोपा tapkane thopa
drift *v.* बग्नु bagnu
drill *n.* बर्मा barma
drink *n.* पेय peya
drip *v.* तप्किनु tapikanu
drive *n.* हँकाइ hankai
drivel *v.* बकम्फूस bakamphoos
driver *n.* चालक chalak
drizzle *n.* सिमसिम पानी simsim pani
droll *adj.* विचित्र vichitar
drool *v.* राल चुहाउनु ral chuhaunu
droop *v.* लत्रनु latranu
drop *n.* थोपा thopa
dross *n.* धातु को मैला dhatuko maila
drought *n.* सुक्खा sukkha
drove *n.* खेदिएको गाई-वस्तुको हूल khediyeko gaivastuko hool
drown *v.* डुब्नु dubnu
drub *v.* लगातार पिट्नु lagatar pitnu
drug *n.* औषधि aushadhi

drugstore *n.* औषधि पसल aushadhi pasal

drum *n.* ढोल dhol

drunk *adj.* मातेको mateko

drunkard *n.* रक्सी खाने dherai raksi khane

dry *adj.* सुकेको sukeko

dual *adj.* दुईजनाको duijanako

dubiety *n.* सन्दिग्धता sandigdhta

duck *n.* हाँस hans

duct *n.* नली nali

dud *n.* काम नलाग्ने चीज kam nalagne cheej

due *adj.* उचित् uchit

duel *n.* दुई जनाको भिडन्त dui jana ko bhidant

dues *n.* ऋण rin

duet *n.* युगलगान yugal gan

duffer *n.* निकम्मा व्यक्ति nikamma vyakti

dug *n.* थुन thun

dulcet *adj.* मीठो meetho

dull *adj.* मन्द mand

dullard *n.* लठुवा lathuwa

duly *adv.* ठीकसँग thiksang

dump *v.* फ्याँक्नु phayankanu

dumpy *adj.* पुड्कोर मोटो punkur moto

dunderhead *n.* मूर्ख व्यक्ति murkh vyakti

dune *n.* बालुवाको ढिस्को baluwako dhisko

dungeon *n.* कालकोठरी kalkothari

dunk *v.* बिस्कुट वा रोटी चोपल्नु biscuit va roti chopalnu

dupe *v.* धोखा दिनु dhoka dinu

duplicate *adj.* दोहोरो dohoro

durable *adj.* टिकाउ tikau

duration *n.* अवधि awadhi

duress *n.* धम्की dhamki

during *prep.* मात्रा ma

during *prep.* को समयमा ko samyama

dusk *n.* गोधूलि godhuli

dusky *adj.* कालो रंगको kaloranko

dust *n.* धूलो dhulo

dutiful *adj.* आज्ञापालक agya palak

duty *n.* काम kam

dwarf *n.* बाउन्ने baunne

dwelling *n.* निवास niwas

dye *n.* रंगाउनु rang aunu

dynamite *n.* विस्फोटक visphotak

dynamo *n.* विद्युत् निकाल्ने एक यंत्र vidhyut nikalne ek yantra

dynasty *n.* वंश wamsha

dysentery *n.* आउँ aun

dyspepsia अपच apach

E

each *adj.* हरेक harek

eager *adj.* उत्सुक utsuk

eagle *n.* चील chil

ear *n.* कान kan

earl *n.* अंग्रेजी कुलीन पुरूष angrezi kuleen purush

early *adj.* सबेरै saberai

earmark *v.* खास कामको लागि कोष छुट्ट्याउनु khas kam ko lago kosh chhuttyaunu

earn *v.* कमाउनु kamaunu

earnest *adj.* गंभीर gambhir

earning *n.* कमाइ kamai

earshot *n.* आवाज सुन्न सकिने दूरी awaz sun sakine duri

earth *n.* पृथ्वी prithwi

earthquake *n.* भुइँचालो bhuinchalo

ease *n.* आराम aram

easel *n.* चित्र अड्याउने काठको ढाँचा chitra adaune kathko dhancha

easily *adv.* सजिलोसँग sajilo sanga

east *n.* पूर्व purwa

eastern *adj.* पूर्वी purwi

easy *adj.* सजिलोसँग sajilo sanga

eat *v.* खानु khanu

eatables *n.* खानूकुरा khane kura

ebony *n.* कड़ा कालो काठ karha kalo kath

ebullient *adj.* उल्लसित ullasit

eccelesiastic *n.* पादरी padri

eccentric *n.* झक्की jhakki

echo *n.* प्रतिध्वनि pratidhwani

éclair *n.* केक cake

eclipse *n.* सुर्य ग्रहण surya grahan

eclipse *n.* ग्रहण grahan

ecology *n.* पर्यावरण paryawaran

economic *adj.* आर्थिक arthi

economical *adj.* कम खर्चिलो kam kharchilo

economize *v.* कम खर्च/किफायत गर्नु kam kharch kiphayat garnu

economy *n.* अर्थतन्त्र arth tantra

eczema *n.* दाद dad

eddy *n.* भुँवरी bhuwanri

edge *n.* छेउ chheu

edgy *adj.* झोकी jhoki

edible *adj.* खान हुने khana hune

edifice *n.* भवन bhawan

edit *v.* सम्पादन गर्नु sampadan garnu

educate *v.* शिक्षा दिनु shiksha dinu

education *n.* शिक्षा shiksha

eel *n.* बाम माछा bammachha

effect *n.* असर asar

effective *adj.* राम्रो असर पार्ने ramroasar parne

effete *adj.* दुर्बल durbal

efficiency *n.* दक्षता dakshata

efficient *adj.* दक्ष daksh

effigy *n.* पुतला putala

effort *n.* मिहिनेत mihinet

effrontery *n.* धृष्टता dhrishtata

effulgent *adj.* उज्जवल ujjawal

egalitarian *n.* समतावादी samata wadi

egg *n.* फुल phul

eggplant *n.* भण्टा bhanta

ego *n.* अहम aham

egress *n.* बाहिर जाने काम bahir jane kam

eight *n.* आठ aath
eighteen *n.* अठार athara
eighth *adj.* आठौं athaun
eighty *adj.* अस्सी assi
ejaculate *v.* सिर्का छोड्नु sirka chhodnu
ejaculation *n.* स्खलन skhalan
eject *v.* निकाल्नु nikalnu
eke out कुनै कुरामा थपथाप kunai kurama thapthaap
elaborate *adj.* विस्तृत wistrit
elan *n.* फुर्ति phurti
elapse *v.* बित्नु bitnu
elastic *adj.* तन्कने tankane
elated *adj.* खुस khus
elbow *n.* कुहिना kuhina
elder *adj.* जेठो jetho
elderly *adj.* प्रौढ praudh
elect *v.* चुन्नु chunnu
election *n.* चुनाउ chunau
electric shock *n.* बिजुलीको करेण्टको धक्का bijuli ko karent ko dhakka
electricity *n.* बिजुली bijuli
electrocute *v.* बिजुलीको करेण्ट लागेर मर्नु bijuli ko karent lagera marnu
elegant *adj.* सुन्दर sundar
element *n.* तत्त्व tattwa
elephant *n.* हात्ती hatti
elevate *v.* उचाल्नु uchalnu
elevation *n.* ऊँचाइ unchai
elevator *n.* लिफ्ट lipht

eleven *n.* एघार eghara
elicit *v.* निकाल्नु nikalnu
eligible *adj.* छान्नयोग्य chhanna yogya
eliminate *v.* लोप गराउनु lop garaunu
elixir *n.* अमृत amrit
elk *n.* एक जातको हरिण ek jaatko harin
elm *n.* रूख विशेष rukh vishesh
elocution *n.* बोल्ने कला bolne kala
elongate *n.* लामो पार्नु lamo parnu
elope *v.* चम्पत हुनु champat hunu
elopquent *adj.* राम्रो बोल्ने ramro bolne
else *pron.* अर्को arko
elsewhere *adj.* अन्तै antai
elucidate *v.* स्पष्ट गर्नु sapasht garnu
emaciated *adj.* दुब्लो भएको dublo bhaeko
emancipate *v.* मुक्त गर्नु mukt garnu
emancipation *n.* मुक्ति mukti
embankment *n.* बाँध bandh
embargo *n.* रोक्का rokka
embark *v.* जहाज चढ्नु jahaj chadhnu
embarkation *n.* आरोहण arohan
embarrass *v.* अप्ठ्यारोमा पार्नु apthyaro ma parnu
embarrassment *n.* अप्ठ्यारोमा पार्नु apthyaro ma parnu
embassy *n.* दूतावास dutawas

embed *v.* जड्नू jadnu
embers *n.* आगोको झरिलो रहल agoko jharilo rahal
emblazon *v.* अलंकृत गर्नु alankrit garnu
emblem *n.* चिनो chino
embolden *v.* हिम्मत बढ़ाउनु himmat badhaunu
emboss *v.* कुँदेर बेलबुट्टा भर्नु kunder belbutta bharnu
embrace *v.* अँगालो हाल्नु angalo halnu
embroidery *n.* कार्चोप karchop
embryo *n.* भ्रूण bhurun
emerald *n.* पन्ना panna
emerge *v.* निक्लनु niklanu
emergency *n.* संकट sankat
emergent *adj.* नवोदित nawodit
emery *n.* पालिस गर्ने धातु palis garne dhatu
emigrant *n.* प्रवासी prawasi
émigré *n.* प्रवासी prawasi
eminent *adj.* नामी nami
emissary *n.* दूतावास dutawas
emit *v.* छोड्नु chodnu
emotion *n.* भाव bhawan
empathy *n.* समानुभूति samanubhuti
emperor *n.* सम्राट samrat
emphasis *n.* जोर jor
empire *n.* साम्राज्य samrajya
employ *v.* काम दिनु kam dinu
employee *n.* काम गर्ने kam garnue
employment *n.* काम kam
empower *v.* अधिकार दिनु adhikar dinu
empress *n.* सम्राज्ञी samragi
empty *adj.* रित्तो ritto
en masse *adv.* सामूहिक रूपले samuhik ruple
en route *adv.* बाटोमा batoma
enable *v.* योग्य/लायकबनाउनपु yogya/layak banaunu
enable *v.* समर्थ वा योग्य बनाउनु samrath va yogya banaunu
enact *v.* अभिनय गर्नु abhinay garnu
enamel *n.* एनामेल enamel
encase *v.* डिब्बामा बन्द गर्नु dibbama band garnu
encephalitis *n.* मस्तिष्क ज्वर mastishka jwar
enchant *v.* टुना/मोहित गर्नु tuna/ mohit garnu
enchant *v.* मोहित गर्नु mohit garnu
enchantment *n.* मोह moh
enclose *v.* घेर्नु ghernu
enclosure *n.* घेरा ghera
encounter *v.* लड्नू ladnu
encounter *v.* सित भेट्नु sit bhetnu
encourage *v.* उक्साउनु uksaunu
encouragement *n.* हौसला hausala
encumber *v.* भार हाल्नु bhaar halnu
encyclop(a)edia *n.* विश्वकोश wishwa kosh

end *n.* आखिर akhir

end *n.* अन्त anth

endanger *v.* खतरामा हाल्नु khatrama halnu

endear *v.* प्यारो बनाउनु piaro banaunu

endeavo(u)r *n.* प्रयत्न prayatna

endless *adj.* अनन्त anant

endorse *v.* लेखेर स्वीकार/दरपीठ गर्नु lekhera swikar/darpith garnu

endorse *v.* समर्थन samrathan

endow *v.* दिनु dinu

endurance *n.* सहनशीलता sahan shilta

endure *v.* सहनु sahanu

endure *v.* सहनु sahnu

enema *n.* डूस doos

enemy *n.* त्रु shatru

energy *n.* बल bal

energy *n.* ऊर्जा oorja

enervate *v.* दुर्बल बनाउनु durbal banaunu

enfold *v.* लपेटनु lapetanu

enforce *v.* कर लगाउनु kar lagaunu

enforcement *n.* लागू गर्ने काम lagu garne kam

engage *v.* काममा लाग्नु kam ma lagnu

engaged *adj.* काममा लागेको/व्यस्त kam ma lageko/wyasta

engagement *n.* काम kam

engender *v.* उत्पन्न गर्नु uttpan garnu

engine *n.* कल kal

engineer *n.* इन्जिनियर injiniyar

england *n.* बेलायत belayat

english *n.* अँग्रेज angrej

engrave *v.* खोप्नु khopnu

engulf *v.* ग्रास गर्नु gras garnu

enhance *v.* बढ्नु badhnu

enigma *v.* पहेली paheli

enjoin *v.* आदेश दिनु aadesh dinu

enjoy *v.* रमाउनु ramaunu

enjoyable *adj.* आनन्द दिने anand dine

enjoyment *n.* मजा maja

enlarge *v.* ठूलो गर्नु thulo garnu

enlighten *v.* प्रकाश पार्नु prakash parnu

enlightenment *n.* ज्ञान gyan

enmesh *v.* फसाउनु phasaunu

enmity *n.* शत्रुता shatruta

enough *adv.* यथेष्ट yathesht

enquire *v.* सोधपुछ गर्नु sodh puchh garnu

enquual *adj.* असमान asaman

enrage *v.* क्रुद्ध पार्नु krudh parnu

ensconce *v.* आरामसित बसाउनु aramsit basaunu

ensign *n.* झण्डा jhanda

enslave *v.* दास बनाउनु das banaunu

entangle *v.* फसनु phasnu

entanglement *n.* अल्झाइ aljhai

entente *n.* सन्धि sandhi

entente *n.* सन्धि sandhi

enter *v.* पस्नु pasnu

enterprise n. उद्यम udyam
enterprising adj. उद्यमी udyami
entertain v. मन बहलाउनु man bahalaunu
entertainment n. मनोरंजन manoranjan
enthral v. मोहित गर्नु mohit garnu
enthrone v. राजगद्दीमा राख्नु rajgaddima rakhnu
enthuse v. उत्साह देखाउनु utsaw dekhaunu
enthusiasm n. जोश josh
entice v. फकाउनु phakaunu
entirely adv. पूर्ण रूपले purn ruple
entitle v. अधिकार दिनु adhikar dinu
entourage n. दलबल dalbal
entrails n. आन्द्रा aandra
entrance n. प्रवेश prawesh
entrap v. फसाउनु phasaunu
entreat v. बिन्ती/अनुरोध गर्नु binti/anurodh garnu
entrepreneur n. उद्यमी udyami
entrust v. सुम्पनु sumpanu
entry n. प्रवेश prawesh
entwine v. बेरिनु berinu
envelop v. घेर्नु ghernu
envelope n. खाम kham
envelope n. खाम kham
enventual adj. अन्तिम antim
enviable adj. ईर्ष्या गर्न योग्य irshya garn yogya
environment n. वातावरण watawaran

envy n. डाहा daha
enzyme n. इन्जाइम enzyme
epic n. महाकाव्य maha kawya
epidemic n. महामारी mahamari
epilepsy n. छारेरोग chhare rog
epilogue n. उपसंहार upsanhar
episode n. प्रसंग prasang
epistle n. चिठी chithi
equal adj. बराबर barabar
equanimity n. मनको स्थिरता manko sthirta
equator n. भूमध्य रेखा bhumadhya rekha
equestrian n. घोड्चढी ghod chadhi
equiality n. बराबरी barabari
equinox n. दिन र रात समान हुने समय din r rat saman hune samay
equip v. सजाउनु sajaunu
equipment n. उपकरण upkaran
equivalent adj. बराबर barabar
era n. युग yug
eradicate v. निर्मूल/उन्मूलन गर्नु nirmul/unmulan garnu
erase v. मेट्नु metnu
eraser n. मेट्ने रबर metne rabar
ere adv. अघि aghi
erect v. बनाउनु banaunu
erode v. ख्याउनु khyaunu
erosion n. कटान katan
erotic adj. कामुक kamuk
err v. गल्ती गर्नु galti garnu

errand *n.* बाहिर गई गरिने काम bahir gal garine kam
erroneous *adj.* अशुद्ध ashudh
error *n.* गल्ती galti
escalate *v.* बढाउनु batdhaunu
escalator *n.* आफै चल्ने भरेङ्ग aphai chalne bhareng
escapade *n.* जोखिमपूर्ण काम jokhimpurn kam
escape *v.* फुत्कनु phutkanu
escarpment *n.* करालो परेको ठाउँ karalo pareko thaun
especial *adj.* विशेष vishesh
especially *adv.* विशेषगरी wishesh gari
espionage *n.* जासूसी jasusi
espouse *v.* बिहे गर्नु bihe garnu
espy *v.* देख्नु dheknu
essay *n.* निबन्ध nibandh
essence *n.* सार sar
essential *adj.* जरूरी jaruri
establish *v.* सीपना/खडा गर्नु sthapana/khada garnu
establishment *n.* सीपना sthapana
esteem *n.* आदर adar
estimate *adv.* लागत lagat
estrange *v.* विमुख गराउनु vimukh garaunu
estuary *n.* नदीमुख nadimukh
eternal *adj.* अनन्त anant
ethereal *adj.* सुकुमार sukumar
ethical *n.* नैतिक naitik

ethics *n.* नीतिशास्त्र niti shastra
ethos *n.* जातीय गुण jatiya gun
etiquette *n.* काइदा kaida
eunuch *n.* खसी परेको व्यक्ति khasi pareko vyakti
euphoria *n.* सुख वा उल्लास को स्थिति sukh va ullas ko sthiti
euquilibrium *n.* सन्तुलन santulan
euquitable *adj.* न्यायसंगत nayaysangat
evacuate *v.* खाली गर्नु khali garnu
evade *v.* बाट बाच्नु baat bachnu
evaluate *v.* मूल्यांकन mulyankan
evaporate *v.* बाफ बन्नु baph bannu
eve *n.* उत्सवको अघिल्लो साँझ utsavko aghilo saanjh
eveing *n.* बेलुका beluka
even *adv.* पनि pani
event *n.* घटना ghatna
eventual *adj.* अन्तिम antim
ever *adv.* सधैं sadhain
evergreen *adj.* सदाबहार sadabahar
everlasting *adj.* सधैं रहने sadhain rahane
every *adj.* हरेक harek
everybody *n.* हर व्यक्ति har wyakti
everything *n.* हर चीज har chij
everywhere *adv.* जहाँसुकै jahan sukai
evict *v.* निकाल्नु nikalnu
evidence *n.* साक्षी sakshi

evident *adj.* प्रत्यक्ष pratyaksha
evil *n.* दुष्टता dushtata
evince *v.* देखाउनु dekhaunu
evoke *v.* उत्पन्न गर्नु uttapan garnu
evolution *n.* विकास wikas
evolve *v.* विकसित हुनु वा गर्नु wiksit hunu wa garnu
ewer *n.* घड़ा gharha
exacerbate *v.* तीव्र बनाउनु tivra banaunu
exact *adj.* ठीक thik
exactly *adv.* ठीकसँग thik sanga
exaggeration *n.* बढाई चढाई गरेको कुरा badhai chadhai gareko kura
examination *n.* जाँच janch
examine *v.* जाँच्नु janchnu
example *n.* ददाहरण udaharan
exasperate *v.* रीस उठाउनु rees uthaunu
excavate *v.* खनेर निकाल्नु khanera nikalnu
exceed *v.* बढ्नु badhnu
excel *v.* जित्नु jitnu
excellency *n.* महामहिम maha mahim
excellent *adj.* उत्तम uttam
except *prep.* सिवाय siwaya
exception *n.* नियमबाहिरको कुरा niyam bahira ko kura
excess *n.* ज्यादा jyada
excessive *adj.* अत्यधिक atyadhik
exchange *n.* साटासाट satasat
exchequer *n.* राजकोष rajkosh
excite *v.* उत्तेजित गर्नु uttejit garnu
excitement *n.* उत्तेजना uttejana
exclaim *v.* कराउनु karaunu
exclude *v.* भाग लिन नदिनु bhag lin nadinu
excrement *n.* दिसा disha
excrescence *n.* अपवृद्धि apvridhi
excursion *n.* सफर saphar
excuse *n.* क्षमा kshama
execrable *adj.* अति नराम्रो ati naramro
execute *v.* गर्नु garnu
executive *n./adj.* कार्यकारिणी karya karini
exempt *v.* छूट दिनु chhut dinu
exemption *n.* छूट दिनु chhut dinu
exercise *n.* अभ्यास abhyas
exert *v.* काममा ल्याउनु kamma lyaunu
exhale *v.* सास छोड्नु saas chodnu
exhaust *v.* सिद्धिनु siddhinu
exhausted *adj.* थाकेको thakeko
exhibition *n.* प्रदर्शनी pradarshani
exhort *v.* उपदेश दिनु updesh dinu
exile *n.* निष्कासन nishkasan
exist *v.* बाँच्नु banchnu
existence *n.* अस्तित्व astitwa
exit *n.* निस्कने बाटो niskane bato
exobitant *adj.* ज्यादै बढी jyadai badhi
exodus *n.* प्रसस्थान prasthan
exorbitant *adj.* अत्यधिक atyadhik

exorcise *v.* भूत धपाउनु bhut dhapaunu

exotic *adj.* नौलो naulo

expand *v.* बढ़नु badhnu

expansion *n.* विस्तार wistar

expect *v.* आशा asha

expectant *adj.* आशा गर्ने asha garne

expectorant *v.* कफनासक coughnasak

expectorate *v.* कफ निकाल्नु coughnikalnu

expedite *v.* चाँडो/ताकिता गर्नु chando/takita garnu

expedition *n.* यात्रा yatra

expel *v.* निकाल्नु nikalnu

expenditure *n.* खर्च kharch

expensive *adj.* महंगो mahango

experience *n.* अनुभव anubhav

experienced *adj.* अनुभवी anubhavi

experiment *n.* प्रयोग prayog

expert *adj.* सिपालु sipalu

expertise *n.* विशेष सीप vishesh seep

expiate *v.* प्रायश्चित गर्नु prayashchit garnu

expionage *n.* जासूसी jasoosi

expire *v.* मर्नु marnu

explain *v.* बताउनु bataunu

explanation *n.* व्याख्या wyakhya

explode *v.* पड्कनु padkanu

explore *v.* खोज/अन्वेषण गर्नु khoj/ anweshan garnu

explosion *n.* विष्फोटन wishphotan

export *n.* निर्यात निकसी गर्नु niryat nikasi garnu

express *v.* बोल्नु bolnu

expression *n.* अभिव्यक्ति abhiwyakti

expropriate *v.* हरण गर्नु haran garnu

exquisite *adj.* उत्तम uttam

ex-serviceman *n.* भूतपूर्व सैनिक bhutpurv sainik

extempore *adj.* बिना तयारी bina tayari

extend *v.* फेलाउनु phailaunu

extension *n.* जोड़िएको भाग jodiyeko bhaag

extepore *adv. adj.* बिना तयारी bine tyari

exterior *adj.* बाहिरी bahiri

exterminate *v.* खतम गर्नु khatam garnu

external *adj.* बाहिरी bahiri

external *adj.* बाहिरको bahirko

extinct *adj.* बिलाउको bilaeko

extinguish *v.* निभाउनु nibhaunu

extirpate *v.* उन्मूलन गर्नु unmulan garnu

extra *adj.* अतिरिक्त atirikta

extract *v.* झिक्नु jhiknu

extradite *v.* सुम्पनु sumpanu

extradition *n.* सुपुर्दगी supurdagi

extraneous *adj.* असम्बद्ध asambadh

extraordinary *adj.* असाधारण asadharan
extravagant *adj.* खर्चिलो kharchilo
extreme *adj.* उग्र ugra
extricate *v.* मुक्त गर्नु mukt garnu
exude *v.* देखाउनु dekhaunu
eye *n.* आँखा ankha
eyeball *n.* आँखीगेडी ankhi gedi
eyebrow *n.* आँखीभौं ankhi bhaun
eyeglasses *n.* चस्मा chasma
eyelash *n.* परेला parela
eyesight *n.* दृष्टि drishti
eyewitness *n.* प्रत्यक्षदर्शी pratyakshadarshi

F

f(a)eces *n.* दिसा disa
fable *n.* कथा katha
fabric *n.* कपड़ा kapada
fabricate *v.* बनाउनु banaunu
fabulous *adj.* व्रख्यात prakhat
façade *n.* भवनको सामुन्ने भाग bhavanko samune bhag
face *n.* मुख mukh
facial *adj.* अनुहारको anuharko
facile *adj.* सहज sahaj
facility *n.* सुविधा suwidha
facsimile *n.* अनुलिपी anulipi
fact *n.* कुरा kura
faction *n.* गुट gut
factitious *adj.* कृत्रिम kritrim
factor *n.* तत्त्व tattwa
factory *n.* कारखाना karkhana
faculty *n.* सङ्काय sankaya
fad *n.* धुन dhun
fade *v.* खुइलनु khuilanu
faeces *n.* विष्ठा vishtha
faggot *n.* दाउराको बिटा daurako bita
fahrenheit *adj.* फारेनहाइट fahrenheit
fail *v.* निष्फल हुनु nishphal hunu
failure *n.* असफलता asaphalta
faint *adj.* मूर्छित murchhit
fair *n.* मेला mela
fairy *n.* परी pari
faithful *adj.* इमानदार imandar
fake *n.* नक्कली वस्तु nakkali wastu
falcon *n.* बाज baj
fall *v.* खस्नु khasnu
fallible *adj.* गलती गर्न सक्ने galti garn sakne
falls *n.* झरना jharna
falsetto *n.* पुरूषमा हुने purushma hune
fame *n.* कीर्ति kirti
familiar *adj.* चिनेजानेको chine janeko
family *n.* परिवार pariwar
famine *n.* अनिकाल anikal
famous *adj.* प्रसिद्ध prasiddha
fan *n.* पंखा pankha
fanatic *n./adj.* धर्मान्ध dharmandh
fanfare *n.* धूमधाम dhumdham

fang *n.* दाह्रा Darha

fantastic *adj.* विलक्षण wilakshan

far *adj.* टाढा tadha

fard-headed *adj.* व्यावहारिक wyawharik

farewell *n.* विदाइ bidai

far-fetched *adj.* अस्वाभाविक aswabhawik

farm *n.* खेत khet

farmer *n.* किसान kisan

farrier *n.* घोड़ा को टापमा नाल ठोक्ने मानिस ghorako tapma nal thokne manis

farrow *v.* सुँगरले बच्चा जन्माउनु sungurle bacha janmaunu

fart *v.* पादनु padnu

fascinate *v.* 13 mohit/akarshit garnu

fashion *n.* चलन chalan

fast *adj.* छिटो chhito

fasten *v.* बाँध्नु bandhnu

fat *n.* चिल्लो chillo

fatal *adj.* ज्यान जाने jyanjane

fatal *adj.* घातक ghatak

fate *n.* भाग्य bhagya

father *n.* बाबु babu

father-in-law *n.* ससुरा sasura

fathom *n.* पानीको गहिराइको नाप paniko gahiraiko nap

fatigue *n.* थकाइ thakai

faucet *n.* टुटी tuti

fault *n.* गलती galti

fauna *n.* प्राणीहरू prani haru

faux pas *n.* गलती galti

favo(u)r *n.* कृपा kripa

favo(u)rite *n.* प्यारो pyaro

fear *n.* डर Darha

fearful *adj.* डरलाग्दो dar lagdo

fearless *adj.* निडर nidar

feasible *adj.* सम्भव sambhaw

feast *n.* भोज bhoj

feat *n.* कठिन काम kathin kaam

feather *n.* प्वाँख pwankh

feckless *adj.* लापरवाह laparwah

fecund *adj.* धेरै उब्जनी हुने dherai ubjani hune

fed विरक्त वा वाक्क भएको virakt wa wak bhaeko

fee *n.* शुल्क shulka

feeble *adj.* कमजोर kamjor

feed *v.* ख्वाउनु khwaunu

feel *v.* महसुस गर्नु mahsus garnu

feeling *n.* भाव bhaw

feet *n.* पाउ खटाहरू pau/khutta haru

feint *n.* बहाना bahana

felicitate *v.* बधाई दिनु badhai dinu

felicitation *n.* बधाई दिनु badhai dinu

feline *adj.* बिरालोको biraloko

fell *v.* रूख काट्नु rukh katnu

fellow *n.* साथी sathi

felon *n.* घोर अपराधी ghor apradhi

female *n.* स्त्री stri

feminine *adj.* स्त्रीलिंग striling

femur *n.* तिघ्राको हड्डी tighrako haddi

fen *n.* धाप dhap
fence *n.* बार bar
fend *v.* आपनो बचाउ गर्नु apno bachau garnu
fennel *n.* सोंप soanp
fenugreek *n.* मेथी methi
ferment *v.* उत्तेजित गर्नु वा हुनु uttejit garnu wa hunu
fern *n.* उन्यू unyu
ferocious *adj.* डरलाग्दो dar lagdo
ferry *n.* डुंगा dunga
fertile *adj.* उब्जाउ ubjau
fertilizer *n.* मल mal
fervent *adj.* व्यग्र wyagra
fervo(u)r *n.* जोश josh
fester *v.* पाक्नु paknu
festival *n.* चाड chad
festive *adj.* रमाइलो ramailo
fetch *v.* लिएर आउनु liera aunu
feud *n.* झगडा jhagada
fever *n.* जरो jaro
feverish *adj.* ज्वरग्रस्त jwar grast
few *adj.* अलिकति ali kati
fiction *n.* काल्नलिक बयान kalpanik bayan
fictitious *adj.* काल्पनिक kalpanik
fiddle *n.* सारंगी sarangi
field *n.* खेत khet
fierce *adj.* डरलाग्दो dar lagdo
fifteen *n.* पन्ध्र pandhra
fifth *adj.* पाँचौ panchaun
fig *n.* अन्जीर anjir
fight *n.* लडन्त ladant
fighting *n.* लडाइँ ladain
figure *n.* अंक ank
file *n.* रेती reti
fill *v.* भर्नु bharnu
film *n.* चलचित्र chal chitra
filter *n.* फिल्टर philtar
filthy *adj.* फोहोरी phohori
fin *n.* माछाको पखेटा machhako pakheta
final *adj.* अन्तिम antim
finally *adv.* अन्तमा nantma
find *v.* फेला पार्नु phela parnu
fine *adj.* असल asal
finery *n.* सुन्दर वस्त्र र गहनापात sundar vastra r gehnapat
finger *n.* औंला aunla
fingernail *n.* नङ् nantma
fingerprint *n.* ल्याप्चे lyapche
finish *v.* सिध्याउनु siddhyaunu
finite *adj.* सीमित simit
fir *n.* सल्ला, देवदारू salla, devdaru
fire *n.* आगो ago
fire brigade *n.* दमकल damkal
fire engine *n.* दमकल damkarl
firefly *n.* जूनकीरी junkiri
fireman *n.* आगो निभाउने मानिस ago nibhaune manis
fireplace *n.* अगेनु agenu
firewood *n.* दाउरा daura
fireworks *n.* आतशबाजी atash baji
firmament *n.* आकाश akash
firms *n.* कम्पनी kampani
first *adj.* पहिलो pahilo

firth *n.* मुहान muhan

fiscal year *n.* आर्थिक वर्ष Arthik warsh

fish *n.* माछा machhako pakheta

fisherman *n.* मल्लाह mallah

fist *n.* मुट्ठी muthi

fit *adj.* लायक layak

fitness *n.* योग्यता yogyata

five *n.* पाँच panchaun

fix *n.* दोधार dodhar

fizz *v.* यस्तो आवाज yasto awaz

fizzle *v.* विफल हुनु viphal hunu

flabbergasted *adj.* जिल्ल परेको jill pareko

flag *n.* झंडा jhanda

flagellate *v.* कोर्रा लाउनु korara launu

flagrant *adj.* स्पष्ट spasht

flail *n.* मुसल musal

flair *n.* योग्यता yogayta

flame *n.* आगो को लप्का ago ko lapka

flank *n.* छेउ chheu

flannel *n.* फलाटिन phalatin

flannel *n.* फलाटिन phalatin

flap *n.* फडफडाहट phadphadahat

flare *n.* ज्वाला jwala

flash *n.* झिल्को jhilko

flashback *n.* पूर्व-दृश्य purv-drishya

flashlight *n.* टर्चलाइट tarch lait

flat *adj.* सम्म samma

flatly *adv.* स्पष्टसँग spasht sanga

flatter *v.* बढाइ गर्नु badhai garnu

flatulence *n.* वायु उत्पन्न गर्ने vayu uttapan garne

flaunt *v.* देखाउनु dekhaunu

flavo(u)r *n.* स्वाद swad

flaw *n.* खोट khot

flawless *adj.* निर्दोष nirdosh

flea *n.* उपियाँ upiyan

fleck *n.* दाग, धब्बा daag, dhabha

flee *v.* भाग्नु bhagnu

fleece *n.* ऊन कत्रनु oon katranu

flesh *n.* मासु masu

flexible *adj.* लच्किने lachkine

flick *v.* हल्का चालले हान्नु वा छुनु halka challe hanu wa chunu

flicker *vg.* धिपधिप गर्नु dhipdhip garnu

flight *n.* उडान udan

flinch *v.* पछि हट्नु pachi hatnu

flint *n.* चकमक chakmak

flirt *n.* नाठी nathi

float *n.* पानीमा उत्रने वस्तु pani ma utrane wastu

flock *n.* बथान bathan

flog *v.* कोर्रा हान्नु korra hannu

flood *n.* बाढी badhi

flooded *adj.* बाढी आएको badhi aeko

floor *n.* कोठाको kotha ko bhuin

flop *v.* भ्यात्त खस्नु bhayat khasnu

flora *n.* वनस्पति wanaspati

floriculture *n.* फूलको कृषि phoolko krishi

florist *n.* माली mali

florist *n.* फूल बेच्ने व्यक्ति phool bechne vyakti

flortilla *n.* बेड़ा bedha

flour *n.* पीठो pitho

flourish *v.* मौलाउनु maulaunu

flow *n.* प्रवाह prawah

flower *n.* फूल phul

flowerpot *n.* गमला gamla

flu *n.* रूघा, खोकी, ज्वरो आदि rugha, khoki, jwaro adi

fluent *adj.* फर्र बोल्ने pharra bolne

fluid *n.* तरल वस्तु taral wastu

fluke *n.* संयोगको सफलता sanyogko safalta

flunkey *n.* वर्दी लाउने नोकर vardi laune nokar

flurry *n.* हावा वा हावाको झोक्का hawa wa hawako jhoka

flush *n.* मुख को लाली mukh ko lali

flustered *adj.* हडबडाएको hadbadaeko

flute *n.* बाँसुरी bansuri

fly *n.* झिँगा jhinga

foam *n.* फींज phinj

fodder *n.* गाईवस्तुको दाना gaivastuko dana

foe *n.* शत्रु shatru

foetus *n.* पेटको बच्चा pethko bachha

fog *n.* कुइरो kuiro

foggy *adj.* कुहिरो लागेको kuhiro lageko

foible *n.* चरित्रको दोष charitarko dosh

fold *n.* खोर khor

foliage *n.* पातहरू patharu

folk *n.* साथी sathi

folk music *n.* लोकसंगीत lok sangit

folk song *n.* लोकगीत lokgit

folklore *n.* जनश्रुति jan shruti

follow *v.* पछिलाग्नु pachhi lagnu

follower *n.* समर्थक samarthak

foment *v.* सेक्नु seknu

fond *adj.* माया गर्ने maya garne

fondle *v.* सुमसुम्याउनु sum sumyaunu

food *n.* खानेकुरा khane kura

fool *n./adj.* मूर्ख murkh

foot *n.* पाउ pau

football *n.* भकुण्डा bhakundo

footpath *n.* पेटी peti

footprint *n.* पाइला paila

footstep *n.* कदम kadam

footwear *n.* जुत्ता jutta

for *prep.* लाई lai

foray *n.* हमला hamla

forbear *n.* पूर्खा poorkha

forbid *v.* रोक्नु roknu

forbidden *adj.* मनाही गरिएको manahi garieko

force *n.* बल bal

forearm *n.* पाखुरा pakhura

forecast *n.* भविष्यवाणी bhawishyawani

forefather *n.* पुर्खा purkha

forefinger *n.* चोरऔंला chor aunla
forehead *n.* निधार nidhar
foreign country *n.* विदेश widesh
foreigner *n.* विदेशी wideshi
foremost *adj.* सबभन्दा पहिलो sab bhanda phailo
forensic *adj.* अदालत को adalatko
forest *n.* बन ban
foretaste *n.* पूर्वानुभव purvanubhav
foretell *v.* पहिले नै धन्नु pahile ne dhanu
forethought *n.* पूर्वविचार purv-vichar
forever *adv.* हमेशाको लागि hamesha ko lagi
forewarn *v.* पहिले नै चेतावनी दिनु pahile ne chetauni dinu
forfeit *v.* गुमाउनु gumaunu
forgather *v.* भेला हुनु bhela hunu
forgery *n.* बनावटी banawati
forget *v.* बिर्सनु birsanu
forgetful *adj.* बिर्सने birsane
forgive *v.* माफ/क्षमा गर्नु maph/kshama garnu
fork *n.* काँटा kanta
form *n.* आकार akar
formal *adj.* नियमानुसार niyam anusar
formality *n.* औपचारिकता aupcharikta
format *n.* पुस्तकको आकार pustakko akaar
former *adj.* अधिको aghi ko
formerly *adv.* उहिले uhile
formidable *adj.* भंयकर bhayankar
formula *n.* सूत्र sutra
formulate *v.* स्पष्ट रूपले व्यक्त गर्नु sapasht roople vyakt garnu
fornication *n.* व्यभिचार vyabhichar
forntier *n.* सिमाना simana
fort *n.* किल्ला killa
forthcoming *adj.* आगामी agami
fortitude *n.* धैर्य dhairya
fortnight *n.* चौध दिन chaudha din
fortress *n.* किल्ला killa
fortunate *adj.* भाग्यमानी bhagya mani
fortune teller *n.* ज्योतिषी jyotishi
forty *n.* चालीस chalis
forum *n.* मंच manch
forward *adj.* अगाडिको agadi ko
foster *v.* पाल्नु palnu
foul *adj.* दुर्गन्धी durgandhi
found *v.* पायो payo
foundation *n.* जग jag
founder *n.* संस्थापक sansthapak
foundry *n.* ज्यासल jyasal
fount *n.* स्रोत sarot
fountain *n.* झर्ना jharna
four *n.* चार char
four-footed *adj.* चारखुट्टे char khutte
fourth *adj.* चाथो chautho
fowl *n.* कुखुरा kukhura
fox *n.* फ्याउरो phyauro

fraction *n.* अंश amsh

fractious *adj.* कचिङ्गल गर्ने kanchil garne

fracture *n.* भंग bhang

fragment *n.* टुक्रा tukra

fragmentation *n.* विखंडन wikhandan

fragrant *adj.* सुगन्धि sugandhit

frame *n.* घेरा ghera

frank *adj.* फरासिलो pharasilo

frankly *adj.* खुलस्तसँग khulast sanga

fraternity *n.* भाइचारा bhai chara ko

fraud *n.* धोका dhoka

freak *n.* लहड lahad

free *adj.* स्वतंत्र swantantra

free of cost *adj.* सित्तै sittai

freely *adv.* स्वतंत्र रूपले swatantra ruple

freeze *v.* जम्नु jamnu

freight *n.* मालढुवानी भाडा maldhuwani bhada

freight train *n.* मालगाडी malgadi

frequent *adj.* बराबर/बारम्बार भइ आएको barabar/barambar bhai aeko

frequently *adv.* घरीघरी gharighari

fresh *adj.* ताजा taja

fret *v.* पिरल्नु piralnu

friable *adj.* झुरिने jhurine

friar *n.* भिक्षु bhikshu

friction *n.* रगड ragad

Friday *n.* शुक्रवार shukra war

friend *n.* साथी sathi

friendly *adj.* मिलनसार milansar

friendship *n.* मित्रता mitrata

frighten *v.* तर्साउनु tarsaunu

fritter *v.* नष्ट गर्नु nasht garnu

frog *n.* भ्यागुतो bhyaguto

from *prep.* बाट bata

frond *n.* पातहरू patharu

front *advj.* अगाडिको agadiko

frost *n.* तुसारो tusaro

frostbite *n.* हिउँले खाएको घाउ hiun le khaeko ghau

froth *n.* फींज feerj

frowzy *adj.* फोहारे fohare

frugal *adj.* किफायती kiphayati

fruit *n.* फल phal

fruitful *adj.* फलदायक phaldayak

fruition *n.* चिताएको कुरा पुग्ने काम chitaeko kura pugne kam

frustrate *v.* निराश/हतोत्साह गराउनु nirash/hatotsah garaunu

fry *v.* भुट्नु bhutnu

fuck *v.* संभोग गर्नु sambhog garnu

fuel *n.* इन्धन indhan

fug *n.* गुम्सेको वातावरण gusseko vatavaran

fugitive *n.* भगुवा bhaguwa

fulcrum *n.* आलम्ब aalamb

fulfil *v.* पूरा गर्नु pura garnu

full *adj.* भरिएको bharieko

fumble *v.* छामछाम-छुमछुम गर्नु chamacham chumchum garnu

fume *n.* धुँवा लाएर कीटाणुहरू मार्नु dhua laer kitanuharu marnu

fun *n.* तमासा tamasa

function *n.* काम kam

fund *n.* कोष kosh

fundamental *adj.* आधारभूत adhar bhut

funeral *n.* मलामी malami

funnel *n.* सोली soli

funny *adj.* रमाइलो ramailo

fur *n.* भुवा bhuwa

furbish *v.* टलकाउनु talkaunu

furious *adj.* रिसले चूर ris le chur

furl *v.* बूर्नु boornu

furlong *n.* 201 मीटर 201 metre

furniture *n.* टेबुल, कुर्ची आदि tebul, kurchi, adi

furrier *n.* भुत्लाको व्यापारी bhulako vyopari

furry *adj.* भुवा जस्तो bhuwa jasto

further *adv.* पर para

fury *n.* रिसले चूर ris

fuse *n.* फ्युज phyuj

fusillade *n.* गोलाबारी golabari

fuss *n.* खलबल khalbal

fussy *adj.* नाटीकुटी गर्ने natikuti garne

futile *adj.* व्यर्थ wyartha

future *n.* भविष्यमानी bhawishyawani

G

ga(u)ge *n.* नाप्ने डन्डी napne dandi

gab *n.* बकबक bakbak

gadfly *n.* डाँस dance

gadget *n.* साना-कल sana-kal

gag *n.* बुजो bujo

gagina *n.* पुति putti

gain *n.* फाइदा phaida

gainsay *v.* विरोध गर्नु wirodh garnu

gait *n.* चाल chal

gaiter *n.* खुट्टा ढाक्ने पट्टी khuta dhakne patti

gal *n.* ठिटी thitti

gala *n.* उत्सव utsaw

galaxy *n.* आकाशगंगा akash ganga

gale *n.* आँधी andhi

gall *n.* पित्त pitta

gallant *adj.* बीर bir

galleon *n.* स्पेनको जहाज spainko jahaj

gallery *n.* बरन्डा baranda

gallon *n.* ग्यालन gyalan

gallop *n.* पैयाँ paiyan

gallows *n.* फाँसीको तखता phansiko takhta

galore *adj.* प्रचुर prachur

gamble *v.* जूवा खेल्नु juwa khelnu

gambler *n.* जुवाडी juwadi

gambling *n.* जूवा juwa

game *n.* खेल khel

gamine *n.* दुब्ली र आकर्षक केटी dubli ra akarshak keti
gamut *n.* सबै sabai
gander *n.* भाले हाँस bhale haans
gang *n.* दल dal
gannet *n.* समुद्री चरा samudari chara
gaol *n.* जेल jail
gap *n.* छिद्र chhidra
gape *v.* मुख बाएर हेर्नु mukh baer hernu
garage *n.* मोटर कारखाना motar karkhana
garb *n.* लुगा luga
garbage *n.* फोहरमैला phohar maila
garden *n.* बगैचा bagaincha
garden *n.* बगैंचा bagaincha
gardener *n.* माली mali
gargantuan *adj.* विशाल wishal
gargle *v.* कुल्ला गर्नु kulla garnu
garland *n.* माला mala
garlic *n.* लसुन lasun
garment *n.* लुगा luga
garner *v.* एकत्र गर्नु ekktar garnu
garnet *n.* दामी पत्थर dami pathar
garnish *v.* सिँगार्नु singarnu
gas *n.* वायु wayu
gasbag *n.* गफी gaphi
gash *n.* गहिरो घाउ gahiro ghau
gasoline *n.* पेट्रोल petrol
gasp *v.* हाँफ्नु hanphnu
gastric *adj.* पेटको petko
gastronomy *n.* राम्रो भोजन तयार गर्ने कला ramro bhojan tyar garne kala
gate *n.* ढोका dhoke
gatecrasher *n.* निम्ताबिनाको पाहुना nimtabinako pahuna
gatekeeper *n.* ढोके dhoke
gather *v.* जम्मा गर्नु jamma garnu
gathering *n.* जमघट jamghat
gaudy *adj.* भड्किलो bhadkilo
gauge *v.* नाप्नु napnu
gaunt *adj.* दुब्लो-पातलो dublo-patlo
gawky *adj.* भद्दा bhadda
gay *adj.* रमाइलो ramailo
gaze *n.* एकटकको हेराइ ek tak ko herai
gazelle *n.* सानो सुन्दर हरिण sano sundar harin
gazette *n.* राजपत्र raj patru
gear *n.* सज्जा sajja
gecko *n.* माउसुली mausuli
geese *n.* राजहाँसहरू raj hans haru
gelatine *n.* सरेस sares
gelding *n.* खसी पारेको घोड़ा khasi pareko ghora
gem *n.* रत्न ratna
gemini *n.* मिथुन राशि mithun rashi
gender *n.* लिंग ling
gene *n.* जीन gene
genealogy *n.* वंशावली vanshawali
general *n.* जर्नेल jarnel
general knowledge *n.* सामान्य ज्ञान samanya gyan

general post office *n.* गोस्वारा हुलाक goswara hulak
generation *n.* पुस्ता pusta
generosity *n.* उदारता udarta
genie *n.* हुरी huri
genius *n.* प्रतिभाशाली व्यक्ति pratibhashali wyakti
genocide *n.* जातिसंहार jatisanhar
genre *n.* शैली shaili
gentleman *n.* भलादमी bhaladmi
gently *adv.* हलुका ढंगले haluka dhangle
gentry *n.* ठूलाबाड़ा thulabadha
genuine *adj.* सक्कली sakkali
genus *n.* वर्ग warg
geodesy *n.* भूगणित bhuganit
geography *n.* भूगोल bhugo
geology *n.* भूगर्भशास्त्र bhugarbh shastra
geometry *n.* रेखागणित rekha ganit
georgette *n.* पातलो रेसमी कपडा patalo resami kapada
germ *n.* कीटाणु kitanu
germinate *v.* उम्रनु umranu
gestation *n.* गर्भधारण garbh dharan
gesticulate *v.* hawbhaw garnu
gesture *n.* इशारा ishara
get *v.* पाउनु paunu
get away *v.* भाग्नु bhagnu
get out of *v.* हट्नु hatnu
get ready *v.* तयार हुनु tayar hunu
get up *v.* उठ्नु uthnu
get-together *n.* सामाजिक जमघट samajik jamghat
ghetto *n.* गरिब बस्ती garib basti
ghost *n.* भूत bhut
ghoul *n.* मुर्दा खाने पिशाच murda khane pishach
giant *n.* दानव danaw
gibbet *n.* फाँसीको तखता phansiko takhta
giddiness *n.* रिँगटा ringata
gift *n.* कोसेली koseli
gig *n.* टमटम tumtum
gigantic *adj.* ज्यादै ठूलो jyadai thulo
ginger *n.* अदुवा aduwa
gingham *n.* धर्के सूती लुगा dharke suti luga
gipsy *n.* फिरन्ता जातिको सदस्य phiranta jatiko sadasya
giraffe *n.* जिराफ giraffe
gird *v.* बाँध्नु bhandnu
girdle *n.* पेटी peti
girl *n.* केटी keti
girlfriend *n.* प्रेमिका premika
gist *n.* मुख्य विषय mukhya vishya
give *v.* दिनु dinu
give and take *n.* आदानप्रदान adan pradan
give away *v.* दिनु dinu
give in *v.* आत्मसमर्पण गर्नु atma samarpan garnu
give out *v.* सिद्धिनु siddhinu
give up *v.* छोड्नु chhodnu

give way v. दबाबमा हार मान्नु dabab mahar mannu
glacier n. हिमनदी him nadi
glad adj. खुश गर्नु khush garnu
glade n. बनको खुला ठाउँ banko khula thaun
glance n. झलक jhalak
gland n. तिर्खा girkha
glare n. तेज tej
glass n. काँच kanch
glaucoma n. दृष्टि कम हुने रोग drishti kam hune rog
glaze n. चिल्लो हुनु chilo hunu
glazier n. इयालमा शीशा हाल्ने व्यक्ति ialama sheesha halne vyakti
gleam n. चमक chamak
glen n. उपत्यका upatyaka
glide v. चिप्लनु chiplanu
glimpse n. झलक jhalak
glint v. टलकनु talkanu
glitter v. चम्कनु chamkanu
globe n. पृथ्वी prithwi
globule n. थोपा thopa
gloom n. अन्धकार andhkar
gloomy adj. मलिन malin
glorify v. गुणगान गर्नु gungan garnu
glorious adj. तेजस्वी tejaswi
glove n. पंजा panja
glow n. झलक jhalak
glow-worm n. जूनकीरी junkiri
glue n. गुँद gund
glutton n. धेरै खाने dherai khane
glycerine n. ग्लिसरीन glycerine
gnash v. दाँतपिस्नु dantpisnu
gnat n. भुसुना bhusuna
gnu n. हुरी huri
go v. जानु janu
go down v. ओर्लनु orlanu
go off v. पड्कनु padkanu
go under v. निष्फल/पराजित हुनु nishphal/parajit hunu
goad n. प्रेरित गर्नु prerit garnu
goal n. उद्देश्य uddeshya
goat n. बोको boko
gobble v. खपाखप खानु khapakhap khanu
go-between n. बीचको मान्छे bich ko manchhe
goblet n. पिउने भाँड़ो piune bharho
goblin n. पिशाच pishach
god n. ईश्वर Ishwar
goddess n. देवी dewi
godown n. गोदाम godam
go-getter n. साहसी व्यक्ति sahasi wyakti
goggle v. आँखा फारेर हेर्नु ankhan pharer hernu
goggles n. घाममा लाउने कालो चस्मा gham ma laune kalo chasma
goitre n. गाँड gand
gold n. सुन sun
golden adj. सुनौलो sunaulo
goldsmith n. सुनार sunar
golf n. गल्फको खेल galafko khel
gong n. घण्टी ghanti

gonorrh(o)ea *n.* सुजाक sujak
good *adj.* असल asal
goodbye *n.* नमस्ते namaste
goods *n.* माल mal
goodwill *n.* मित्रभाव mitrabhav
goose *n.* राजहाँस rajhans
gooseberry *n.* फल विशेष phal vishesh
gorge *n.* खोंच khonch
gorgeous *adj.* भव्य bhawya
gorse *n.* झाड़ी jhari
gory *adj.* रक्तरंजित raktranjit
gospel *n.* यिशु का उपदेशहरू yishu ka updeshharu
gossamer *n.* माकुराको जालो makurako jalo
gossip *n.* गफ gaphi
goulash *n.* उसिनेको मासु र सब्जी usineko masu r sabji
gourd *n.* लौका lauka
gout *n.* बाथ bath
govern *v.* शासन चलाउनु shasan chalaunu
government *n.* सरकार sarkar
governor *n.* राज्यपाल rajyapal
gown *n.* फरिया phariya
grab *v.* खोस्नु khosnu
grace *n.* कृपा kripa
graceful *adj.* राम्रो ramro
gracious *adj.* दयालु dayalu
grade *n.* दर्जा darja
gradient *n.* बाटेको ढल्काइ batteko dhalkai
gradually *adv.* अलि अलि गरी ali ali gari
graduate *n.* स्नातक snatak
graft *n.* घूस ghus
grain *n.* अनन्न anna
grain *n.* कण kan
graminivorous *adj.* धाँस खाने जन्तु ghans khane jantu
grammar *n.* व्याकरण wyakaran
gramophone *n.* ग्रामोफोन gramophone
granary *n.* भकारी bhakari
grand *adj.* भव्य bhawya
granddaughter *n.* नातिनी natini
grandeur *n.* रौनक raunak
grandfather *n.* बाजे baje
grandmother *n.* बजै bajai
grandson *n.* नातिनी natini
granite *n.* ग्रेनाइट granite
granny *n.* बज्यै bajyai
grant *n.* अनुदान anudan
granular *adj.* दानादार danadar
granule *n.* दाना danaw
grape *n.* अंगुर angur
grapevine *n.* अंगुर को लहरा angur ko lahar
grasp *n.* मुठी muthi
grass *n.* घाँस ghans khane jantu
grasshopper *n.* फटेङ्ग्रो phatengro
grateful *adj.* आभारी abhari
gratify *v.* खुसी पार्नु khusi parnu
grating *n.* जाली jaali

gratis *adv.* सित्तै sittai dieko
gratitude *n.* आभारी abhari
gratuitous *adj.* बिनामूल्य गरिएको वा दिइएको binamulya gariyeko wa diyeko
grave *adj.* गम्भीर gambhir
gravel *n.* रोड़ा rorha
gravitate *v.* खिँचिनु khichnu
gravity *n.* गुरुत्वाकर्षण gurutwakarshan
gravy *n.* लेदो ledo
graze *v.* चर्नु charnu
grease *n.* चिल्लो chillo
greasy *adj.* चिल्लो chillo
great *adj.* ठूलो thulo
great granddaughter *n.* पनातिनी panatini
great grandfather *n.* jiju baje
great grandmother *n.* jiju bajai
great grandson *n.* पनाति panatini
greatly *adv.* बेसरी besari
greatness *n.* महानता mahanta
greed *n.* लोभ lobh
greedy *adj.* लोभी lobhi
green *adj.* हरियो hariyo
greenery *n.* हरियोपरियो hariyo pariyo
greenhouse *n.* बिरुवाघर biruwa ghar
greet *v.* अभिनन्दन/सलाम गर्नु abhinandan/salam garnu
greetings *n.* बन्दना bandan
grenade *n.* हातगोला hatgola
grey *adj.* खरानी रंगको kharani ranga ko
griddle *n.* तावा tawa
grief *n.* दुःख duhkh
grievance *n.* उजूर ujur
grieve *v.* दुःख दिनु dukh dinu
grim *adj.* भयानक bhayanak
grimace *n.* मुख-विकृति mukh vikrati
grind *v.* पिँध्नु pindhnu
grip *n.* पकड padkad
gripses *n.* पेटको पीड़ा pet ko peerha
grisly *adj.* डरलाग्दो darlagdo
grist *n.* पिस्ने अन्न pisne anna
gristle *n.* मासुमा कड़ा रबर जस्तो वस्तु masuma karha rubber jasto vastu
groan *v.* दुख दिनु dhukh denu
grocer *n.* बनिया baniya
grog *n.* रक्सी raksi
groom *n.* बेहुला behula
groove *n.* खाल्डो khaldo
gross *n.* ठोस toss
grotesque *adj.* अनौठो anutho
grotto *n.* सानो गुफा sano gupha
grotty *adj.* फोहोर-मैला phohor maila
groundless *adj.* निराधार niradhar
groundnut *n.* बादाम badam
groundwork *n.* आधार adhar
group *n.* समूह samuh
grow *v.* उम्रनु umranu

growl *v.* झर्कनु jharkanu
growth *n.* वृद्धि vridhi
grudge *n.* ईख ikh
gruel *n.* खोले khole
gruelling *adj.* थकाउने thakaune
gruesome *adj.* भयानक bhayanak
grumble *v.* असन्तोष देखाउनु asantosh dekh aunu
guano *n.* समुद्री चराको सुली samudri charako suli
guarantee *n.* ग्यारण्टी gyaranti
guard *n.* पहरेदार paharedar
guardian *n.* अभिभावक abhibhawak
guava *n.* अम्बा amba
guess *n.* अन्दाज andan
guest *n.* पाहुना pahuna
guide *n.* मार्ग दर्शक marg darshak
guile *n.* छलकपट chalkapat
guillotine *n.* टाउको कोट्ने मेशिन tauko kotne machine
guilt *n.* दोष dosh
guilty *adj.* दोषी doshi
guinea *n.* गिन्नी ginni
guinea pig *n.* चौगडा chaugada
guip *n.* गाँस gans
guise *n.* वेश vesh
guitar *n.* गितार gitar
gully *n.* पानीले काटेको कुलो panile kateko kulo
gum *n.* गिजा gija
gun *n.* बन्दुक banduk
gunny *n.* टाट tatt
gunpowder *n.* बारूद barud
guru *n.* गुरु gurutwakarshan
gust *n.* हावा को झोक्का hawa ko jhokka
gut *n.* आन्द्राभुँडी andra bhundi
gutter *n.* कुलो kulo
guy *n.* डोरी dori
gym, gymnasium को छोटो रूप ko choto roop
gymnasiu *n.* व्यायामशाला wyayamshala
gymnast *n.* व्यायामी wyayami
gymnastics *n.* कसरत kasrat
gyn(a)ecologist *n.* स्त्रीरोग विशेषज्ञ stri rog wisheshgya
gynaecology *n.* स्त्रीरोग विज्ञान strirog vigyan
gypsum *n.* जिप्सम jipsum
gypsy फिरन्ता जातिको सदस्य phiranta jatiko sadasya
gyrate *v.* चक्कर खानु chakkar khanu

H

ha *int.* हर्ष आश्चर्च आदि जाहेर गर्ने शब्द harsh ashchurch adi jaher garne shabd
habit *n.* बानी bani
habitable *adj.*.बस्न/बासयोग्य basna/basyogya
habitation *n.* वास vaas

habitual *adj.* बानी परेको bani paereko

habituated *adj.* बानी परेको bani paereko

hacksaw *n.* फलाम काट्ने आरी phalam katne aari

haemorrhoids *n.* हर्सा harsa

haft *n.* बंचरो आदिको बीड़ँ bancharo adiko beerh

haggle *v.* झगडा गर्नु jhagada garnu

hair *n.* कपाल raun

haircut *n.* कपाल कटाइ kapal latai

hairdo *n.* कश सज्जा kesh sajja

hairpin *n.* कपालको काँटा kapal ko kanta

hair'sbreadth *n.* धेरै निकट dherainiket

hairy *adj.* धेरै रौं भएको dherai raun bhaeko

hale *adj.* स्वस्थ swasth

half *n.* आधार adha

half-brothher *n.* सौतिनी दाजु sautinidaju

half-hearted *adj.* कम आँटिलो kam antilo

half-mast *adj.* आधा झुकेको adha jhukeko

half-moon *n.* अर्धचन्द्र adha chandra

half-past *n.* साढे sadhe

half-time *n.* मध्यान्तर madhyantar

hall *n.* बैठक baithak

hallmark *n.* नम्बरी सुन चाँदी nambari sun chandi

hallow पवित्र पार्नु pavitar parnu

halo *n.* तेजमण्डल tejmandeal

halt *n.* अवरोध abharod

halve *v.* आधा आधा गर्नु adha-adha garnu

ham *n.* जाँघ jangh

hamlet *n.* सानो गाउँ sano gaun

hammer *n.* धन ghan

hammock *n.* झोलुङ्गो jholungo

hamper *v.* बाधा पार्नु badha parnu

hand *n.* हातगोला hat

hand in hand *adv.* हातेमालो hatemalo

handbag *n.* हाते ब्याग hate byag

handbill *n.* पर्चा parcha

handbook *n.* निर्देशिका nirdeshika

handcuffs *n.* हतकडी hatkadi

handel *n.* बीण्ड bind

handful *n.* मुट्ठीभर को परिमाण muthibhar ko pariman

handicap *n.* असुविधा asuwidha

handicapped *adj.* अपाङ्ग apang

handicraft *n.* हस्तकला hast kala

handkerchief *n.* रुमाल rumal

handmaid *n.* नोकर्नी nokrani

handover *v.* सुम्पनु sumpanu

hand-picked *adj.* राम्ररी छानिएको ramrai chhanieko

handsome *adj.* राम्रो ramro

handwriting *n.* हस्ताक्षर hastakshar

handy *adj.* सजिलो sajilo

handyman *v.* विभिन्न काम गर्नमा सिपालु व्यक्ति vibhin kam garnma sipalu vyakti

hang *v.* झुण्ड्याउनु jhundyaunu

hang up *v.* कुरा सकेपछि टेलिफोन राख्नु kura sake teliphon rakun

hangaround *v.* धेरै टाढा नजानु dherai tadha najanu

hanger *n.* लुगा आदि झुण्ड्याउने ह्याङ्गर luga adi jhundyaune hyanger

hank ऊन, धागो आदिको लच्छा वा गुच्छा oon, dhago adiko lacha wa gucha

hanky *n.* पकेट रुमाल paket rumal

hanky-panky *n.* गोलमाल gol-mal

hansom *n.* दुई चक्के घोड़ा गाड़ी dui chakke ghora gadi

haphazar *adj.* जथाभाबी jatha bhabi

hapless *adj.* अभागी abhagi

happen *v.* हुनु hannu

happily *adv.* खुशीले khushile

happiness *n.* खुशी khushi

happy *adj.* खुश khush

harass *v.* सताउनु sataunu

harbinger *n.* अगुवा aguwa

harbo(u)r *n.* बन्दरगाह bandar gah

hard *adj.* साह्रो sarho

hard and fast *adj.* कडा र सख्त kada ra sakht

hard cash *n.* नगद nagad

hardliner *n.* कट्टर kattar

hardship *n.* कष्ट kasht

hardware *n.* घरमा चलाउने फलाम का सामान gharma chalaune phalam ka saman

hardy *adj.* बलियो baliya

hare *n.* खरायो kharayo

harem *n.* जनानाघर janana ghar

hark *v.* सुन्नु sunnu

harlot *n.* वेश्या weshhah

harm *n.* हानि hani

harm *n.* हानि hani

harmful *adj.* हानिकारक hanikarak

harmless *adj.* हानिरहित hani rahit

harmonica *n.* मुख-बाजा mukh baja

harmonious *adj.* मिल्दो mildo

harmony *n.* मेल mel

harpsichord *n.* पियानो जस्तो बाजा piano jasto baja

harsh *adj.* कडा kada

harvest *n.* बाली baliya

hashish *n.* चरेस chares

hasp *n.* अन्तराप antraap

haste *n.* हतार hatar

hasten *v.* हतार गर्नु hatar garnu

hasty *adj.* हतपते hatpate

hat *n.* टोप top

hatch *n.* जहाज को ढोका jahaj ko dhoka

hatchet *n.* सानो बन्चरो sano bancharo

hate *n.* घृणा ghrina

hatred *n.* घृणा ghrina

haughty *adj.* घमण्डी ghamandi

haughty *adj.* घमण्डी ghamandi
haul *v.* तनाव tannab
haunch *n.* पुट्ठा puttha
haunt *v.* बराबर दिमागमा आउनु barabar dimag ma aunu
have *v./aux.* सँग हुनु sanga hunu
haven *n.* आश्रय ashraya
haversack *n.* पिठ्यूँमा बोक्ने झोला pithuma bokne jhola
havoc *n.* विनाश winash
hawk *n.* बाज baj
hawker *n.* फेरीवाला pheri wala
hay *n.* परालु parai
haystack *n.* परालको कुन्यू paral ko kunyu
haywire *adj.* अव्यवस्थित awyawasthit+C3512
hazard *n.* संकट sankat
hazardous *n.* खतरनाक khatarnak
haze *adj.* तुवाँलो tuwanlo
hazel *n.* बिरूवाको किसिम biruwako kisim
h-bomb *n.* हाइड्रोजन बम hydrogen bum
he *pron.* ऊन oon
head *n.* टाउको, शिर tauko shir
headache *n.* शिरदर्द shir dard
headdress *n.* शिरपोश shir posh
headlight *n.* अगाडिको बत्ती agadi ko batti
headline *n.* शीर्षक shirshak
headlong *n.* टाउको ठोकिने गरी Tauko thokine gari

headmaster *adv.* प्रधानाध्यापक pradhan adhyapak
headquarters *n.* मुख्य कार्यालय mukhya karyalaya
headstrong *adj.* हठी hathi
headway *n.* प्रगति pragati
heady *adj.* मात लाग्ने mat lagne
heal *n.* निको हुनु niko hunu
heap *adj.* थुप्रो thupro
hear *n.* सुन्नु sunnu
hearing *v.* सुनवाइ sunwai
hearken *v.* सुन्नु sunu
hearsay *n.* सुनेको कुरा suneko kura
hearse *n.* मुर्दा लैजाने गाड़ी murda lejane gadi
heart *n.* मुटु mutu
heart attack *n.* हृदयघात hridaya ghat
heartbeat *n.* मुटुको ढुकढुकी mutuko dhukdhuki
heartbreaking *adj.* चित्त दुखाउने chitta dukhaune
heartburn *n.* छाती पोल्ने रोग chhati polne rog
heartfelt *adj.* दिली delhi
heart-rending *adj.* हृदयविदारक hridaya widarak
hearts *n.* मुटु mutu
heart-throb *n.* मायालु mayalu
heart-to-heart *adj.* खुलस्त khulast
hearty *adj.* हार्दिक hardik
heat *n.* गर्मी garmi
heat rash *n.* घमौरा ghamaura

heatwave *n.* ताप लहर tap lahar
heaven *n.* स्वर्ग swarg
heavenly *adj.* स्वर्गीय swargiya
heavy *adj.* गह्रौं gahraun
heavy industry *n.* भारी उद्योग bhari udyog
heavy-duty *adj.* कडा प्रयोगको लागि बनाइएको kada prayog ko lagi banaieko
hectare *n.* क्षेत्र को नाप kshetrako nap
hedgehog *n.* पोथ्रे दुम्सी pothre dumsi
heed *v.* ध्यान दिनु dhyan dinu
heel *n.* कुर्कुच्चा kurkuchcha
hegemony *n.* नेतृत्व netritava
heifer *n.* कोरली गाई korali gai
height *n.* उचाइ uchai
heinous *adj.* घोर ghor
heir *n.* हकदार hakdar
heir apparent *n.* युवराज yuwaraj
heiress *n.* युवराज्ञी yuwaragyi
helicopter *n.* हेलिकाप्टर helicopter
helium *n.* हिलियम helium
hell *n.* नरक narak
hello *n./excl.* हेलो helo
helmet *n.* फलामे टोप phalame top
help *n.* मदत madat
helpful *adj.* उपकारी upkari
helpless *adj.* असहाय asahaya
helter-skelter *adv.* हडबडमा hadbadma
hemisphere *n.* गोलार्ध golardh

hemlock *n.* विषालु वनस्पति vishalu vanaspati
hemp *n.* पटुवा patua
hemp *n.* सन sun
hen *n.* कुखुरी kukhuri
hen *n.* कुखुरी kukhuri
hence *adv.* अतः atach
henceforth *adv.* अबदेखि aba dekhi
henna *n.* मेंहदी mehendi
henpecked *adj.* स्वास्नीको वशमा रहने swasni ko wash ma rahane
hepatitis *n.* कलेजोको रोग kalejoko rog
heptagon *n.* सप्तभुज saptbhuj
her *pron.* उनको un ko
herald *n.* दूत dut
herb *n.* जडीबुटी jadibuti
herd *n.* बगाल bagai
herdsman *n.* गोठालो gothalo
here *adv.* यहाँ yahan
hereby *adv.* यसले yas le
heredity *n.* बाबुबाजेको गुण babu baje ko gun
heresy *n.* विधर्म widharm
heritage *n.* स्रोत sarawoth
hermit *n.* साधु sadhu
hernia *n.* हर्निया hernia
heroic *adj.* वीरतापूर्ण veertapurn
heroin *n.* लागू पदार्थ lagu padarth
heroine *n.* वीरांगना veerangna
heron *n.* बकुल्लो bakullo

herpes *n.* लुतो luto

herring *n.* हिलसा hilsa

herself *pron.* उनी आफै uni aphai

hesitant *adj.* हिचकिचाउने hichkichaune

hesitate *v.* हिचकिचाउनु hichkichaunu

hesitation *n.* हिचकिचाहट hichkichahat

hew *v.* बन्चरोले काट्नु bancharo le katnu

hexagon *n.* षड्भुज shadbhuj

hey *int.* जय-जय jai-jai

heyday *n.* सफलता का दिन saphalta ka din

hi *n./excl.* नमस्ते namaste

hidden *adj.* अदृश्य adrishya

hide *v.* लुक्नु luknu

hide and seek *n.* लुकामारी lukamari

hideous *adj.* घिनलाग्दो ghin lagdo

hideout *n.* लुक्ने ठाउँ lukne thaun

hiding *n.* पिटाइ pitai

high *adj.* अग्लो aglo

high court *n.* उच्च न्यायालय uchcha nyayalaya

high-handed *adj.* स्वेच्छाचारी swechchhachari

high-level *adj.* उच्चस्तरीय uchchastariya

high-rise *adj.* धेरै तला भएको dherai tala bhaeko

highway *n.* राजमार्ग raj marg

hijack *v.* विमान अपहरण गर्नु wiman apharan garnu

hike *n.* पैदल यात्रा गर्नु paidal yatra garnu

hilarious *adj.* रमाइलो ramailo

hill *n.* पहाड pahad

hill *n.* पहाड़, पर्वत pahad, parwat

hilly *adj.* पहाडी pahadi

him *pron.* उसलाई uslai

himself *pron.* ऊ आफै u aphai

hindrance *n.* बाधा पार्नु badha parnu

hinge *n.* चुकुल chukul

hint *n.* संकेत sanket

hip *n.* पुटठा puttha

hire *n.* किराया kiraya

his *pron.* उसको us ko

his Majesty's Government *n.* श्री पाँचको सरकार shri panch ko sarkar

historian *n.* इतिहासकार itihas kar

historical *adj.* ऐतिहासिक aitihasik

histroinic *adj.* नाटक वा अभिनयसम्बन्धी natak wa abhinaysambandhi

hit *n.* सफलता saphalta

hitch *n.* धक्का dhakka

hitherto *adv.* अहिलेसम्म ahile samma

hoard *n.* थुप्रो thupro

hoarding *n.* विज्ञापन टाँस्ने फल्याक vigypan tasne phalyak

hoarse *adj.* धोक्रो dhokro

hoary *adj.* उमेरले सेतो भएको umerle seto bhaeko

hoax *v.* छकाउनु chakaunu

hobby *n.* सोख sokh

hobgoblin *n.* प्रेत pret

hobo *n.* घुमिहिंड्ने बेकार व्यक्ति ghumhindne bekar vyakti

hoe *n.* कोदालो kodalo

hogwash *n.* काम नलाग्ने वस्तु kamna lagne wastu

hoi polloi *n.* जनसाधारण jansadharan

hoist *v.* उचाल्नु uchalnu

hoity-toity *adj.* घमण्डी ghamandi

hold *n.* पकड pakad

hold out *v.* प्रतिरोध कायम गर्नु pratirodh kayam garnu

holdall *n.* गुन्टा कस्ने ब्याग gunta kasne byag

holder *n.* बीण्ड bind

hold-up *n.* लूट lut

hole *n.* दुलो dulo

holiday *n.* बिदा bida

holler *v.* चिच्चयाउनु chichaunu

hollow *adj.* खोक्रो khokro

holster *n.* पिस्तोल वा रिभल्भरको खोल pistol wa revolverko khol

holy *adj.* पवित्र pawitra

homage *n.* श्रद्धांजलि shraddhanjali

home *n.* घर ghar

homeless *adj.* घर नभएको ghar na bhaeko

homesich *adj.* घर सम्झिरहने ghar samjhi rahane

homework *n.* गृह कार्य grih karya

homicide *n.* नरहत्या nar hatya

homily *n.* उपदेश updesh

homosexual *adj.* समलिंगी sam lingi

hone *n.* सानढुङ्गा sandhunga

honest *adj.* इमानदार imandar

honey *n.* मह maha

hono(u)rable *adj.* माननीय manniya

hoodlum *n.* गुंडा gunda

hoodoo *n.* लोदर lodar

hoodwink *v.* आँखामा धुलो हाल्नु ankhama dhulo halnu

hoof *n.* खुर khur

hook *n.* अंकुश ankush

hookah *n.* हुक्का hukka

hookworm *n.* अङ्कसे-जुका ankse juka

hooligan *n.* बदमास badmas

hoop *n.* चक्र chakra

hooping cough *n.* लहरे खोकी lehare khoki

hoot *v.* बजाउनु bajaunu

hop *v.* एक खुट्टामा उफ्रनु ekkhuttama uphranu

hope *n.* आशा asha

hopeful *adj.* आशाजनक asha janak

hopeless *adj.* निराश nirash

horde *n.* भीड़ bheer

horizon *n.* क्षितिज kshitij

horizontal *adj.* तेर्सो terso
hormone *n.* अन्त anth
horn *n.* सिङ्ग singh
hornbill *n.* चरा dharnesh chara
hornet *n.* अरिङ्गाल aringal
horoscope *n.* जन्मपत्रिका janma patrika
horrible *adj.* भयानक bhayanak
horror *n.* डर dar
horse *n.* घोडा ghoda
horse laugh *n.* चर्को भद्दा हाँसो charko bhadda hanso
horsepower *n.* काम गर्नू दरको युनिट kam garne darko yunit
horseshoe *n.* नाल nal
horticulture *n.* बागवानी bagwani
hospice *n.* यात्रीहरू बस्ने ठाउँ yatrihare basnu thaun
hospitable *adj.* सत्कारशील satkarshil
hospital *n.* अस्पताल aspatal
hospitality *n.* सत्कार satkar
host *n.* आतिथेय aththeya
hostage *n.* बन्धक bandhak
hostel *n.* छात्रावास chhatrawas
hostess *n.* महिला मेजमान mahila majman
hostile *adj.* विपक्षी wipakshi
hot *adj.* तातो tato
hotchpotch/hodgepodge *n.* लठिबज lathibajra
hotel *n.* होटेल hotel
hot-headed *adj.* गरम मिजासको garam mijas ko
hound *n.* शिकारी कुकुर shikari kurkur
hour *n.* घण्टा ghanta
house *n.* घर ghar
house arrest *n.* नजरबन्दी najar bandi
household *n.* घरपरिवार ghar pariwar
housemaid *n.* नोकर्नी nokarni
house-warming *n.* गृहप्रवेश समारोह grih prawesh samaroh
housewife *n.* गृहिणी grihini
housing *n.* आवास निर्माण asas nirman
hovel *n.* झोपड़ी jhopari
hover *v.* एकै ठाउँमा उडिरहनु ekai thaun ma udi rahanu
how *adv.* कसरी kasari
however *adv.* त्यसो भए तापनि tyaso bhae ta pani
howl *v.* गर्जनु garjanu
hub *n.* चक्काको केन्द्र chakka ko kendra
hubble-bubble *n.* हुक्का hukka
hubbub *n.* गोलमाल golmal
hubbub *n.* हल्ला halla
hubby *n.* लोग्ने logne
huckster *n.* फेरीवाल pheriwal
hug *n.* अङ्गालो हाल्नु angali halnu
huge *adj.* विशाल wishal
hum *v.* गुनगुनाउनु gun gunaunu
human *adj.* मानवीय manawiya
human (being) *n.* मानवीय manawiya

human interest *n.* जन अभिरूचि jan abhiruchi
human nature *n.* मानव स्वभाव manaw swabhaw
human rights *n.* मानव अधिकार manaw adhikar
humane *adj.* दयालु dayalu
humanity *n.* मानवता manawta
humble *adj.* नम्र namra
humbug *n.* छल chhal
humdrum *adj.* नीरस neeras
humid *adj.* ओसिएको osieko
humidity *n.* आर्द्रता ardrata
humiliate *v.* अपमान/खिसी गर्नु apman/khisi garnu
humiliation *n.* अपमान/खिसी गर्नु apman/khisi garnu
hummock *n.* ढिस्को dhisko
humorous *adj.* लहडी lahadi
hunchback *n.* कूँजो kunjo
hundred *n.* सय saya
hundred percent *n.* सय प्रतिशत saya prati shat
hundred thousand *n.* एक लाख ekh lakh
hungry *adj.* भोकाएको bhokaeko
hunt *v.* शिकार खेल्नु shikar khelnu
hunter *n.* शिकारी shikari
hurdle *n.* बाधा पार्नु badha parnu
hurl *v.* हुत्याउनु hutyaunu
hurricane *n.* आँधी andhi
hurry *n.* हतार hatar
hurt *v.* चोट लाग्नु chot lagnu
husband *n.* लोग्ने logne
husbandry *n.* खेती kheti
hush *n.* मौन manu
hush money *n.* पाले नखोल्न दिइने घूस pol na kholna diine ghus
husk *n.* चोकर chokar
hut *n.* झुपडी jhupadi
hutch *n.* खरायो राख्ने खोर kharayo rakhne khor
hybrid *n. adj.* वर्णसंकर varansankar
hydroelectricity *n.* जल विद्युत jal widyut
hydrophobia *n.* पानीदेखि डर pani dekhi Dar
hygiene *n.* स्वास्थ्य विज्ञान swasthya wigyan
hymn *n.* भजन bhajan
hyphen *n.* योजक चिन्ह yojak chinha
hypocrisy *n.* पाखण्ड pakhand

I

Ice *n.* बरफ baraph
ice cream *n.* आइस्क्रीम ais krim
icon *n.* मूर्ति murti
idea *n.* विचार wichar
ideal *adj.* काल्पनिक kalpanik
identical *adj.* उस्तै ustai
identification *n.* पहिचान pahichan
identity (ID) card *n.* परिचयपत्र parichaya patra

ideology *n.* विचारधारा wichar dhara
ideosyncrasy *n.* सनक sanakhat
idiocy *n.* मूर्खता murkhta
idiom *n.* वाक्पद्धति wakpadyati
idiot *n.* पटमूर्ख patmurkh
idle *adj.* अल्छी alchhi
idol *n.* मूर्ति murti
idyll *n.* सुखद sukhad
if. *conj.* यदि yadi
ignoble *adj.* नीच neech
ignoramus *n.* अज्ञानी व्यक्ति agyani vyakti
ignorance *n.* अज्ञानता agyanta
ignorant *adj.* अज्ञानी agyani
ignore *v.* उपेक्षा गर्नु upeksha garnu
ill *adj.* बिरामी birami
ill-advised *adj.* नराम्रो सल्लाह पाएको na ramro sallah paeko
ill-bred *adj.* असभ्य asabhya
illegal *adj.* गैरकानूनी gair kanuni
illegible *adj.* पढ्न नसकिने padhna na sakine
illegitimate *adj.* ऐनले नदिएको ainle na dieko
ill-favoured *adj.* कुरूप kurup
ill-gotten *adj.* अन्यायपूर्वक प्राप्त गरेको anyaya purwak prapt gareko
illicit *adj.* गैरकानूनी gair kanuni
illimitable *adj.* असीम aseem
illiterate *adj.* निरक्षर nirakshar
illness *n.* बिमारी bimari
illogical *adj.* तर्कविरूद्ध tarkvirudh
ill-temerped *adj.* रिसाहा risaha
ill-treatment *n.* दुर्व्यवहार durwyawahar
illuminate *v.* झिलिमिली पार्न jhilimili parnu
illusion *n.* भ्रम bhram
illustrate *v.* व्याख्या गर्नु wyakhya garnu
illustration *n.* उदाहरण udaharan
illustrious *adj.* प्रसिद्ध prasidh
image *n.* चित्र chitra
imaginary *adj.* मनचिन्ते manchinte
imagination *n.* कल्पना kalpana
imam *n.* मुस्लिमको धर्मगुरू muslimko dharamguru
imbalance *n.* असन्तुलन asantulan
imbecile *adj.* मूर्ख murkh
imbroglio *n.* जटिल अवस्था jatir awastha
imbue *v.* मनमा भर्नु manma bharnu
imitate *v.* देखासिकी गर्नु dekha siki garnu
imitation *n.* नक्कल nakkal
immature *adj.* काँचो kancho
immediate *adj.* तुरून्त हुने turnta hune
immediately *adv.* तूरुन्तै turuntai
immense *adj.* ज्यादै ठूलो jyadai thulo
immerse *v.* डुब्नु dubnu

immigrant *n.* आप्रवासी aprawasi
imminent *adj.* हुन आँटेको huna anteko
immobile *adj.* चल्न नसक्ने chalan naskane
immoderate *adj.* अति ati
immodest *adj.* निर्लज्ज nirlajj
immoral *adj.* पापी papi
immortal *adj.* अमर amar
immovable *adj.* अचल achal
immune *adj.* सुरक्षित surakshit
immunity *n.* रोग प्रतिरोध क्षमता rog pratirodh kshamata
imp. *n.* बदमाश बालंक badmash balak
impact *n.* प्रभाव prabhaw
impale *v.* रोप्नु ropnu
imparitiality *n.* निष्पक्षता nishpakshata
impart *v.* प्रदान गर्नु pradan garnu
impasse *n.* गतिरोध gati rodh
impassioned *adj.* भावपूर्ण bhavpurn
impassive *adj.* शान्त shant
impatient *adj.* अधीर adheer
impede *v.* छेक्नु cheknu
impediment *n.* बाधा badha
imperative *adj.* आवश्यक awashyak
imperfect *adj.* अपूर्ण apurn
imperialism *n.* साम्राज्यवाद samraija wad
imperialist *n.* साम्राज्यवादी samrajyawadi
imperious *adj.* हुकुम चलाउने hukum chalaune
imperishable *adj.* नाश नहुने nash nahune
impertinent *adj.* अटेरी ateri
impetus *n.* प्रेरणा prerana
impiety *n.* अश्रद्धा ashradha
impinge *v.* असर पर्नु asar parnu
impious *adj.* अधर्मी adharmi
impish *adj.* बदमासी गर्ने badmasi garne
implacable *adj.* सन्तुष्ट पार्न नसकिने santusht parn naskine
implement *v.* कार्यमा परिणत गर्नु karyama parinat garnu
implicate *v.* सरिक गराउनु sarik garaunu
implore *v.* प्रार्थना गर्नु prarthana garnu
imply *v.* मतलब बुझाउनु matlab bujhaunu
import *v.* आयात/पैठारी गर्नु ayat/ paithari garnu
important *adj.* महत्वपूर्ण mahattwa purn
impose *v.* लाद्नु ladnu
impossible *adj.* असम्भव asambhaw
impotent *adj.* नामर्द namard
impractical *adj.* असाध्य asadhya
imprecation *n.* सराप sarap
impregnable *adj.* दुर्जेय durjay
impregnate *n.* गर्भधारण गराउनु garbhdharan garaunu

impress *v.* प्रभाव पार्नु prabhaw parnu
impressive *adj.* प्रभावशाली prabhaw shali
imprison *v.* जेल हाल्नु jelhalnu
imprisonment *n.* थुना thuna
improbable *adj.* असम्भव asambhaw
impromptu *adj.* तात्कालिक tatkalik
improper *adj.* अनुचित anuchit
improve *v.* सुधार्न्र sudharnu
imprudent *adj.* अविवेकी aviveki
impugn *v.* सन्देह प्रकट गर्नु sandeh prakat garnu
impulse *n.* संवेग samweg
impure *adj.* अपवित्र apawitra
in *prep.* भित्र bhitra
inability *n.* असामर्थ्य asamarthya
inaccessible *adj.* दुर्गम durgam
inaccurate *adj.* बेठीक bethik
inadequate *adj.* दपुग napug
inalienable *adj.* हरण गर्न नमिल्ने haran garna nam milne
inane *adj.* निरर्थक nirarthak
inanimate *adj.* निर्जीव nirjeev
inappropriate *adj.* अनुचित anuchit
inasmuch *adv.* किनभने kina bhane
inasmuch as *adv.* किनभने kinbhane
inattentive *adj.* असावधान asawdhan
inaudible *adj.* सुन्न नसकिने sunna na sakine
inaugural *adj.* उद्घाटनको udghatan ko
inaugurate *v.* उद्घाटन गर्नु udghatan garnu
inauguration *n.* उद्घाटन udghatan garnu
inauspicious *adj.* अशुभ ashubh
incantation *n.* मन्त्र mantra
incapable *adj.* अयोग्य ayogya
incapacitate *v.* अयोग्य बनाउनु ayogya banaunu
incarnation *n.* अवतार awtar juni
incense *n.* अगरबत्ती agarbatti
incentive *n.* प्रोत्साहन protsahan
inception *n.* प्रारम्भ prarambh
incessant *adj.* लगातारको lagatarko
incest *n.* हाडनाता करणी hadnata karani
inch *n.* इन्ची inchi
incident *n.* घटना ghatana
incidental *adj.* आकस्मिक akasmik
incivility *n.* अशिष्टता ashishtata
inclement *adj.* खराब kharab
inclination *n.* झुकाव jhukaw
inclined *adj.* झुकेको jhukeko
include *v.* गाभ्नु gabhnu
including *prep.* लगायत lagayat
incognito *adv./adj.* छद्म भेषमा chhadma bhesh ma
income *n.* आम्दानी amdani

income *n.* आमदनी amdani

income tax *n.* आयकर ayakar

incommensurate *adj.* तुलना नहुने tulna nahune

incommode *v.* असुविधा गराउनु asuvidha garaunu

incommunicable *adj.* भन्न नसकिने bhanna na sakine

incomparable *adj.* अतुलनीय atulniya

incompeten *adj.* अयोग्य ayogya

incomplete *adj.* अपूरो apuro

incomprehensible *adj.* नबुझिने nabujhine

inconclusive *adj.* टुङ्गोमा नपुग्ने tungoma napungame

inconsequential *adj.* महत्वहीन mahattwahin

inconstant *adj.* अस्थिर asthir

incontinent *adj.* दिसा-पिसाब रोक्न नसक्ने disa-pisab rokan naskane

inconvenient *adj.* असुविधाजनक asuwidhajanak

incorrect *adj.* अशु; ashuddha

increase *v.* बढ्नु badhnu

incredible *adj.* अविश्वसनीय awishwasniya

increment *n.* वृद्धि wriddhi

incubate *v.* ओथारो बस्नु otharo basnu

inculcate *v.* आग्रह गर्नु agraha garnu

incumbent *adj.* बहालवाला bahai wala

incurable *adj.* निको नहुने niko na hune

incursion *n.* धावा dhawa

indebted *adj.* ऋणी rini

indedent *adj.* अनुचित anuchit

indeed *adv.* वास्तवमा wastaw ma

indelible *adj.* मेटाउन नसकिने metaunu naskine

indemnify *v.* क्षति पूरा गर्नु kshati pura garnu

indenture *n.* अनुबन्ध पत्र anbandh patra

independence *n.* स्वतन्त्ता swatantrata

indescribable *adj.* वर्णन गर्न नसकिने varnan garn naskine

indestructible *adj.* नाश हुन नसक्ने nash huna na sakne

index *n.* सूची suchi

index finger *n.* चोरऔंला chor aunla

indicate *v.* देखाउनु dekhaunu

indication *n.* संकेत sanket

indifference *n.* लापर्वाही laparbahi

indigent *adj.* गरीब garib

indigestion *n.* अपच apach

indigestion *n.* अपच apach

indignant *adj.* रिसाएको risaeko

indignation *n.* क्रोध krodh

indirect *adj.* परोक्ष paroksha

indiscreet *adj.* असावधान asawdhan

indiscriminate *adj.* अन्धाधुन्ध andhadhund

indispensable *adj.* नभै नहुने na bhai na hune
indisputable *adj.* निर्विवाद nirvivad
indissoluble *adj.* नटुट्ने nattune
individual *n.* व्यक्तित्व wyaktitwa
indivisible *adj.* भाग गर्न/लाउन नसकिने bhag garna/launa na sakine
indolent *adj.* आलस्य alasya
indomitable *adj.* हिम्मत नहार्ने himmat na harne
indoors *adv.* घरभित्र ghar bhitra
induce *v.* फकाउनु phakaunu
indulge *v.* आशक्त हुनु ashakta hunu
industrious *adj.* परिश्रमी parishrami
industry *n.* उद्योग udyog
industry *n.* उद्योग-धंधा udyog dhanda
inebriated *adj.* मातेको mateko
inedible *adj.* खान नहुने khan nahune
ineffable *adj.* वर्णन गर्न नसकिने varnan garn naskine
ineffective *adj.* असर नपर्ने asar na parne
ineffectual *adj.* निष्फल nishphal
inefficient *adj.* अयोग्य ayogya
inelegant *adj.* असुन्दर asundar
ineligible *adj.* अयोग्य ayogya
ineluctable *adj.* बाट उम्कन नसिकने baat umkan naskine
inept *adj.* अयोग्य ayogya
inequality *n.* असमानता asamanta
inevitable *adj.* अनिवार्य aniwarya
inexorable *adj.* अटल atal
inexpensive *adj.* सस्तो sasto
inexperienced *adj.* अनुभव नभएको anubhaw na bhaeko
inexplicable *adj.* व्याख्या गर्न नसकिने vyakhaya garn naskine
infamous *adj.* बदनाम badnam
infancy *n.* शैशव काल shaishaw kal
infant *n.* शिशु shishu
infantry *n.* पैदल सेना paidalsena
infatuated *adj.* मोहित mohit
infection *n.* सरुवा रोग saruwa rog
infectious *adj.* सरुवा रोग saruwa rog
inferior *adj.* तल्लो tallo
inferiority *n.* हीनता hinta
infernal *adj.* नरकको narakko
infertile *adj.* बाँझो banjho
infidel *n.* नास्तिक nastik
infidelity *n.* विश्वासघात wishwasghat
infiltrate *v.* पस्नु pasnu
infiltration *n.* घुसपैठ ghus paith
infinity *n.* अनन्त anant
inflammation *n.* सुज suj
inflation *n.* मुद्रास्फीति mudra sphiti
inflict *v.* कष्ट दिनु kasht dinu
influence *n.* प्रभाव prabhaw
influential *adj.* प्रभावशाली prabhawshali

influenza *n.* कड़ा kardha
influx *n.* अन्तर आगमन antar agaman
inform *v.* थाहा दिनु thaha dinu
information *n.* सूचना suchana
infrastructure *n.* पूर्वाधार purwadhar
ingenious *adj.* दक्ष daksha
ingfratitude *n.* कृतघनता kritghanta
inglenook *n.* अगेनुको कुना agenuko kuna
inglorious *adj.* लज्जाजनक lajjajanak
ingredient *n.* अवयव awayaw
inhabit *v.* बास गर्नु bas garnu
inhabitable *adj.* बास गर्न योग्य bas garna yogya
inhabitant *n.* बासिन्दा basinda
inhale *v.* सास लिनु sas linu
inherit *v.* पुर्खा आदिबाट पाउनु purkha adi bata paunu
inheritance *n.* अंश ansh
inhuman *adj.* निर्दयी nirdayi
inimitable *adj.* अद्वितीय adwitiya
initial *n.* नामको पहिलो अक्षर nam ko pahilo akshar
initiative *n.* पहल phala
inject *v.* सूई लाउनु sui launu
injection *n.* सुई sui
injure *v.* चोट लगाउनु chot lagaunu
injurious *adj.* हानिकारक hani karak
injury *n.* चोट लगाउनु chot lagaunu

injustice *n.* अन्यायपूर्वक प्राप्त गरेको anyaya purwak prapt gareko
ink *n.* मसी masi
inkling *n.* संकेत sanket
ink-pot *n.* मसीदानी masi dani
inlaid *adj.* बुट्टा जडिएको butta jadieko
inlet *n.* उपखाड़ी upkhari
inmate *n.* बासिन्दा basinda
inmost *adj.* अन्तरतम antartam
inn *n.* पाटी pati
inner *adj.* भित्री bhitri
innocent *adj.* निर्दोष nirdosh
innovate *v.* नयाँ कुरा ल्याउनु nayan kura liaunu
innovation *n.* नवीन प्रवर्तन nawin prawartan
innuendo *n.* छेड chhed
innumerable *adj.* अनगिन्ती anginti
inoculate *v.* सुई दिनु suidinu
inoculation *n.* खोप khop
inoperable *adj.* चिरफार chirphar
inordinate *adj.* अत्यधिक ataydhik
inquest *n.* अदालती जाँच adalat janch
inquiry *n.* सोधपुछ sodh puchh
inroad *n.* धाबा dhaba
insane *adj.* बौलाहा baulaha
inscription *n.* लेख lekh
insecticide *n.* कीटनाशक kitnashak
insects *n.* कीरा kira
insensate *adj.* बेहोश behosh

inseparable *adj.* अलग नहुने alag na hune
inside *prep.* भित्र bhitra
insight *n.* अन्तरदृष्टि antar drishti
insignificant *adj.* निरर्थक nirarthak
insipid *adj.* खल्लो khallo
insist *v.* जोड दिनु joddinu
insolent *adj.* बेअदब be adab
insomnia *n.* अनिद्रा anidra
inspection *n.* जाँच janchnu
inspector *n.* निरीक्षक nirikshak
inspiration *n.* प्रेरणा prerana
inspire *v.* प्रेरित गर्नु prerit garnu
instal(l)ment *n.* किस्ता kista
install *v.* स्थापित गर्नु sthapit garnu
instance *n.* उदाहरण udaharan
instant *n.* तात्कालिक क्षण tatkalik kshan
instantly *adv.* तुरुन्त turunt
instead of *adv.* बदलामा badla ma
instigate *v.* उक्साउनु uksaunu
institute *n.* संस्थान sansthan
instruct *v.* सिकाउनु skiaunu
instruction *n.* आदेश adesh
instructor *n.* गुरु guru
instrument *n.* औजार aujar
insufficent *adj.* कम kam
insulator *n.* बिजुलीको करेण्ट आदि छेक्ने बस्तु bijuli ko karent
insulin *n.* इन्सुलिन insulin
insult *n.* अपमान apman
insupportable *adj.* असह्य asahay
insurance *n.* बीमा bima
insure *v.* पक्का गर्नु pakka garnu
insurrction *n.* विद्रोह widroh
intact *adj.* पूर्ण purn
integral *adj.* अभिन्न abhinna
integrity *n.* पूर्णता purnta
intellect *n.* बुद्धि buddhi
intellectual *n.* बुद्धिजीवी buddhi jiwi
intelligence *n.* बुद्धिमान buddhiman
intend *v.* चिताउनु chitaunu
intense *adj.* तीव्र tiwra
intensity *n.* तीव्रता tiwrata
intention *n.* इच्छा ichchha
intentional *adj.* जानाजानी jana jani
intercept *v.* बीचैमा रोक्नु blchai ma roknu
intercourse *n.* सम्पर्क sampark
interesting *adj.* रहर/चाखलाग्दो rahar/chakh lagdo
interfere *v.* बाधा दिनु badha dinu
interference *n.* हस्तक्षेव hastakshep
interim *adj.* अन्तरिम antarim
interior *adj.* भित्री bhitri
interlace *v.* जोडिनु jodinu
interlink *v.* जोड्नु jodnu
intermarry *v.* अन्तःर्विवाह गर्नु anthavivah garnu

intermediate *adj.* बीचको bich ko

intermission *n.* मध्यान्तर madhyantar

intermittent *adj.* रोकिँदै हुने rokide hune

internal *adj.* भित्री bhitri

international *adj.* अन्तर्राष्ट्रिय antarashtriya

interplay *n.* पारस्परिक क्रिया parasparik kriya

interpol *n.* अन्तरराष्ट्रिय पुलिस antarrashtriya police

interpose *v.* बीचमा बोल्नु beechma bolnu

interpret *v.* अर्थ बताउनु arth bat aunu

interpreter *n.* दोभाषे do bhashe

interrogate *v.* प्रश्न गर्नु prashna garnu

interrogation *n.* प्रश्न गर्नु prashna garnu

interrupt *v.* बिथोल्नु bitholu

interruption *n.* अवरोध awrodh

intersection *n.* चौबाटो chaubato

interstellar *adj.* ताराहरूमध्यको taraharu madhyako

interstice *n.* चिरा chira

interval *n.* मध्यान्तर madhyantar

interview *n.* अन्तरवार्ता antar warta

intestate *adj.* वसयतनामा नलेखी vasiyatnama nalekhi

intestine *n.* आन्द्रो andro

intimate *adj.* घनिष्ठ ghanishth

intimation *n.* जनाउ janau

intimidate *v.* धम्क्याउनु dhamkyaunu

into *prep.* भित्र bhitra

intolerable *adj.* सहन नसकिने sahana na sakine

intoxicate *v.* लट्ठ पार्नु latthaparnu

intrepid *adj.* निडर nidar

intricate *adj.* जटिल jatil

intrigue *n.* गुप्त प्रेम गर्नु gupt prem garnu

introduce *v.* चिनजान/परिचय गराउनु chinjan/parichaya garaunu

introduction *n.* चिनजान chinjan

introvert *n.* अन्तर्मुखी व्यक्ति antarmukhi vyakti

intrusion *n.* जबर्जस्ती प्रवेश jabarjasti prawesh

inure *v.* अभ्यस्त गर्नु abhyast garnu

invade *v.* हमला/आक्रमण गर्नु hamla/akraman garnu

invalid *adj.* नाकाम nakam

invaluable *adj.* अनमोल anmol

invasion *n.* हमला/आक्रमण गर्नु hamla/akraman garnu

inveigle *v.* मीठो बोली वा चाल गरेर फुस्लाउनु mitho boli wa chal garer phuslaunu

invent *v.* आविष्कार गर्नु awishkar garnu

invention *n.* आविष्कार awishkar

invest *v.* लगानी गर्नु lagani garnu

investigate *v.* जाँचपड़ताल गर्नु janchpadtal garnu

investigation *n.* जाँचपडताल janchpadtal

invicible *adj.* अजेय ajeya
invitation *n.* निम्तो nimto
invite *v.* निम्तो दिनु nimto dinu
invoice *n.* बिल bil
involve *v.* सरिक/समावेश गर्नु sarik/ samawesh garnu
involvement *n.* संलग्नता samlagnata
inward *adj.* भित्रतिर bhitra tira
iron *n.* फलाम phalam
ironical *adj.* विडम्बनापूर्ण widambanapurn
ironmonger *n.* कामी kami
irony *n.* श्लेश salesh
irrational *adj.* तर्कहीन tark hin
irregular *adj.* अनियमित aniyamit
irrelevant *adj.* असम्बद्ध asambaddh
irremovable *adj.* हटाउन नसकिने hataun naskine
irreparable *adj.* मरम्मत गर्न नसकिने marammat garna na sakine
irrepressible *adj.* अदम्य adamay
irresistible *adj.* विरोध गर्न नसकिने wirodh garna na sakine
irretrievable *adj.* वापस पाउन नसकिने vapas paun naskine
irrgation *n.* सिँचाइ sinchai
irrigate *v.* पटाउनु pataunu
irritate *v.* रिस उठाउनु ris uthaunu
irritation *n.* रिस ris
is *v./aux.* छ chha
island *n.* टापु tapu
isle *n.* टापू tapu

isolate *v.* अलग्याउनु alagyaunu
isotope *n.* आइसोटोप isotope
issue *n.* सन्तान santan
it *pron.* यो yo
itch *n.* चिलाइ chilai
item *n.* विषय wishaya
itinerary *n.* यात्रा तालिका yatra talika
its *pron.* यसको yas ko
itself *pron.* यो आफै yo aphai
ivory *n.* हस्तिहाड hathihad
ivy *n.* चिरहरितलता chirharitalta

J

jab घोच्नु ghochnu
jack *n.* मोटर उचाल्ने औजार moter uhcalne aujar
jack in office *n.* रवाफिलो कर्मचारी rawaphilo karmchari
jack of all trades *n.* सबै विषय अलि अलि जान्ने sabai washaya ali ali janne
jackal *n.* स्याल syal
jackass *n.* भाले गधा bhale gadha
jacket *n.* ज्याकोट jyaket
jackfruit *n.* रूख कटहर rukh kathar
jackknife *n.* ठूलो चक्कु thulo chakku
jade *n.* थकेको घोडा thakeko ghoda
jail *n.* झयालखाना jyalkhana
jailor *n.* घ्यालखानाको हाकिम jhyal khana ko hakim

jalopy *n.* पुरानो थोत्रो गाड़ी purano thotro gadi

jam *n.* रुकावट rukawat

jamboree *n.* आनन्द anand

jar *n.* ठूलो सिसी thulo sisi

jargon *n.* विशिष्ट बोली wishist boli

jarsey *n.* गन्जी gangi

jasmine *n.* चमेली chameli

jasper *n.* सूर्यकान्त मणि surya kant mani

jaundice *n.* पाण्डु रोग pandu rog

jaunt *n.* सैर sair

javelin *n.* भाला bhala

jaw *n.* बङ्गारा bandara

jazz *n.* अमेरिकी हब्सी मूलको सङ्गीत amerika habsi mul ko sangit

jazzy *adj* चड्का chadak

jealous *adj* इखालु ikhalu

jean *n.* जीन कपडा jin kapada

jeep *n.* जीप (vehical) jip

jeer *v.* गिज्याउनपु gijyaunu

jeopardy *n.* शंका shanka

jeremiad *n.* बिलौना bilona

jerk *n.* झट्का jhatka

jester *n.* ठट्टा गर्ने thatta garne

jet *n.* चिका chhirka

jet endine *n.* सिर्काको जोडले चल्ने इन्जिन sira ko jodle chalne injin

jet plane *n.* जेटविमान jet wiman

jet-black *adj.* गाडा कालो gadha kalo

jew *n.* यहूदी tahudi

jewel *n.* रतन ratan

jeweller *n.* जुहारी juhari

jewellery *n.* गहना gahana

jibe *n.* खिसी, उपहास khisi, uphas

jiffy *n.* क्षण kshan

jiggered *adj.* थकित thakit

jihad *n.* मुस्लिमहरूको धार्मिक युद्ध muslimharuko dharmik yudh

jim crow *n.* हब्शी habshi

jingal *n.* साना धंटी को टनटन आवाज sana ghantuko tan tan awaj

jinx *n.* अलच्छिना व्यक्ति वा वस्तु alachchhin waykti wa wastu

job *n.* नौकरी nokri

jobless *adj.* ढाके dhakre

jockey *n.* घोडदौड को सबार ghod daud kosabar

jocular *adj.* ठटयौलौ thatyaulo

jog *v.* घचघच्याउनु ghach ghachy aunu

join *v.* जोर्नु jornu

joint *adj.* संयुक्त samyukta

joist *n.* दलिन dalin

joke *n.* ठटटा thatta

joker *n.* ठट्टा गर्ने व्यक्ति thata garne vyakti

jolly *adj.* खुश khush

jolt *n.* धक्का dhakka

jornalism *n.* पत्रकारिता patra karita

jot *n.* थोरै thorai

journal *n.* बहिखाता bahi khata

journalist *n.* पत्रकार patrakar

journey *n.* यात्र yatra

jovial *adj.* आनन्दी anandi

jowl *n.* गाला को निम्न भाग gala ko niman bhag
joy *n.* खुशी khushi
jubilant *adj.* प्रसन्न prashna
jubilation *n.* अन्यानन्द aanyanand
jubilee *n.* जयन्ती jayanti
judg(e)ment *n.* इन्साफ insaph
judge *n.* न्यायाधीश nuayadhish
judicial *adj.* अदालती adalati
judiciary *n.* न्यायपालिका nyayapalika
judicious *adj.* विवेकी wiweki
judo *n.* जापानी कुस्ती japani kusti
jug *n.* जग jag
juggler *n.* जादुगर jadugar
juice *n.* रस ras
juicy *adj.* रसिलो rasilo
jumble *n.* थुप्रो thupro
jumbo *adj.* बडेमान bademan
jumbo jet *n.* अति ठूलो जेटविमान ati thulo jet wiman
jump *n.* उफ्राइ uphrai
jump the gun *v.* बेला नभई सुरु गर्न्र bela na bhal suru garnu
jumper *n.* ऊनी सुइटर uni suitar
junction *n.* जोर्नी jorni
juncture *n.* सङ्कट को स्थिति sankat ko sthiti
jungle *n.* वन wan
junior *n.* नायब nayab
juniper *n.* चेप्टे सल्ला chepte salla
junket *n.* दही को मिष्टान्न dahiko misthanan
junketing *n.* भोज bhoj
jupiter *n.* बृहस्पति ग्रह wrihaspati graha
just *adj.* न्यायी nyayi
just before *adv.* अलि अघि ali aghi
just now *adv.* भखरै bharkharai
justice *n.* न्याय nyayapalika
justify *v.* उचित देखाउनु uchit
jut *n.* चुच्चो chuchcho
jute *n.* सन san
juvenile *adj.* तरुण tarun
juvenile delinquency *n.* नाबालिग अपराध nabalig apradh
juxtapose *n.* सँगै-सँगै राख्नु sange-sange rakhnu

K

kale *n.* एक किसिमको बन्दकोपी ek kisimko bandkopi
kaleidoscope *n.* बराबर बदलिरहने दृश्य barabar badli rahane drishya
kaolin *n.* सेतो माटो seto mato
kapok *n.* तकिया आदिमा हाल्ने सिमलको रूई takia adima halne simalko rui
kaput *n.* बिग्रेको bigreko
karate *n.* जापानी कुश्ती japani kusti
kayak *n.* एस्किमो डुङ्गा eskimo dunga
keel *n.* नौतल nautal
keen *adj.* टाठो tatho

keenness *n.* तीव्रता tiwrata
keep *v.* राख्नु rakhnu
keepsake *n.* चिनु chinu
keg *n.* पीपा peepa
ken *n.* ज्ञानको सीमा gyanko seema
kennel *n.* कुकुर खोर kukur khor
kerchief *n.* मजेत्रो majetro
kernel *n.* गुदी gudi
kerosene *n.* मट्टीतेल mattitel
kestrel *n.* एक किसिमको सानो बाज ek kisimko sano baaj
ketch *n.* जहाज jahaj
kettle *n.* किट्ली kitli
key *n.* साँचो sancho
keyhole *n.* साँचो छिराउने प्वाल sancho chhiraune pwal
keynote *n.* प्रमुख विचार pramukh wichar
keyring *n.* साँचोहरु हाल्ने रिङ. sancho haru halne rin
khaki *n.* खाकी कपडा kihaki kapada
kick *n.* लात lat
kick out *n.* निकालिदिनु nikali dinu
kickback *n.* कमिसन kamisan
kick-off *n.* खेल आदि शुरू khel adi shuru
kid *n.* केटाकेटी keta keti
kidnap *v.* अपहरण गर्नु apaharan garnu
kidney *n.* मिर्गौला mirgaula
kill *v.* मार्नु marnu
killer *n.* हत्यारा hatyara
kiln *n.* अवाल awal
kin *n.* नातादार nata dar
kind *adj.* दयालु dayalu
kindergarten *n.* शिशु विद्यालय shishu widyalaya
kindle *v.* बाल्नु balnu
kindly *adv.* दया/कृपापूर्वक daya/ kripapurwak
kindness *n.* दया daya
king *n.* राजा raja
kingdom *n.* अधिराज्य adhirajya
kingpin *n.* आवश्यक व्यक्ति awashyak wyakti
kingship *n.* राजाको पद raja ko pad
kinsfolk *n.* पुरुष नातादार purush natadar
kip *n.* सुत्ने ठाउँ sutne thau
kirk *n.* गिर्जा girja
kismet *n.* किस्मत kismat
kiss *n.* चुम्बन chumban
kit *n.* सामान saman
kitchen *n.* भान्साकोठा bhansa kotha
kitchen garden *n.* करेसाबारी karesa bari
kite *n.* चङ्गा changa
kith *n.* आफन्तहरू afantharu
kitten *n.* बिरालोको बच्चा birailo ko bachcha
kleptomania *n.* चोरी गर्न लालायित हुने रोग chori garna lalayit hune rog
knack *n.* युक्ति sip
knave *n./adv.* धूर्त dhurt

knead *v.* पिठो/माटो मुछ्नु pitho/matho muchhnu
knee *n.* घुँडा ghunda
kneecap *n.* घुँडाको चक्का ghunda ko chakka
knee-deep *adj.* घुँडासम्मको गहिरो ghunda samma ko gahiro
kneel *v.* घुँडा टेक्नु ghunda teknu
knife *n.* चक्कु chakku
knit *v.* बुन्नु bunnu
knob *n.* गट्टा gatta
knock *n.* दनक danak
knock down *v.* पछार्नु pachharnu
knoll *n.* ढिस्को dhisko
knot *n.* गाँठो gantho
knotty *adj.* गठिलो gathilo
knout *n.* कोर्रा kora
know *v.* चिन्नु chinnu
know-how *n.* जानकारी jankari
knowingly *adv.* जानीजानी janijani
knowledge *n.* ज्ञान gyan
known *adj.* थाहा भएको thaha bhaeko
knuckle *n.* औंलाको जोर्नी aulako jorni
knuckle down *v.* मन दिएर काममा लाग्नु man diyera kam ma lagnu
knuckle under *v.* हार मान्नु har mannu
knuckly *n.* औंलाको जार्नी aunla ko jorni
koala *n.* रूख चढ्ने जनावर rukh chadne jnawar
kologram(m)e *n.* हजार ग्राम hajar gram
koran *n.* मुस्लिमहरूको धर्मग्रन्थ muslimharuko dharamgranth
kudos *n.* इज्जत ijjat

L

Lab *n.* प्रयोगशाला prayogshala
label *n.* चिन्हपत्र chinha patra
labelled *n.* लेबल टाँस्नु label taslu
labial *adj.* ओठको authko
labo(u)r *n.* काम kam
labo(u)rer *n.* ज्यामी jyami
laboratory *n.* प्रयोगशाला prayog shala
laborious *adj.* परिश्रमी parishrami
labour *n.* परिश्रम parshram
lace *n.* फित्ता phitta
lack *n.* कमी kami
lackadaisical *adj.* शिथिल shithil
lackey *n.* नोकर nokar
lacklustre *adj.* निस्तेज nistej
laconic *adj.* बोल्दा थेरै शब्द प्रयोग गर्ने bolda therai shabd prayog garne
lacquer बार्निस barnis
lactic *adj.* दूध को dudh ko
lacuna *n.* रिक्त स्थान rikt sthan
lad *n.* ठिटो thito
ladder *n.* भर्‍याङ्ग bharyan
ladle *n.* डाडु dadu

lady *n.* महिला mahila

ladykiller *n.* स्त्रीहरूलाई मोहित नार्ने पुरुष strirulai mohit narne purush

lady's finger *n.* रामतोरियाँ ram toriyan

lag *v.* पछि पर्नु pachhi parnu

lager *n.* हल्का बियर halka bear

lair *n.* जंगली जनावर को गुफा junglee janwarko gufa

laird *n.* जमीनदार jamindar

lake *n.* ताल tal

lama *n.* लामा lama

lamb *n.* पाठो patho

lambent *adj.* कान्तिमय kantimai

lame *adj.* लङ्गडो langado

lame duck *n.* शक्तिहीन व्यक्ति shaktihin wyakti

lament *v.* विलाप गर्नु wilap garnu

lamp *n.* बत्ती batti

land *n.* जमीन jamin

landholder *n.* जग्गाधनी jagga dhani

landlady *n.* घरपटिनी ghar patini

landlocked *adj.* भूपरिवेष्टित bhupariweshtit

landlord *n.* घरपटी ghar patini

landmark *n.* सरहद sarahd

landowner *n.* जग्गाधनी jagga dhani

landscape *n.* भूदृश्य bhudrishya

landslide *n.* पहिरो pahiro

lane *n.* गल्ली galli

language *n.* भाषा bhasha

languid *adj.* शिथिल shitil

languish *v.* शिथिल/दुर्बल हुनु shithil/ durbal hunu

lanky *adj.* अग्लो र दुब्लो aglo ra dublo

lantern *n.* लाल्टिन laltin

lap *n.* काख kakh

lapel *n.* कठालो kathalo

lapse *n.* भूलचूक bhuichuk

larceny *n.* चोरी chori

large *adj.* ठूलो thulo

largely *adv.* विशालताले bishalthalay

largesse *n.* मुक्तहस्तले दिएको दान mukthastale diaeko dan

larynx *n.* कण्ठ kanth

lascivious *adj.* भ्रष्टाचारी bharsthachari

lash *n.* कोर्रा ठोक्नु korra thoknu

last *adj.* अन्तिम antim

last night *n.* पछिल्लो रात pachhillo rat

last time *n.* पछिल्लो पटक pachhillo patak

last year *n.* पोहोर (साल) pohor (sal)

lasting *adj.* टिकाउ tikau

lastly *adv.* आखिरमा akhir ma

latch *n.* चुकुल chukul

late *n.* अबेला abela

lately *adv.* हालै halai

latent *adj.* प्रकट नभएको prakat nabhaeko

later *adj.* पछि pachhi

latex *n.* रबर आदि को दुधिलो रस rubber adiko dudhilo ras

lath *n.* काठको लामो पातलो टुक्रा kathko lamo patlo tukra

lather *n.* साबुनको फीँज sabun ko phinj

lathi *n.* लाठी lathi

latitude *n.* अक्षांश akshansh

latreral *adj.* छेउको cheuko

latrine *n.* चर्पी charpi

latter *adj.* पछिल्लो pachhillo

laugh *n.* हाँस्नु hansnu

laughing gas *n.* हँसाउने ग्याँस hansaune gyans

laughing stock *n.* मजाक व ठट्टाको पात्र majak wa thatta ko patra

laughter *v.* हाँसो hanso

launch *v.* छोड्नु chon

laundry *n.* को घर dhobi ko ghar

lava *n.* लावा lawa

lavatory *n.* चर्पी charpi

lavish *adj.* मन फुकाएर खर्च गर्नु man phukaera kharch garnu

law *n.* कानून kanun

lawful *adj.* कानूनी kanuni

lawless *adj.* मनपरी गर्ने man pari garne

lawn *n.* चोरी chaur

lawsuit *n.* मुद्दा mudda

lawyer *n.* वकील wakil

lax *adj.* खुकुलो, फितलो khukulo, phitlo

laxative *n.* जुलाफ julaf

lay *v.* बिछ्याउनु bichhaunu

lay aside *v.* अलग राख्नु alag rakhnu

lay down *v.* बुझाउनु bujhaunu

lay waste *v.* नाश गर्नु nash garnu

layer *n.* तह tah

layman *n.* आम/साधारण व्यक्ति am/ sadharan wyakti

lay-off *n.* अस्थायी खारेजीको अवधि asthayi khareji ko awadhi

layout *n.* सजावट sajawat

laziness *n.* आलस्य alasya

lazy *adj.* अल्दी alchhi

lea *n.* चउर chaur

lead सीसा sheesa

leader *n.* नेता neta

leading *adj.* पुमुख prakmukh

leaf *n.* पात patho

leaflet *n.* पर्चा parcha

leak *n.* चुहावट chuhyawat

leakage *n.* चुहावट chuhawat

leaky *adj.* चुहिने chuhine

lean *adj.* दुब्लो dublo

leap *n.* छालाङ्ग chhalang

learn *v.* सिक्नु siknu

learned *adj.* पढेलेखेको padhe lekheko

learning *n.* विद्यान widya

leash *n.* दाम्लो damlo

least *adj.* सबैभन्दा थोरै sabai bhanda thorai

leather *n.* चमडा chamada

leave *n.* बिदा bida
leave off *v.* छोड्नु chon
leaven *n.* खमीर khamir
lectern *n.* गिर्जामा बाइबल राख्ने डेस्क girjama bible rakhne desk
lecture *n.* भाषण bhashan
lecturer *n.* उपप्राध्यावक up pradhyapak
ledger *n.* बही खाता bahi khata
leech *n.* जुका juka
leek *n.* प्याज जस्तो सब्जी pyaj jasto sabzi
left *adj.* देब्रे debre
·**left wing** *n.* वामपन्थी दल wam panthi dal
leftist *n.* वामपन्थी wam panthi
leftover *adj.* उब्रिएको ubrieko
lefty *adj.* देब्रे हात चल्ने debre hat chalne
leg *n.* गोडा goda
legacy *n.* बपौती bapauti
legal *adj.* कानूनी kanuni
legate *n.* पोपको दूत popko dut
legend *n.* दन्त्य/पौराणिक कथा dantya/pauranik katha
leggings *n.* खुट्टा छोप्ने आवरण khutta chopne awaran
leggy *adj.* लामा-लामा खुट्टा हुने lama-lama khutta hune
leghorn *n.* एक जातको कुखुरा ek jatko kukhura
legible *adj.* पढ्न सकिने padhna sakine
legion *n.* रोमको सेना rom ko sena
legislation *n.* ऐन ain
legislative *adj.* व्यवस्थापिका wyawasthapika
legislature *n.* विधानसभा widhan sabha
legitimate *adj.* वैध waidh
legume *n.* गेडागुडी geda gudi
leisure *n.* फुर्सत phursat
leisurely *adv.* फुर्सतमा phursatma
lemon *n.* कागती kagati
lemonade *n.* निम्बूको शरबत nimbuko sharbat
lend *v.* सापट/ऋण दिनु sapat/rin dinu
length *n.* लम्बाइ lambai
lenient *adj.* कड़िकड़ाउ नगर्ने karikadau nagarne
lenity *n.* दयालुता dyaluta
lens *n.* लेन्स lens
lentil *n.* दाल dal
leopard *n.* चितुवा chituwa
leper *n.* कोरी kori
leprosy *n.* कुष्ठ रोग kushth rog
lesbian *n.* समलिङ्गी स्त्री samlingi stri
lesion *n.* घाउ ghau
less *adj.* कमी kam
lessee *n.* पट्टाधारी pattadhari
lesson *n.* पाठो patho
lessor *n.* पट्टादाता pattadata
lest *conj.* भन्ने डरले bhanne darle
let *v.* गर्न दिनु garna dinu
let alone *v.* छोडिदिनु chhodi dinu

let down *v.* धोका दिनु dhoka dinu

let go *v.* छोड्नु chodnu

let in *v.* प्रवेश गर्नु दिनु prawesh garna dinu

let in for *v.* संलग्न गराउनु samlagna garaunu

let loose *v.* रिहा गर्नु riha garnu

let on *v.* गोप्य/कुरा खोल्नु gopya/kura kholnu

let up *v.* कम/शिथिल हुनु kam/shithil hunu

lethal *adj.* घातक ghatak

lethargy *n.* उदासीनता udasinta

letter *n.* चिठी chithi

letter box *n.* पत्रमंजूषा patra manjusha

lettuce *n.* जिरीको साग jiri ko sag

let-up *n.* विराम wiram

leucocyte *n.* वेताणु vetanu

levant *v.* भाग्नु bhagnu

levee *n.* बाँध bandh

level *n.* तह tah

lever *n.* उत्तोलक uttolak

lever up *v.* उक्काउनु ukkanunu

lewd *adj.* कामुक kamuk

ley *n.* घाँसको मैदान ghasko maidan

liability *n.* दायित्व dayitwa

liable *adj.* जवाफदेह jawaph deh

liaison *n.* सम्पर्क sampark

liaison officer *n.* सम्पर्क अधिकृत sampark adhikrit

liar *n.* झूटो बोल्ने jhuto bolne

liberal *adj.* उदार udar

liberate *v.* मुक्त गर्नु mukta garnu

liberation *n.* मुक्ति mukti

liberty *n.* स्वाधीनता swadhinta

libra *n.* तुला राशि tula rashi

librarian *n.* पुस्तकाध्यक्ष pustak adhyaksha

library *n.* पुस्तकालय pustakalaya

lice *n.* जुम्राहरू jumra haru

licence *n.* आज्ञा/अनुमति पत्र agya/anumati patra

lichen *n.* झयाउ jhyau

licit *adj.* वैध vaidhya

lick *v.* चाट्नु chatnu

lid *n.* बिर्को birko

lie *n.* झूटो कुरा jhuto kura

lie down *v.* सुत्नु sutnu

lie flat *v.* पस्रिनु pasrinu

life *n.* जीवन jiwan

life cycle *n.* जीवनचक्र jiwan chakra

life expectancy *n.* आयुराशा ayurasha

life insurance *n.* जीवनबीमा jiwan bima

lifeblood *n.* जीवन धान्ने वस्तु jiwan dhanne wastu

lifeless *adj.* बेजान bejan

lifelong *adj.* आजीवन ajiwan

lifer *n.* जन्मकैदी janamkaidi

life-size(d) *adj.* पूर्णकद purn kad

lifetime *n.* जुनी juni

lift *n.* लिफ्ट lipht

ligament *n.* स्नायु snayu

light *n.* प्रकाश prakash
light bulb *n.* बिजुली को गुलुप bijuli ko gulup
light industry *n.* प्रसन्नचित sanu udyog
light-fingered *adj.* हात फेर्ने hatpherne
light-headed *adj.* चपल chapal
light-hearted *adj.* आनन्दी anandi
lightning *n.* सानु उद्योग chatyan
lightsome *adj.* प्रसन्नचित prasanchit
lignite *n.* नरम कोइला naram koila
like *adj.* कम महत्त्वको jasto
likeness *n.* समानता samanta
likewise *adv.* त्यसैगरी tyasai gari
liking *n.* रुचि ruchi
lilt *n.* लय lai
lily *n.* नलिनी nalini
limb *n.* अङ्ग ang
lime *n.* चून chun
limestone *n.* चूनदुङ्गा chun dhunga
limit *n.* सीमा sima
limitation *n.* सीमितता simitta
limited *adj.* सीमित simit
limitless *adj.* सीमा रहित sima rahit
limousine *n.* बन्द मोटरगाडी band motar gadi
limousine *n.* मोटरगाड़ी motorgadi
limp *adj.* लुलो lulo
line *n.* रेखा rekha
lineage *n.* कुल kul
linen *n.* सुती कपडा suti kapada
line-up *n.* पंक्ति pankti
linguist *n.* भाषविद् bhasha wid
liniment *n.* मालिस malis
lining *n.* लुगाको भित्री luga ko bhitri
link *n.* जोड jod
linkage *n.* सम्बद्धता sambaddhta
linseed *n.* आलस्य alas
lion *n.* सिंह simha
lioness *n.* सिंहिनी simhini
lip *n.* ओठ oth
lip-service *n.* चेपारे बोली chepare boli
lipstick *n.* लाली lali
liquid *n.* तरल taral
liquidate *v.* मार्नु marnu
liquor *n.* रक्सी raksi
liquorice *n.* जेठीमधु jethimadhu
lira *n.* इटालीको मुद्रा italyko mudra
list *n.* सूची suchi
listejn *v.* सुन्नु sunnu
listener *n.* सुन्ने व्यक्ति sunne wyakti
literacy *n.* साक्षरता saksharta
literary *adj.* साहित्यसम्बन्धी sahityasambandhi
literate *adj.* लेखपढ गर्न जान्ने lekh padh garna janne
literature *n.* साहित्य sahitya
lithe *adj.* लचिलो lachilo
lithography *n.* अश्ममुद्रण ashammudran
litre *n.* लीटर litre
litter *n.* फोहरमैला phohar maila

little *adj.* सानु sanu
live *adj.* जिउँदो jiundo
live *v.* जीउनु, बाँच्नु jiunu, bachnu
livelihood *n.* जीविका jiwika
lively *adj.* फुर्तिलो phurtilo
liver *n.* कलेजो kalejo
liver *n.* कलेजो kalejo
livestock *n.* गाईवस्तु gai wastu
livid *adj.* सीसा रंग को seesa rangko
living *adj.* जीविका jiwika
living goddess *n.* कुमारी kumari
living room *n.* बैठक baithak
lizard *n.* छेपारो chheparo
load *n.* भारी bhari
loaf *n.* पाउरोटी pauroti
loafer *n.* आवारा awara
loan *n.* ऋण rin
loan *n.* ऋण, सापट rin, sapat
lobe *n.* कानको लोती kanko loti
lobster *n.* ठूलो चिङ्गडी माछा thulo chingdi machha
lobster *n.* चिँगड़ी chingari
locale *n.* घटनास्थल ghatnasthal
location *n.* स्थानीय sthaniya
loch *n.* झील jheel
lock *n.* ताल्चा talcha
lock up *v.* थन्क्याउनु thankyaunu
lockout *n.* कारखानामा तालाबन्दी karkhanama talabandhi
locust *n.* सलह salah
locust *n.* सलह salah
lode *n.* धातु रेखा dhaturekha
lodestar *n.* ध्रुवतारा dhruvtara
lodge *n.* लज laj
lofty *adj.* अग्लो र दुब्लो aglo ra dublo
log *n.* काठको मुढा kath ko mudha
logarithm *n.* लघुगुणक laghuganak
logic *n.* तर्क tark
logic *n.* तर्कशास्त्र tarkshastra
logical *adj.* तर्कसंगत tarksangat
loin *n.* कम्मर kammar
loin *n.* कम्मर kammar
loincloth *n.* कछाड kachhad
loiter *v.* भौंतारिनु bhauntarinu
lollipop *n.* मिठाई mithai
lone *adj.* एक्लो eklo
lonelinees *n.* एक्लोपन eklo pan
lonely *adj.* एकान्त ekant
long *adj.* लामो lamo
long distance *adj.* लामो दुरीको lamo duri ko
long face *n.* अँध्यारो मुख andhyaro mukh
long jump *n.* लामो दूरीको उफ्राइ lamo duri ko uphrai
long life *n.* लामो आयु lamo ayu
long range *adj.* धेरै दूरीको dherai duri ko
long shot *n.* अन्दाज andaj
longago *adv.* धेरै अघि dherai aghi
longevity *n.* दीर्घायु dirghayu
longitude *n.* देशान्तर deshantar
loo *n.* पाइखाना paikhana
look *n.* हेराइ herai

look after *v.* हेरविचार/स्याहार गर्नु herwichar/syahar garnu
look for *v.* खोज्नु khojnu
look forward to *v.* अपेक्षा गर्नु apeksha garnu
look into *v.* खोजतलास/छानबिन गर्नु khoj talas/chhan bin garnu
look like *v.* जस्तो देखिनु jasto dekhinu
look out *n.* रखबारी गर्ने ठाउे/मानिस rakhbari garne thaun/manis
look up *v.* हेर्नु hernu
loom *n.* लुगा बुन्ने तान luga bunne tan
loony *adj.* पागल pagal
loop *n.* सुर्केनी surkeni
loophole *n.* नियम भङ्ग गर्ने niyam bhang garne upaya
loose *adj.* लुलो lulo
loosen *v.* फुकाउनु phukaunu
loot *n.* लुटेको माल luteko mal
looting *n.* लूटलाट lutlat
lord *n.* मालिक malik
lose *v.* हार्नु harnu
loser *n.* हरूवा haruwa
loss *n.* नोक्सान noksan
loss of face *n.* मानहानि man hani
lost *adj.* हराएको haraeko
lot(s) of *adj.* धेरै dherai
lotion *n.* रस ras
lottery *n.* चिट्ठा chittha
lotus *n.* कमलको फूल kamal ko phul
loud *adj.* चर्को charko
loudly *adv.* ठूलो आवाजले thulo awaj le
loudspeaker *n.* आवाज ठूलो पार्ने यंत्र awaj thulo parne yantra
louse *n.* जुम्रो jumro
lout *n.* गँवार ganwar
love *n.* प्रेम prem
love affair *n.* मायाप्रीती mayapriti
love marriage *n.* प्रेम विवाह prem wiwah
lovebirds *n.* चखेवाचखेवी chakhewa chakhewi
lovelorn *adj.* विरही wirahi
lovely *adj.* सुन्दर sundar
lover *n.* प्रेमी premi
lovesick *n.* विरही प्रेमी wirahi premi
loving *adj.* माया गर्ने maya garne
low *adj.* होचो hocho
lower *adj.* तल्लो tallo
lowland *n.* निम्नभूमि nimanbhumi
lowly *adj.* नम्र namra
loyal *adj.* बफादार baphadar
loyalty *n.* बफादारी baphadari
lozenge *n.* चुस्ने मिठाई chusne mithai
lubricate *v.* तेल लगाउनु tel lagaunu
luck *n.* भाग्य bhagya
luckily *adv.* भाग्यवश bhagya wash
lucky *adj.* भाग्यमानी bhagya mani
lucrative *adj.* लाभदायक labh dayak

ludicrous *adj.* हास्यपद hasyaprad

lug *v.* घिसार्नु ghirsanu

luggage *n.* माल mal

lugubrious *adj.* दुःखी dukhi

lukewarm *adj.* मनतातो man tato

lull *n.* शान्ति shanti

lullaby *n.* लोरी lori

lumbago *n.* कम्मरको पीड़ा kammarko peerha

lumbar *adj.* कम्मरको kammarko

luminous *adj.* प्रकाशयुक्त prakash yukta

lump *n.* ढिका dhika

lunar *adj.* चन्द्रमाको chandrama ko

lunatic *n.* पागल pagal

lunch *n.* दिउसोको खना diuso ko khana

luncheon *n.* दिवाभोज diwa bhoj

lung *n.* फोक्सो phokso

lure *v.* लोभ्याउनु lobhyaunu

luscious *adj.* मीठो mitho

lust *n.* वासना wasna

lustre *n.* चमक chamak

lustrous *adj.* झल्कने jhalkan

luxuriant *adj.* धेरै dherai

luxurious *adj.* सोख सयल गर्ने sokh sayal garne

lyceum *n.* भाषण दिने हल bhashan dine hal

lyric *n.* गीत git

M

machine *n.* कल kal

mackintosh *n.* बर्सादी barsadi

macrocosm *n.* ब्रह्माण्ड brahmand

mad *adj.* बौलाहा baulaha

madam *n.* महोदया mahodaya

madcap *adj.* लापर्बाह laparbah

madden *n.* पागल वा क्रुद्ध बनाउनु pagal wa krudh banaunu

mademoiselle *n.* कुमारी kumari

madonna *n.* कुमारी मेरी kumari meri

maestro *n.* संगीतज्ञ sangeetagya

magazine *n.* पत्रिका patrika

mager/meager *adj.* कमसल kamsal

magic *n.* जादु jadu

magician *n.* जादुगर jadugar

magnet *n.* चुम्बक chumbak

magnificent *adj.* भव्य bhavya

magnify *v.* बढाउनु badhaunu

magnitude *n.* मात्रा matra

magnolia *n.* थलकमलको फूल thal kamal ko phul

magnum *n.* बोतल bottle

mahjong *n.* चारजनाले खेल्ने charjanale khelne

maid *n.* नोकिर्नी nokarni

maiden *n.* कुमारी केटी kumari keti

maiden speech *n.* पहिलो भाषण pahilo bhashan

maidservant *n.* नोकर्नी nokarni

mail *n.* डाँक dank
mailbox *n.* पत्रमंजूषा patra manjusha
mailman *n.* हुलाकी hulaki
main *adj.* मुख्य mukhya
mainly *adv.* प्रायः prayah
mainstay *n.* मुख्य सहारा mukhya sahara
mainstream *n.* मूलप्रवाह mul prawah
maintain *v.* हेरचाह her chah
maisonette *n.* सानो घर sano ghar
maize *n.* मकै makai
majestic *adj.* प्रभावशाली prabhaw shali
majority *n.* बहुमत bahumat
make *v.* बनाउनु banaunu
make-up *n.* श्रृंगार shringar
malady *n.* बिमारी bimari
malaise *n.* अस्वस्थता aswastata
malaria *n.* हिमज्वर himjowar
male *n.* भाले bhale
malediction *n.* सराप sarap
malefactor *n.* अपराधी apradhi
malevolent *adj.* अरूको अहित गर्न चाहने aruko ahit garn chahne
malformation *n.* कुरचना kurchana
malice *n.* डाहा daha
malignant *adj.* हानिकारक hani karak
mallard *n.* जंगली हाँस junglee haas

mallet *n.* मुङ्ग्रो mungro
mallet *n.* मुङ्ग्रो mungro
malnutrition *n.* कुपोषण kuposhan
malodorous *adj.* दुर्गन्धपूर्ण durgandhpurn
malpractice *n.* दुर्व्यवहार durwyawahar
malt *n.* बीयर bear
maltreatment *n.* दुर्व्यवहार durwyawahar
mammal *n.* स्तनपायी जन्तु stanpayi jantu
mammon *n.* धन dhan5
man *n.* मान्छे manchhe
manacle *n.* हतकड़ी hatkadi
manage *v.* संचालन गर्नु sanchalan garnu
management *n.* व्यवस्थापन wyawashtapan
manager *n.* व्यवस्थापक wyawsthapak
mane *n.* घोडाको जगर ghoda ko jagar
manful *adj.* साहसी sahasi
mango *n.* आँप anp
manhandle *v.* हात हाल्नु hat halnu
manhood *n.* पुरुषत्व purushtav
manifesto *n.* घोषणा-पत्र ghoshna patra
manifold *adj.* अनेक र विविध anek r vividh
mankind *n.* मनुष्यजाति manushya jati
manly *adj.* बलियो baliyo

manner *n.* काइदा kaida

manoeuvres *n.* युद्धाभ्यास yudhabhyas

manor *n.* जिमीदारी jimidari

manpower *n.* कामदरहरूको ठूलो जमात kamdarharuko thulo jamat

mansion *n.* भवन bhawan

manslaughter *n.* नरहत्या narhatya

mantelpiece *n.* अगेनुको मास्तिर रहेको काठ agenuko mastir raheko kath

manual *n.* विवरणपुस्तिका wiwaran pustika

manufacture *n.* उत्पादन गर्नु utpadn garnu

manure *n.* मल mal

manuscript *n.* पाण्डुलिपि pandulipi

manuscript *n.* पाण्डुलिपि pandulipi

many *adj.* धेरै dherai

map *n.* नक्सा naksa

maple *n.* केपासी kepasi

mar *v.* बिगार्नु bigarnu

marathon *n.* अति लामो दौड ati lamo daud

marble *n.* सङ्गमरमर stone

march *n.* मार्च महीना march mahina

mare *n.* घोडी ghodi

margin *n.* छेउ chheu

marigold *n.* सयपत्री फूल sata patri phul

marine *adj.* सामुद्रिक samudrik

marionette *n.* कठपुतली kathputali

marital *n.* दाम्पत्य dampatya

mark *n.* चिनो chino

market *n.* बजार bajar

marketing *n.* बेचबिखन bech bikhan

marketplace *n.* चोकबजार chok bajar

marksman *n.* निशानाबाज nishnabaz

maroon *n.* खैरो रातो रंग khairo rato rang

marriage *n.* हिबहे biha

marriageable *adj.* विवाहयोग्य wiwah yogya

married *adj.* विवाहित wiwahit

marry *v.* बिहे/विवाह गर्नु bihe

mars *n.* मंगल ग्रह mangal graha

marsh *n.* धाप dhap

mart *n.* बजार bazar

martial law *n.* जङ्गी ऐन jangi ain

martin *n.* भीर गौंथली bheer gonthali

martyr *n.* शहीद shahid

marval (i)ous *adj.* विचित्र wicitra

marxism *n.* मार्क्सवाद markswad

masculine *n.* पुलिङ्ग puling

mask *n.* मकुण्डा makundo

mason *n.* डकर्मी dakarmi

mass *n.* राशि rashi

mass midia *n.* आमसंचारका साधन amsancharka sadhan

mass movement *n.* जनआन्दोलन jan andolan

mass production *n.* बहुउत्पादन bahu utpadan
massacre *n.* काटमार katmar
massage *n.* मालिस malis
masseus *n.* मालिस गर्ने पेशावर स्त्री malis garne peshawar sthri
massive *adj.* ठूलो thulo
mast *n.* मस्तूल mastul
master *n.* मालिक malik
master plan *n.* गुरुयोजना guru yojana
masterpiece *n.* उत्कृष्ट कृति utkrisht kirti
masticate *v.* चपाउनु chapaunu
masturbate *v.* हस्तमैथुन गर्नु hastmaithun garnu
masturbation *n.* हस्तमैथुन hast maithun
masuoleum *n.* समाधि samadhi
mat *n.* चटाई chatai
match *n.* सलाई salai
matchbox *n.* सलाईको बट्टा salai ko batta
matchless *adj.* बेजोड bejod
matchmaker *n.* लमी lami
matchstick *n.* सलाईको काँटी salai ko kanti
matdriarch *n.* परिवार वा कुलकी मुखेनी pariwar wa kulki mukeni
mate *n.* साथी sahti
material *n.* माल mal
maternal *adj.* आमापट्टिको amapattico
maternal uncle *n.* मामा mama
maternity hospital *n.* प्रसूतिगृह prasuti griah
maternity leave *n.* सुत्केरी बिदा sutkeri bida
mathematical *n.* गणित ganit
mathematics *n.* गणित ganit
matins *n.* बिहानको प्रार्थना bihanko prarthana
matricide *n.* मातृहत्या matri hatya
matricide *n.* मातृहत्या matrihatya
matrimonial *adj.* वैवाहिक waiwahik
matrimony *n.* बिहे bihe
matron *n.* घरकी मालिक्नी ghar ki malikni
matron *n.* अस्पताल प्रधान नर्स asaptal pradhan nurse
matter *n.* वस्तु wastu
matter of fact *n.* वास्तविक कुरो wastawik kuro
matting *n.* चटाई chatai
mattock *n.* गैंती gainti
mattress *n.* डसना dasna
mattress *n.* डसना dasna
maturate *v.* पाक्नु paknu
mature *adj.* पाको pako
maturity *n.* परिपक्वता paripakwata
maudlin *adj.* ज्यादै भावुक jyadae bhavuk
mausoleum भव्य समाधि bhavya smadhi
mauve *n.* फीका बैजनी रङ्ग phika baijani rang
mauve *n.* बैजनी baijani

maw *n.* पेट peth
mawkish *adj.* रोगी rogi
maxim *n.* उक्ति ukti
maximum *adj.* अधिकतम adhiktam
may *mod.* सक्नु sakun
maybe *adv.* हुनसक्छ huna sakhha
maybe *adv.* शायद shayad
mayor *n.* नगप्रमुख nagar pramukh
mayor *n.* नगरपाल, नगरपति nagarpal, nagarpati
me *pron.* मलाई malai
me *pron.* मलाई malai
mead *n.* महको रक्सी mehko raksi
meadow *n.* चौर chaur
meadow *n.* घाँसको मैदान ghasko maidan
meal *n.* खाना khana
mean *adj.* छुच्चो chhuchcho
meaning *n.* माने mane
meaning *n.* अर्थ arth
meaningless *adj.* अर्थहीन arthhin
means *n.* जुक्ति jukti
meantime *adv.* यसैबीचमा yasai bich ma
meanwhile *adv.* यसैबीचमा yasai bich ma
measles *n.* दादुरा dadura
measles *n.* दादुरा dadura
measly *adj.* तुच्छा tucha
measure *n.* नाप nap
measure *n.* मात्रा matra
measurement *n.* नाप nap
meat *n.* मासु masu
mechanic *n.* मिस्त्री mistri
mechanical *adj.* कलपुर्जासम्बन्धी kalpurja sambandhi
medal *n.* पदक padak
medi(a)eval *adj.* मध्ययुगी madhya yugi
mediate *v.* मध्यस्थ हुनु madhyasth hunu
mediator *n.* मिलाप गराउने milap garaune
medical *adj.* डाक्टरी daktari
medicine *n.* ओखती okhati
medieval *adj.* मध्ययुको madhyauko
mediocre *adj.* साधारण sadharan
meditate *v.* ध्यान/चिन्तन गर्नु dhyan/ chintan garnu
meditation *n.* ध्यान dhyan
medium *n.* मध्यम madhyam
meek *adj.* नम्र namra
meet *n.* जमघट jamghat
meeting *n.* सभा बैठक sabha baithak
melancholic *adj.* विषादग्रस्त vishadgrast
melancholy *n./adj.* उदासीनता udasinta
melee *n.* भिडन्त bhidant
melliflous *adj.* सुमधुर sumdhur
melodious *adj.* मनोहर manohar
melody *n.* मधुर गीत/संगीत madhur git/sangit
melon *n.* तरबुजा tarbuja

melong *n.* खर्बुजा kharbuja
melt *v.* पग्लनु paglanu
member *n.* सदस्य sadasya
membrane *n.* झिल्ली jhilli
memento *n.* सम्झौटो samjhoto
memo(randum) *n.* लेखोट lekhot
memorable *adj.* सम्झन लायकको samjhana layak ko
memorial *n.* स्मारक smarak
memorize *v.* याद गर्नु yad garnu
memory *n.* सम्झना samjhana layak ko
men *n.* लोग्नेमान्छेहरू logne manchhe haru
menace *n.* धमकी dhamki
mend *v.* मर्मत गर्नु marmat garnu
mendacious *adj.* झूटो jhuto
mendicant *v.* भिखारी bhikhari
menfolk *n.* लोग्ने-मानिसहरू logne manis haru
menstruation *n.* रजस्वला rajaswala
mental *adj.* मानसिक mansik
mention *n.* उल्लेख ullekh
mentor *n.* परामर्शदाता pramarshdata
menu *n.* खानेकुराको सूची khane kura ko suchi
merchandise *n.* व्यापारका मालसामान wyapar ka mal saman
merchant *n.* व्यापारी wyapari
merciful *adj.* दयालु dayalu
merciless *adj.* निष्ठुर nishthur
mercíry *n.* पारो paro
mercury *n.* बुध ग्रह budh graha
mere *n.* पोखरी pokhari
merely *adv.* मात्रा matra
merge *v.* गाभ्नु gabhnu
merger *n.* मिसिने काम misine kam
merit *n.* गुण gun
meritorious *adj.* योग्य yogya
mermaid *n.* मत्स्यकन्या matsyakanya
merriment *n.* खसीयाली khusiyali
merry *n.* हर्ष harsh
mess *n.* लठीबज्र lathi bajra
messaenger *n.* सन्देश पुन्याउने sandesh puraune
message *n.* सन्देश sandesh
messiah *n.* यिसुखिष्ट yisukhisht
metal *n.* धातु dhatu
metamorphosis *n.* रूप-परिवर्तन roop-parivartan
meteor *n.* उल्का ulka
method *n.* उपाय upaya
meticulous *adj.* अति सावधान ati sawdhan
metre/meter *n.* मिटर mitar
metropolis *n.* महानगर maha nagar
mew *n.* म्याउम्याउ myau myau
mica *n.* अभ्रक abhrak
mice *n.* मूसाहरू musa haru
microbe *n.* जीवाणु jiwanu
microcosm *n.* लघु ब्रह्माण्ड laghu brahmand

microphone *n.* माइक maik

microscope *n.* सूक्ष्मदर्शक sukshamdarshak

midday *n.* मध्यान्ह madhyanha

midden *n.* फोहोरको थुप्रो fohorko thupro

middle *adj.* माझ majh

middle age *n.* अधबैंसे उमेर adhbainse umer

middle class *n.* मध्यम वर्ग madhyam warg

middleweight *n.* केजीसम्मको तौल pachhattar keji samma ko taul

midnight *n.* आधारात adha rat

midsummer *n.* मध्यग्रीष्म madhyagrishm

midwife *n.* सुँडेनी sundeni

mien *n.* व्यक्तिको चालढाल vyaktiko chaldhal

might *n.* बलियो baliyo

migraine *n.* कपाल दुख्ने रोग kapal dhukne rog

migrant *n.* प्रवासी prawasi

migration *n.* बसाइ सर्ने काम basai sarne kam

mild *adj.* नरम naram

mildew *n.* ढुसी dhusi

mile *n.* माइल mail

milestone *n.* कोसेढुङ्गा kose dhunga

milieu *n.* वातावरण watawaran

military *n.* सेना sena

milk *n.* दूध dudh

milkman *n.* ग्वाला gwala

milky *adj.* दूध जस्तो dudh jasto

milky way *n.* आकाशगंगा akash ganga

mill *n.* कारखाना karkhana

millennium *n.* हजार वर्षको अवधि hajar warsh ko awadhi

millepede *n.* खजूरो khajuro

miller घट्टको मालिक ghat ko malik

millet *n.* कोदो kodo

million *n.* दस लाख das lakh

millionaire *n.* लखपति lakhpati

millstone *n.* जाँतो janto

mind *n.* मन man

mindful *adj.* विचारशील wicharshail

mine *pron.* मेरो mero

mineral *n.* खनिज पदार्थ khanij padarh

mingle *v.* मिसिनु misnu

mingle *v.* मिसिनु misnu

mingy *adj.* नीच neech

miniature *n.* सानु आकार को वस्तु sanu akar ko wastu

minimum *n.* सबभन्दा कम sab bhanda kam

mining *n.* खानी खन्ने काम khani khanne kam

minister *n.* मंत्री mantri

ministry *n.* मन्त्रालय mantralaya

mink *n.* एक जन्तु ek jantu

minority *n.* अल्पसंख्या alpsankhya

minstrel *n.* गाइने gaine

mint *n.* टकसार taksar

minus *n.* घटाउ ghatau

minutely *adv.* ठीक हिसाबले thik hisab le

minx *n.* अटेरी ateri

miracle *n.* चमत्कार chamatkar

miraculous *adj.* चमत्कारपूर्ण chamatkarpurn

mirage *n.* मृगतृष्णा mrigtrishna

mire *n.* हिलो hilo

mirror *n.* ऐना aina

mirth *n.* हाँसो-खुशी haso-khushi

misadventrue *n.* दुर्भाग्य durbhagya

miscalculate *v.* गलत अन्दाज गर्नु galat andaj garnu

miscariage *n.* तुहिने काम tuhine kam

miscellaneous *adj.* विविध wiwidh

mischance *n.* दुर्भाग्य durbhagya

mischief *n.* उपद्रो upadro

mischievous *adj.* उपद्रयाहा upadhryaha

misconception *n.* गलत धारणा galat dharna

misconduct *n.* दुराचार durachar

miscontrue *v.* गलत अर्थ लाउने galat arth laune

miscount *v.* अशुद्ध गणना गर्नु ashudh ganana garnu

miscreant *adj.* दुष्ट dushta

miscreant *n.* आदिवासी adiwasi

misdeed *n.* खराब काम kharab kam

misdeed *n.* दुष्कर्म dushkaram

miserable *adj.* दुखी duhkhi

misery *n.* दुःख duhkhi

misfortune *n.* आपत् apat

misgiving *n.* शंका shanka

misguide *v.* बहकाउनु bahkaunu

mishap *n.* दुर्घटना durghatna

misinform *v.* गलत सूचना दिनु galat suchana dinu

misinterpret *v.* गलत अर्थ लगाउनु galat arth lagaunu

mislead *v.* कुबाटो लैजानु kubato laijanu

mismanage *v.* खराब बन्दोबस्त गर्नु kharab bandobast garnu

mismanagement *n.* खराब इन्तजाम kharab intjam

misprint *v.* गलत छाप्नु galat chapnu

misquote *v.* गलत उद्धरण दिनु galat udwaran dinu

misrule *n.* कुशासन kushasan

miss *n.* कुमारी kumari keti

missile *n.* क्षेप्यास्त्र kshepyastra

mission *n.* खटाएको काम khataeko kam

misspent *adj.* व्यर्थै न्श्ट भएको vyarthe nasht bhaeko

mist *n.* कुहिरो kuhiro

mistake *n.* भूल bhul

mistaken *adj.* भ्रममा परेको bhram ma pareko

mister/Mr. *n.* महाशय mahashaya

mistletoe *n.* हरचुर harchur

mistress *n.* मालिक्नी malikni

mistrust *n.* अविश्वास awishwas
misunderstand *v.* गलत सम्झनु galat samjhanu
misunderstanding *n.* गलतफहमी galat phahami
misuse *n.* दुरुपयोग durupyog
mix *v.* मिसाउनु misaunu
mixture *n.* मिश्रण mishran
moan *v.* विलाप गर्नु wilap garnu
mob *n.* हूल hul
mobile *adj.* हलचल गर्न सक्ने halchal garna sakne
mock *n.* नक्कल nakkal
mode *n.* काइदा kaida
model *n.* नमूना namuna
moderate *adj.* ठिकैको thikari ko
modern *adj.* आधुनिक adhunik
modernize *v.* आधुनिक बनाउनु adhunik banaunu
modest *adj.* सेखी नगर्ने sekhi na garne
modesty *n.* नम्रता namrata
modicum *n.* थोरै परिमाण thorae pariman
moist *adj.* भिजेको bhijeko
moisture *n.* ओस os
molar *n.* चपाउने दाँत chapaune dant
mole *n.* छुचुन्द्रो chhuchundro
molecule *n.* अणु anu
molest *v.* सताउनु sataunu
molten *adj.* पग्लेको pagleko
moment *n.* छिन chhin
momentous *adj.* गहकिलो gahkilo

momentum *n.* गति gati
monarch *n.* राजा raja
monarchy *n.* राजतंत्र raj tantra
monastery *n.* मठ math
monday *n.* सोमवार somwar
monetary *adj.* आर्थिक arthik
money *n.* पैशा paisa
moneylender *n.* रिन दिने साहु rin dine sahu
mongoose *n.* न्याउरी मूसो nyarui muso
mongrel *n.* मिसाहा कुकुर misaha kukur
monk *n.* योगी yogi
monkey *n.* बाँदर bandar
monopoly *n.* एकाधिकार ekadhikar
monotonous *adj.* न्यास्रो nyasro
monsoon *n.* बर्खा barkha
monster *n.* राक्षस rakshas
month *n.* महिना mahina
monthly *adj.* मासिक masik
monument *n.* स्मारक smarak
moo *v.* गाई कराउनु gai karaunu
mood *n.* मन को अवस्था man ko awastha
moody *adj.* उदास udasinta
moon *n.* चन्द्रमा chandrama
moonlight *n.* जून jun
mop *v.* पुछ्नु puchhnu
moral *n.* नीतिशिक्षा niti siksha
moral courage *n.* नैतिक साहस naitik sahas
moral force *n.* नैतिक बल naitik bal

morale *n.* हौसला hausala
morality *n.* नैतिकता naitikta
morally *adv.* नैतिक ढङ्गले naitik dhang le
mordant *adj.* कटु katu
more *adj.* बढी badhi
moreover *adv.* अझ ajha
mores *n.* रीति-थिति riti-thiti
morning *n.* बिहान bihana
morning star *n.* शुक्रतारा shukra tara
morrow *n.* भोलिको दिन bholiko din
morsel *n.* गाँस gans
mortal *adj.* मरणशील maran shil
mortgage *n.* बन्धकी bandhaki
mortuary *n.* लाश राख्ने घर lash rakhne ghar
mosque *n.* मस्जिद masjid
mosquito *n.* लाम्खुट्टे lam khutte
mosquito net *n.* झूल jhul
moss *n.* काई kaida
most *adj./adv.* सबभन्दा sab bhanda kam
mostly *adv.* धेरैजसो dherai jaso
mote *n.* धूलोको कण dhuloko kan
mother *n.* आमा ama
mother tongue *n.* मातृभाषा matribhasha
mother-in-law *n.* सासू sasu
motherly *adj.* आमाको गुण भएकी ama ko gun bhaeki
mother-of-pearl *n.* सिपी sipi
motion *n.* चाल chal

motion picture *n.* चलचित्र chalchitra
motionless *adj.* स्थिर sthir
motor *n.* मोटर motar
motor car *n.* मोटरकार motarkar
motorcade *n.* मोटर.गाडीहरूको लाम motargadi haru ko lam
motorcycle *n.* मोटरसाइकल motar saikal
mottled *adj.* टाटेपाटे tatte-phate
motto *n.* सिद्धान्त siddhant
motto *n.* आदर्श-वाक्य adarsh vakya
moujik *n.* रूसी किसान rusi kisan
mould *v.* ढाल्नु dhalnu
moulder *v.* मक्किएर धूलो हुनु makkiaer dhulo hunu
mound *n.* ढिस्को dhiksko
mount *v.* घोडा चढ्नु ghoda chadhnu
mountain *n.* पहाड pahad
mountaineer *n.* पर्वतारोही parwatarohi
mountainous *adj.* पहाडी pahadi
mourn *v.* शोक मनाउनु shok manaunu
mourning *n.* आशौच ashauch
mouse *n.* मूसाहरू musa haru
moustache *n.* जुँघा jungha
mouth *n.* मुख mukh
mouthful *n.* मुखभरि mukhbhari
movable *adj.* चल्ने chalne sarne
move *n.* चाल chal
movement *n.* चाल chal

movie *n.* चलचित्र chalchitra
moving *adj.* मन छुने man chune
mr *n.* श्री shri
mrs *n.* श्रीमती shrimati
much *adj.* धेरै dherai
mucus *n.* सिँगान singan
mud *n.* हिलो hilo
muffler *n.* गलबन्दी gal bandi
mug *n.* गिलास gilas
mulberry *n.* किम्बु kimbu
mulct *v.* जरिमाना गर्नु jarimana garnu
mule *n.* खच्चर khachchar
mullet *n.* समुद्री माछाको प्रकार samudari machhako prakar
multi-colo(u)red *adj.* बहुरङ्गी bahi rangi
multiple *adj.* बहुल bahul
multiplication *n.* गुणा guna
multiply *v.* गुन्नु gunnu
multi-purpose *adj.* बहुमुखी bahu mukhi
multi-storey *n.* धेरै तला भएको dherai tala bhaeko
multitude *n.* घुइँचो ghuincho
mum चूप choop
mumps *n.* हाँडे रोग hande rog
munch *v.* चपाउनु chapaunu
mundane *adj.* सांसारिक sansarik
municipal *adj.* नगरपालिका nagarpalika
municipality *n.* नगरपालिका nagar palika
munitions *n.* हातहतियार hathatiyar
murder *n.* हत्या hatya
murderer *n.* हत्यारा hatyara
murky *adj.* अँध्यारो andhyaro
murmur *v.* गुनगुनाउनु gun gunaunu
muscle *n.* सुम्लो sumlo
muscular *adj.* पुष्ट pusht
museum *n.* म्युजियम myujiyam
mushroom *n.* च्याउ chyau
music *n.* संगीत सम्बन्धी sangit sambandhi
musical instrument *n.* साजबाज sajbaj
musician *n.* संगीकार sangit kar
musk *n.* कस्तूरी kasturi
musk deer *n.* कस्तूरी मृग kasturi mriga
muslim *n.* मुस्लिम muslim
muslin *n.* मलमल malmal
muss *n.* खजमजाउनु khajmajaunu
must *mod.* पर्छ parchha
mustang *n.* अमेरिकामा पाइने जंगली घोड़ा americama paine junglee ghora
mustard *n.* रायो raio
mustard green *n.* तोरी tori
muster *v.* एकत्र गर्नु ektar garnu
mute *adj.* लाटो lato
mutiny *n.* सैनिक विद्रोह sainik widroh
mutter *v.* फतफताउनु phat phataunu

mutton *n.* खसी khasi

mutual *adj.* आपसको apas ko

mutually *adv.* आपसमा apas ma

muzzle *n.* थुतुनु thutunu

muzzy *adj.* निस्तेज nistej

my *pron.* मेरो mero

mycology *n.* च्याउको विज्ञान chiauko vigyan

myriad *n.* ठूलो संख्या thulo sankhya

myself *pron.* म आफैं ma aphain

mysterious *adj.* रहस्यमय rahasya maya

mystery *n.* रहस्य rahasya

mystique *n.* रहस्यात्मकता rahasyatamkata

myth *n.* पौराणिक कथा pauranik katha

mythology *n.* पौराणिक कथामाला pauranik kathamala

N

nab *v.* समात्नु samatnu

nadir *n.* अधोबिन्दु adhobindu

naiad *n.* जलदेवी jaldevi

nail *n.* किला kila

nainsook *n.* मिहीन सुती लुगा mihin suto luga

naive *adj.* सोझो sojho

naked *adj.* नाङ्गो nango

name *n.* नाम nam

nameless *adj.* नाम नभएको namna bhaeko

nankeen *n.* सूती लुगा suti luga

nanny-goat *n.* बाखी bakhi

nap *n.* एक छिनको निद्रा ek chinko nidra

nappy *n.* नानीको थाङ्ना naniko thana

narcissism *n.* आत्ममोह atammoh

narcotic *n.* वर्णन गर्नु madak/lagu padarth

narrate *v.* वर्णन गर्नु warnan garnu

narrow-minded *adj.* सङ्कीर्ण sankirn

nasal *adj.* नाके nake

nasty *adj.* फोहोर phohor

natal *adj.* जन्मको janamko

nation *n.* राष्ट्र rashtra

national *adj.* राष्ट्रीय rashtriya

nationalism *n.* राष्ट्रवाद rashtrawad

nationality *n.* राष्ट्रीय rashtriyata

native *n.* बासिन्दा basinda

nativity *n.* जन्मको janamko

natural *adj.* प्राकृतिक prakritik

naturalism *n.* प्रकृतिवाद prakritiwad

naturalize *v.* नागरिकता दिनु nagrikta dinu

naturally *adv.* स्वभावैले swabhawai le

nature *n.* प्रकृति prakritik

naught *n.* केही होइन kehi hoin

naughty *adj.* दृष्ट dusht

nausea *n.* अमन aman
naval *adj.* सागरीय sagriye
navel *n.* नाइटो naito
navigable *adj.* जहाज चलाउने योग्य jahaj chalaune yogya
neap *n.* लघु ज्वारभाटा laghu jawarbhata
near *adv.* नजिक najik
nearby *adj.* नजिकैको najikai ko
nearly *adv.* लगभग lagbhag
near-skghted *adj.* निकटदर्शी nikat darshi
neat *adj.* सफा sapha
neat and clean *adj.* सफा-सुग्घर sapha sugghar
neatly *adv.* सफासँग sampha sanga
nebula *n.* नीहारिका niharika
nebulous *adj.* धमिलो dhamilo
necessaries *n.* बाँच्ने सामग्री banchhne samagri
necessary *adj.* जरुरी jaruri
necessitous *adj.* दरिद्र daridar
necessity *n.* जरुरत jarurat
neck *n.* गर्दन gardan
necklace *n.* हार har
necktie *n.* नेकटाइ nektai
necropolis *n.* चिहान chihan
nectar *n.* अमृत amrit
need *n.* खाँचो khancho
needful *adj.* आवश्यक awashyak
needle *n.* सियो siyo
needless *adj.* अनावश्यक anawashyak
needlework *n.* सिलाइ silai
neglect *n.* बेवास्ता bewasta
negligence *n.* लापर्बाही laparbahi
negligent *adj.* असावधान asawdhan
negotiation *n.* वार्ता warta
negro *n.* हब्सी habsi
neigh *v.* घोड़ा हिनहिनाउनु ghora hinhinaunu
neighbo(u)r *n.* छिमेकी chhimeki
neighbo(u)rhood *n.* छिमेक chhimek
neighbo(u)ring *adj.* छिमेक/आसपासको chiimek/aspas ko
neither *adj./adv./conj.* पनि pani
neo *pref.* नयाँ nayan
neolithic *adj.* नव प्रस्तर nav prastar
neologism *n.* नयाँ शब्द nayan shabd
neon *n.* रंगहीन ग्यास rangheen gyas
nephew *n.* भतिजा bhatija
nephritis *n.* मिर्गौला सुनिने रोग mirgalo sunine rog
nepotism *n.* नातावाद natawad
neptune *n.* वरुण ग्रह warnungraha
nerve *n.* स्नायु snayu
nervous *adj.* आत्तिएको attieko
nervous system *n.* स्नायु प्रणाली snayu pranali
nest *n.* गुँड gund
nestle *v.* आरामसित बस्नु aramsit basnu

net *n.* जाली jal

nettle *n.* सिस्नु sisnu

network *n.* जालो jalo

neuralgia *n.* स्नायुरोग snayurog

neuter *adj.* नपुंसक napunsak

never *adv.* कहिले पनि होइन kahile pani hoina

never mind *v.* केही छैन kehi chhaina

nevertheless *adv.* त्यसो भए तापनि tyaso bhae tapani

new *adj.* नयाँ nayan

new moon *n.* औंसी aunsi

new year *n.* नयाँ/नव वर्ष nayan/ nawa warsh

newcomer *n.* नवागन्तुक nawagantuk

newly *adj.* हालको halko

newly-wed *n./adj.* हाल बिहे भएको halbihe bhaeko

news *n.* खबर khabar

newspaper *n.* अखबार akhbar

news-stand *n.* अखबार पसल akhbarpasal

newsworthy *adj.* समाचारयोग्य samachar yogya

newt *n.* छेपारा जस्तो प्राणी chepara jasto prani

next *adj.* अर्को arko

nib *n.* kalamko tuppo

nice *adj.* राम्रो ramro

nick *n.* सानो कटाइ sano katai

nickel *n.* निकल nikal

nickname *n.* उपनाम upnam

niece *n.* भतिजी bhatiji

niggrdly *adj.* कंजूस kanjus

nigh *adv.* नजीक najeek

night *n.* रात rat

nightingale *n.* जुरेली रनतमसप

nightlife *n.* रातको मनोरंजन rat ko manoranjan

nightmare *n.* डरलाग्दो सपना dar lagdo sapana

nightshirt *n.* सुत्ने बेलामा लाउने कमिज sutne bela ma laune kamij

nightsoil *n.* रातको दिसापिसाब rat ko disa pisab

nihillism *n.* शून्यवाद shunyawad

nil *n.* शून्य shunya

nimble *adj.* छिटो chhito

nimbus *n.* प्रभावमंडल prabhavmandal

nincompoop *n.* मूर्ख murkh

nine *n.* नौ nau

nineteen *n.* उन्नाइस unnais

ninety *n.* नब्बे nabbe

ninth *n.* नवौं nawaun

nippers *n.* चिम्टा chimta

nipple *n.* स्तनको मुख esthan ko mukh

nippy *adj.* चिसो chiso

nirvana *n.* निर्वाण nirwan

nit *n.* लिखा likha

nitrogen *n.* नाइट्रोजन nitrogen

nitwit *n.* मूर्ख व्यक्ति murkh vyakti

no *adv.* अहँ ahan

no doubt *n.* निस्सन्देह nissandeh
no one *pron./adv.* पासो kohi pani hoina
noble *adj.* श्रेष्ठ shreshtha
nobody *n.* कोही होइन kohi hoina
nod *v.* टाउ को हल्लाउनु tauko hallaunu
noel *n.* क्रिस्मस christmas
noise *n.* आवाज awaj
noisome *adj.* हानिकर hanikar
noisy *adj.* ठूलो आवाज हुने thulo awaj hune
nomenclature *n.* नामावली namawali
nominal *adj.* नाम मात्र को nammatra ko
nominate *v.* मनोनीत गर्नु manonit garnu
nomination *n.* नियुक्ति niyukti
nominative *n.* कर्त्ता कारक kartakarak
nominee *n.* मनोनीत व्यक्ति manonit vyakti
none *adv.* कोही पनि होइन kohi pani hoina
non-existent *adj* काल्पनिक kalpanik
non-payment *n.* नतिर्ने काम natirne kam
nonplussed *adj.* छक्क परेको chhak pareko
nonsense *n.* बेमतलबको कुरो be matlab ko kuro
non-smoker *n.* धूम्रपान नगर्ने dhumra pan na gaarne
non-stop *adj.* न रोकिने na rokine
nook *n.* एक कुना मा ek kuna ma
noon *n.* मध्यान्ह madhyana
noose *n.* सामान्य paso
norm *n.* मानदंड mandand
normal *adj.* सामान्यतवरले samanya
normally *adv.* सामान्यतवरले samanya tawarle
north *n.* उत्तर uttar
north pole *n.* उत्तरी ध्रुव uttari dhruwa
north star *n.* ध्रुव तारा dhruwa tara
northern *adj.* उत्तरी uttari
northward *adv.* उत्तर तीर uttar tira
nose *n.* नाक naak
nose ring *n.* नाक को प्वाल bulaki
nosegay *n.* फूलको गुच्छा phulko gucha
nostril *n.* नाकको प्वाल nak ko pwal
not *adv.* नाइँ nain
notable *adj.* सम्झन लायकको samjhana layak ko
notation *n.* संकेत चिन्ह sanket chinha
note *n.* टिप्पणी tipaani
notebook *n.* सानु कापी sanu kapi
noted *adj.* प्रख्यात prakhyat
nothing *adj.* केही होइन kehi hoina
notice *n.* सूचना suchana
notify *v.* सूचित गर्नु suchit garnu
notion *n.* विचार wichar
notorious *adj.* बदनाम badnam
notwithstanding *adv.* तापनि tapani

nourish *v.* पोस्नु posnu
nourishment *n.* पोषण poshan
novel *n.* उपन्यास upanyas
novelist *n.* उपन्यासकार upanyaskar
novice *n.* अनाडी anadi
now *adv.* अहिले ahile
nowadays *adv.* आजकल ajkal
nowhere *adv.* कहीं कतै पनि होइन kahin katai pani hoina
noxious *adj.* अहितकारी ahitkari
nozzle *n.* टुटी tuti
nub *n.* सानो गाँठो sano gantho
nubile *adj.* विवाह-योग्य vivah yogya
nuclear *adj.* विज सम्बन्धी beej sambandhi
nuclear energy *n.* आणविक शक्ति anwik shakti
nuclear family *n.* एकल परिवार ekal pariwar
nuclear power *n.* आणविक शक्ति anwik shakti
nucleus *n.* केन्द्र kendra
nude *adj.* नाङ्गो nango
nuisance *n.* हानी कारक बस्तु hani karak bastu
numb *adj.* लाटिएको latieko
number *n.* गन्ती ganti
number one *adj.* आफू ek nambar ko
numerable *adj.* गन्ती गर्न सकिने ganti garn sakine
numeral *n.* अंक ank
numerous *adj.* धेरै dherai
nun *n.* जोगिनी jogini
nuptial *n.* विवाह सम्बन्धी wiwah sambandhi
nurse *n.* धाई dhai
nursing home *n.* नर्सिङ् होम narsin hom
nursling *n.* दूधे बालक dudhe balak
nurture *v.* पाल्नु palnu
nut *n.* सुपारी supari
nutcracker *n.* सरौता sarauta
nutmeg *n.* जाइफल jaiphal
nutrition *n.* पोषण poshan
nutritious *adj.* पौष्टिक paushtik
nuzzle *v.* नाकले छुनु वा दल्नु nakle chunu wa dalnu
nylon *n.* नाइलन nailan
nymph *n.* अप्सरा apsara
nymphet *n.* रहरलाग्दी reharlagdi

O

o, oh *int.* हो ho
oak *n.* कटुसको रूख katusko rukh
oat *n.* जौ jao
oath *n.* किरिया kiriya
oats *n.* जई धान्य jai dhanya
obdurate *adj.* हठी hathi
obedience *n.* आज्ञापालन agya palan
obedient *adj.* आज्ञाकारी agya kari

obeisance *n.* प्रणाम pranam

obelisk *n.* शुलाकार स्तम्भ shulakar stambh

obese *adj.* साह्रै मोटो sahe moto

obesity *n.* मोटोपन motopan

obey *v.* आज्ञा पालन गर्नु agya palan garnu

object *n.* वस्तु wastu

objection *n.* विरोध wirodh

objective *n.* लक्ष laksha

oblation *n.* नैवेद्य naivaidhya

obligate *v.* बाध्य गर्नु badhya garnu

obligation *n.* कर्त्तव्य kartawya

obligatory *adj.* कर/बाध्य गराउने kar/badhya garaune

oblige *v.* उपकार गर्नु upkar garnu

oblique *adj.* तेर्सो terso

obliterate *v.* मेट्नु metnu

oblong *adj.* लाम्चो lamcho

obnoxious *adj.* घृणित ghrinit

obscene *adj.* अश्लील ashlil

obscure *adj.* धमिलो पर्नु dhamilo parnu

obsequies *n.* अन्त्येष्टि antyeshti

observation *n.* अवलोकन awlokan

observatory *n.* वेधशाला wedhshala

observe *v.* अवलोकन awlokan garnu

obsolete *adj.* बेचल्तीको be chalti ko

obstacle *n.* तगारा tagaro

obstinate *adj.* जिद्दीवाल jiddiwal

obstruct *v.* बाधा दिनु badha dinu

obstruction *n.* अल्झो aljho

obtain *v.* पाउनु paunu

obtainable *adj.* मिलने योग्य milne yog

obverse *n.* मुख चित्त mukh chit

obviate *v.* हटाउनु hataunu

obvious *adj.* स्पष्ट spasht

occasion *n.* औसर ausar

occasionally *adv.* कहिलेकाहीँ हुने kahile kahin

occident *n.* पश्चिम को दिशा paschim ko desha

occult *adj.* गुप्त gupt

occupation *n.* पेशा pesha

occupy *v.* ओगट्नु ugatanu

occur *v.* हुनु hunu

occurrence *n.* संयोग sangyog

ocean *n.* महासागर mahasagar

o'clock *n.* बजे baje

octane *n.* पेट्रोलको गुण बुझाउने बस्तु petrolko gun bujhaune vastu

octroi *n.* चुँगी chungi

odd *adj.* अनौठो anautho

oddment *n.* रहलपहल rahalpahal

odds *n.* फरक pharak

odds and ends *n.* छूटफूट chhutphut

odour *n.* गन्ध gandh

odyssey *n.* घटनापूर्झा भ्रमण ghatnapurjha bhraman

of *prep.* को ko

off *adv.* अलग alag

off and on *adv.* बेलाबेलामा bela bela ma
off chance *n.* कम सम्भावना kam sambhawan
off colo(u)r *adj.* अस्वस्थ aswasth
offbeat *adj.* असामान्य asamanya
offence *n.* कसुर kasur
offend *v.* सताउनु sathauanu
offender *n.* अपराधी apradhi
offensive *n.* आक्रामक akramak
offer *n.* प्रस्ताव prastaw
offering *n.* सौगात saugat
offhand *adj.* बिनातयारी bina tayari
office *n.* कार्यालय karyalaya
officer *n.* अधिकृत adhikrit
offset *v.* क्षति पूरा गर्नु kshatipura garnu
offshoot *n.* हाँगा hanga
offspring *n.* सन्तान santan
often *adv.* अक्सर aksar
ogle *v.* आँखा लड़ाउनु aankha ladaunu
ogre *n.* मान्छे खाने राक्षस manche khane rakshas
ohm *n.* विद्युत प्रतिरोधको एकांक vidhyut pratirodhko ekank
oil *n.* तेल tel
oil colo(u)r *n.* तेल रङ्ग tel rang
oil painting *n.* तैलचित्र tail chitra
oil well *n.* तेलको कूवा tel ko kuwa
oilcake *n.* तेल बस्तु tel bastu
oilfield *n.* तेल खानी telkhani
oily *adj.* चिल्लो chillo
ointment *n.* लेप lep
okay(ok) *n.* स्वीकृति swikriti
okra *n.* रामतोरियाँ ram toriyan
old *adj.* पुरानो purano
old age *n.* बुढेसकाल budheskal
old hand *n.* अनुभवी मानिस anubhawi manis
old hat *adj.* पुरानो ढर्राको purano dharra ko
oldest *adj.* सबभन्दा जेठो sab bhanda jetho
old-fashioned *adj.* पुरानो ढाँचाको purano dhancha ko
oligarchy *n.* अल्प-तंत्र alap-tantra
olive *n.* जैतून jaitun
olive branch *n.* शान्तिको प्रतीक shanti ko pratik
omelet(te) *n.* अम्लेट amlet
omen *n.* शकुन shakun
omen *n.* शकुन shakun
ominous *adj.* अपश्कुन apsakun
ominous *adj.* अनिष्ट!सूचक anishthasuchak
omission *n.* छूट chut
omit *v.* छोड्नु chon
omnipresence *n.* सर्वविषय ज्ञान sarvvishay gyan
on *prep.* मोटोपन ma
once *adv.* एक चोटि ek choti
once upon a time *adv.* एक समयमा eka samayma
oncoming *adj.* आउँदो aundo
one *n.* एक ek

one by one *adv.* एकएक गरेर ek ek garera

one-eyed *adj.* कानो kano

onerous *adj.* मेहनत चाहिने mehnat chahine

one-sided *adj.* एकतर्फी ek tarphi

ongoing *adj.* चल्दै गरेको chaldai gareko

onion *n.* प्याज pyaj

onlooker *n.* तमासे tamase

only *adj.* केवल kewal

onrush *n.* प्रवाह prawah

onset *n.* हमला hamla

onslaught *n.* भीषण आक्रमण bheeshan akarman

onward *adv.* अघिअघि aghi aghi

onyx *n.* दामी पत्थर dami pathar

ooze *v.* चुहनु chuhnu

opacity *n.* अपारदर्शिता apardarshita

opaque *adj.* अपारदर्शी apardarshi

open *adj.* खुला khula

open-air *adj.* खुला khula

open-handed *adj.* उदार udar

opening *n.* उद्घाटन udghatan

openly *adv.* खुलस्त khulast

open-minded *adj.* खुला मनको khulamanko

opera *n.* गीति-नाटय giti-natay

operable *adj.* चिरफार गर्न हुने chirphar garn hune

operate *v.* चलाउनु chalaunu

operation *n.* चिर फार chir phar

operator *n.* संचालक sanchalak

ophthalmic *adj.* आँखा को ankhako

opiate *n.* निद्रा लगाउने औषधि nindra lagune aushdhi

opinion *n.* विचार wichar

opium *n.* अफीम aphim

opponent *n.* विपक्षी wipakshi

opportunism *n.* अवसरवाद avsarwad

opportunity *n.* अवसर awsar

oppose *v.* विरोध गर्नु wirodh garnu

opposite *adj.* उल्टो ulto

opposition *n.* विरोध wirodh

oppress *v.* अत्याचार गर्नु atyachar garnu

opt *v.* चुन्नु chunu

optician *n.* चस्मा बनाउने ब्यक्ति chasma banaune baykti

optimist *n.* आशावादी asha wadi

optimum *adj.* अनुकूलतम anukultam

option *n.* रोजी roji

optional *adj.* इच्छाधीन ichchha dhin

opus *n.* संगीत रचना sangit rachna

or *conj.* अथवा athawa

oral *adj.* मुखको mukh ko

orange *n.* सुन्तला suntala

orb *n.* गोला gola

orbit *n.* आखाको घर aakha ko ghar

orchard *n.* बगैंचा bagaincha

orchid *n.* सुनाखरी sunakhari

ordeal *n.* कठिन परीक्षा kathin pariksha

order *n.* हुकुम hukum
orderly *n.* काइदासित kaida sita
ordinance *n.* अध्यादेश adhyadesh
ordinary *adj.* साधारण sadharan
ordnance *n.* युद्धसमग्री yudhsmagri
ore *n.* धाउ dhau
organ *n.* अङ्ग ang
organism *n.* जीव jeev
organization *n.* संस्था sanstha
organize *v.* बन्दोबस्त गर्नु bandobast garnu
orgasm *n.* कामोत्तेजनाको चरमबिन्दु kamuttejanako charambindu
orient *n.* पूर्वका purwaka
oriental *adj.* पूर्वीय purwiya
orientate *v.* अनुकूलन anukulan
orifice *n.* छिद्र chidra
origin *n.* उत्पत्ति utpatti
original *adj.* सक्कली sakkali
originate *v.* पैदा गराउनु/हुनु paida garaunu/hunu
ornament *n.* गहना gahana
ornithology *n.* चराचुरुङ्गीको विज्ञान chrachurangiko vigyan
orphan *n.* टुहुरो tuhuro
orphanage *n.* अनाथालय anathalaya
orthodox *adj.* कट्टर kattar
orthography *n.* हिज्जे hijje
ostler *n.* सईस sais
other *adj.* अर्को arko
otherwise *conj.* नत्र natra
ouch *n.* ऐय्या eya
ounce *n.* औंस auns
ounce *n.* तौलको एकांक tolko ekank
our *pron.* हाम्रो hamro
oust *v.* निकाल्नु nikalnu
out *n./v.* बाहिर bahira
out of date *adj.* गुज्रेको gujreko
out of order *adj.* बिग्रेको bigreko
out-and-out *adv.* हरेक तबरले harek tabar le
outboard *adj.* जहाज वा नाउको बाहिर राखिएको jahaj wa nauko bahir rakhiyeko
outbreak *n.* दङ्गाफसाद danga phasad
outcaste *n.* घर वा साथीविहीन व्यक्ति ghar wa sathivihin vyakti
outclass उछिन्नु uchhinu
outcome *n.* नतिजा natija
outdoor *adj.* बाहिरी bahiri
outdoors *adv.* बाहिर bahira
outer *adj.* बाकिहरी bahiri
outface *n.* सामना गर्नु samna garnu
outfall *v.* ठाउँ जहाँ पानी खस्छ thau jahan pani khach
outfit *n.* सजावट sajawat
outflow *n.* बहाउ bahau
outgrowth *n.* विकास vikas
outing *n.* सफर saphar
outlandish *adj.* अनौठो anutho
outlaw *n.* निर्वासित nirwasit

outlay *n.* खर्च kharch
outlet *n.* निकास nikas
outline *n.* रूपरेखा rup rekha
outlive *v.* भन्दा बढ्ता बाँच्नु bhanda badhta banchnu
outlook *n.* दृष्टिकोण drishti kon
outlying *adj.* दूरस्थ durasth
outnumber *v.* सङ्ख्या बढी हुनु sankhya badhi hunu
out-patient *n.* अस्पतालमा देखाउन आउने रोगी asptalma dekhaun aune rogi
outpost *n.* चौकी chauki
outpouring *n.* उद्गार udgar
output *n.* उत्पादन utpadan
outright *adj./adv.* स्पष्ट spasht
outset *n.* शुरु shuru
outside *adv.* बाहिरपट्टि bahira patti
outsize *adj.* सामान्य आकार वा नापभन्दा ठूलो samanya akar wa napbhanda thulo
outskirts *n.* शहरको बाहिरी भाग shahar ko bahiri bhag
outsmart *v.* चलाकीले जित्नु chalakile jitnu
outspoken *adj.* खुलस्त कुरा गर्ने khulast kura garne
outspread *adj.* फिँजाएको phijaiko
outstreched *adj.* फेलाएको phelaiko
outvote *v.* धेरै मतले पराजित गर्नु dherai matle prajit garnu
outward *adv.* बाहिरतिरको bahira tira ko

outworn *adj.* पुरानो purano
ova *adj.* अण्डाकार andakar
oval *adj.* अण्डाकार andakar
oven *n.* चूलो chulo
over *prep.* माथि mathi
over and over *adv.* बारम्बार barambar
overall *adj.* समस्त samast
overat *v.* अति अभिनय गर्नु ati abhinay garnu
overbearing *adj.* अहङ्कारी ahankari
overcast *adj.* बादल badal
overcharge *v.* अधिक दाम लिनु वा माग्नु adhik dam linu wa magnu
overcoat *n.* ओभरकोट overcoat
overcome *v.* पराजित गर्नु prajeet garnu
overcrowded *adj.* खचाखच भरिएको khachakhach bhariyeko
overdose *n.* औषधिको अधिक मात्रा aushadhi adhik matra
overdue *adj.* म्याद नाघेको myad nagheko
overeat *v.* जरूरतभन्दा ज्यादा खानु jarooratbandh jyada khanu
overhear *v.* थाहा नदिकन सुन्नु thaha nadikana sunnu
overjoyed *adj.* ज्यादै हर्षित jyadai harshit
overland *adv.* स्थलमार्गबाट sthalmargbat
overlap *v.* खप्टिनु khap tinu

overleaf *adv.* पन्नाको अर्कोपट्टि pannako arkopatti

overload *n.* बढी भार badhi bhar

overlook *v.* देख्न नसक्नु dekhna na saknu

overnight *adv.* रातभरि rat bhari

overpower *v.* जित्नु jitnu

overreach *v.* चलाकीले जित्नु chalakile jitnu

overrule *v.* बदर/खारेज गर्नु badar/kharej garnu

overseas *adj.* समुद्रपार samudra par

oversight *n.* भूल bhul

oversleep *v.* अबेरसम्म सुत्नु abresum sutnu

overspill *n.* पोखिएको कुरा pokhiyeko kura

overstate *v.* बढ़ाई-चढ़ाईकन भन्नु badhai-chadhaika bhanu

overstay *v.* अधिक बस्नु adhik vastu

overstep *v.* अतिक्रमण गर्नु atikraman garnu

overstrung *adj.* अति व्यग्र ati vyagra

overt *adj.* खुलस्त khulast

overtake *v.* उछिन्नु uchhinnu

overthrow *v.* उल्टाइदिनु ultai dinu

overtime *adj.* बढी समय को badhi samaya ko

overturn *v.* पल्टाउनु paltaunu

overwhelm *v.* ढाक्नु dhaknu

ovum *n.* अण्डाणु andanu

owe *v.* ऋणी हुनु rini hunu

owl *n.* लाटोकोसेरो lato kosero

own *adj.* उपभोग गर्नु aphnai

owner *n.* मालिक malik

ox *n.* गोरु goru

oxygen *n.* अक्सिजन oxygen

oyster *n.* सिपी sippi

P

pace *n.* कदम kadam

pack *n.* पोको poko

package *n.* पोको poko

pact *n.* सन्धि sandhi

pad *n.* गद्दा gadda

paddy *n.* धान dhan

padlock *n.* ताल्चा talcha

paediatrics *n.* बाल चिकित्सा bal chikitsa

page *n.* पाना pana

pageant *n.* तमाशा tamasha

pagoda *n.* नेपाली शैलीको मन्दिर nepali shaili ko mandir

pail *n.* बाल्टी balti

pain *n.* दुख dukh

painful *adj.* पीडादायी pida dayi

painless *adj.* पीडारहित pida rahit

paint *n.* रङ्ग rang

painter *n.* चित्रकार chitrakar

painting *n.* चित्रकारी chitrakari

pair *n.* जोडी jodi

pal *n.* साथी sathi

pale *adj.* फिक्का पहेलो phikkapahenlo
paling *n.* घोचाको बार ghochako bar
pallet *n.* गुन्द्री gundri
pallor *n.* फीकापन phikkapan
palm *n.* हरकेला harkela
palpitate *v.* धड्कनु dhadkanu
palpitation *n.* ढुकढुक dhuk dhuk
palsy *n.* पक्षाघात pakshaghat
pamper *v.* पुलपुल्याउनु pul pulyaunu
pamphlet *n.* पर्चा parcha
pan *n.* तावा tawa
panacea *n.* सर्वौषधि sarwaushadhi
pancake *n.* मालपुवा malpuwa
pancreas *n.* पछाउनी pachauni
panegyric *n.* गुणगान gungaan
pang *n.* वेदना wedana
panic *n.* भय bhaya
pannikin *n.* कप cup
panoply *n.* कवच kawach
panorama *n.* खुला दृश्य khula drishya
pant *v.* स्वाँ स्वाँ गर्नु swan swan garnu
pantaloons *n.* पतलून patloon
panther *n.* चितुवा chituwa
pantomime *n.* मूकाभिनय mukabhinay
papa *n.* बुबा buba
papaya *n.* मेवा mewa
paper *n.* कागज kagaj
paperback *n.* कागजको जिल्ला भएको किताब kagaj ko jilla bhaeko kitab
paperwork *n.* अफिसका लिखित कामहरू aphis ka likhit kam haru
papyrus *n.* जलबिरूवा jalbiruwa
par *n.* बराबरी barabari
parachute *n.* प्यारासुट pyarasut
parad *n.* जुलुस julus
paradise *n.* स्वर्ग swarg
paragraph *n.* अनुच्छेद anuchchhed
paralysis *n.* पक्षाघात pakshaghat
paramount *adj.* सर्वोच्च sarwochcha
paramour *n.* जार jar
parapet *n.* प्रखाल prakhal
paraphrase *v.* अर्कै शब्दमा व्याख्या गर्नु akkai shabdma vyakhaya garnu
parasite *n.* अरूको मुख ताक्ने aru ko mukh takne
parasol *n.* घाम छाता gham chhata
parboil *v.* उसिन्नु ussinu
parcel *n.* पोको poko
parchment *n.* चर्मपत्र charampatra
pardon *n.* क्षमा kshama
parents *n.* आमाबाबु ama babu
pariticpate *v.* भाग लिनु bhag linu
park *n.* उद्यान udyan

parlance n. बोलीको शैली boliko shaili
parliament n. संसद sansad
parlo(u)r n. बैठक baithak
parody n. खराब लकल kharab lakal
parrot n. सुगा suga
parse v. पद-परिचय दिनु padh-parichay dinu
part n. भाग bhag
part and parcel n. आवश्यक भाग awashyak
part with v. छोड्नु chhodnua
partial adj. आंशिक amshik
partiality n. पक्षपात pakshpat
participant n. सहभागी sah bhagi
particle n. कण kan
particularly adv. विशेषगरी wishesh gari
particulars n. विवरणहरू wiwaran haru
partidge n. तित्रा titra
parting n. बिदाइ bidai
partition n. विभाजन wibhajan
partiuclar adj. विशेष wishesh
partly adv. आंशिक रूपमा amshik rup ma
partner n. साथी sathi
partridge n. तित्रा titra
part-time adj./adv. आंशिक समयका लागि amshik samaya ka lagi
party n. जन समूह jan samuh
pass away v. मर्नु marnu

passenger n. यात्री yatri
passion n. अनुराग anurag
passionate adj. रिसाहा risaha
passive adj. निष्क्रिय nishkriya
passport n. राहदानी rah dani
past n. भूतकाल bhutkal
paste n. टाँस्नु tasnu
pastime n. मनोरंजन manoranjan
pastry n. केक cake
pasture n. खर्क khark
pat n. धाप dhap
patch n. जमीनको टुक्रा jamin ko tukra
patch pocket n. टालेको जस्तो खल्ती taleko jasto khalti
patch up v. मिलाउनु milaunu
patchwork n. टालटुल गर्ने काम taltul garne kam
pate n. टाउको tauko
paternal adj. बाबुको बाबुपट्टिको babu ko babi patti ko
path n. बाटो bato
pathetic adj. दया मायालाग्दो daya maya lagdo
pathetic adj. करूणाजनक karunajanak
pathology n. रोगरूको विज्ञान rogruko vigyan
pathos n. करूणरस karunras
patience n. धैर्य dhairya
patient n. बिरामी birami
patio n. आँगन aangan
patios n. स्थानीय बोली sthaniya boli

patrician *adj.* कुलीन kuleen

patrimony *n.* पैतृक सम्पत्ति paitrik sampati

patriot *n.* देशभक्त desh bhakta

patron *n.* संरक्षक samrakshak

patronize *v.* संरक्षण दिनु samrakshan dinu

pattern *n.* बुट्टा butta

pauper *n.* कङ्गाल kangal

pause *n.* विराम wiram

pave *v.* ढुङ्गा छाप्नु dhunga chhapnu

pavement *n.* सडकको पेटी sadak ko peti

paw *n.* पंजा panja

pawn *v.* बन्धक राख्नु bandhak rakhnu

pay *n.* तलब talab

pay off *v.* राम्रो नतिजा ल्याउनु ramro natija

payable *adj.* तिर्नु पर्ने tirnu parne

payload *n.* पैसा तिरेर राखिने भारी paisa tirera rakhine bhari

payment *n.* भुक्तानी bhuktani

pay-off *n.* घूस ghus

payroll *n.* तलबी सूची talabi suchi

pea *n.* मटर matar

peace *n.* शान्ति shanti

peaceful *adj.* शान्तिपूर्ण shantipurn

peaceful coexistence *n.* शान्तिपूर्ण सहअस्तित्व shantipurn sahastitwa

peach *n.* आरु को बोट aru ko boat

peacock *n.* मयूर mayur

peahen *n.* पोथी मुजुर pothi mujur

peak *n.* चुचुरो chuchuro

peal *n.* गडगडाहट gad gadahat

peanut *n.* बदाम badam

pear *n.* नास्पाती naspati

pearl *n.* मोती moti

pearl button *n.* सिपीको टाँक sipi ko tank

pearl onion *n.* छ्यापी chhyapi

peasant *n.* किसान kisan

peasantry *n.* किसानवर्ग kisan warg

pebble *n.* गोलो सानु ढुङा golo sanu dhunga

peck *v.* ठुङ्नु thunnu

peculiar *adj.* अनौठो anautho

peddling *adj.* तुच्छ tuch

pedestrian *n.* बटुवा batuwa

pedicure *n.* खुट्टाको चिकित्सा khuttako chikitsa

peek *v.* चियाउनु chiaunu

peel *n.* बोक्रा bokra

peep *v.* च्याउनु chyaunu

peephole *n.* च्याउने प्वाल chyaune pwal

peerless *adj.* तुलना गर्न नसकिने tulna garna na sakine

peg *n.* किला kila

pell-mell *adv.* हतार गरेर hatar garer

pen *n.* कलम kalam

pen pal *n.* पत्रमित्र patra mitra

penalty *n.* दण्ड dand

penance *n.* प्रायश्चित praishchit
penchant *n.* अभिरूचि abhiruchi
pencil *n.* सिसाकलम sisa kalam
pendent *adj.* लट्केको latkeko
pending *adj.* टुङ्गो नलागेको tungo na lageko
penetrate *v.* पसाउनु pasaunu
penetration *n.* छिराइ chhirai
penfriend *n.* पत्रमित्र patra mitra
penicillin *n.* पेन्सिलिन pensilin
peninsula *n.* प्रायद्वीप praidweep
penis *n.* लिंग ling
penknife *n.* सानु चक्कु sanu chakku
pen-name *n.* उपनाम upnam
penniless *adj.* पैसाविहीन paisavihin
pension *n.* पेन्सन pensan
pentagon *n.* पंचभुज panchbhuj
pentameter *n.* पंचचरण panchcharan
peon *n.* पिउन piun
people *n.* जनता janta
per annu, *adj.* प्रतिवर्ष prati warsh
per capita *adj.* प्रतिव्यक्ति prati wyakti
percent *adj.* सयकडा sayakada
perception *n.* धारणा dharna
perchance *adv.* संयोगले sanyogle
peregrination *n.* यात्रा yatra
peremptory *adj.* हुकुम चलाउने hukum chalaunu
perfect *adj.* बिलकुल ठीक bilkul thik
perfectly *adv.* पूरातवरले pura tawar le
perforce *adv.* विवश भएर vivash bhaer
perform *v.* काम गर्नु kam garnu
performance *n.* काम गराइ kam garai
perfume *n.* मधुर सुबासमा madhur subashna
perhaps *adv.* सायद sayad
perimeter *n.* परिधि paridhi
period *n.* अवधि awadhi
periodical *adj.* समय समयमा हुने samaya samaya ma hune
peripatetic *adj.* भ्रमणशील bhrmansheel
perish *v.* नासिनु nasinu
perishable *adj.* बिग्रने bigrane
perliminary *adj.* शुरुको shuru ko
permanent *adj.* स्थायी sthayi
permission *n.* अनुमति anumati
permit *n.* अनुमति पत्र anumati patra
peroration *n.* भाषणको उपसंहार bhashanko upsanhar
perpendicular *n.* लम्ब lamb
perplexed *adj.* व्याकुल baykul
perquisite *n.* वेतनबाहेक दिइने सुविधा vetanbahek dine suvidha
persecute *v.* सताएनु satunu
persecution *n.* जुलुम julum
perseverance *n.* लगन lagan
persimmon *n.* हलुवाबेद haluwabed

persist *v.* जोड गर्नु jod garnu
person *n.* व्यक्ति wyakti
persona non grata *n.* स्वीकार नगरिएको व्यक्ति swikar na garieko wyakti
personal *adj.* निजी niji
personality *n.* व्यक्तित्व wyaktitwa
personally *adv.* आफै aphai
personnel *n.* कर्मचारी/कामदारहरू karm chari/kamdar haru
perspective *n.* परिप्रेक्ष paripreksha
perspex *n.* ऐना जस्तो देखिने प्लास्टिक पदार्थ ena jasto dekhine plastic padarth
perspiration *n.* पसिना pasina
perspire *v.* आउनु aaunu
persuade *v.* मनाउनु manauinu
persuasion *n.* बिन्तीभाउ binti bhau
pert *adj.* धृष्ट dhrisht
pertain *v.* को हुनु ko hunu
pertinacious *adj.* दृढ़ dridh
pertinent *adj.* सुहाउँदो suhaundo
peruse *v.* ध्यान दिएर पढ्नु dhayan deir padhnu
pessimism *n.* निराशावाद nirashawad
pest *n.* नाशकारी व्यक्ति nashkari wyakti
pester *v.* सताउनु sataunu
pestilence *n.* महामारी mahamari
pestle *n.* मुसल musal
pet *n.* प्यारो बस्तु pyaro wastu
petal *n.* फूलको पात phul ko pat
petitbourgeois *n.* निम्न मध्य वर्गको व्यक्ति niman madhya wargko vyakti
petiticoat *n.* फरिया fariya
petition *n.* बिन्तीपत्र binti patra
petrol *n.* पेट्रोल petrol
petroleum *n.* खनिज khanij
pettish *adj.* चाँडो रिसाउने chando risaune
petty *adj.* सामान्य samanya
pew *n.* गिर्जाघरको बेन्च वा आसन girjagharko bench wa asan
phantom *n.* भूत bhut
pharmacist *n.* औषधि तयार गर्ने व्यक्ति aushadhi tayar garne vyakti
pharmacy *n.* औषधि पसल aushadhi pasal
phase *n.* चरण charan
pheasant *n.* कालिज kalij
pheasant impeyan *n.* डाँफे danphe
phenol *n.* फिनेल phenyl
phew *interj.* छिः छयाः chi chya
phial *n.* सानु सिसी sanusisi
philanthropy *n.* लोकहित lokhit
philately *n.* डाक टिकट संग्रह dak ticket sangrah
philosopher *n.* दार्शनिक darshanik
philosophy *n.* दर्शनशास्त्र darshanshastra
phlegm *n.* खकार khakar

phone *n.* टेलिफोन teliphon
phony *adj.* नक्कली nakkali
photo *n.* फोटो photo
photocopy *n.* फोटोकापी photokapi
photograph *n.* तस्वीर taswir
phrase *n.* छोटो वाक्य chhoto wakya
phut *adv.* बिग्रनु bigarnu
physical *adj.* म6176शारीरिक sharirik
physical exercise *n.* कसरत kasrat
physician *n.* डाक्टर daktar
physics *n.* भौतिकशास्त्र bhautik shastra
piano *n.* प्यानो pyano
piazza *n.* चोक chok
pick *v.* कोटयाउनु kotyaunu
pick up *v.* टिप्नु tipnu
pickaback *adv.* पिठ्यूँमा pithyuma
pickaxe खन्ती khanti
pickle *n.* अचार achar
pickpocket *n.* बगलीमारा baglimara
picnic *n.* पिकनिकब piknik
pictursque *adj.* आकर्षक akarshak
picutre *n.* तस्वीर taswir
piddle *v.* पिशाब गर्नु pishab garnu
pidgin *n.* मिश्रित भाषा mishrit bhasha
piece *n.* टुक्रा tukra
piecemeal *adv.* एक-एक गरेर eke ek garera
pierce *v.* छेड्नु chhednu
piety *n.* धर्म-निष्ठा dharam-nishta
pig *n.* सुँगुर sungur
pig *n.* सुँगुर sungur
pigeon *n.* परेवा parewa
pig-headed *adj.* जिद्दी jiddi
pigtail *n.* टुपी tupi
pike *n.* भाला bhala
pilaster *n.* भित्ता-स्तम्भ bhitta-satabh
pile *n.* थुप्रो thupro
piles *n.* अलकाई alkai
pilgrim *n.* यात्रु yatru
pill *n.* चक्की chakki
pillage *n.* नाश nash
pillar *n.* खम्बा khamba
pillow *n.* तकिया takiya
pilot *n.* विमानचालक wiman chalak
pimp *n.* दलाल dalal
pimple *n.* डन्डीफोर dandi phor
pin *n.* आलपिन alpin
pin down *v.* विवश गर्नु wiwash garnu
pincers *n.* चिम्टा chimtra
pinch *n.* चिम्टी chimti
pine *n.* सल्लो sallo
pine cone *n.* सिम्टा simta
pineapple *n.* भुइँकटहर bhuin kathar
pineers *n.* चिम्टा chimta
pingpong *n.* टेबुलटेनिस tebul tenis
pink *adj.* गुलाफी gulaphi
pinpoint *v.* किट्नु kitnu

pinprick *n.* घोचपोच ghoch pech

pint *n.* तरल वस्तुको नाप taral wastu ko nap

pioneer *n.* अगुवा aguwa

pious *adj.* धर्मात्मा dharmatma

pipe *n.* नली nali

pipedream *n.* असम्भव इच्छा asambaw

piping *n.* मुरलीवादन murliwadan

piping hot *adj.* अति तातो ati tato

pirate *n.* समुद्री डाँकू samudari daku

pisces *n.* मीन राशि min rashi

pisctachio *n.* पेस्ता pesta

piss *v.* मुत्नु mutnu

pistachio *n.* पेस्ता pesta

pistol *n.* पिस्तोल pistol

pit *n.* खाडल khadal

pit-a-pat *adv.* टयाप-टयाप गरेर tyap-tyap garer

pitch *n.* अलकत्रा alkatra

pitch-dark *adj.* चकमन्न अँध्यारो chak manna andhyaro

pitcher *n.* गाग्रो gagro

pitful *n.* कोमल komal

pitiable *adj.* दयनीय

pitiless *adj.* निर्दयी nirdayi

pittance *n.* थोरै पैसा

pity *n.* दया मया लाग्दो daya maya lagdo

placard *n.* प्लेकार्ड ple kard

place *n.* ठाउँ thaun

placenta *n.* सालनाल salnal

placid *adj.* शान्त shant

plagiarize *v.* अर्काको विचार वा लेखाई चोर्नु arkako vichar va lekhai chornu

plain *n.* समतल मैदान samtal maidan

plain sailing *n.* सरल कार्य saral karya

plainspoken *adj.* स्पष्टवक्ता spasht wakta

plaintiff *n.* वादी vadi

plan *n.* योजना yojana

plane *n.* हवाईजहाज hawai jahaj

planet *n.* ग्रह graha

plank *n.* फल्याक phalayk

planning *n.* योजना yojana

plant *n.* बिरुवा biruwa

plantain *n.* केरा kera

plantation *n.* बोट बिरूवा लगाएको जग्गा bot wiruwa lagaeko jagga

plasma *n.* प्लाविका plawika

plaster *n.* मसाला masala

plastic *n.* प्लास्टिक plastik

plate *n.* थाल thal

plateau *n.* पठार pathar

platform *n.* मंच manch

platitude *n.* सामान्य उक्ति samanya ukti

platoon *n.* सेनाको एक भाग senako ek bhaag

play *n.* खेल khel

play down *v.* महत्त्व कम गर्नु mahatthwa kam garnu

player *n.* खेलाडी kheladi
playground *n.* खेल मैदान khel maidan
playing card *n.* तास tas
playmate *n.* दौंतरी dauntari
play-off *n.* अतिरिक्त समयको खेल atirikta samaya ko khel
playwright *n.* नाटककार natak kar
plaza *n.* चोक chok
plea *n.* बिन्ती binti
plead *v.* बिन्ती गर्नु binti garnu
pleader *n.* वकील wakil
pleasant *adj.* रमाइलो ramailo
pleasantry *n.* ठट्टा thatta
please *v.* रिझाउनु rijhaunu
pleased *adj.* खुश khush
pleasing *adj.* रोचक rochak
pleasure *n.* आनन्द anand
pleat *n.* मुजा muja
pledge *n.* वाचा wacha
plenty *n.* प्रशस्त prashat
plethora *n.* धेरै मात्रा dherai matra
pliable *adj.* कमलो हुने kamlo hune
pliers *n.* पेन्चिस penchish
plight *n.* हालत halat
plot *n.* जग्गा jagga
plough *n.* हलो halo
ploy *n.* चतुर चाल chatur chal
pluck *v.* टिप्नु tipnu
plum *n.* आलुबखडा alu bakhda
plumage *n.* चराको प्वाँख charakho pawankh
plumber *n.* धारामिस्त्री dharamistri
plume *n.* प्वाँख pwankh
plunder *n.* लूटको माल lut ko mal
plunderer *n.* लुटेरा lutera
plunge *v.* डुब्नु dubnu
plural *n.* बहुवचन bahu wachan
plus *n.* थाप thap
plush *adj.* विलासमय vilasmaya
pluto *n.* यम ग्रह yam graha
ply *n.* पत्र patra mitra
plywood *n.* प्लाइउड plaiud
pneumonia *n.* फोक्सोको सुज phokso ko suj
pocket *n.* खल्ती khalti
pocketbook *n.* खल्तीमा राख्ने सानु किताब khalti ma rakhne sanu kitab'
pod *n.* कोसा kosa
podgy *adj.* छोटो र मोटो choto r moto
poem *n.* कविता kawita
poet *n.* कवि kawi
poetess *n.* महिला कवि mahilakawi
poetry *n.* कविता kawita
pogrom *n.* आयोजित हत्याकाण्ड ayojit hatyakand
poignant *adj.* मनलाई पीर पार्ने manlai peer parne
poinsettia *n.* लालुपाते lalupate
point *n.* चुच्चो chuchcho
point of view *n.* विचार wichar
point-blank *adj.* सोझै sojhai
pointed *adj.* तीखो tikho

poison *n.* विष wish
poisonous *adj.* विषालु wishalu
poke *v.* घोच्नु ghochnu
poke fun at *phr.* ठट्टा गर्नु thatta garnu
polar *adj.* ध्रुवीय dhrawiya
pole *n.* खम्बा khamba
pole star *n.* ध्रुवतारा dhruwa tara
police *n.* पुलिस pulis
police station *n.* थाना thana
policeman *n.* पुलिस pulis
policy *n.* नीति niti
polish *n.* पालिस palis
polite *adj.* नम्र naran
political *n.* राजनैतिक raj nitigya
politics *n.* राजनीतिज्ञ raj nitigya
polling booth *n.* मतदानस्थल matdan
pollution *n.* प्रदूषण pradushan
polygon *n.* बहुभुज bahubhuj
polythene *n.* प्लास्टिक plastic
pomade *n.* कोशमा लाउने लेप koshma laune lep
pomegranate *n.* अनार anar
pommel *v.* हातले हिर्काउनु hatle hirkaunu
pomp *n.* रबाफ rabaph
pompous *adj.* भड्किलो bhadkilo
pond *n.* पोखरी pokhari
ponder *v.* सोच्नु sochnu
pony *n.* टट्टु tattu
pool *n.* पोखरी pokhari
poor *adj.* गरीब garib

poor man *inter.* बिचरा bichara
populace *n.* आमजनता amjanata
popular *adj.* प्रचलित prachlit
popularity *n.* लोकप्रियता lok priyata
population *n.* जनसंख्या jan sankhya
populous *adj.* घना आवादी भएको ghana awadi bhaeko
porcelain *n.* चिनीमाटाका वस्तु chini mata ka wastu
porch *n.* डयौढी dyaudhi
porcupine *n.* दुम्सी dumsi
pore *n.* मन लगाउनु man lagaunu
pork *n.* सुँगुरको मासु sungurko maas
porous *adj.* छिद्र भएको chhidra bhaeko
port *n.* बन्दरगाह bandargah
portable *adj.* सजिलोसँग लैजान सकिने sajilo sanga laij ana sakine
portend *v.* पूर्वसूचना दिनु purvsuchna dinu
porter *n.* भरिया bhariya
portfolio *n.* मन्त्रीको विभाग mantri ko wibhag
portico *n.* बाहिरी बरण्डा bahiri baranada
portion *n.* भाग bhag
portrait *n.* चित्र chitra
portray *v.* चित्र बनाउनु chitra banaunu
pose *n.* हाउभाउ haubhau
posh *adj.* उच्च दर्जाको ucch darjako

position *n.* ढाँचा dhancha
positive *adj.* सकारात्मक sakaratmak
possess *v.* राख्नु rakhnu
possession *n.* भोग bhog
possessions *n.* धन-सम्पत्ति dhan sampatti
possibility *n.* सम्भावना sambhawana
possible *adj.* सम्भव sambhaw
possibly *adv.* हुन सक्छ huna sakchha
post *n.* खम्बा khamba
post office *n.* हुलाकअड्डा hulak adda
postage *n.* हुलाकमहसुल hulak mahsul
postage stamp *n.* हुलाकटिकट hulak tikat
postbox *n.* पोस्टबक्स postbaks
postcard *n.* पोस्टकार्ड postkard
poster *n.* पर्चा parcha
poster *n.* पोस्टर poster
posterity *n.* भावी पीढ़ी bhawi peerhi
postern *n.* पछाड़िको ढोका pachhariko dhoka
postman *n.* हुलाकी hulaki
postmaster *n.* हुलाकअड्डाको हाकिम hulakadda ko hakim
post-mortem *n.* मरणोत्तर marnottar
post-natal *adj.* जन्मपछि हुने janampachhi hune

postpone *v.* पछि सार्नु pachhi sarnu
postulate *v.* मानिलिनु maanilinu
posture *n.* हाउभाउ hau bhau
pot *n.* भाँडा bhanda
pot (belly) *n.* भुँडी bhundi
potable *adj.* पिउन हुने piuna hune
potato *n.* आलु alu
pot-bellied *adj.* भुँडे bhunde
pothhole *n.* गहिरा प्वाल gahiro pwal
potter *n.* कुम्हाले kumhale
pottery *n.* माटाका भाँडाकुँडा mataka bhanda kunda
pouch *n.* थैलो thailo
pouffe *n.* गद्दी gaddhi
poultry *n.* हाँस, कुखुरा आदि hans kukhura adi
pound *n.* धूलो पिठो पर्नु dhulo pitho parnu
pour *v.* खन्याउनु khanyaunu
poverty *n.* गरीबी garibi
poverty-striken *adj.* गरीब garib
powder *n.* पाउडर paudar
power *n.* बल bal
powerful *adj.* बलियो baliyo
powerless *adj.* शक्तिहीन shaktihin
pow-wow *n.* सम्मेलन sammelan
pox *n.* बिफर biphar
practical *adj.* व्यावहारिक wyawharik
practice *v.* अभ्यास गर्नु abhyas garnu

pragmatic *adj.* व्यावहारिक wyawharik
praise *n.* प्रशंसा prashamsa
praiseworthy *adj.* तारिफयोग्य tariph yogya
prate *v.* बकबक गर्नु bakbak garnu
prattle *v.* फतर-फतर बोल्नु fatar-fatar bolnu
prawn *n.* चिंगड़ी chingarhi
pray *v.* प्रार्थना/बिन्ती गर्नु prarthana/ binti garnu
prayer wheel *n.* माने mane
preacher *n.* धर्मप्रचारक dharm pracharak
preamble *n.* प्रस्तावना prastavana
precarious *adj.* अनिश्चित anishchit
precaution *n.* सावधानी sawdhani
preceless *adj.* अमूल्य amulya
precious *adj.* कीमती kimti
precipice *n.* पहरो paharo
precipice *n.* ठाड़ो चट्टान tharho chattan
precipitous *adj.* भिरालो bhiralo
precis *n.* सार sar
precise *adj.* ठीक theek
precisely *adv.* ठीकसँग thik sanga
preclude *v.* निवारण गर्नु niwaran garnu
predecease *v.* भन्दा पहिले मर्नु bhanda pahile marnu
predecessor *n.* पूर्वज purwaj
predicament *n.* खराब अवस्था kharab awastha
prediction *n.* भविष्यवाणी bhawishyawani
predominant *adj.* अधिक adhik
preen *v.* प्वाँख मिलाउनु pwankh milaunu
prefer *v.* बढी रुचाउनु badhi ruchaunu
preferable *adj.* बढी रुचिकर badhi ruchikar
pregnancy *n.* पेट बोके को अवस्था petbokeko awastha
pregnant *adj.* गर्भवती garbhwati
prejudice *n.* पूर्वाग्रह purwagraha
premarital *adj.* विवाह-पूर्व vivah-purv
premature *adj.* अपरिपक्व aparipakwa
premier *adj.* अब्बल abble
premises *n.* हाता hata
premium *n.* बीमा-किस्ता bima-kista
premonition *n.* छनक chanak
prenatal *adj.* जन्मअघि janamaghi
preparation *n.* तयारी tayari
prepare *v.* तयार गर्नु tayar garnu
prepossessing *adj.* आकर्षक akarshak
preposterous *adj.* असंगत asangat
prerogrative *n.* विशेष अधिकार vishesh adhikar
presage *v.* पूर्वसूचना दिनु purvsuchna dinu
prescribe *v.* तोक्नु toknu
prescription *n.* पूर्जी purji

presence *n.* हाजिरी hajiri
present *adj.* हाजिरी hajir
preservation *n.* संरक्षण दिनु samrakshan
preside *v.* सभापतित्व गर्नु sabhapatitwa garnu
president *n.* राष्ट्रपति rashtrapati
press *n.* छापाखाना chhapa khana
press agency *n.* समाचार समिति samachar samiti
press agent *n.* प्रेस संवाददाता pres samwaddata
press conference *n.* पत्रकार सम्मेलन patrakar sammelan
pressure *n.* दबाब dabab
pressure group *n.* दबाव समूह dabab samuh
prestige *n.* इज्जत ijjat
presume *v.* भनिठान्नु bhani thannu
pretend *v.* बहाना गर्नु bahana garnu
pretext *n.* बहाना bahana
pretty *adj.* राम्रो ramro
prevent *v.* रोक्नु roknu
prevention *n.* रोकथाम rok tham
previous *adj.* अधिको aghi ko
previously *adv.* उहिले uhile
prey *n.* शिकार shikar
price *n.* मूल्य mulya
price list *n.* मूल्य सूचि mulya suchi
prick *n.* काँडा kanda
pride *n.* गर्व garwa
priest *n.* पुजारी pujari
prig *n.* आत्मसन्तुष्ट atamsantusht
prima *adj.* प्रथम pratham
primal *adj.* आदिम admim
primary *adj.* प्राथमिक prathymik
prime *adj.* मुख्य mukhya
prime minister *n.* प्रधानमंत्री pradhan mantri
primeval *adj.* आदिम adim
primitive *adj.* प्राचीन prachin
prince *n.* युवराज yuwaraj
princess *n.* राजकुमारी raj kumari
principal *adj.* प्रधान pradhan
principle *n.* सिद्धान्त siddhant
print *n.* छापा chhapa
printing press *n.* छापा,ाना chhapa khana
prior *adj.* पहिलेको pahile kor
prior to *adv.* भन्दा अघि bhanda aghi
priority *n.* प्राथमिकता prathmikta
prise *v.* तोड्नु todnu
prison *n.* झयालखान jhyalkhan
prisoner *n.* कैदी kaidi
privacy *n.* गुप्ति gupti
private *adj.* निजी niji
private enterprise *n.* निजी उद्यम niji udyam
private eye *n.* निजी गुप्तचार niji gupt char
private parts *n.* गुप्त अङ्ग gupt ang
privately *adv.* गुप्त रूपमा gupt rup ma

privilege *n.* सुविधा suwidha

privy *adj.* गुप्त, व्यक्तिगत gupt, vyaktigat

prize *n.* इनाम inam

pro rata *adj.* अनुपतामा anupatama

probable *adj.* हुन सक्ने huna sakne

probably *adv.* होला hola

probe *n.* डाक्टरको शलाका daktar ko shalaka

probity *n.* ईमानदारी imaandari

problem *n.* समस्या samsya

procedure *n.* कार्यविधि karya widhi

proceed *v.* अघि बढ्नु aghi badhnu

proceeding *n.* काम kam

proceeds *n.* नाफा napha

process *n.* प्रकृया prakriya

procession *n.* जुलुस julus

proclaim *v.* घोषण गर्नु ghoshana garnu

proclamation *n.* घोषणा ghoshana

proclivity *n.* झुकाउ jhukau

procure *v.* हासिल गर्नु hasil garnu

producer *n.* उत्पादक utpadak

product *n.* फल phal

production *n.* उत्पादन uptpadan

productive *adj.* उब्जाउ ubjau

profession *n.* पेशा pesha

professional *adj.* पेसेवर pesewar

professor *n.* प्राध्यापक pradhyapak

proffer *n.* अर्पित गर्नु arpit garnu

proficiency *n.* प्रवीणता praweenta

proficient *adj.* निपुण nipun

profit *n.* फाइदा phaida

profitable *adj.* नाफा दिने napha dine

profound *adj.* गहिरो gahiro

profuse *adj.* दानबीर daanbir

progenitor *n.* पूर्वज purwaj

progeny *n.* सन्तान santan

prognosis *n.* रोगको पूर्वानुमान rogko purwanumaan

program(m)e *n.* कार्यङ्क्रम karya kram

progress *n.* प्रगति pragati

progressive *adj.* प्रगतिशील pragatishil

prohibition , मनाही गर्नु manahi garnu

project *n.* आयोजना ayojana

projectile *n.* अस्त्र astra

projector *n.* सिनेमा cinema

prominent *adj.* विशिष्ट wishisht

promise *n.* प्रतिज्ञा pratigya

promontory *n.* अन्तरीप antreep

promote *v.* बढाउनु badhaunu

promotion *n.* बढौती badhauti

prompt *adj.* छिटो chhito

promptly *adv.* तुरून्त turunt

prone *adj.* घोप्टो ghopto

pronoun *n.* सर्वनाम sarwa nam

pronounce *v.* उच्चारण गर्नु uchcharan garnu

proof *n.* प्रमाण praman
proofread *v.* सच्याउनु sachyaunu
prop *v.* टेको दिनु teko dinu
propaganda *n.* झूटो प्रचार jhuto prachar
propagate *v.* फेलाउनु phelaunu
propel *v.* धकेल्नु dhakelnu
propeller *n.* हवाईजहाजको पङ्खा hawai jahaj ko pankha
proper *adj.* उचित uchit
properly *adv.* उचित तरिकाले uchit tarika le
property *n.* धन-सम्पत्ति dhan sampatti
prophecy *n.* भविष्यवाणी bhawishyawani
propitious *adj.* अनुकूल anukool
proponent *n.* प्रस्तावक prastawak
proposal *n.* प्रस्ताव prastaw
propose *v.* प्रस्ताव राख्नु prastaw rakhnu
proprietor *n.* मालिक malik
proprietor *n.* मालिक malik
propulsion *n.* अघि धकेल्ने काम aghi dhakelne kaam
prose *n.* गद्य gadya
prosecute *v.* मुद्दा चलाउनु mudda chalaunu
prosody *n.* छनद शास्त्र chand shastra
prospect *n.* आशा ahsa
prosper *v.* सप्रिनु saprinu
prosperity *n.* उन्नति unnati
prosperous *adj.* सम्पन्न sampanna
prostitute *n.* वेश्या weshya
prostitution *n.* वेश्यावृत्ति weshyawritti
prosy *n.* नीरस neeras
protect *v.* बचाउनु bachaunu
protection *n.* रक्षा rasksha
protective *adj.* रक्षा गर्ने raksha garne
protein *n.* प्रोटीन protin
protest *n.* विरोध wirodh
protocol *n.* कूटनैतिक शिष्टाचार kutnaitik shishtachar
proton *n.* प्रोटोन proton
protoplasm *n.* जीवद्रव्य jeevdrawya
proud *adj.* घमण्डी ghamandi
prove *v.* प्रमाणित गर्नु pramanit garnu
proverb *n.* दखान ukhan
provide *v.* जुटाउनु jutaunu
providence *n.* ईश्वर ishwar
province *n.* प्रान्त prant
provision *n.* व्यवस्था wyawastha
provisions *n.* दानापानी dana pani
proviso *n.* शर्त sharat
provocation *n.* उत्तेजना uttejana
provoke *v.* रिस उठाउनु ris uthaunu
prow *n.* अग्रभाग agrabhaag
proximity *n.* निकटता nikatata
proxy *n.* प्रतिनिधि prati nidhi
prudent *adj.* विवेकी wiweki

prune *v.* छिमल्नु chhimalnu
pseudo *adj.* मिथ्या mithya
psychology *n.* मनोविज्ञान manowigyan
pub *n.* भट्टी bhatti
puberty *n.* यौवनारम्भ yauwanarambh
public prosecutor *n.* सरकारी वकील sarkari wakil
public relation *n.* जन सम्पर्क jan sampark
public transport *n.* यातायात का साधन रेलए बस yatayat ka sadhan rell, bus
publican *n.* भट्टीवाल bhattiwal
publication *n.* प्रकाशन prakashan
publicity *n.* प्रचार prachar
publish *v.* प्रकाशित गर्नु prakashit garnu
publisher *n.* प्रकाशक prakashak
pudding *n.* खानापाछि खाने मिष्टान्न khanapachhi khane mishthan
puff *n.* सासको झोक्का sasko jhokka
puff up *v.* फुलाउनु phulaunu
pugilist *n.* मुक्काबाज mukkabaaj
pugnacious *adj.* झगड़ालु jhagralu
puill back *v.* भाग्नु bhagnu
pull *n.* तनाइ tanai
pull down *v.* भत्काउनु bhatkaunu
pull in *v.* नजिक जानु najik janu
pull off *v.* चुँडाल्नु chundalnu
pull out *v.* हट्नु hatnu
pull up *v.* उखेल्नु ukhelnu
pullet बच्चा कुखुरा bachha kukhura
pulley *n.* घिर्नी ghirni
pullover *n.* स्वेटर sweater
pulmonary *adj.* फोक्सोको focusko
pulsate *v.* धड़कनु dharkanu
pulse *n.* दाल dal
pulverize *v.* चूर्ण बनाउनु churn banaunu
pummel *v.* मुक्काले पिट्नु mukkale pitnu
pumpkin *n.* फर्सी pharsi
punch *n.* प्वाल पार्ने यंत्र pwal parne yantra
punctual *adj.* समय को पालना गर्ने samaya ko palna garne
puncture *n.* प्वाल पार्ने यंत्र pwal parne yantra
pungent *adj.* पिरो piro
punish *v.* दण्ड/सजाय दिनु dand/sajaya dinu
punishment *n.* सजाय sajaya
punster लेषकार leshkar
puny *adj.* सानो र दुब्लो sano r dublo
pup *n.* कुकुरको छाउरो kukur ko chhauro
pupil *n.* चेला chela
puppet *n.* कठपुतली kathputali
puppy *n.* कुकुरको छाउरो kukur ko chhauro
purchase *n.* खरीद kharid
pure *adj.* शुद्ध shuddha

purgative *n.* जुलाब julab
purge *v.* हटाउनु hataunu
purify *v.* शुद्ध तुल्याउनु shuddha tulyaunu
purity *n.* शुद्धता shudhta
purple *adj.* प्याजी pyaji
purpose *n.* उद्देश्य uddeshya
purposeful *adj.* आँटिलो antilo
purposely *adv.* जानाजानी janajani
purse *n.* थैलो thaila
pursue *v.* पछि लाग्नु pachhi lagnu
pursuit *n.* खोदो khedo
pus *n.* पीप pip
push *n.* धक्का dhakka
push down *v.* बसाउनु basaunu
push in *v.* हुल्नु hunu
push off *v.* जानु janu
push through *v.* घुसार्नु ghusarnu
pushcart *n.* ठेलागाडा thela gada
pushover *n.* सजिलै हुने काम sajilai hune kam
put *v.* राख्नु rakhnu
put across *v.* सफलता का साथ काम गर्नु saphalta ka sath kam garnu
put away *v.* थन्क्याउनु thankyaunu
put down *v.* दबाउनु dabaunu
put in *v.* समय बिताउनु samaya bitaunu
put off *v.* फुकाल्नु phukalnu
put on *v.* लगाउनु lagaunu
put out *v.* निभाउनु nibhauanu
put together *v.* मिलाउनु milaunu
put up *v.* बनाउनु banaunu
put up with *v.* सहनु sahanu
puzzle *n.* रहस्य rahasya
pygmy, pigmy *n.* बामपुड्के bampunke
pyjamas *n.* पायजामा pyjama
pyorrhoea *n.* पाइरिया pyorrhoea
pyramid *n.* पिरामिड piramid
pyre *n.* चिता chita
python *n.* अजिङ्गर ajingar

Q

quack *n.* हाँसको बोली hans ko boli
quadrangle *n.* चौकोस मैदान chaukos maidan
quadrangular *adj.* चारचुच्चे char chuchche
quadrilateral *n.* चतुर्भुज chaturbhuj
quadrille *n.* चार जोड़ी नाच्ने नाच char jodi nachne nach
quadruped *n.* चौपाया जन्तु chaupaya jantu
quadruple *adj.* चौगुना संख्या chauguna sankhya
quagmire *n.* धाप dhap
quail *n.* बटेर batir
quaint *adj.* पुरानो खालको purano khalko
quake *n.* कम्पन kampan
qualification *n.* योग्यता yogyata
qualify *v.* योग्य बन्नु yogya bannu

quality *n.* गुण gun
qualm *n.* आशांखा aasankha
quandary *n.* दुविधा duvidha
quantify *v.* परिमाण बताउनु parmaan bataunu
quantum *n.* दिइएको मात्रा diieko matra
quarantine *n.* संसर्ग निषेध samsarga nishedh
quarrel *n.* झगडा jhagada
quarrelsome *adj.* झगडालु jhagadalu
quarry *n.* ढुङ्गाखानी dhunga khani
quart *n.* तरल वस्तुको नाप taral vastuko naap
quarter *n.* चौथाइ chauthai
quarterly *adj.* त्रैमासिक traimasik
quarters *n.* क्वाटर kwatar
quartet *n.* चारजनाको समूह char jana ko samuha
quartz *n.* फटिक phatik
quash *v.* बदर गर्नु badar garnu
quatrain *n.* चार चरणको पद्य char charanko padhe
quaver *v.* काँप्नु kanpnu
quay *n.* घाट ghaat
queen *n.* रानी rani
queen mother *n.* मुमा बडामहारानी muma bada maharani
queer *adj.* अनौठो anautho
quell *v.* दबाउनु dabaunu
query *n.* प्रश्न prashna
quest *n.* खोज khoj
question *n.* प्रश्न गर्नु parashna garnu
question mark *n.* प्रश्नचिन्ह prashna chinha
questionable *adj.* ंकास्पद shankaspad
questionnaire *n.* prashnawali
queue *n.* लाइन lain
quick *adj.* छिटो chhito
quicken *v.* चाँडो गर्नु/गराउनु chando garnu/garaunu
quicksilver *n.* पारो paro
quid *n.* चपाउने सुर्ती को डललो chapaune surtiko dallo
quid pro quo *n.* क्षतिपूर्तिको रूपमा दिइएको वस्तु kshati purti ko rup ma diieko wastu
quiet *adj.* शान्त shant
quietly *adv.* शान्तिसँग shanti sanga
quietude *n.* शान्ति shanti
quietus *n.* छुटकारा chutkara
quiff *n.* अलक alak
quill *n.* प्वाँख pwankh
quilt *n.* सिरक sirak
quinine *n.* कुनैन kunain
quinsy *n.* घाँटी सुनिने रोग ghanti sunine rog
quintal *n.* 100 किलो saya kolo
quip *n.* व्यंग bayang
quire *n.* 24 ताउ कागत 24 tau kagat
quit *v.* त्यागनु tyagnu
quite *adv.* बिलकुल bilkul

quits *n.* फच्छे phachchhe
quiver *n.* थरथराउनु thartharaunu
quixotic *adj.* अनौठो anautho
quiz *n.* सामान्य ज्ञानको प्रश्न samanya gyan ko prashna
quorum *n.* कोरम koram
quota *n.* तोकिए को मात्रा tokieko matra
quotable *adj.* उद्धृत गर्न लायकको uddhrit garna layak ko
quotation *n.* उद्धरण वाक्य uddharan wakya
quote *v.* कसैको कुरा kasai ko kura
quoth *v.* भन्यो bhanyo
quotient *n.* भागफल bhagphal
quzzical *adj.* बेढङ्गको bedhag ko

R

rabbit *n.* खरायो kharayao
rabid *adj.* रिसाहा risaha
race *n.* तेज चाल tej chal
rach *n.* खुला दराज khula daraj
racial *adj.* जातीय jaatiya
racism *n.* जाति भेद jati bhed
racist *n.* जातिवादी jati wadi
raconteur *n.* कथावाचक kathawachak
radar *n.* रेडार redar
raddle *n.* गेरु रङ्ग geru rang
radiant *adj.* चम्किलो chamkilo
radiation *n.* विकिरण wikiran
radical *adj.* स्वाभाविक swabhavik

radio *n.* रेडियो rediyo
radioactive *adj.* रेडियोधर्मी rediyo dharmi
radish *n.* मूला mula
radium *n.* रेडियम radium
raffle *n.* चिट्ठा chittha
raft *n.* मुढाहरूको बेडा mudha haru ko beda
rafting *n.* जलयात्रा jal yatra
rag *n.* झुत्रो jhutro
rage *n.* झोक jhok
ragged *adj.* थाङ्ने thanne
raid *n.* धावा dhawa
rail *n.* फलामे बार phalame bar
raillery *n.* दिल्लगी dillagi
railroad *n.* रेलमार्ग rel marg
railway *n.* रेलमार्ग rel marg
railway carriage *n.* रेलको डिब्बा rel ko dibba
railway engine *n.* रेलको इन्जिन rel ko injin
railway train *n.* रेलगाडी rel gadi
raiment *n.* वस्त्र wastra
rain *n.* वर्षा warsha
rainbow *n.* इन्द्रेणी indreni
raincoat *n.* बर्सादी barsadi
rainfall *n.* वर्षा warsha
rainy *adj.* बर्खे barkhe
rainy days *n.* दुःख का दिन duhkh ka din
rainy season *n.* वर्षाऋतु/याम warsha ritu/yam
raise *v.* उठाउनु uthaunu
raise *v.* उठाउनु uthaunu

raisin *n.* किसमिस kismis

rally *n.* भेला bhela

ram *n.* भेडा bheda

ramble *v.* डुल्नु dulnu

rampage *n.* हिंसात्मक व्यवहार hinsatmak wyawahar

rampant *adj.* अनियन्त्रित aniyantrit

ramshackle *adj.* पुरानो purano

random *adj.* अनियमित aniyamit

randy *adj.* कामुक kamuk

range *n.* क्षेत्र kshetra

rank *n.* दर्जा darja

rank and file *n.* साधारण सिपाही sadharan sipahi

ransack *v.* खूब खोज्नु khub khojnu

ransom *n.* फिरौती रकम phirauti rakam

rant *v.* प्रलाप गर्नु pralap garnu

rap *n.* हलुका घुस्सा हान्नु haluka ghussa hannu

rapacious *adj.* लोभी lobhi

rape *n.* बलात्कार balatkar

rapid *adj.* छिटो chhito

rapidly *adv.* छिटै chhitain

rapids *n.* तल झर्ने बेगवान नदी tala jharne wegwan nadi

rapport *n.* सम्बन्ध sambandh

rapprochement *n.* मैत्रीपूर्ण सम्बन्धको पुनः स्थापन maitripurn sambandhko punh sthapan

rapture *n.* हर्ष harsh

rare *adj.* दुर्लभ durlabh

rascal *n.* पाजी paji

rash *n.* बिमिरा bimira

raspberry *n.* ऐँसेलु ainselu

rat *n.* मूसो muso

ratable, rateable *adj.* कर लाग्ने kar laagne

rat-a-tat-tat *m.* ढोका आदिमा ठोकेको आवाज dhoka adami thokeko awaaz

rate *n.* दर darja

rather *adv.* बरू baru

ratify *v.* मन्जुर गर्नु manjur garnu

ration *n.* रासन raasan

rational *adj.* विवेकी wiweki

rationale *n.* आधारभूत कारण adharbhut karan

rat-tat *n.* ढकढक गरेको आवाज dakdak gareko awaaz

rattle *n.* थर्केको आवाज tharkeko awaj

raucous *adj.* कर्कश karkash

ravage *v.* बर्बाद barbad

rave *v.* पागल कुरा गर्नु pagal kura garnu

ravel *v.* जेलिनु jelinu

ravening *adj.* भोको bhoko

rave-up *n.* बृहत्पार्टी vrihat parti

ravine *n.* खोल्सा kholsa

raw *adj.* काँचो kancho

raw deal *n.* अनुचित व्यवहार anuchit wyawahar

raw material *n.* कच्चा माल kachchamal

raw-boned *adj.* ज्यादै दुब्लो jyadai dublo

ray *n.* किरण kiran

razor *n.* छुरा chhura

razor blade *n.* दौडादौड dauda daud

reach *v.* पुग्नु pugnu

react *v.* प्रतिक्रिया जनाउनु prati kriya janaunu

reaction *n.* प्रतिक्रिया जनाउनु pratikriya

reactionary *n.* प्रतिक्रियावादी pratikriyawadi

reactivate *v.* फेरि सक्रिय बनाउनु pheri sankriya banaunu

reactor *n.* अणुशक्ति उत्पन्न गर्ने यंत्र anushakti uttapan garne yantra

read *v.* पढ्नु padhnu

readable *adj.* पढ्न लायकको padhna layak ko

readdress *v.* ठेगाना बदली गर्नु thegana badli garnu

reader *n.* पाठक pathak

readily *adv.* तुरुन्त turunt

readiness *n.* तयारी tayari

reading *n.* पठनपाठन pathan pathan

ready *adj.* तयारी tarya

ready money *n.* नगद nagad

ready-made *n.* तयारी वस्तु tayari wastu

real *adj.* साँचो sancho

real estate *n.* घरजग्गा ghar jagga

realism *n.* यथार्थवाद yatharthwad

reality *n.* वास्तविकता wastawikta

realize *v.* महसुस गर्नु mahsus garnu

really *adv.* साँच्चै sanchchai

realm *n.* राज्य rajya

ream *n.* कागज को 500 ताउ kagaj ko panch saya tau

reap *v.* बाली काट्नु ball katnu

reappear *v.* फेरि देखा पर्नु pheri dekha parnu

reappoint *v.* फेरि बहाल गर्नु pheri bahal garnu

rear *adj.* पछाडिको भाग pachhadi ko bhag

rearrange *v.* फेरि मिलाउनु pheri milaunu

reason *n.* कारण karani

reasonable *adj.* मनासिब manasib

reasonable *adj.* उचित uchhit

reassemble *v.* फेरि भेला हुनु pheri bhela hunu

reassure *v.* फेरी स्थापित गर्नु pheri sthapit garnu

rebel *n.* विद्रोही widrohi

rebellion *n.* विद्रोह widroh

rebirth *n.* पुनर्जन्म punar janma

rebuild *v.* फेरि बनाउनु pheri banaunu

rebuke *n.* हप्की hapki

recall *v.* फिर्ता बोलाउनु phirta bolaunu

recapitulate *v.* सारांश प्रस्तुत गर्नु saraansh prastut garnu

recapture *v.* फेरि पक्रनु pheri pakranu

recast *v.* सुधार्नु sudharnu
receipt *n.* भर्पाई bharpai
receipt *n.* रसिद rasid
receive *v.* पाउनु paunu
receive *v.* पाउनु paunu
receiver *n.* प्राप्त गर्ने prapt garne
recent *adj.* हालसालको ताजा halsal ko taja
receptacle *n.* भाँड़ा bhara
reception *n.* स्वागत swagat
receptionist *n.* स्वागत गर्ने swagat garne
recess *n.* अवकाश awkash
recipient *n.* पाउने व्यक्ति paune wyaki
reciprocal *adj.* आपसी apasi
reciprocate *v.* लेनदेन गर्नु len den garnu
recital *n.* वाचन wachan
reckless *adj.* लापर्बाह laparbah
reckon *v.* ठान्नु thannu
reckoning *n.* गणना ganana
recline *v.* पछि सहारा लिनु pachi sahara lenu
recluse *n.* एक्लै बस्ने व्यक्ति ekalei basne vyakti
recognition *n.* पहिचान pahichan
recognize *v.* चिन्नु chinnu
recoil *v.* पछिल्तिर धक्का हान्नु pachhil tira dhakka hannu
recollect *v.* समझनु samjhanu
recommend *v.* सिफारिश गर्नु sipharish garnu

recommendation *n.* सिफारिश गर्नु sipharish garnu
reconcile *v.* मेलमिलाप गर्नु melmilap garnu
reconcillation *n.* मेलमिलाप mel milap
recondite *adj.* दुरूह durooh
reconfirm *v.* दोहोरो पुष्टि गर्नु dohoro pushti garnu
reconnaissance *n.* सैनिक सर्वेक्षण sainik sarwekshan
record *n.* लिखत likhat
record *n.* लिखित विवरण likhit vivran
recorder *n.* रकेर्ड गर्ने यन्त्र rekard garne yantra
recording *n.* रेकर्ड गर्ने काम rekard garne kam
recount *v.* पुनर्गणना punar ganana
recover *v.* निको/आराम हुनु niko/aram hunu
recovery *n.* स्वास्थ्यलाभ swasthya labh
recreate *v.* ताजा पार्नु taja parnu
recreation *n.* मनोरंजन manoranajan
recruit *n.* नयाँ सिपाही nayan sipahi
rectangle *n.* आयत ayat
rectangular *adj.* आयताकार ayatakar
rectify *v.* सच्याउनु sachyaunu
rector *n.* शिक्षाध्यक्ष shikshadhyaksha
rectum *n.* मलाश्य malashaya

recuperate *v.* आराम हुँदै जानु aram hundai janu

recuperation *n.* स्वास्थ्य लाभ swasthya labh

recur *v.* फेरि हुनु pheri hunu

recurrence *n.* दोहरिने काम doharine kam

red *adj.* रातो rato

red cross *n.* रेडक्रस redkras

red light *n.* खतरा को बत्ती khatara ko batti

red tape *n.* अति औपचारिकता ati aupcharikta

reddish *adj.* अलि अलि रातो ali ali rato

redeem *v.* मुक्त गर्नु mukta garnu

red-handed *adv.* थलैमा thalai ma

red-hot *adj.* तातेर रातो भएको tatera rato bhaeko

red-letter day *n.* खुशी को स्मरणीय दिन khushi ko smarniya din

red-light area *n.* वेश्या मोहल्ला weshya mohalla

redolent *adj.* सुगन्धित sugandhit

redouble *v.* दोबर गर्नु वा हुनु dobar garnu wa hunu

redress *v.* ठीक गर्नु thik garnu

reduce *v.* कम गर्नु kam garnu

reduction *n.* कमी kami

reed *n.* निगालो nigalo

reef *n.* समुद्री चट्टान samudri chattan

re-elect *v.* फेरि छान्नु/चुन्नु pheri chhannu/chunnu

re-enter *v.* फेरि पस्नु pheri pasnu

refer *v.* सन्दर्भ sandarbh

referee *n.* रेफ्री rephri

reference *n.* सन्दर्भ देखाउनु sandarbh dekhaunu

reference library *n.* सन्दर्भ पुस्तकालय sandarbh pustakalya

referendum *n.* जनमत संग्रह jan mat sangraha

referendum *n.* जनमत-संग्रह jan mat sangraha

refill *v.* फेरि भर्नु pheri bharnu

refine *v.* शुद्ध गर्नु shuddha garnu

refinery *n.* तेल सफा गर्ने कारखाना tel sapha garne karkhana

reflect *v.* प्रतिविम्बित गर्नु prati wimbit garnu

reflection *n.* प्रतिबिम्ब prati wimba

reform *n.* सुधारनु sudharnu

refract *n.* बङ्ग्याउनु bangyaunu

refrain *v.* रोक्नु roknu

refresh *v.* ताजा गराउनु taja garaunu

refreshment *n.* जलपान jalpan

refrigerator *n.* चिसो पार्ने मेसिन chisoparne mesin

refuge *n.* शरण sharan

refugee *n.* शरणार्थी sharnarthi

refulgent *adj.* चहकिलो chehkilo

refund *v.* पैसाा फिर्ता दिनु paisa phirta dinu

refuse *v.* अस्वीकार गर्नु aswikar garnu

regal *adj.* शाही shahi

regard *v.* आदर गर्नु adar garnu
regarding *prep.* बारेमा bare ma
regardless *adj.* लापर्बाह laparbah
regatta *n.* नौका-दोड़ nauka-daur
regency *n.* राज प्रतिनिधिको पद raj pratinidhi ko pad
regeneration *n.* पुनर्जन्म punar janma
regent *n.* राजप्रतिनिधि rajpratinedhi
regicide *n.* राजाको हत्या rajako hatya
regime *n.* शासनकाल shasan kal
regimen *n.* शासन व्यवस्था shasan wyawastha
regiment *n.* पलटन paltan
region *n.* क्षेत्र kshetra
regional *adj.* क्षेत्रीय kshetriya
register *v.* दर्ता गर्नु darta garnu
registered *adj.* दर्ता गरेको darta gareko
registrar *n.* पंजिकाधिकारी panjikadhikari
registration *n.* दर्ता darta
regret *n.* अफसोस aphsos
regrettable *adj.* शोचनीय shochniya
regular *adj.* नियमित niyamat
regularly *adv.* नियमित रूपमा niyamit rup ma
regulate *v.* नियमित niyamit
regulation *n.* नियम विधि niyam widhi
rehabilitate *n.* पहिलेको पद pahileko pad
rehabilitation *n.* पुनर्वास punarwas
rehearsal *n.* पूर्वाभ्यास purwabhyas
rehouse *v.* नयाँ बस्ने ठाउँ दिनु naya basne thaun dinu
reign *n.* राज गर्नु raj garnu
rein *n.* लगाम lagam
reincarnation *n.* अवतार .awtar
reinforce *v.* अरू बलियो बनाउनु aru baliyo banaunu
reject *v.* इन्कार/अस्वीकार गर्नु inkar/ aswikar garnu
rejection *n.* इन्कार गर्नु inkar garnu
rejoice *v.* खुश हुनु khush hunu
rejoicing *n.* खुशी khushi
relapse *v.* पहिलेको अवस्थामा जानु pahileko awasthama jaanu
relate *v.* बखान गर्नु bakhan garnu
related *adj.* समम्बन्धित sambandhit
relation *n.* नाता nata
relationship *n.* सम्बन्ध sambandh
relative *n.* नातागोता nata gota
relative *n.* साइनो saino
relax *v.* आराम गर्नु aram garnu
relaxation *n.* आराम aram
relay *v.* सन्देश पुऱ्याउनु sandesh puryaunu
relay race *n.* रिले दोड rile daud
release *v.* छोड्नु chodnu
relent *v.* नरम हुनु naram hunu
relentless *adj.* निर्दयी nirdayi
reliable *adj.* भरपर्दो bhar pardo

reliance *n.* भरोसा bharosa
relic *n.* अवशेष awshesh
relief *n.* आराम aram
relief fund *n.* उद्धार कोष uddhar kosh
relieve *v.* छोडिदिनु chhodi dinu
relievign *adj.* पालो दिनु palo dine
religion *n.* धर्म dharm
religious *adj.* धार्मिक dharmik
relish *v.* मनपराउनु manpraunu
reluctant *adj.* विरूद्ध wirudh
rely *v.* भर गर्नु/पर्नु bhar garnu/ parnu
remain *v.* बस्नु basnu
remainder *n.* बाँकी भाग banki
remaining *adj.* बाँकी भाग banki
remake *v.* फेरि बनाउनु pheri banaunu
remark *n.* भनाइ bhanai
remarkable *adj.* विशिष्ट wishisht
remedy *n.* उपचार upchar
remember *v.* सम्झनु samjhanu
remembrance *n.* सम्झना samjhana
remind *v.* सम्झना गराउनु samjhana garanunu
reminder *n.* सम्झौटो samjhauto
remission *n.* क्षमा kshama
remonstrate *v.* विरोध गर्नु virodh garnu
remorse *n.* पछुतो pachhuto
remorseless *adj.* निर्दयी nirdayi
remote *adj.* टाढाको tadha ko
removable *adj.* हटाउन लायकको hatauna layak ko
removal *n.* अपसरण upsaran
remove *v.* हटाउनु hataunu
remuneration *n.* नारिश्रमिक parishramik
renal *adj.* मिर्गौलाको mirgaulako
rend *v.* च्यात्नु chyatanu
render *v.* अनुवाद गर्नु anuwad garnu
rendezvous *n.* भेला हुने ठाउँ bhela hune thaun
renegade *n.* पक्षत्यागी pakshya tyagi
renew *v.* नयाँ पार्नु nayan parnu
renewal *n.* नयाँ बनाउने काम nayan banaune kam
renounce *v.* परित्याग गर्नु parityag garnu
renovate *v.* नयाँ बनाउनु nayan banaunu
renowned *adj.* प्रसिद्ध prasiddha
rent *n.* भाडा bhada
rental *n.* भाडाबाट आउने रकम bhada bata aune rakam
renunciation *n.* त्याग tyag
repair *v.* मरम्मत गर्नु marammat garnu
repartee *n.* ओठे जवाफ authe jawaf
repast *n.* खाना khana
repay *v.* चुकाउनु chukaunu
repeal *v.* बदर/रद्द गर्नु badar/ radda garnu

repeat *v.* दोहोऱ्याउनु dohoryaunu
repel *v.* पछि हटाउनु pachhi hataunu
repent *v.* पछुताउनु pachhutaunu
repentance *n.* पछुतो pachhuto
repetition *n.* दोहोऱ्याउने काम dohoryaune kam
replace *v.* बदल्नु badalnu
replacement *n.* प्रतिस्थापन pratisthapan
replete *adj.* भरिएको bhariyeko
replica *n.* नक्कल प्रतिकृति nakkal
reply *v.* जवाफ दिनु jawaph dinu
report *n.* रिपोर्ट riport
reportedly *adv.* सुनेअनुसार sune anusar
reporter *n.* संवाददाता samwaddata
repository *n.* चीजहरू राख्ने ठाउँ cheejharu rakhne thaun
represent *v.* सट्टामा खडा हुनु sattama khadahunu
representation *n.* प्रतिनिधित्व prati nidhitwa
representative *n.* प्रतिनिधित्व prati nidhitwa
repress *v.* दबाउनु dabaunu
repression *n.* दमन daman
reprimand *n.* नसिहत nashiat
reprint *n.* नयाँ प्रकाशन nayan prakashan
reproduce *v.* फेरि पैदा गर्नु pheri paida garnu
reproduction *n.* पुनरुत्पादन punarutpadan
reproof *n.* गाली gaali
reprove *v.* हप्काउनु hapkaunu
reptile *n.* घस्रने जन्तु ghasrane jantu
republic *n.* गणतंत्र gan tantra
repulse *v.* लखाट्नु lakhatnu
repulsive *adj.* घिनलाग्दो ghin lagdo
reputable *adj.* सम्मानित sammanit
reputation *n.* इज्जत ijjat
reputed *adj.* प्रसिद्ध prasiddha
request *n.* अनुरोध anurodh
requiem *n.* मृत mrit
require *v.* आवश्यक हुनु awashyak hunu
requirement *n.* आवश्यकता awashyakta
requisite *n.* चाहिने सामान chahine sasman
requite *v.* बदलामा दिनु badlama dinu
re-run *n.* नाटक natak
rescind *v.* रद्द गर्नु radh garnu
rescue *n.* रक्षा raksha
research *n.* अनुसन्धान anusandhan
researcher *n.* अनुसन्धान गर्ने anusandhan garne
resemblance *n.* समरूपता samarupta
resemble *v.* उकनाश हुनु ek nash hunu
resent *v.* रिसाउनु risaunu
resentment *n.* रिस ris

reservation *n.* आरक्षण arakshan

reserve *v.* सुरक्षित गर्नु surakshit garnu

reserved *adj.* सुरक्षित गर्नु surakshit garnu

reservoir *n.* जलाशय jalashaya

reshuffle *n.* पुर्न गठन गर्नु purna gathan garnu

reside *v.* बस्नु basnu

residence *n.* घर ghar jagga

resident *n.* निवासी niwasi

residential *adj.* आवासीय awasiya

residual *adj.* बाँकी रहेको baanki rahenko

residue *n.* शेष shesh

resign *v.* जागिर छोड्नु jagir chodnu

resign *v.* छोड्नु chodnu

resignation *n.* राजीनामा दिनु rajinama

resist *v.* विरोध गर्नु wirodh garnu

resistance *n.* बाधा badha

resole *v.* नयाँ तलुवा हाल्नु nayan tulwa halnu

resolute *adj.* कृतसंकल्प kritsankalp

resolution *n.* प्रस्ताव prastaw

resolve *v.* समाधान गर्नु sanmadhan garnu

resonant *adj.* गुंजिने gunjine

resort *v.* शरण sharan

resource *n.* स्त्रोत srot

respect *n.* आदर adar

respectable *adj.* आदरणीय adarniya

respectful *adj.* सम्मानजनक samman janak

respectfully *adj.* सादर sadar

respective *adj.* आ-आफ्नु a aphnu

respectively *adv.* क्रमैले kramai le

respiration *n.* वासप्रश्वास shwas prashwas

respire *v.* सास फेर्नु saas phernu

respite *n.* विलम्ब वा स्थगन vilamb wa sthagan

respledent *adj.* उज्जवल ujjawal

respond *v.* उत्तर दिनु uttar dinu

response *n.* जवाफ दिनु jawaph dinu

responsibility *n.* जिम्मेवारी jimewari

rest *n.* आराम aram

restaurant *n.* भोजनालय bhojnalaya

restful *adj.* आराम दिने aaram dine

restive *adj.* बेचैन bechain

restless *adj.* चंचल chanchal

restlessness *n.* छटपटी chhatpati

restoration *n.* पुनस्थार्पना punarsthapna

restore *v.* फिर्ता गर्नु phirta garnu

restrain *v.* रोक्नु roknu

restraint *n.* विरोध wirodh

restrict *v.* रोक्नु roknu

restriction *n.* रोक्का rokka

result *n.* परिणाम parninam

resultant *adj.* परिणाम दिने parinam dine

resume *n.* बायोडाटा bayodata

resumption *n.* नयाँ सुरुआत nayan suruat

resurgent *adj.* हार haar

resuscitate *v.* सास र होस फर्काउनु sas ra hos pharkaunu

retail *n.* खुद्रा बिक्री khudra bikri

retain *v.* कायम राख्नु kayam rakhnu

retaliate *v.* बदला लिनु badla linu

retaliation *n.* बदला लिनु badla linu

retch *v.* वाक्क गर्नु waak garnu

retention *n.* राख्ने काम rakhne kaam

rethink *v.* फेरि सोच्नु pheri sochnu

retialer *n.* खुद्रा पसले khudra pasale

reticent *adj.* धेरै नबोल्ने dherai nabolne

retina *n.* दृष्टिपटल drishtipatal

retinue *n.* अनुचर anuchar

retire *v.* अवकाशप्राप्त awkash linu

retirement *n.* अवकाश awkash

retort *n.* ओठे जवाफ दिनु authe jawaf dinu

retract *v.* वापस लिनु vapas linu

retreat *n.* पछि हट्ने काम pacchi hatne kam

retribution *n.* दण्ड dandh

retrogress *v.* पछिल्तिर जानु pachhilitir jaanu

return *n.* वापसी wapasi

return ticket *n.* फिर्ती टिकट phirti tikat

reunion *n.* पुनर्मिलन punar milan

reunite *v.* फेरि सङ्गठित हुनु pheri sangathit hunu

rev *v.* इंजनको घुमाइ engine ko ghumai

revalue *v.* फेरि मूल्य लगाउनु pheri mulya lagaunu

reveal *v.* खोल्नु kholnu

revel *v.* होहल्ला गरी रमाइलो गर्नु ho halla gari ramailo garnu

revelation *n.* चमत्कार chamatkar

revelry *n.* उत्सव utsav

revenge *n.* बदला badla linu

reverberate *v.* घन्कनु ghankanu

reverberation *n.* गुँजन gunjan

revere *v.* मान गर्नु man garnu

reverence *n.* आदर adar

reverie *n.* चिन्तन chintan

reverse *n.* विपरीत wiparit

review *n.* समीक्षा samiksha

revise *v.* दोहोन्याउनु dohoryaunu

revision *n.* संशोधन sanshodhan

revive *v.* पुर्नजीवित गर्नु punar jiwit garnu

revoke *v.* रद्द/खारेज गर्नु radda/ kharej garnu

revolt *n.* विद्रोह गर्नु widorh garnu

revolution *n.* आन्दोलन andolan

revolutionary *n.* क्रान्तिकारी krantikari

revolve *v.* घुम्नु ghumnu

revolver *n.* पिस्तौल pistaul

reward *n.* इनाम inam

rewrite v. फेरि लेख्नु pheri lekhnu
rhematism n. बात/बाथरोग bat/bath rog
rhetoric n. आलङ्कारिक भाषा alankarik bhasha
rheumatic adj. बातरोग लागेको batrog lageko
rhinoceros n. गैंडा gainda
rhododendron n. गुराँस gurans
rhubarb n. फापर जातको साग fapar jatko saag
rhythm n. ताल tal
rib n. करङ karan
ribbon n. रिबन riban
rice n. भात bhat
rich adj. धनी dhani
riches n. धन dhan
rickshaw n. रिक्सा riksa
rid v. हटाउनु hataunu
riddle n. गाउँखाने कथा gaun khane katha
ride v. मोटर चढ्नु motar chadhnu
rider n. सवार sawar
ridge n. डाँडा danda
ridicule n. हँसी hansi
ridiculous adj. हाँसो hanso
rift n. दरार darar
rigging n. धाँधली dhandhali
right adj. दायाँ dayan
righteous adj. न्यायी nyayi
rightful adj. हकदार hak dar
right-hand man n. मुख्य सहायक mukhya sahayak

right-minded adj. ठीक विचार भएको thik wichar bhaeko
rigid adj. नगल्ने na galne
rigo(u)r n. कठोरता kathorta
rile v. चिढ्याउनु chirhaunu
rill n. सानो नदी sano nadi
rim n. बिट bit
ring n. मुन्द्री mundri
ring finger n. साहिली औँला sahili aunla
ring road n. चक्रपथ chakrapath
ringleader n. नेता neta
ringlet n. औठी authi
rinse v. पखाल्नु pakhalnu
riot n. हूलदङ्गा huldanga
rioter n. हुल्याहा hulyaha
ripe adj. पाकेको pakeko
ripen v. पाक्नु paknu
rip-off n. चोरी chori
riposte n. ओठे जवाफ authe jawaf
ripple n. सानो लहर sano lahar
rise v. उदाउनु udaunu
rising adj. उदीयमान udlyaman
risk n. जोखिम jokhim
risky adj. जोखिमपूर्ण jokhimpurn
risotto n. पुलाउ pulao
rite n. धार्मिक रीति dharmik riti
ritual n. संस्कार विधि विधान sanskar widhi widhan
rival n. प्रतिद्वन्द्वी prati dwandwi
river n. नदी nadi
rivulet n. खोला kholai

road *n.* सडक sadak
road hog *n.* मनपरी मोटर हाँक्ने man pari motar hankne
road map *n.* मार्गचित्र marg chitra
roadster *n.* खुला मोटरकार khula motorcar
roam *v.* घुमफिर गर्नु ghun phir garnu
roar *n.* गर्जन garjan
roast *n.* सेकुवा sekuwa
rob *v.* चोर्नु chornu
robber *n.* डाकु daku
robbery *n.* डकैती dakaiti
robe *n.* पोशाक poshak
robot *n.* रोबोट robot
robust *adj.* बलियो balio
rock *n.* चट्टान chattan
rocket *n.* रकेट raket
rod *n.* छडी chhadi
rodent *n.* मूसो, छुचन्द्रो आदि muso chhuchundro adi
rogue *n.* उपद्रयाक्ष upadryaha
role *n.* भूमिका bhumika
roll *n.* मुठा mutha
roll away *v.* पल्टिँदै जानु paltindai janu
roll-call *n.* हाजिर hajir
rolled gold *n.* सुनको जलप sun ko jalap
roller *n.* बाटो पेल्ने इन्जिन bato pelne injine
romance *n.* प्रेमालाप premalap
romantic *adj.* काल्पनिक kalpanik

romp *v.* कुद्दै kuddai
roof *n.* छाना chhana
rook *n.* काग kag
rookie *n.* अनुभवहीन रिकुटे anubhavheen rikute
room *n.* कोठा kotha
roomy *adj.* फराकिलो pharakilo
rooster *n.* भाले bhale
root *n.* जरा jara
root out *n.* उखेल्नु ukhelnu
rope *n.* डोरी dori
rope in *v.* भाग लिन कर गर्नु bhag lina kar garnu
rosary *n.* जपमाला japmala
rosary *n.* जपमाला japmala
rose *n.* गुलाफ gulaph
rose water *n.* गुलाफजल gulaph jal
rosebud *n.* राम्री स्त्री ramristri
roster *n.* नामावली namawali
rostrum *n.* मंच manch
rosy *adj.* गुलाफी gulaphi
rot *v.* कुहिनु kuhinu
rotary *n.* घुम्नु यंत्र ghumne yantra
rotation *n.* चक्कर chakkar
rotor *n.* इंजनको घुम्ने भाग engineko ghumne bhaag
rotten *adj.* सडेगलेको sade galeko
rotter *n.* निकम्मा nikkama
rotund *adj.* गोलो golo
rouble *n.* रुसको मुद्रा rusko mudra
rouge *n.* लाली lali
rough *adj.* खस्रो khasro

rough and tumble *n.* हातपात hatpat

rough house *n.* झगडा jhagada

rough-and-ready *adj.* असभ्य भए पनि कारगर asabhya bhae pani kargar

roughly *adv.* अन्दाजी andaji

roughneck *n.* हल्याहा hulyaha

rough-tongued *adj.* अभद्र बोल्ने abhadra bolne

round *adj.* गोल gol

round up *v.* समात्नु samatnu

roundabout *adj.* अन्दाजी andaji

roundel *n.* सानो थाल sano thal

round-table conference *n.* गोलमेज सम्मेलन golmej sammelan

round-up *n.* सार-सङ्क्षेप sar sankshep

roundworm *n.* गोलकृमि golkrimi

rouse *v.* जगाउनु jagaunu

rout *n.* दंगा danga

route *n.* बाटो bato

routine *n.* नियमित कार्य niyamit karya

rove *v.* घुमफिर गर्नु ghum phir garnu

rover *n.* घुमक्कड ghumakkad

rovwdy *adj.* गुण्डा gunda

row *n.* लहर lahar

rowdy *adj.* हुल्लड़बाज hullarhbaaj

royal *adj.* राजकीय rajkiya

royal road *n.* सजिलो उपाय sajilo upaya

royalty *n.* भत्ता battha

rub *v.* मल्नु malnu

rub in *v.* मालिस गर्नु malis garnu

rub out *v.* मेट्नु metnu

rubber *n.* रबर rabar

rubber *n.* रबर rabar

rubber stamp *n.* रबडको छाप rabad ko chhap

rubber-stamp *v.* नबिचारी स्वीकृति दिनु nabichari swikriti dinu

rubbish *n.* कसिङ्गर kasingar

ruby *n.* माणिक manik

ruck *n.* मुजा muja

rucksack *n.* पीठमा बोक्ने झोला pith ma bokne jhola

rudder *n.* कर्ण karan

rude *adj.* पाखे pakhe

rudiment *n.* शुरु shuru

ruffian *n.* बदमाश badmash

rug *n.* गलीचा galicha

rugged *adj.* रूखो rukho

ruin *n.* विनाश winash

rule *n.* नियम niyam

rule out *v.* हटाउनु hataunu

rule the roost *v.* वर्चस्व हुनु warchaswa hunu

ruler *n.* शासक shasak

rules and regulations *n.* नियम कानून niyam kanun

rum *n.* रम ram

rumbustious *adj.* हल्ला र विनोद गर्ने halla r vinod garne

rumo(u)r *n.* हल्ला halla

rump *n.* पशुको चाक pashuko chak
run *v.* दगुर्नु dagurnu
run away *v.* भाग्नु bhagnu
run down *v.* कमजोर हुनु kam jor hunu
run low *v.* थोरै बाँकी रहनु thorai banki rahanu
run off *v.* भाग्नु bhagnu
run out *v.* समाप्त हुनु samapt hune
run out on *v.* छाछिदिनु chhadi dinu
run over *v.* पोखिनु pokhinu
run short *v.* कमी हुनु kami hunu
run up चाँडै बढ्नु chandai badhnu
run up against *v.* कठिनाइ झेल्नु kathinai jhelnu
run-down *adj.* उपेक्षित upekshit
rung *n.* भरेङको खुड्किला bharen ko khud kila
runnel *n.* नाला nala
runner *n.* दौडने मान्छे daudane manchhe
runner-up *n.* उपविजेता upwijeta
running water *n.* खोला वा धाराको पानी kholawa dhara ko pani
run-of-the-mill *adj.* साधारण sadharan
runway *n.* धावन मार्ग dhawan marg
rupee *n.* रुपैयाँ rupaiyan
rural *adj.* गाउँले gaunle
ruse *n.* छल chal
rush *n.* घुइँचो ghuincho
rust *n.* खिया khiya
rusticate *v.* निकाल्नु nikalnu
rustle *n.* स्यारस्यार आवाज निक्लनु syar syar awaj niklanu
rusty *adj.* खिया लागेको khiya lageko
ruthless *adj.* निठुर nithur
rxpulsion *n.* निकाला nikala

S

sabotage *n.* तोडफोड topphod
sacaffold *n.* मचान machan
sack *n.* बोरा bora
sacrifice *n.* बलिदान balidan
sad *adj.* दुःखी dukhi
saddle *n.* भंज्याङ bhanjyan
safari *n.* शिकार को अभियान shikar ko abhiyan
safe *adj.* कुशल kushal
safe conduct *n.* अभयपत्र abhaya patra
safeguard *n.* रक्षा raksha
safely *adv.* सुविबस्तासँग subista sanga
safety pin *n.* सेप्टिपिन septi pin
safety razor *n.* सुरक्षित छुरा surakshit chhura
saffron *n.* केशर keshar
sag *v.* झुल्नु jhulnu
saga *n.* आख्यान akhyan
sage *n.* ऋषि rishi
sagittarius *n.* धनुराशि dhanu rashi

sago *n.* साबुदानाप sabudana
sail *n.* जहाज हिंड्नु jahaj ko pal
sailent *adj.* प्रमुख pramukh
sailor *n.* जहाजी jahaji
saint *n.* सन्त sant
sake *n.* कारण karan
salad *n.* salad
salad days *n.* किशोरावस्था kishorawastha
salamander *n.* माउसुली mausuli
salami *n.* मसालादार ससेज masaladar sasej
salary *n.* तलब talab
sale *n.* बिक्री bikri
saleable *adj.* बेच्नलायक bechna layak
salesman *n.* विक्रेता wikreta
salient *adj.* मुख्य mukhya
saline *adj.* नुनिलो nunilo
saliva *n.* राल ral
salt *n.* नुन nun
salted *adj.* नुनिलो nunilo
saltless *adj.* अलिनो alino
salute *n.* सलामी salami
salvation *n.* मुक्ति mukti
salve *n.* मलम malam
salver *n.* धातुको थाल वा ट्रे dhatuko thaal wa tray
same *adj.* उही uhi
sample *n.* नमूना namuna
sanatorium *n.* आरोग्यशाला arogya shala
sanction *n.* मंजुरी manjuri
sanctity *n.* पवित्रता pawitrata
sanctuary *n.* आरक्ष araksha
sand *n.* बालुवा baluwa
sandal *n.* चप्पल chappal
sandalwood *n.* श्रीखण्ड shrikhand
sandpaper *n.* खक्सी khaksi
sandwich *n.* स्याण्डबीच syandwich
sandy *adj.* बलौटे balaute samudritat
sane *adj.* स्वस्थ swasth
sang-froid *n.* संकटमा शान्त रहने शक्ति sankatma shant rehne shakti
sanguinary *adj.* रक्तपातपूर्ण raktpaatpurn
sanitary *adj.* स्वास्थ्यकर swasthyakar
sanitation *n.* सरसफाइ sar saphai
sap *n.* चोप chop
sapient *adj.* ज्ञानी gyani
sapling *n.* सानुबोट sanubot
sapphire *n.* नीलमणि nilmani
sarcasm *n.* घोचपेच ghochpech
sarcastic *adj.* व्यङ्ग्यपूर्ण wyangyapurn
sari *n.* साडी sadi
sarong *n.* लुङ्गी lungi
sated *adj.* तृप्त tripat
satellite *n.* उपग्रह upgraha
satin *n.* साटन sattan
satisfaction *n.* सन्तोष santosh
satisfactory *adj.* सन्तोषजनक santosh janak

satisfied *adj.* सन्तुष्ट santusht
satisfy *v.* सन्तुष्ट पार्नु santusht parnu
Saturday *n.* शनिवार shaniwar
saturn *n.* शनिग्रह shanigraha
satyr *n.* वन को देवता van ko devta
sauce *n.* रसदार व्यंजन rasdar wyanjan
saucepan *n.* ताप्के tapke
saucer *n.* रिकाबी rikabi
sausage *n.* ससेज sasej
savage *adj.* जङ्गली jangali
savagery *n.* जङ्गलीनन jangalipan
save *v.* बचाउनु bachaunu
save one's face *v.* ईज्जत बचाउनु ijjat bachananu
savings *n.* बचत bachat
savio(u)r *n.* मुक्तिदाता muktidata
saw *n.* हेर्नु hernu
sawdust *n.* काठको धुलो kathko dhulo
sawmill *n.* काठ चिर्ने कारखाना kath chiirne kar khana
sawyer *n.* काठ चिर्ने मान्दे kathchirne manchhe
say *v.* भन्नु bhannu
saying *n.* उखान ukhan
scab *n.* घाउको पाप्रा ghau ko papra
scabbard *n.* दाप dap
scabies *n.* लुतो luto
scaffold *n.* फाँसी दिने मंच phansi dine manch
scaffolding *n.* खाट khat
scald *v.* तातो पानी वा वाफले पोल्नु tatopani wa baph le polnu
scale *n.* कत्ला katla
scallop *n.* सिपी sippi
scaly *adj.* कत्ला भएको katla bhaeko
scamp *n.* गुण्डा gunda
scan *v.* ध्यानसँग हेर्नु dhyan sanga hernu
scandal *n.* बदनाम badnam
scansion *n.* छनद-परीक्षण chand-parikshan
scant *adj.* थोरै thorai
scanty *adj.* थोरै thorai
scapegoat *n.* अर्काको दोष बोक्ने arka ko dosh bokne
scar *n.* खत khat
scarce *adj.* अपुग apug
scarcely *adv.* मुस्किलले muskil le
scarcity *n.* कमी kami
scare *v.* तर्साउनु tarsaunu
scarf *n.* गलबन्दी galbadi
scarlet *adj.* गाडा रातो रङ्ग gadha rato rang
scary *adj.* डरलाग्दो darlagdo
scathing *adj.* कठोर kathor
scatter *v.* छर्नु chharnu
scavenger *n.* सिनु खाने प्शु/चरा sinu khane pashu/chara
scene *n.* दृश्य drishya
scenery *n.* प्राकृतिक दृश्य prakritik drishya
scenic *adj.* रमणीय ramniya
scent *n.* बास्ना basna

sceptre *n.* राजदंड rajdand

schedule *n.* समयतालिका samayatalika

scheduled *adj.* तोकिएको tokieko

scheme *n.* योजना yojana

scholar *n.* विद्यान् widwan

scholarship *n.* छात्रवृत्ति chhatra writti

scholastic *adj.* शैक्षिक shekshik

school *n.* पाठशाला pathshala

science *n.* विज्ञान wigyan

scientist *n.* वैज्ञानिक waigyanik

scintillate *v.* चम्कनु chamkanu

scissors *n.* कैँची kainchi

scold *v.* हप्काउनु hapkaunu

scone *n.* केक cake

scoop *n.* पनिउँ paniun

scooter *n.* स्कूटर skutar

scope *n.* कार्यक्षेत्र karyakshetra

scorch *v.* झुर्रिनु jhurrinu

score *n.* बीस थान bisthan

scorer *n.* हिसाब राख्ने hisab rakhne

scorn *v.* हेप्नु hepnu

scorpio *n.* वृश्चिक राशि wrishehik rashi

scorpion *n.* बिच्छी bichchhi

scot-free *adj.* बिनासजाय उम्केको bina sajaya umkeko

scoundrel *n.* बदमास badmas

scount *n.* गुप्तचर guptchar

scourge *n.* महामारी maha mari

scout *n.* बालचर balchar

scraecrow *n.* बुख्याचा bukhyacha

scramble *v.* मुस्किले उक्लनु muskil le uklanu

scrap *n.* टुक्रा tukra

scrape *v.* ताछ्नु tachhnu

scraps *n.* जुठो पुरा jutho pura

scratch *n.* प्रस्थान रेखा prasthan rekha

scrawny *adj.* दुब्लो-पातलो dublo-patlo

scream *n.* चिच्याहट chichyahat

scredness *n.* पवित्रता pawitrata

screech *v.* तीखो teekho

screen *n.* पर्दा parda

screw *n.* पेच कस्नु pechkasnu

screwdriver *n.* पेचकस pechkas

scrimmage *n.* भिड़न्त bhidant

scrimp *v.* फारो गरेर चलाउनु pharo garer chalaunu

script *n.* लिपि lipi

scripture *n.* धर्मग्रन्थ dharmgranth

scrub *n.* दलेर सफा गुर्न dalera sapha garnu

scrutinize *v.* ध्यानसँग जाँच्नु dhyan sanga janchnu

scrutiny *n.* सूक्ष्म परीक्षण suksham parikshan

scud *v.* सुगम रीतीले बगेर जानु sugam ritile bager janu

scuff *v.* खुट्टा घिसारेर हिंड्नु khuta ghisarer hindnu

scuffle *n.* झतडा jhagada

scull *n.* नाउ ख्याउने डाँड़ी nau khiyaune dandi

scullery *n.* भाँड़ा माइने कोठा bhanrha maine kotha
sculptor *n.* मूर्तिकार murtikar
sculpture *n.* मूर्तिकला murtikala
scurf *n.* चाया chaya
scurf *n.* चाया chaya
scurvy *n.* घृणित ghrinit
scythe *n.* हँसिया hansiya
sea *n.* समुद्र samundra
sea beach *n.* समूद्रीतट samudritat
sea level *n.* समुद्री सतह samudri sataha
seafarer *n.* समुद्री यात्री samudri yatri
seafood *n.* समुद्री खाना samudri khana
seal *n.* छाप chhap
seal of love *n.* चुम्बन chumban
seal off *v.* बाटो बन्द गर्नु bato band garnu
sealing wax *n.* लाहा laha
seam *n.* कपडाको जोर्नी kapada ko jorni
seamster *n.* दर्जी darji
seamstress *n.* दर्जिनी darjini
seaport *n.* समुद्री घाट samudri ghat
search *n.* खोजतलाश khojtalash
search party *n.* खोजी दल khojidal
seashore *n.* समुद्री किनार samudri kinar
seasickness *n.* समुद्री बिमारी samudri bimari
season *n.* ऋतु ritu
season *n.* ऋतु ritu
seasonal *adj.* मौसमी mausami
seasoned *adj* छिप्पिएको chhippieko
seat *n.* बस्ने ठाउँ basne thaun
seaweed *n.* समुद्री झार samudri jhar
seclusion *n.* एकान्तबासव ekant bas
second *n.* दोस्रो मान्दे dosro manchhe
second best *adj.* दोस्रो सर्वोत्तम dosro sarwottam
second fiddle *n.* दोस्रो सीान dosrosthan
second thought *n.* नयाँ विचार nayan wichar
second-hand *adj.* पुरानो purano
secrecy *n.* गोपनीयता gopniyata
secret *n.* गुप्ति कुरा guptikura
secret police *n.* गुप्त पुलिस gupt pulis
secret service *n.* जासूसी काम jasusi kam
secretariat सचिवालय sachiwalaya
secretary *n.* सेक्रेटरी secretari
sect *n.* सम्प्रदाय sampradya
section *n.* शाखा shakha
sector *n.* क्षेत्र kshetra
secular *n.* धर्मनिरपेक्ष dharm nirapeksha
secure *vc.* सुरक्षित गराउनु surakshit garaunu

security *n.* सुरक्षा suraksha
sedate *adj.* धीर dheer
sediment *n.* कसर kasar
sedition *n.* राजद्रोह raj droh
seduce *v.* बहकाउनु bahakaunu
seduction *n.* बहकाउ bahakau
see *v.* हेर्नु hernu
see off *v.* पुऱ्याउन जानु puryauna janu
see red *v.* ज्यादै रिसाउनु jyadai risaunu
see to *v.* ध्यान राख्नु dhyan rakhnu
seed *n.* बीउ bue
seedling *n.* बेर्ना berna
seek *v.* खोज्नु khojnu
seem *v.* देखिनु dekhiunu
seemingly *adv.* देख्दा dekhda
seemly *adj.* सुशील sushil
seemly *adj.* उचित uchit
seep *v.* रसाउनु rasaunu
seesaw *n.* ढिकिच्याउँ खेल dhiki chyaunkhel
see-through *adj.* पारदर्शक par darshak
segment *n.* खण्ड khand
seize *v.* समात्नु samatnu
seizure *n.* पकड pakad
seldom *adv.* कहिलेकाहीँ मात्रै kahile kahin matai
select *v.* छान्नु chhannu
selection *n.* छनोट chhanot
self *n.* आफु aphu
self-abuse *n.* हस्तमैथुन hast maithun
self-confident *adj.* आत्मविश्वासी atma wishwasi
self-conscious *adj.* सङ्कोखे sankochi
self-control *n.* आत्मनियन्त्रण atma niyantran
self-determination *n.* आत्मनिर्णय atma nirnaya
self-evident *adj.* स्वयंसिद्ध swayamsiddha
self-help *n.* स्वावलम्बन swawlamban
self-indulgent *adj.* विलासी wilasi
self-interest *n.* स्वार्थ swarth
selfish *adj.* स्वार्थी swarthi
selfishness *n.* स्वार्थ swarth
selfless *adj.* निस्सवार्थ nisswarth
self-made *adj.* आफै बनेको aphai baneko
self-possessed *adj.* धैर्यवान dhairyawan
self-reliant *adj.* स्वावलमी swawlambi
self-respect *n.* आत्सम्मान atma samman
self-sacrifice *n.* आत्म बलिदान atma balidan
self-sufficient *adj.* आत्मनिर्भर atma nirbhar
sell *v.* बेच्नु bechnu
sell out *v.* धोका दिनु dhokha dinu
seller *n.* विक्रेता wikreta
semblance *n.* वाह्य आकृति vahya aakriti
semen *n.* वीर्य wirya

semester *n.* सेमेस्टर semestar
semi अर्ध ardh
semicircle *n.* आधा वृत्त adha writta
seminal *adj.* मूल mool
seminar *n.* गोष्ठी goshthi
senate *n.* सिनेट sinet
senator *n.* सिनेटर sinetar
send *v.* पठाउनु pathaunu
send for *v.* बोलाउन पठाउनु bolauna pathaunu
send off *v.* बिदा गर्नु bida garnu
senior *adj.* जेठो jetho
sensation *n.* हलचल halchal
sensational *adj.* सनसनीपूर्ण sansanipurn
sense *n.* अक्कल akkal
senseless *adj.* मूर्ख murkh
sensible *adj.* समझदार samajhdar
sensitive *adj.* संवेदनशील samwedanshil
sensory *adj.* संवेदिक samwedik
sentence *n.* वाक्य wakya
sentiment *n.* भावना bhawana
sentimental *adj.* भावुक bhawuk
sentinel *n.* पाले pale
separate *adj.* अलग alag
separately *adv.* बेग्लाबेग्लै begla beglai
sepia *n. adj.* गाढ़ा खैरो gharha khairo
septic *adj.* विषाक्त vishakt
sequel *n.* परिणाम parinaam
sequence *n.* क्रम kram
sequester *v.* अरु मानिसबाट अलग राख्नु aru manisbaat alag rakhnu
seraglio *n.* अन्तःपुर antahpur
seraph *n.* देवदूत devdoot
serene *adj.* शान्त shant
serf *n.* दास das
serial *n./adj.* धारावाहिक dharawahik
serious *adj.* गम्भीर gambhir
serpent *n.* सर्प sarpa
servant *n.* नोकर nokar
serve *v.* पस्कनु paskanu
service *n.* सेवा sewa
serviciang *n.* मरमर्मत marmarmat
serviette *n.* नेपकिन napkin
sesame *n.* तिल til
set *n.* सेट set
set about *v.* शरु गर्नु shuru garnu
set an example *v.* उदाहरण देखाउनु udahara dekhaunu
set eyes on *v.* देख्नु dekhnu
set upon *v.* आक्रमण गर्नु akraman garnu
setback *n.* निराशा nirasha
settle *v.* बसोबास गर्नु basobas garnu
settlement *n.* बस्ती basti
settler *n.* नयाँ बस्तीमा बस्ने nayanbasti ma basne
set-up *n.* व्यवस्था wyawastha
seven *n.* सात sat

seventeen *n.* सत्र satra
seventeenth *n./adj.* सत्रौं satraun
seventh *n./adj.* सातौं sataun
seventy *n.* सत्तरी sattari
sever *v.* अलग/विच्छेद गर्नु alag/ wichchhed garnu
several *adj.* धेरै dherai
severe *adj.* कडा kada
sew *v.* सिउनु siunu
sewer *n.* ढल dhal
sewing machine *n.* सिउने कल siune kal
sex *n.* लिङ्ग ling
sex appeal *n.* यौनाकर्षण yaunakarshan
sexy *adj.* कामोत्तेजक kamottejak
shackle *n.* बन्धन bandhan
shade *n.* छाया chhaya
shady *adj.* छायादार chhayadar
shaft *n.* माँझको भाग maghko dhag
shake *v.* हल्लाउनु hallaunu
shake down *v.* झार्नु jharnu
shake hands *v.* हात मिलाउनु hat milaunu
shake off *v.* पिण्ड छुटाउनु pind chhutaunu
shake-out *n.* हलचल halchal
shake-up *n.* हलचल halchal
shaky *adj.* चंचल chanchal
shall *mod.* लाहा laha
shallow *adj.* कम गहिरो kam gahiro
sham *adj.* बनावटी banawati
shame *n.* लज्जा lajja
shamefaced *adj.* लज्जालु lajjalu
shameless *adj.* निर्लज्ज nirlajja
shampoo *n.* स्याम्पू syampu
shape *n.* आकार akar
shapely *adj.* रूपवती rupwati
share *n.* अंश ansh
shareholder *n.* साझेदार sajhedar
sharp *adj.* तीखो tikho
sharpen *v.* तिखार्नु tikharnu
sharply *adv.* तेजले tej le
shatter *v.* फुटाउनु phutaunu
shave *n.* खौराइ khaurai
shawl *n.* ओढ्ने odhne
she *pron.* उनी uni
sheath *n.* खोल khol
shed *n.* छाप्रो chhapro
sheen *n.* चम्कनु chamkanu
sheep *n.* भेडा bheda
sheepish *adj.* लज्जालु lajjalu
sheet *n.* तन्ना tanna
shelf *n.* तखता takhta
shelter *n.* शरण sharan
shepherd *n.* भेडागोठालो bheda gothalo
shield *n.* ढाल dhal
shift *n.* साटो sato
shin *n.* नलिहाड nalihad
shine *n.* चमक chamak
shining *adj.* चम्किलो chamkilo
ship *n.* जहाज jahaj
shipment *n.* जहाजमा चलान गरिएको माल jahaj ma chalan garieko mal

shire *n.* मण्डल mandal
shirt *n.* कमिज kamij
shiver *n.* कम्पन kampan
shock *n.* धक्का dhakka
shocking *adj.* चोट पुन्याउने chot puryaune
shoddy *adj.* घटिया ghatiya
shoe *n.* जुत्ता jutta
shoehorn *n.* बगलिस baglis
shoelace *n.* जुत्ता को फित्ता jutta ko phitta
shoemaker *n.* सार्की sarki
shoestring *n.* जुत्ता को फित्ता jutta ko phitta
shoot *n.* टुसा tusa
shooting *n.* बन्दुक वा पिस्तोल हान्ने काम banduk wa pistol hanne kam
shooting star *n.* सानो उल्का sano ulka
shop *n.* पसल pasal
shopkeeper *n.* पसले pasale
shopping *n.* किनमेल kinmel
shore *n.* बगर bagar
short *adj.* छोटो chhoto
short of *prep.* सिवाय siwaya
shortage *n.* अभाव abhaw
shortcut *n.* छोटोबाटो chhoto bato
shorten *v.* छोटो पार्नु chhoto parnu
shortfall *n.* घाटा ghata
shorthand *n.* छिटो लेख्ने विधि chhiti lekhne widhi
short-lived *adj.* छोटो जीवन भएको chhoto jiwan bhaeko
shortly *adv.* चाँडै chandai
shorts *n.* कट्टु kattu
short-sighted *adj.* निकटदर्शी nikatdarshi
short-tempered *adj.* चाँडै रिसाउने chandai risaune
short-term *adj.* अल्नकालिक alpkalik
short-witted *adj.* अल्पबुद्धि alp buddhi
shot *n.* तोपगोला top gola
should *v./mod.* पर्छ parchha
shoulder *n.* काँध kandh
shout *v.* कराउनु karaunu
shove *v.* घचेट्नु ghachetnu
shovel *n.* साभेल sabhel
show *n.* तमाशा tamasha
show off *v.* रबाफ देखाउनु rabaph dekhaunu
shower *n.* वर्षा warsha
showy *adj.* देखावटी dekhawati
shred *n.* त्यान्द्रो tyandro
shrewd *adj.* चलाख chalakh
shriek *n.* चिच्याहट chichyahat
shrill *adj.* तीखो tikho
shrimp *n.* झिंगे माछा jhinge machha
shrine *n.* तीर्थ tirth
shrine *n.* पवित्र स्थल pavitra sthal
shrink *v.* खुम्चिनु khumchinu
shrink *v.* सानो हुनु sano hunu
shroud *n.* कात्रो katro
shrug *v.* काँध खुम्च्याउनु kandh khum chyaunu

shudder *v.* डरले काम्नु dar le kammu

shuffle *v.* खुट्टा घिसारेर हिंड्नु khutta ghisarera hindnu

shun *v.* टाढा रहनु tadha rahanu

shut *v.* बन्द गर्नु band garnu

shut down *v.* बन्द गर्नु band garnu

shut off *v.* प्रवाह बन्द गरिदिनु prawah band garidinu

shut up *v.* चुप लाग chuplag

shutter *n.* झिलमिल jhilmil

shy *adj.* लज्जालु lajjalu

sibling *n.* सहोदर भाइ वा बहिनी sahodar bhai wa bahini

sibyl *n.* भविष्य बताउने स्त्री bhavishya bataune stri

sick *adj.* बिरामी birami

sick *adj.* बिमार bimar

sickle *n.* हँसिया hansiya

sickle *n.* हाँसिया hansiya

side *n.* छेउ chheu

side *n.* किनार kinar

side by side *adv.* सँगसँगै sang sangai

sidewalk *n.* पेटी peti

sideways *adv.* बगलतिर bagaltir

sieve *n.* चल्नी chalni

sigh *n.* लामो साँस लिनु lamo sas lenu

sight *n.* हेराइ herai

sight *n.* दृष्टि drishti

sightless *adj.* अन्धो andho

sightseer *n.* पर्यटक paryatak

sign *v.* लामो सास फेर्नु lamo saas phernu

signal *n.* सङ्केत sanket

signature *n.* सही sahi

signboard *n.* सूचनापाटी साइनबोर्ड suchanapati

significance *n.* महत्त्व mahattwa

significant *adj.* महत्त्वपूर्ण mahattwapurn

signify *v.* जनाउनु janaunu

silence *n.* चुपचाप chupchap

silent *adj.* चुप लागेको chup lageko

silently *adv.* चुप लागेर chup lagera

silica *n.* सिलिका silika

silk *n.* रेशम resham

silkworm *n.* रेशमकीरा resham kira

silky *adj.* नरम naram

silly *adj.* लठुवा lathuwa

silver *n.* चाँदी chandi

silvery *adj.* चाँदीजस्तो सेतो chandi jasto seto

similar *adj.* उस्तै ustai

similarly *adv.* त्यसैगरी tyasaigari

simmer *v.* विस्तारै उम्लनु wistarai umlanu

simmer down *v.* कम उत्तेजित हुनु kam uttejit hunu

simple *adj.* सजिलो sajilo

simpleton *n.* मूर्ख murkh

simply *adv.* खालि khali

simulate *v.* हो-जस्तो गर्नु ho-jasto garnu

simultaneously *adv.* एकैचोटि ekaichoti

sin *n.* पाप pap

since *adv.* त्यस बेलादेखि tyas bela dekhi

sincere *adj.* साँचो sancho

sincerely *adv.* शुद्ध मनले shuddha manle

sine die *adv.* अनिश्चित कालसम्म anishchit kal samma

sine qua non *n.* अनिवार्य शर्त aniwarya shart

sinecure *n.* आरामको नोकरी aaram ko nokari

sinew *n.* नसा nasa

sinewy *adj.* गठिलो gathilo

sinful *adj.* पापी papi

sing *v.* गाउनु gauinu

singe *v.* पोल्नु polnu

singer *n.* गायक gayak

single *adj.* एक्लो eklo

single-handed *adj./adv.* एक्लै ले eklai le

single-minded *adj.* एकनिष्ठ ek nishth

singlet *n.* गन्जी ganji

singleton *adj.* एउटै eutai

sinister *adj.* अनिष्ट anisht

sink डुब्नु dubnu

sinus infection *n.* पिनास pinas

sir *n.* साहेब saheb

sissy *n.* स्त्री जस्तो पुरुष stri jasto purush

sister *n.* दिदी didi

sister-in-law *n.* भाउजू bhauju

sit *v.* बस्नु basnu

sit tight *v.* अडान लिनु adan linu

site *n.* निर्माणस्थल nirmal sthal

situation *n.* स्थिति sthiti

six *n.* छ chha

sixteen *n.* सोरह sorha

sixth *n./adj.* छैटौं chhaitaun

sixty *n.* साठी sathi

size *n.* नाप nap

sizzle *v.* छड्कनु charkanu

skeleton *n.* कङ्काल kankal

sketch *n.* हातले बनाएको चित्र hat le banaeko chitra

skewer *n.* झीर jheer

skiff *n.* सानो नाउ sano nau

skill *n.* सीप sip

skim *v.* तर झिक्नु tar jhiknu

skimish *n.* भिडन्त लडाइँ bhidant ladain

skin *n.* छाला chhala

skinflint *n.* कंजूस kanjoos

skinny *adj.* दुब्लो-पातलो dublo-patlo

skip *v.* बुरुक्क उफ्रनु burukka uphranu

skirt *n.* स्कर्ट skart

skull *n.* खोपडी khopadi

skullduggery *n.* चालबाजी chaalbaji

sky *n.* आकाश akash

sky-blue *adj.* आकाशे नीलो akashe nilo

skyjack *v.* विमान अपहरण गर्नु wiman apharan garnu

skyline *n.* खितिज kshitij

skyscraper *n.* गगनचुम्बी भवन gagan chumbi bhawan

slab *n.* शिला shila

slack *adj.* फितलो phitalo

slag *n.* धातुको मैला dhatuko maila

slam *v.* बजार्नु bajarnu

slander *n.* आरोप arop

slang *n.* अपभाषा ap bhasha

slant *adj.* तेर्सो terso

slap *n.* थप्पड thappad

slash *v.* चिर्नु chirnu

slate *n.* सिलोट silot

slaughter *v.* काट्नु katnu

slave *n.* दास das

slaver *v.* राल चुहाउनु raal chuhaunu

slavery *n.* दासता dasta

slay *v.* मार्नु marnu

sleazy *adj.* फोहोर fohor

sledgehammer *n.* ठूलो घन thulo ghan

sleep *v.* सुत्नु sutnu

sleeping bag *n.* सिलपिङ ब्याग slipin byag

sleeping pill *n.* निद्रा लाग्ने चक्की nidra lagne chakki

sleepy *adj.* निद्रा लागेको nidra lageko

sleeve *n.* बाहुला bahula

sleeveless *adj.* बाहुला नभएको bahula na bhaeko

slege *n.* अवरोध abrodh

slender *adj.* झिनो jhino

sleuth *n.* जासूस jasus

slew *v.* नयाँ दिशामा घुम्नु nayan dishama ghumnu

slice *n.* चाना chana

slide *v.* चिप्लनु chiplanu

slight *adj.* हल्का halka

slim *adj.* छरितो दुब्लो पातलो chharito dublo patalo

slime *n.* चिप्लो र हिले माटो chiplo r hile mato

sling *n.* झटारो jhatoro

slingshot *n.* गुलेली guleli

slip *n.* भूल bjil

slip-knot *n.* सुर्केनी गाँठो surkeni gantho

slipper *n.* चप्पल chappal

slippers *n.* चट्टी chatti

slippery *adj.* चिप्लो chiplo

slipshod *adj.* फोहोरी phohori

slit *n.* चिरा chira

slogan *n.* नारा nara

slope *n.* उकालो ukalo

sloppy *adj.* बेढङ्ग bedhang

slot *n.* चिरा chira

slough *n.* गहिरो हिलो gahiro hilo

slow *adj.* ढीलो dhilo

slowloy *adv.* ढीलोगरी dhilogari

slug *n.* चिप्लेकीरो chiple kiro

sluggard *n.* अल्छी लोसे व्यक्ति alchhi lose vyakti

slum *n.* गन्दा बस्ती gandabasti

slumber *n.* निद्रा nidra
slur *v.* कलंक kalank
sly *adj.* धूर्त dhurt
small *adj.* सानो sano
small arms *n.* साना हतियार sana hatiyar
small change *n.* खुद्रा khudra
small hours *n.* आधारात तपछिको समय adharat pachhi ko samaya
small talk *n.* सानातिना कुरा sana tina kura
smallpox *n.* बिफर biphar
smallpox *n.* माई maai
smart *adj.* तेज tej
smartly *adv.* फुर्तसिँग phurti sanga
smash *v.* फोड्नु phodnu
smattering *n.* थोरै ज्ञान thorae gyan
smear *v.* घस्नु ghasnu
smell *n.* सुगन्ध sugandh
smelt *v.* पगाल्नु pagaalnu
smile *n.* मुस्कान muskan
smiling *adj.* हँसिलो hansilo
smite *v.* हान्नु haanu
smith *n.* लोहार lohar
smoke *n.* धुँवा dhuwan
smokeless *adj.* धुवा नभएको dhuwan na bhaeko
smoker *n.* चुरोट/तमाखु खाने churot/ tamakhu khane
smoking *n.* धुम्रपान dhurmrapan
smoky *adj.* घ्वाँसे dhawanse
smoothly *adv.* राम्रोसँग tamro sanga
smooth-tongued *adj.* मीठो बोल्ने miltho bolne
smother *v.* सास रोकिदिनु sas roki dinu
smoulder *v.* ज्वालाबिना जल्नु jwalabina jalnu
smudge *n.* दाग daag
smug *adj.* आत्म-सन्तुष्ट atam-santusht
smuggle *v.* तस्करी गर्नु taskari garnu
smuggler *n.* तस्कर व्यापारी taskar wyapari
snack *n.* खाजा khaja
snack bar *n.* चमेनाघर chamena ghar
snaffle *v.* नसोधी लैजानु nsodhi lejanu
snag *n.* समस्या samasya
snail *n.* शङ्खे कीरो shankha kiro
snake *n.* सर्प sarpa
snake charmer *n.* सपेरो sapero
snake in the grass *n.* लुकेको शत्रु lukeko shatru
snakebite *n.* सर्पको टोकाइ sapa ko tokai
snake-gourd *n.* चिचिण्डो chichindo
snakes and ladders *n.* बैकुण्ठ खेल baikunth khel
snap *v.* न्याक्क टोक्नु nyakka toknu
snapshot *n.* तस्वीर taswir
snare *n.* पासो paso

snarl *v.* ङ्यारङ्डुर गर्नु nyar nyur garnu

snatch *v.* खोस्नु khosnu

sneak *v.* सुटुक्क/लुकेर जानु sutukka/ lukera janu

sneaking *adj.* गुप्तचर guptchar

sneer *v.* गिल्ला गर्नु gilla garnu

sneeze *n.* छिँक्क chhink

sniff *v.* सुर्कनु surknu

snigger *n.* दबेको हाँसो dabeko haanso

snob *n.* घमण्डी मान्छे ghamandi manchhe

snood *n.* केश बाँधने फिता kesh bandhne fitta

snore *v.* घुर्नु ghurnu

snout *n.* थुतुनो thutuno

snow *n.* हिउँ हिउँ पर्नु hiun

snow leopard *n.* हिउँ चितुवा hiun chituwa

snowball *n.* हिउँको डललो hiun ko dallo

snow-capped *adj.* हिउँले ढाकेको hiun le dhakeko

snowfall *n.* हिमपात himpat

snowline *n.* हिमरेखा him rekha

snowman *n.* हिममानव him manaw

snowstorm *n.* बरफिलो तूफान barphilo

snow-white *adj.* शुद्ध सेतो shuddha seto

snuff *n.* काजल kajol

so *adv./conj.* त्यसकारण tyas karan

so long as *adv.* त्यसो भएमा tyaso bhae ma

so on *pron.* इत्यादि ityadi

so-and-so *pron.* फलानु phalanu

soap *n.* साबुन sabun

soar *v.* अकासिनु akasinu

sob *n.* रुवाइ ruwai

sober *adj.* शान्त shant

so-called *adj.* तथाकथित tatha kathit

soccer *n.* फुटबल phut bal

social *adj.* सामाजिक samajik

social science *n.* सामाजिक विज्ञान samajik wigyan

social security *n.* सामाजिक सुरक्षा samajik suraksha

social services *n.* सामाजिक सेवा samajik sewa

social worker *n.* समाजसेवी samaj sewi

socialism *n.* समाजवाद samajwad

sociology *n.* समाज-विज्ञान samaj-vigyan

sock *n.* मोजा moja

sod *n.* चुपरीको थुप्रो chupriko thupro

soda *n.* सोडा soda

soda water *n.* सोडा पानी soda pani

sofa *n.* सोफा sopha

soft *adj.* कमलो kamalo

soft drink *n.* हलुका पेय haluka peya

soft(ly) spoken *adj.* मिजासिलो mijasilo

soft-hearted *adj.* कमलो kamalo

software *n.* कम्प्युटर कार्यक्रम kampyutar karya kram

soggy *adj.* भिजेको bhijeko

soil *n.* माटो mato

soiree *n.* सान्ध्य गोष्ठी saandhya goshti

sojourn *n.* बास बस्नु bas basnu

solace *n.* सान्त्वना santwana

solar *adj.* सूर्यको surya ko

solar eclipse *n.* सूर्यग्रहण surya grahan

solar system *n.* सौरमण्डल saur mandal

solder *n.* राङ raang

soldier *n.* सिपाही sipahi

sole *n.* पैताला paitala

solely *adv.* खालि khali

solemn *adj.* गम्भीर gambhir

solicit *v.* बिन्तीभाउ गर्नु binti bhau garnu

solid *adj.* ठोस thos

solitary *adj.* निर्जन nirjan

solution *n.* समाधान samadhan

solve *v.* हल/समाधान गर्नु hal/ samadhan garnu

solvent *adj.* ऋण तिर्न सक्ने rin tirn sakne

sombre *adj.* अँध्यारो andhyaro

some *adj.* केही kehi

somebody *pron.* कोही kohi

somehow *adv.* कुनै किसिमले kumnai kisimle

someone *pron.* कोही kohi

something *pron.* केही वस्तु kehi wastu

sometimes *adv.* कहिलेकाहीँ kahile kahin matai

somewhere *adv.* कहीँ kahin

somnolent *adj.* निद्रालु nidralu

son *n.* छोरा chhora

song *n.* गीत git

soon *adv.* चाँडै chandai

sooner or later *adv.* ढिलो वा चाँडो dhilo wa chando

soot *n.* ध्वाँसो dhwanso

soothe *v.* शमन गर्नु shaman garnu

soothsayer *n.* ज्योतिषी jyotishi

sorcerer *n.* बोक्सो bokso

sore *n.* घाउ ghau

sorrow *n.* दुःख duhkha

sorrowful *adj.* दुखी dukhi

sort *n.* किसिम kisim

sort out *v.* छुट्याउनु chhutyaunu

so-so *adj/adv.* ठिक्कै thikkai

sot *n.* जँड्याहा jangyaha

soul *n.* आत्मा atma

sound *n.* आवाजा awaj

sound asleep *adv.* मस्त निदाएको mast nidaeko

sound off *v.* जोडले कुरा गर्नु jod le kura garnu

sound sleep *n.* मस्तनिद्रा mast nidra

soundproof(ed) *adj.* आवाज नछिर्ने awaj na chhirne
soup *n.* रस ras
sour *adj.* अमिलो amilo
source *n.* मूल mul
south *n.* दक्षिण dakshin
southern *adj.* दक्षिणी dakkhini
southward *adj.* दक्षिणी dakshini
souvenir *n.* चिर्नु chinu
sovereign *n.* राजा raja
sovereignty *n.* प्रभुसत्ता prabhu satta
sow *v.* छर्नु chharnu
soya bean *n.* भटमास bhatmas
soya bean/soybean *n.* भटमास bhatmas
space *n.* ठाउँ thaun
space age *n.* अन्तरिक्ष युग antariksha yug
space station *n.* अन्तरिक्ष स्अेसन antariksha stesan
spacecraft *n.* अन्तरिक्षयान antariksha yan
spaceman *n.* अन्तरिक्षयात्री antariksha yatri
spaceship *n.* अन्तरिक्षयान antariksha yan
spacesuit *n.* अन्तिरिक्ष पोशाक antariksha poshak
spacious *adj.* फराकिलो pharakilo
spade *n.* कोदालो kodalo
spades *n.* सुरथ surath
spadework *n.* शुरुको काम shuru ko kam
span *n.* विस्तार wistar
spare *n.* जगेडा jageda
spare parts *n.* जगेडा पुर्जाहरू jageda purja haru
spare time *n.* फुर्सद को समय phursad ko samaya
sparing *adj.* मितव्ययी mitvyaye
spark *n.* झिल्को jhilko
sparkle *v.* चम्कनु chamkanuj
sparrow *n.* भँगेरा bhangera
sparse *adj.* पातलिएको patlieko
spasm *n.* आक्रमण aakraman
spate *n.* बाढी badhi
spatial *adj.* आकाशीय aakashiya
spatter *v.* छर्किनु chharkinu
speak *v.* बोल्नु bolnu
speaker *n.* वक्ता wakta
spear *n.* भाला bhala
special *adj.* विशेष wishesh
specialist *n.* विशेषज्ञ wisheshagya
specially *adv.* विशेष गरी wishesh gari
specie *n.* धातु को सिक्का dhatuko sikka
specific *adj.* तोकिएको tokieko
specified *adj.* तोकिए को tokieko
specify *v.* तोक्नु toknu
specimen *n.* नमूना namuna
speck *n.* सानो कण sanokan
spectacular *adj.* हेर्न लायक को herna layak ko
spectator *n.* दर्शक darshak

speculate *v.* अनुमान/तर्कना गर्नु anuman/tarkana garnu

speculation *n.* अनुमान/तर्कना गर्नु anuman

speech *n.* बोली boli

speechless *adj.* लाटो lato

speed *n.* गति gati

speed limit *n.* गति सीमा gati sima

speedboat *n.* वेगसँग चल्ने मोटर डुङ्गा beg sanga chalne motar dunga

speedy *adj.* तेजिलो tejilo

spell *v.* हिज्जे गर्नु hijje garnu

spend *n.* खर्च गर्नु kharch garnu

spendthrift *n./adj.* फजुलखर्ची phajul kharchi

sphere *n.* डललो dallo

sphere of influence *n.* प्रभाव क्षेत्र prabhaw kshetra

spherical *adj.* गोलो golo

spice(s) *n.* मसला masla

spicy *adj.* मसालेदार masale dar

spider *n.* माकुरो makuro

spider *n.* माकुरा makura

spider's web *n.* माकुरा को जालो makura ko jalo

spike *n.* सुरो suro

spill *v.* पोख्नु pokhnu

spill the beans *v.* कुरा खोल्नु kura kholnu

spin *v.* फनफनी घुम्नु phan phani ghumnu

spinach *n.* पालुङ्गो palungo

spinal *adj.* मेरुदण्डको merudandko

spine *n.* डँडाल्नो dandalno

spinning top *n.* लट्टु lattu

spinning wheel *n.* चर्खा charkha

spire *n.* मिनार minar

spirit *n.* आत्मा atma

spiritual *adj.* आध्यात्मिक adhyatmik

spit *n.* थुक thuk

spiteful *adj.* इखालु ikhalu

spittle *n.* थुक thuk

spittoon *n.* थुक्ने भाँड़ो thukne bhadho

splash *n.* छयापछयाप chhyap chhyap

spleen *n.* फियो phiyo

splendid *adj.* ानदार shandar

splendo(u)r *n.* चहक chahak

splint *n.* चोइटो choito

split *n.* विभाजित wibhajit

split personality *n.* विभाजित व्यक्तित्व wibhajit wyaktitwa

split second *n.* ज्यादै छोटो समय jyadai chhoto samaya

splotch *n.* धब्बा dhabba

spoil *v.* बिगार्नु bigarnu

spoilspert *n.* खेल बिगार्ने मान्छे khel bigarne manchhe

spokesperson *n.* प्रवक्ता prawakta

sponge *n.* स्पोंज sponj

spongy *adj.* सोसिलो sosilo

sponsor *n.* प्रायोजक prayojak

spontaneous *adj.* आफै भएको aphai bhaeko

spoof *v.* छलनु chhalnu
spool *n.* धागो वा फिलिम बेर्ने रिल dhago wa philim berne ril
spoon *n.* चम्चा chamcha
spore *n.* बीजाणु beejanu
sport(s) *n.* खेलकूद khelkud
sportsperson *n.* खेलाडी kheladi
spot *n.* दाग dag
spotless *adj.* बेदाग bedag
spotted *adj.* छिबिरि chhirbire
spouse *n.* जहान jahan
spout *n.* धारो dharo
sprain *n.* मर्कनु markanu
sprain *v.* मर्कनु makarnu
sprained *adj.* मर्केको markeko
spray *n.* पिचकारी pichkari
spread *v.* फेलनु phailanu
sprig *n.* सानो हाँगा sano haanga
spring *n.* बसन्त basant
spring on *v.* झम्अनु jhamtanu
sprinkle *v.* छर्कनु chharkanu
sprite *n.* युत yut
sprout *n.* अँकुर ankur
spud *n.* एक किसमको कोढालो ek kisimko kodhalo
spur *n.* थुम्को thela
spy *n.* जासूस jasus
squad *n.* टोली toli
squalid *adj.* फोहोरी phohori
squander *v.* फजुल खर्च गर्नु phajul kharch garnu
square *n.* चारपाटे char pate
square deal *n.* निष्कपट सौदेबाजी nish kapat saudebaji
square meal *n.* पेटभर भोजन pet bhar bhojan
square root *n.* वर्गमूल warg mul
squash *n.* स्कवास खेल skwas khel
squat *v.* टुक्रुक्क बस्नु tukrukka basnu
squatter *n.* सुकुम्बासी sukum basi
squeak *v.* चीँचीँ गर्नु chin chin garnu
squeeze *v.* निचर्नु nicharnu
squiffy *adj.* अलि मातेको ali mateko
squiggle *n.* बाङ्गोटिङ्गो रेखा bangotingo rekha
squint *adj.* डेढो dedho
squirrel *n.* लोखर्के lokharke
squirrel *v.* लोखकें lokheken
stab *n.* छुरा धस्नु chhura dhasnu
stab in the back *n.* पिठ्युँमा प्रहार pinhyun ma prahar
stable *adj.* अचल achar
stadium *n.* रङ्गशाला rangshala
staff *n.* कर्मचारी karm chari
stag *n.* भाले जरायो bhale jarayo
stag party *n.* लोग्नेमान्छेहरूको पार्टी logne manchhe haru ko parti
stage *n.* रङ्गमंच rang manch
stagger *v.* लर्खराउनु larkharaunu
staid *adj.* गंभीर gambhir
stain *n.* दाग dag
stainless *adj.* बेदाग bedag
stainless steel *n.* खिया नलाग्ने इस्पात khiya na lagne ispat

stairs *n.* भरेङ bharen
stake सूली suli
stale *adj.* थोत्रो thotro
stalemate *n.* चालबन्द chalband
stalk *n.* डाँठ danth
stall *n.* तबेला tabela
stallion *n.* आँडु घोडा andu ghoda
stalwart *adj.* हट्टाकट्टा hattakatta
stamen *n.* पुंकेशर punkeshwar
stamina *n.* अड्ने शक्ति adne shakti
stammer *v.* भकभकाउनु bhak bhakaunu
stammer *v.* भकभकाउनु bhak bhakaunu
stammerer *n.* भकभके bhak bhake
stamp *n.* छाप chhap
stance *n.* गोली हान्दा उभिने ढंग goli handa ubhine dhang
stanch, staunch *v.* रोक्नु roknu
stand *v.* उभिनु ubhinu
stand by *v.* समर्थन गर्नु samarthan garnu
stand for *v.* प्रतिनिधित्व गर्नु prati nidhitwa garnu
stand off *v.* हट्नु hatnu
standard *n.* स्तर star
standard of living *n.* जीवन स्तर jiwan star
standard-bearer *n.* ध्वजावाहक dhwajawahak
standby *n.* सहारा sahara
standing committee *n.* स्थायी समिति sthayi samiti
standing order *n.* स्थायी आदेश sthayi adesh
standpoint *n.* दृष्टिकोण drishtikon
standstill *n.* मुकाम kukam
star *n.* तारा tara
starch *n.* माड़ maadh
stare at one another *v.* हेराहर गर्नु here her garnu
stargazer *n.* ज्योतिषी jyotishi
stark *adj.* दरो daro
start *n.* शुरु shuru
startle *v.* झस्किनु jhaskinu
starvation *n.* भोकमरी bhokmari
starve *v.* भोकै हुनु bhokai hunu
state *n.* स्थिति sthiti
state of affairs *n.* परिस्थिति paristhiti
state of mind *n.* मनस्थिति manasthiti
statement *n.* वक्तव्य waktawya
static *adj.* स्थिर sthir
station *n.* मुकाम mukam
statistics *n.* तथ्याङ्क tathyank
statue *n.* सालिक salik
status *n.* औकात aukat
status quo *n.* यथास्थिति yatha sthiti
status symbol *n.* जेथा jetha
statusquo यथापूर्व स्थिति yathapurv sthiti
staunch *adj.* वफादार baphadar
stay *v.* रहनु rahanu
stay put *v.* जहाँको त्यहीँ रहनु jahan ko tyhin rahanu

staying power *n.* अड्ने शक्ति adne shakti
steady *adj.* स्थिर sthir
steal *v.* चोर्नु chornu
steam *n.* बाफ baphadar
steel *n.* इस्पात ispat
steep *adj.* ठाडो thado
steeple *n.* गिर्जाघरको गजुर girjagharko gajur
steer *v.* परिचालन गर्नु parichalan garnu
steer clear of *v.* बचेर रहनु bachera rahanu
steering committee *n.* संचालक समिति sanchalak samiti
steering wheel *n.* स्टेरिङ sterin
stellar *adj.* तारायुक्त tarayukt
stem *n.* डाँठ danth
stench *v.* गनाउनु ganaunu
stencil *n.* स्टेन्सिल stensil
stenographer *n.* संकेत लेखक sanket lekhak
step *n.* खुड्किला khudkila
step down *v.* राजीनामा दिनु raji nama dinu
step in *v.* भित्र पस्नु bhitra pasnu
step up *v.* बढाउनु badhaun
stepbrother *n.* सौतिनी भाइ/दाजु sautini bhai/daju
stepdaughter *n.* झट्केली छोरी jhatkeli chhori
stepfather *n.* झड्केलो बाबु jhadkelo babu
stepladder *n.* आफै अड्ने भरेङ aphai adne bharen
stepmother *n.* सौतिनी आमा sautini ama
stepsister *n.* सौतिनी बहिनी/दिदी sautini bahini/didi
stepson *n.* झट्केलो छोरा jhatkelo chhora
stereotyped *adj.* एकैनासे ekai nase
sterile *adj.* बाँझो banjho
stew *n.* बफाएको परिकार baphaeko parikar
steward *n.* प्रबन्धक prabandhak
stick *n.* लट्ठी latthi
stick aroujnd *v.* नजिकै रहनु najikari rahanu
stick out *v.* बाहिर निक्लेको हुनु bahira nikleko hunu
stick-in-the-mud *n.* पुरानो ढर्राको मानिस purano dharra ko mani
stiff *adj.* दरो daro
stifle *v.* निसासिनु nisasino
still *adv.* अझै ajhai
still life *n.* निर्जीव वस्तुको चित्र nirjiw wastu ko chitra
stillborn *adj.* janmada mareko
stimulate *v.* उत्तेजित गर्नु uttejit garnu
stimulation *n.* उत्तेजन uttejan
sting *n.* चिल्ने खिल chilne khil
stingy *adj.* कन्जुस kanjus
stink *v.* गनाउनु ganaunu
stipend *n.* भत्ता bhatta
stipulation *n.* शर्त shart

stir *v.* चलाउनु chalaunu

stitch *n.* टाँका tanka

stock *n.* सामान saman

stocking *n.* लामो मोजा lamo moja

stockpile *n.* माल को सँगालो mal ko sangalo

stocky *adj.* खँदिलो khandilo

stodge *adj.* पचाउन कठिन pachaun kathin

stomach *n.* भुँडी bhundi

stomp *v.* खुट्टा बजारेर हिंड्नु khutta bajarer hindanu

stone *n.* ढुङ्गा dhunga

stone age *n.* पत्थरयुग patthar yug

stone's throw *n.* छोटो दूरी chhoto duri

stool *n.* त्रिपाइ tripai

stool pigeon *n.* फसाउने मानिस phasaune manis

stoop *v.* निहुरनु nihuranu

stop *v.* रोक्नु roknu

stop dead *v.* टक्क अड्नु takkaadnu

stop short *v.* अचानक अड्नु achanak adnu

storage *n.* संग्रह sangraha

storehouse *n.* भण्डार bhandar

storekeeper *n.* भण्डारे bhandare

storey *n.* तला tala

stork *n.* सारस saras

storm *n.* आँधी andhi

stormy *adj.* आँधी चलेको andhi chaleko

story *n.* कथा katha

stout *adj.* बलियो baliyo

straight *adj.* सीधा sidha

straight away *adv.* तुरुन्त turunt

straight face *adj.* गम्भीर मुद्रा gambhir mudra

straighten *v.* सीधा पार्नु sidha parnu

straightforward *adj.* खरो kharo

strain *n.* तनाउ tanau

strange *adj.* अनौठो anautho

stranger *n.* नौलो/पराइ मान्छे naulo/parai manchhe

strangle *v.* घाँटी थुन्नु ghanti thunnu

strap *n.* फित्ता phitta

strata *n.* स्तर star

stratagem *n.* चाल chaal

strategy *n.* रणनीति ranniti

stratum *n.* चट्टानको पत्र वा तह chattanko patra wa the

straw *n.* पराल paral

strawberry *n.* भुइँ ऐँसेलु bhuin ainselu

stray *v.* बाटो बिराउनु bato biraunu

stream *n.* खोला khola

streamline *v.* सजिलो र सफल बनाउनु sajilo ra saphal banaunu

street *n.* सडक sadak

streetwalker *n.* वेश्या weshya

strength *n.* तागत tagat

strengthen *v.* बलियो बनाउनु baliyo banaunu

stress *n.* चाप chap

stretch *n.* तन्काइ tankai

stretch out *v.* पसार्नु pasarunu
stretcher *n.* विस्तारक bishtharak
strict *adj.* सख्त sakht
stride *n.* कदम kadam
stride *n.* कदम kadam
strident *adj.* चर्को charko
strife *n.* झगडा jhagada
strike *v.* हड़ताल hadtaal
strike home *v.* मर्म पहार गर्नु marm prahar garnu
strike off *v.* काट्नु katnu
string *n.* डोरी dori
strip *v.* फुकाल्नु lugaphukalnu
stripe *n.* धर्का dharka
striped *adj.* धर्के dharke
strive *v.* कोसिस गर्नु kosis garnu
stroke *n.* प्रहार prahar
stroll *v.* डुल्नु dulnu
strong *adj.* बलियो baliyo
strong point *n.* विशिष्टता wishishtta
strong-arm *adj.* बल प्रयोग गरिने bal prayog garine
stronghold *n.* गढ gadh
strong-minded *adj.* दृढनिश्चयी dridh nishchayi
strop *n.* छूरा उध्याउने छाला chura udhayune chhala
stroppy *adj.* हठी र रिसाहा hathi r risaha
structure *n.* संरचना samprachna
struggle *n.* संघर्ष sangharsh
stubborn *adj.* हठी hathi
student *n.* विद्यार्थी widyarthi

studio *n.* स्टूडियो studio
studious *adj.* अध्ययनशील adhayansheel
study *n.* पढाइ padhai
stuff *n.* चीज chij
stumble *v.* ठेस लाग्नु thes lagnu
stump *n.* ठुटा thuta
stun *v.* अचेत achet
stunned *adj.* दुखी dukhi
stunt *n.* कमाल kamal
stupid *adj.* मूर्ख murkh
stupor *n.* तन्द्रा tandra
stutter *v.* भकभकाउनु bhakbhakaunu
sty *n.* सुङ्गुरको खोर sungurko khor
style *n.* शैली shaili
stylish *adj.* ढाँचावाल dhanchawal
stylus *n.* ग्रामोफोनको सुई gramophoneko sui
subaltern *n.* सैनिक अफिसर sainik officer
subconscious *adj.* अवचेतन aw chetan
subcontinent *n.* उपमहाद्वीप upmahadweep
subdue *v.* जित्नु jitnu
subject *n.* विषय wishaya
subjection *n.* अधीनता adhinta
subjugate *v.* जित्नु jitnu
submerge *v.* पानीले ढाक्नु/डुबाउनु pani le dhaknu/dubaunu
submission *n.* अधीनता adhinta
subnormal *adj.* अवसामान्य avsamanya

subscriber *n.* ग्राहक grahak
subscription *n.* चन्दा chanda
subsequent *adj.* पछि आउने pachi aaune
subservient चापलूस chaploos
subside *v.* घट्नु ghatnu
substance *n.* चीज chij
substantiate *v.* प्रमाणित/साबित गर्नु pramanit/sabit garnu
substitue *n.* साटो sato
substratum *n.* तल्लो तह tallo the
subtle *adj.* कुशाग्र kushagra
subtract *v.* घटाउनु ghataunu
subtraction *n.* घटाउ ghataunu
success *n.* सफलता saphalta
successful *adj.* सफल saphal
successor *n.* उत्तराधिकारी uttaradhikari
such *adj.* यस्तो yasto
such as *adj.* जस्तो कि jasto ki
such-and-such *pron.* फलानो phalano
suck *v.* चुस्नु chusnu
suckle *v.* दूध ख्वाउनु dudh khwaunu
sudden *adj.* अचानक achanak
suddenly *adj.* अकस्मात् akasmat
suede *n.* नरम छाला naram chhala
suet *n.* गोरु वा भेड़ाको चर्बी goru wa bhedako charbi
suffer *v.* सहनु sahanu
suffering *n.* कष्ट kasht
sufficient *adj.* काफी kaphi
suffocate *v.* निसास्सिनु nisassinu
sugar *n.* चिनी chini
sugar beet *n.* चुकन्दर chukandar
sugar cane *n.* उखु ukhu
suggest *v.* सुझाउ दिनु sujhau dinu
suicide *n.* आत्महत्या atmahatya
suit *n.* सूट sut
suitable *adj.* सुहाउँदो suhaundo
suitcase *n.* लुगा राख्ने बाकस luga rakhne bakas
suitor *n.* झगडिया jhagadiya
sulk *v.* टुसिसनु thussinu
sullen *adj.* ठुस्स परेको thussa pareko
sully *v.* कलुषित पार्नु kalushit parnu
sulphur/sulfur *n.* गन्धक gandhak
sultry *adj.* गर्मी garmi
sum *n.* जम्मा jamma
sum up *v.* जोड्नु jodnu
summary *n.* सारांश saransh
summit *n.* चुली chuli
summon *v.* डाक्नु daknu
sumptuous *adj.* बहुमूल्य bahu mulya
sun *n.* सूर्य surya
sunbath *n.* सूर्य स्नान surya snan
sunburnt *adj.* घामले डढेको ghanm le dadheko
sunday *n.* आइतबार aitbar
sunder *v.* अलग गर्नु alag garnu
sundial *n.* धूप-घड़ी dhoopghari
sundown *n.* सूर्यास्त suryast
sunflower *n.* सूर्यमुखी फूल surya mukhi phul

sunglasses *n.* घाम चस्मा gham chasma

sunny *adj.* घाम लागेको gham lageko

sunrise *n.* सूर्योदय suryodaya

sunset *n.* सूर्यास्त suryast

sunshine *n.* घाम gham

sunstroke *n.* लू lu

super *adj.* अति राम्रो atiramro

superb *adj.* शान्दार shandar

superfine *adj.* अति उत्तम atiuttam

superhuman *adj.* अतिमानवीय atimanviya

superintendent *n.* संचालक sanchalak

superior *adj.* श्रेष्ठ shreshth

supermarket *n.* विशाल बजार wishal bajar

supernatural *adj.* अलौकिक alaukik

supersition *n.* अन्ध विश्वास andh wishwas

supersititious *adj.* अन्धविश्वासी andh wishwasi

supertax *n.* आयकरमाथि लाग्ने थप कर aaykarmathi laagne thapkar

supervise *v.* रेखदेख गर्नु rekh dekh garnu

supervisor *n.* सुपरभाइजर supar bhajjar

supper *n.* कोमल komal

supplicate *v.* बिन्ती गर्नु binti garnu

supplies *n.* सरसामान sar saman

supply *n.* आपूर्ति apurti

support *n.* आड adhinta

supporter *n.* समर्थक samarthak

suppose *v.* अनुमान गर्नु anuman garnu

suppress *v.* दमन गर्नु daman garnu

supreme *adj.* सर्वोच्च sarwochcha

surcharge *v.* थप भाड़ा वा शुल्क thap bhada wa shulak

sure *adj.* पक्का pakka

sure-fire *adj.* पक्का padkka

sure-footed *adj.* खुट्टा नकमाउने khutta na kamaune

surface *n.* बाहिरी हिस्सा bahiri hissa

surgeon *n.* चिरफार गर्ने डाक्टर chir phar garne daktar

surgery *n.* चिरफार chirphar

surmise *n.* अनुमान anumaan

surname *n.* उपनाम upnam

surpass *v.* जित्नु jitnu

surplus *n.* बढीती बाग badhti bagh

surprise *n.* आश्चर्य ashcharya

surprised *adj.* चकित chakit

surprising *adj.* अचम्म लाग्दो achamma lagdo

surrender *v.* आत्मसमर्पण गर्नु atma samarpan garnu

surround *v.* घेर्नु ghernu

surrounding *n.* सेरोफेरो sero phero

surtax *n.* अतिरिक्त कर atirikt kar

surveillance *n.* कड़ा निरीक्षण kadha parikshan

survey *v.* चारैतिर हेर्नु charai tira hernu

survive *v.* बाँच्नु banchnu

suspect *v.* शंका लागेको मानिस shanka lageko manis

suspend *v.* निलम्बन गर्नु nilamban garnu

suspense *n.* दुविधा duwidha

suspension *n.* झोलुङ्गे jholunge

suspension bridge *n.* झोलुङ्गे पुल jholunge pul

suspicioun *n.* सन्देह sandeh

suspicious *adj.* शंका लाग्ने shanka lagne

sustain *v.* थेग्नु thegnu

suzerain *n.* राजा raja

svelte *adj.* छरितो chharito

swab *n.* भुइँ आदि पुछने साधन bhuin aadi poochne sadhan

swag *n.* चोरीको माल choriko maal

swagger *v.* अकडेर हिंड्नु akadera hindnu

swain *n.* गाउँले युवक gaunle yuvak

swallow *n.* गौंथली gaunthali

swamp *n.* दलदल dal dal

swan *n.* राजहाँस rajhans

swarm *n.* थुप्रो thupro

sway *v.* हल्लनु hallanu

swear *v.* किरिया खानु kiriyakhanu

sweat *n.* पसिना pasina

sweater *n.* स्वेटर swetar

sweep *v.* कुचो लाउनु kucho launu

sweep the board *v.* पूरा बाजी मार्न pura baji marnu

sweeper *n.* कुचो लाउने मान्छे kucho launemanchhe

sweet *adj.* गुलियो guliyo

sweet potato *n.* सखरखण्ड sakharkhand

sweetheart *n.* प्रेमिका premika

sweetheart *n.* प्रेमी premi

sweetpea *n.* केराउको फुल kerau ko phul

swell *v.* सुनिनु suninu

swerve *v.* एक्कासि मोड़िनु ekkassi modhinu

swift *adj.* छिटो chhito

swig *v.* पिउनु piunu

swim *v.* पौडी खेल्नु paudi khelnu

swimmer *n.* पौडीबाज paudi baj

swimming *n.* पौडी paudi

swimming costume *n.* पौडी खेल्दा लाउने पोशाक paudi khelda laune poshak

swimming pool *n.* पौडी पोखरी paudi pokhari

swine *n.* सुँगुर sungur

swing *v.* झुलना jhulana

switch *n.* स्वीच swich

switch off *v.* निभाउनु nibhaunu

swoon *n.* मूर्छा murchha

swoop *v.* झम्अनु jhamaunu

swop, swap *v.* साट्नु saatnu

sword *n.* तरबार tarbar

syllable *n.* अक्षर aksha

syllabus *n.* पाठ्यक्रम pathyakram

symbol *n.* चिन्ह chinha

sympathy *n.* सहानुभूति sahanu bhuti

symptom *n.* लक्षण lakshan

syncopate *v.* ताल बदल्नु taal badlanu

syncope *n.* मूर्छा murchha

syndicate *n.* व्यवसाय-संघ vyavsaye-sangh

synonym *n.* उही अर्थ बुझाउने शब्द uhiarth bijhaune shabd

syphilis *n.* भिरिङ्गी रोग bhiringi rog

syringe *n.* पच्का packka

syrup *n.* चासनी chasni

system *n.* व्यवस्था wyawastha

systematic *adj.* रीति/नियमपूर्वक riti/ niyam purwak

T

T.B. *n.* टि.बी. tibi

table *n.* टेबुल tebul

tableau *n.* चित्र chitra

tablecloth *n.* टेबुलपोशाक tebul poshak

tablet *n.* गोली goli

taboo *n.* वर्जित काम warjit kam

tabular *adj.* तालिकाबद्ध talikabadh

tabulate *v.* तालिकामा talikama

tacit *adj.* नभनिएको nabhniyeko

taciturn *adj.* कम बोल्ने kam bolne

tact *n.* सीप sip

tactful *adj.* निपुण nipun

tactics *n.* दाउपेच daupech

tactile *adj.* स्पर्शको sparshko

tadpole *n.* चेपागाँड़ा chepagaanda

tag *n.* लेबुल lebul

tail *n.* पुच्छर puchchhar

tail away *v.* पछि पर्नु pachhi parnu

tailor *n.* दर्जी darji

tailor-made *adj.* खुप मिलेको khup mileko

tailpiece *n.* अन्तिम भाग antim bhag

taint *v.* बिगार्नु bigarnu

take *v.* पक्रनु pakranu

take away *v.* लानु lanu

take hold *v.* समात्नु samatnu

take off *v.* फुकाल्नु phukalnu

take out *v.* झिक्नु jhiknu

take over *v.* सम्हाल्नु samhalnu

take place *v.* घटित हुनु ghatit hunu

take to *v.* शुरु गर्नु shuru garnu

take to pieces *v.* भत्काउनु bhatkaunu

take-home pay *n.* कर आदि कटाई दिएको तलब karadi katai diyeko talab

tale *n.* कथा katha

talent *n.* योग्यता yogyata

talented *adj.* दक्ष daksha

talk *n.* कुराकानी kurakani

talk over *v.* छलफल गर्नु chhalphal garnu

talk tall *v.* गुड्डी हाँक्नु guddi hanknu

talkative *adj.* गफी gaphi

tall *adj.* अग्लो aglo

tall order *n.* अनुचित माग anuchit mag

tally *n.* लेनदेन len den

talon *n.* नङ्ग्रा nangra

tamarind *n.* इमली imali

tambourine *n.* खैंजड़ी khaijandhi

tame *adj.* पालतु paltu

tamp *v.* कोचार्नु kocharnu

tamper *v.* बिगार्नु bigarnu

tan *n.* खैरो रंग khairo rang

tangible *adj.* छुन सकिने chun sakine

tank *n.* कूवा kuwa

tantrum *n.* रीसको झोंक reesko jhonk

tap *n.* धारा dhara

tape *n.* फित्ता phitta

tapeworm *n.* फित्तेजुका phitte juka

tar *n.* अलकत्रा alkatra

tar *n.* अलकत्रा alkatra

tarantula *n.* विषालु माकुरा vishalu makura

tarboosh *n.* किनारा नभएको टोपी kinara nabhayeko topi

tardy *adj.* ढीलो dheelo

target *n.* निशाना nishana

tariff *n.* भन्सार महसुल bhansar mahsul

tarn *n.* सानो पार्वतीय ताल sano paarwartiya taal

tarnish *n.* धब्बा dhabba

taro *n.* पिँडालु pindalu

tarpaulin *n.* तिरपाल tirpaal

tarry *adj.* अलकत्रा लागेको alkatra lageko

task *n.* काम kam

tassel *n.* फुर्का phurka

taste *n.* स्वाद swad

tasteful *adj.* स्वादिलो swadilo

tasty *adj.* स्वादिलो swadilo

ta-ta *interj.* बिदा bidha

tatting *n.* किनारो kinaro

tattoo *n.* गोदना godna

taunt *v.* ताना मार्नु tana marnu

tavern *n.* भट्टी bhatti

tawny *adj.* कैलो-पहेंलो रंगको kailo-pahelo rangko

tax *n.* कर आदि कटाई दिएको तलब karadi katai diyeko talab

taxi *n.* ट्याक्सी tyaksi

tea *n.* चिया chiya

tea break *n.* चिया खाने छुट्टी chiya khane chhutti

tea estate *n.* चियाबगान chiya bagan

teach *v.* पढाउनु padhaunu

teacher *n.* शिक्षक shikshak

teak *n.* सागवान काठ‑ sagwan kath

team *n.* टोली toli

teamwork *n.* मिलेर गरिने काम milera garine kam

teapot *n.* चियादान chiyadan

tear *n.* आँसु ansu

tear to pieces *v.* लुछ्नु luchhnu
tear up *v.* च्यातचुत पार्नु chyat chut parnu
tease *v.* जिस्क्याउनु jiskyaunu
teaspoon *n.* सानो चम्चा sano chamcha
teat *n.* दूधको मुण्टो dudh ko munto
technical *adj.* प्राविधिक prawidhik
technician *n.* प्राविधिज्ञ prawidhigya
technique *n.* प्रविधि prawidhi
technology *n.* प्रविधि prawidhi
teddy *n.* बालकले खेल्ने भालू baalkale khelne bhaalu
tedious *adj.* उच्चाट लाग्ने uchchat lagne
teens *n.* किशोराअवस्था kishorawastha
teeny *adj.* साहै सानो sahe sano
teeter *v.* अस्थिर भएर चल्नु वा उभिनु asthir bhaer chalnu wa ubhinu
teeth *n.* दाँतहरू dantharu
telegram *n.* तार tar
telephone *n.* टेलिफोन teliphon
telescope *n.* दूरबीन durbin
television *n.* टेलिभिजन teli bhijan
tell *v.* भन्नु bhannu
teller *n.* नोट गन्ने जाँच्ने not ganne janchne
temerity *n.* दुःसाहस dusaahas
temper *n.* मिजास mijas
temperament *n.* स्वभाव swabhaw
temperamental *adj.* चिरचिरे chirchire
temperature *n.* तापक्रम tapkram
tempered *adj.* रिसाहा risaha
tempest *n.* आँधी andhi
temple *n.* मन्दिर mandir
tempo *n.* रफ्तार raphtar
temporary *adj.* अस्थायी asthayi
tempt *v.* फसाउनु phasaunu
temptation *n.* लालच lalach
tempting *adj.* लोभलाग्दो lobh lagdo
ten *n.* दस das
tenacious *adj.* दृढ dridh
tenant *n.* बहालवाला bahalwala
tend *v.* हेरविचार गर्नु herwichar garnu
tendency *n.* झुकाउ jhukau
tender *adj.* कलिलो kalilo
tenet *n.* सिद्धान्त siddhant
tenner *n.* दशको नोट dashko not
tennis *n.* टेनिस खेल teniskhel
tense *adj.* तन्किएको tankieko
tension *n.* तन्केको अवस्था tankeko awastha
tent *n.* तम्बू tambu
tenure *n.* स्वामित्व swamitwa
term *n.* अवधिक awadhi
termagant *n.* झगड़ालु आइमाई jhagdalu aeimai
terminate *v.* समाप्त गर्नु samapt garnu
termination *n.* समाप्ति samapti
termite *n.* धमिरो dhamiro
terms *n.* मिल्नु milnu

terms of reference *n.* विचारार्थ विषय wichararth wishaya
terra firma *n.* स्थल sthal
terrace *n.* गरा gara
terrible *adj.* डरलाग्दो dar lagdo
terrify *v.* अत्याउनु atyaunu
territorial *adj.* क्षेत्रीय kshetriya
territory *n.* क्षेत्र kshetra
terror *n.* डर dar
tertiary *adj.* तेस्रो tesro
terylene *n.* टेरीलिन tereleem
test *n.* जाँच janch
testate *adj.* वसीयतनामा गरेर मर्ने wasiyatnama garer marne
testicle *n.* गुला gula
testify *v.* साक्षी बक्नु sakshi baknu
testimonial *n.* प्रमाण पत्र praman patra
testimony *n.* गवाही gawahi
tetanus *n.* घनुष्टङ्कार dhanushtankar
tetchy *adj.* झोंकी jhonki
text *n.* मूलपाठ mulpath
textbook *n.* पाठ्यपुस्तक pathyapustak
textile *n.* कपडा kapada
than *prep.* भन्दा bhanda
thank *v.* धन्यवाद दिनु dhanya wad dinu
thankful *adj.* आभारी abhari
thanks *inter.* धन्यवाद dhanyawad
thankyou *inter.* धन्यवाद dhanyawad
that *pron.* त्यो tyo
that is *conj.* अर्थात् arthat
thatch *n.* फुसको छाना phus ko chhana
thaw *v.* पग्लनु paglanu
the *def. art.* त्यो tyo
theatre/theater *n.* रङ्गमंच rang manch
theft *n.* चौरी chori
their *pron.* तिनी/उनीहरूको tini/uni haru ko
them *pron.* तिनी/उनीहरूलाई tini/uni haru lai
theme *n.* विषय wishaya
then *adj.* त्यसबेलाको tyas bela ko
thence *adv.* त्यहाँबाट tyahan bata
thence *adj.* त्यहाँदिखि tyahandikhi
thenceforth *adv.* त्यसउप्रान्त tyas upranta
theocracy *n.* पुरोहितवर्गको शासन purohitwargko shasan
theodolite *n.* कोण नाप्ने यंत्र kon napne yantra
theory *n.* सिद्धान्त siddhant
theosophy *n.* ब्रह्मविद्या brahmvidya
therapy *n.* चिकित्सा chikitsa
there *adv.* त्यहाँबाट tyahan bata
thereafter *adv.* तयसपछि tyas pachhi
thereby *adv.* त्यस उसले tyas us le
therefore *adv.* त्यसकारण tyas karan
therein *adv.* त्यहाँबाट tyahan bata

thereupon *adv.* त्यसपछि tyas pachhi

thermometer *n.* ताप नाप्ने tap napne

thermos *n.* थर्मस tharmas

thesaurus *n.* पर्यायवाची कोश prayayewachi kosh

these *pron.* यी yi

they *pron.* तिनीहरू tini haru

thick *adj.* मोटो moto

thicket *n.* झाङ jhan

thickness *n.* मोटाइ motai

thief *n.* चौरी chori

thigh *n.* तिघ्रा tighra

thimble *n.* औंलामा लाउने खोल olaama laune khol

thin *adj.* पातलो patalo

thing *n.* चीज chij

think *v.* विचार गर्नु wichar garnu

thinker *n.* विचारक wicharak

third *adj.* तेस्रो tesro

third-rate *adj.* घटिया ghatiya

thirsty *adj.* तिर्खाएको tirkhaeko

thirteen *n.* तेह्र terha

thirty *n.* तीस tis

this *pron.* यो yo

this day *n.* आज aja

this morning *n./adv.* आज बिहान aja bihana

thong *n.* छालाको डोरी chhalako dori

thorax *n.* वक्ष vaksh

thorn *n.* काँडा kanda

thorny *adj.* काँडे kande

thorough *adj.* पक्का pakka

thoroughfare *n.* मूल बाटो mul bati

thoroughtly *adv.* एकदम ek dam

those *pron.* उनीहरू uni haru

though *conj.* तापनि ta pani

thought *n.* विचार wichar

thoughtful *adj.* विचारशील wicharshil

thoughtless *adj.* वास्ता नगर्ने wasta na garne

thousand *n.* हजार hajar

thousands *n.* हजारौँ hajaraun

thread *n.* धागो dhago

threadbare *adj.* झयाङ्गप्वाले jhyang pwale

threat *n.* धम्की dhamki

threaten *v.* धम्क्याउनु dhamkyaunu

three *n.* तीन tin

threshold *n.* संघार sanghar

thrifty *adj.* कम खर्च गर्ने kam kharch garne

thrill *n.* सनसनी sansani

thrilling *adj.* रोमांचकारी romanch kari

thrive *v.* सप्रनु sapranu

throat *n.* घाँटी ghanti

throb *v.* बल्कुन balkanu

thrombosis *n.* मुटु वा रक्तनली-मा खून जम्ने क्रिया mutu wa raktnali-ma khoon jamne kriya

throne *n.* राजगद्दी rajgaddi

throng *v.* भीड़ bheer

through *prep.* मार्फत marphat
throughout *adv./prep.* पूर्णतया purntaya
throw *v.* फ्याँक्नु phyanknu
throw a party *v.* पार्टी दिनु parti dinu
throw out *v.* निकाल्नु nikalnu
thumb *n.* बूढी औंलो budhi aunlo
thumbnail sketch *n.* लघुचित्र laghu chitra
thumbprint *n.* औंठाछाप auntha chhap
thunder *n.* गर्जनु garjanu
thunderbolt *n.* चट्याङ chatyan
thunderous *adj.* गर्जने garjane
Thursday *n.* कबहीबार bihibar
thus *adv.* यसरी yasari
thy *adj.* तिम्रो timro
thyme *n.* वनज्वानु vanjawanu
thyroid *n.* थाराइड ग्रन्थि thyroid granthi
tiara *n.* त्रिमुकुट trimukut
tic *n.* अनुहार का पेशी को संकुचन anuhar ka peshiko sankuchan
tick *n.* टिक टिक आवाज tik-tik awaj
ticket *n.* टिकट tikat
tickle *v.* काउकुती kaukuti
ticklish *adj.* चाँडो कुतकुती लाग्ने chando kutkuti lagne
tidal *adj.* ज्वारभाटाको jwarbhatako
tide *n.* ज्वारभाटा jwar bhata
tidings *n.* समाचार samachar
tidy *adj.* सफा sapa
tie *v.* बाँध्नु bandhnu
tier *n.* तलाउ talau
tiff *n.* सानो झगड़ा saano jhagda
tiffin *n.* खाजाा khaja
tiger *n.* बाघ bagh
tight *adj.* कसिउको kasieko
tight-fisted *adj.* कन्जूस kanjus
tight-lipped *adj.* केही नबोल्ने kehi na bolne
tile *n.* खपडा khapada
till *prep.* जबसम्म jaba samma
tillage *n.* खनजोत khanjot
tiller *n.* जोताहा jotaha
tilt *n.* झुल्नु ghulnu
tilth *n.* जोतेको जमीन joteko jameen
timber *n.* काठपात kathpat
time *n.* समय samaya
time and again *adv.* बारम्बार barambar
time and tide *n.* खोला र बेला khola ra bela
time immemorial *n.* अति प्राचीन काल ati prachin kal
time lag *n.* समयको अन्तर samaya ko antar
time limit *n.* निश्चित अवधि nishchit awadhi
time-hono(u)red *adj.* चिरसम्मानित chir sammanit
timely *adj.* सामयिक samayik
timepiece *n.* घडी ghadi
times *n.* युग yug
timetable *n.* समयतालिका samaya talika

timid *adj.* काथर kathar

timorous *adj.* कातर kaatar

timpani *n.* केटल ड्रम kettle drum

tin *n.* टिन tin

tinny *adj.* टिन जङ्गते tin jagayte

tint *n.* रङ्ग rang

tiny *adj.* धेरै सानो dherai sano

tip *n.* टुप्पो tuppo

tip-top *adj.* अत्युत्तम atyuttam

tire *v.* थकाइ लाग्नु thakai lagnu

tired *adj.* थाकेको thakeko

tiring *adj.* थकाउने thakaune

tissue *n.* पातलो नरम कागत paatlo naram kaagat

title *n.* दर्जामान darja

title page *n.* मुखपृष्ठ mukh prishth

title role *n.* प्रमुख भूमिका pramukh bhumika

to *prep.* लाई lai

to and fro *adv.* यताउति yata uti

toad *n.* खस्रे भ्यागुतो khasre bhyaguto

tobacco *n.* सुर्ती surti

today *n./adv.* आज aja

toddy *n.* रक्सी र गुलियो तातो पानी raksi r gulio tato paani

to-do *n.* खलबल khalbal

toe the line/mark *v.* आदेश पालन गर्नु adesh ko palan garnu

toehold *n.* सानो आधार sano adhar

toenail *n.* खुट्टाको नङ khutta ko nan

toffee *n.* टफी taphi

together *adv.* सँगै sangai

toilet *n.* हातमुख धुने haatmukh dhune

tokay *n.* हंगेरीको रक्सी hangeriko raksi

tolerable *adj.* सहय sahya

tolerance *n.* सहनशीलता sahan shilta

tolerate *v.* सहनु sahanu

tomato *n.* गोलभैँडा gol bhenda

tomb *n.* चिहान chihan

tome *n.* ग्रन्थ grantha

tomeat *n.* भाले बिरालो bhaale biralo

tomfool महामूर्ख व्यक्ति mahamurkh vyakti

tommy-gun *n.* बन्दूक banduk

tommyrot *n.* रद्दी कुरा raddhi kura

tomorrow *n./adv.* भोलि bholi

ton(ne) *n.* टन tan

tone *n.* आवाज awaj

tone down *v.* नम्र हुनु namra hunu

tone up *v.* तीव्र पार्नु tiwra parnu

tongs *n.* चिम्टा chimta

tongue *n.* जिब्रो jibro

tongue-tied *adj.* अवाक् awak

tonic *n.* तागतको औषधि tagat ko aushadi

tonight *n./adv.* आज राती aja rati

too *adv.* अति ज्यादा ati prachin kal

tool *n.* औजार aujar

tooth *n.* दाँत dantharu

toothache *n.* दाँत दुखाइ dant dukhai

toothpaste *n.* मंजन manjan

toothpick दोत कोटयाउने सिन्को dant ko tyaune sinko

top *n.* शिखर shikhar

top secret *adj.* अति गोप्य ati gopya

topaz *n.* पुष्पराज pushpa raj

topcoat *n.* ओभरकोट obhar kot

topic *n.* विषय wishaya

top-notch *adj.* पहिलो दर्जाको pahilo darja ko

tops *n.* सबभन्दा राम्रो व्यक्ति वा वस्तु sabbhanda ramro vyakti wa vastu

topsoil *n.* माटोको माथिल्लो पत्र mato ko mathilo patra

topsy-turvy *adj.* उल्टोपल्टो ulto palto

torch *n.* टर्चलाइट tarch light

toreador *n.* साँढ़िसँग जुध्ने व्यक्ति sadhisang judhne vaykati

torment *v.* दुःख/यातना दिनु duhkh/ yatna/dinu

torrent *n.* मुस्लो muslo

torrential *adj.* मुसलधारे musal dhare

torsion *n.* बटारिने क्रिया batarine kriya

tort *n.* अन्याय anayae

tortoise *n.* कछुवा kachhuwa

torture *n.* यातना yatna

toss *v.* सिक्का को हुत्याइ sikka ko huttyai

toss up *v.* सिक्का हुत्याउनु sikka huttyaunu

total *n.* जम्मा हिसाब jamma hisab

totally *adv.* जम्मै jammai

tote *v.* बोक्नु boknu

touch *n.* स्पर्श sparsh

touch down *v.* उत्रनु utranu

touch-and-go *adj.* जोखिमपूर्ण jokhimpurn

touching *adj.* मन छुने man chhune

toupee *n.* नकली कपाल nakali kapaal

tour *n.* यात्रा yatra

tour de force *n.* चमत्कार chamatkar

tourism *n.* प्रर्यटन paratan

tournament *n.* खेल प्रतियोगिता khel pratiyogita

tousle *v.* खजमज पार्नु khajmajh parnu

tow *v.* घिसार्नु ghisarnu

towards *prep.* तिर tira

towel *n.* तौलिया tauliya

tower *n.* अग्लो बुर्जा aglo burja

town *n.* नगर nagar

town hall *n.* सभागृह sabha griha

town planning *n.* नगर योजना nagar yojana

toxic *adj.* बिखालु bikhalu

toxin *n.* विष wish

toy *n.* खेलौना khelauna

tqraduce *v.* निन्दा गर्नु ninda garnu

trace *n.* खोज khoj
trachea *n.* वासनली vaasnali
trachoma *n.* फुलो phulo
track *n.* बाटो bato
track down *v.* सुराक लाउनु surak launu
tractor *n.* ट्र्याक्टर tryaktar
trade *n.* बेपार bepar
trade off *v.* सम्झौतासरी साटफेर गर्नु samjhauta sari sat pher garnu
trade on *v.* फाइदा उठाउनु phaida uthaunu
trade union *n.* मजदुर संघ majdur sangh
trademark *n.* व्यापारिक चिन्ह wyaparik chinha
trader *n.* व्यापारी wyapari
tradition *n.* रीतिथिति riti thiti
traditional *adj.* परम्परागत paramparagat
traffic *n.* ट्राफिक traphik
trafficker *n.* अवैध व्यापारी awaidh wyapari
tragedy *n.* दुःखद घटना duhkhad ghatna
tragic *adj.* दुःखद duhkhad ghatna
train *n.* रेल rel
trained *adj.* तालीम पाएको talim paeko
trainee *n.* तालिमे talime
training *n.* तालीम talim
trait *n.* स्वभाव swabhaw
traitor *n.* देशद्रोही desh drohi
tramp *n.* घुमन्ते ghumante
trample *v.* कुल्चिनु kulchinu
trampoline *n.* लचकदार गद्दा lachakdar gadda
trance *n.* तन्द्रा tandra
tranquility *n.* शन्ति shanti
transfer *v.* सरुवा गर्नु saruwa
transform *v.* रूप बदल्नु rup badalnu
transit *n.* पारवाहन parwahan
transitory *adj.* थोरै समय मात्र रहने thorea samay matra rahne
translate *v.* अनुवाद गर्नु anuwad garnu
translator *n.* अनुवादक anuwadak
transparent *adj.* पारदर्शी pardarshi
transplant *v.* अर्को ठाउँमा रोप्नु arko thaun ma ropnu
transport *n.* यातायात yatayat
trap *n.* पासो paso
trap-door *n.* छाना वा फर्समा भएको दरवाजा chhana wa pharsma bhaeko darwaza
trash *n.* थोत्रा रद्दी माल thotraraddimal
travail प्रसव पीड़ा prasav peerha
travel *v.* यात्र/सफर गर्नु yatra/saphar garnu
travel agent *n.* ट्राभल एजेण्ट trabhal ejent
travel(l)er *n.* यात्री yatri
tray *n.* किस्ती kisti
treacherous *adj.* छली chhali
treachery *n.* धोखा dhokha

tread *v.* हिंड्नु hindnu
treason *n.* राजद्रोह rajdroh
treasure *n.* धन dhan
treasurer *n.* खजांची khajanchi
treasury *n.* राजकोष raj kosh
treat *v.* व्यवहार गर्नु wyawahar garnu
treatise *n.* शोध-प्रबन्ध shodh-prabandhan
treatment *n.* उपचार upchar
treaty *n.* सन्धि sandhi
treble *adj.* तेहरो tehro
tree *n.* रूख rukh
trek *v.* पैदल यात्रा गर्नु paidal yatra garnu
trekker *n.* पदयात्री pad yatri
trekking *n.* पदयात्रा pad yatra
tremble *v.* थरथराउनु thar thar aunu
tremendous *adj.* घोर ghor
tremor *n.* थरथरी thar thari
trench *n.* सुरुङ surun
trenchant *adj.* कटु kattu
trend *n.* प्रवृत्ति prawritti
trend of thought *n.* विचारधारा wichar dhara
trepidation *n.* आशंका ashanka
trews *n.* कसिलो सुरूवाल kasilo suruwal
triad *n.* तीनको समूह teenko samuh
trial *n.* प्रयोग prayog
triangle *n.* त्रिभुज tri bhuj
tribal *adj.* जातीय jatiya
tribe *n.* जनजाति jan jati
tribulation *n.* दुःख dukh
tributary *n.* सहायक नदी sahayak nadi
tribute *n.* उपहार uphar
trick *n.* छल chhal
trickster *n.* चालबाज गर्ने व्यक्ति chaalbaj garne vyakti
tricolour *n.* तीन रंग भएको झंडा teen rang bhaeko jhanda
tricycle *n.* तीनपाङ्ग्रे साइकल tin pangre saikal
trident *n.* त्रिशूल trishul
trigger *n.* बन्दुक को जिब्री banduk ko jibri
trigonometry *n.* त्रिकोणमिति trikonmiti
trilateral *adj.* तीन पक्षीय teen pakshiya
trill *n.* कम्पित स्वर kampit swar
trim *adj.* टाम टुमे tam tune
trim one's sails *v.* बदलिँदो स्थितिमा ढल्नु badlindo sthiti mad dhalnu
trimaran *n.* डुङ्गा dunga
trinity *n.* त्रिमूर्ति tri murti
trinket *n.* गहनगुरिया gahana guriya
trio *n.* तीनजना को समूह tin jana ko samuha
trip *n.* सैर sair
triple *adj.* तेब्बर tebbar
triplex *adj.* तीनगुना teenguna
tripod *n.* त्रिखुटी tri khuti

tripper *n.* पर्यटक praytak

trite *adj.* सहलिया sahaliya

triumph *n.* विजय wijaya

trivial *adj.* बिना महत्त्वको bina mahtavko

troglodyte *n.* गुफाबासी gufawasi

trollop *n.* वेश्या veshya

trolly *n.* ट्राली trali

troop *n.* टोली toli

troops *n.* सेना sena

trophy *n.* उपहार uphar

tropical *adj.* गर्मीसम्बन्धी garmi sambandhi

troubadour *n.* गाइने gyane

trouble *n.* दुःख duhkh

trousers *n.* प्याण्ट pyant

trousseau *n.* बेहुलीको पोशाक behuliko poshak

trout *n.* एक जातको माछा ek jaatko machha

trowel *n.* कर्नी karni

truant *n.* स्कूल भगुवा school bhagua

truce *n.* युद्धविराम yddha wiram

truck *n.* ट्रक trak

truing *adj.* गाह्रो garho

truism *n.* जानेकै कुरा janneke kura

truly *adv.* वास्तवमा wastaw ma

trump *n.* तुरुप turup

trump up *v.* बनाउनु banaunu

trumpery *adj.* सस्तो भड्किलो वस्तु sasto bhadkilo vastu

trumpet *n.* बिगुल bigul

trunk *n.* मूलजीउ muljiu

trunkcall *n.* टाढाबाट गरिने टेलिफोन tadha bata garine teli phon

trust *n.* विश्वास wishwas

trustworthy *adj.* भरपर्दो bhar pardo

truth *n.* सत्य satya

truthful *adj.* साँचो sancho

try *v.* कोशिश गर्नु koshish garnu

try on *v.* लगाएर हेर्नु lagaera hernu

try out *v.* परीक्षा लिनु pariksha linu

tub *n.* टब tab

tube *n.* नली nali

tuber *n.* कन्द kand

tuberculossis *n.* क्षयरोग kshaya rog

Tuesday *n.* मंगलबार mangal bar

tuft *n.* गुच्छा guchchha

tug *v.* जोडले तान्नु jod le tannu

tug of war *n.* डोरी तान्ने खेल dori tanne khel

tuition *n.* ट्युसन tyusan

tulip *n.* घण्टाकार पुष्प ghantakar pushp

tumble *v.* खुरमुरिनु khur murinu

tummy *n.* पेट pet

tumo(u)r *n.* गाँठो gantho

tumult *n.* खैलाबैला khaila baila

tuna *n.* ठूलो समुद्री माछा thulo samudari machha

tune *n.* लय laya

tunic *n.* लुगा luga

tunnel *n.* सुरुङ surun

turban *n.* फेटा pheta
turbid *adj.* धमिलो dhamilo
turbulent *adj.* उग्र ugra
turf *n.* घाँस चौर ghanse chaur
turmeric *n.* हलेदो haledo
turmoil *n.* उत्पात utpat
turn *n.* घुमाउ ghumau
turn against *v.* विरुद्ध हुनु wiruddha hunu
turn down *v.* अस्वीकार aswikar
turn of the century *n.* युगसन्धि yug sandhi
turn off *v.* बन्द गर्नु band garnu
turn on *v.* खोल्नु kholnu
turn out *v.* निकाल्नु nikalnu
turn over *v.* उल्टाउनु ultaunu
turn to *v.* लाग्नु lagnu
turn turtle *v.* घोप्टिनु ghop tinu
turn up *v.* एकत्र हुनु ekatra hunu
turncoat *n.* दल छोडाहा dal chhodaha
turning *n.* मोड mod
turning point *n.* मोड mod
turnip *n.* सलगम salgam
turnkey *n.* जेलर jelar
turnover *n.* आय aya
turnpike *n.* शुल्कद्वार shulk dwar
turpentine *n.* तारपिनको तेल tarpinko tel
turpitude *n.* दुष्टता dushtta
turquoise *n.* फिरोज ढुङ्गा phiroj dhunga
turret *n.* बुर्जा burja
tusk *n.* हात्ती को दाह्रो hatti ko darho
tussle *n.* झगडा jhagada
tutelage *n.* संरक्षण sanrakshan
tutor *n.* गुरु guru
twain *n.* दुई dui
tweak *n.* निमोठ्नु nimothnu
tweed *n.* टुवीडको लुगा tweedko luga
twelve *n.* बाह्र barha
twentieth *adj.* बीसौँ biasaun
twice *adv.* दुईपल्ट duipalta
twig *n.* झिँझा jhinjha
twilight *n.* गोधूलि go dhuli
twin *n.* जुम्ल्याहा jumlyaha
twinkle *v.* चम्कनु chamkanu
twist *v.* बटार्नु batarnu
two *n.* दुईपल्ट duipalta
two-dimensional *adj.* दुई आयामको dulayamko
two-edged *adj.* दुईधारे dul dhare
two-faced *adj.* कपटी kapati
two-way *adj.* दोहोरो dohoro
type *n.* किसिम kisim
typewriter *n.* टाइपराइटर taip raitar
typhoid *n.* टायफाइड typhoid
typhoon *n.* प्रचण्ड तूफान prachand toofan
typhus *n.* जरो आउने सरूवा रोग jaro aaune saruwa rog
typical *adj.* खास khas
typist *n.* टाइपिस्ट taipist
tyrannical *adj.* निरङ्कुश nirankush

tyranny *n.* अत्याचार atyachar

tyre *n.* टायर taayar

U

udder *n.* कल्चौंडो kal chaundo

ugly *adj.* नराम्रो na ramro

ukulele *n.* चार तारे गिटार char taare gitar

ulcer *n.* घाउ ghau

ulterior *adj.* अव्यक्त awaykat

ultimate *adj.* अन्तिम antim

ultimately *adv.* अन्तमा antma

ultimatum *n.* आखिरी शर्त akhiri shart

ultra *pref.* अत्यधिक atadhik

ultramarine *n.adj.* उज्जवल नीलो ujjawal neelo

umbrella *n.* छाता chhata

umpire *n.* निर्णायक nirnayak

umpteen *adj.* धेरै dherae

unabashed *adj.* अलिज्जित alijjit

unabated *adj.* नघटेको naghateko

unabbreviated *adj.* असंक्षिप्त asankshipt

unable *adj.* नसक्ने na sakne

unacknowledged *adj.* अस्वीकृत aswikrit

unacquainted *adj.* चिनापर्ची नभएको china parchi na bhaeko

unactable *adj.* अभिनय गर्न नसकिने abhinay garn naskine

unadorned *adj.* नसिँगारिएको nasingariyeko

unaffected *adj.* सीधासाधा sidha sadha

unafraid *adj.* निडर nidar

unaimed *adj.* लक्ष्यहीन lakshyaheen

unallied *adj.* असम्बद्ध asambadh .

unalterable *adj.* अपरिवर्तनीय apartivartinya

unaltered *adj.* अपरिवर्तित aparivartit

unambiguous *adj.* सुस्पष्ट susapshat

unanimous *adj.* एकमत ek mat

unappealable *adj.* अपील हुन नसक्ने apeel hun naskane

unapt *adj.* अनुपयुक्त anupyukt

unarmed *adj.* निहत्था nihattha

unassailable *adj.* अकाट्य akataya

unattached *adj.* खुकुलो khukulo

unaware *adj.* अनजान anjan

unblessed *adj.* अपवित्र apavitar

unbolt *v.* खोल्नु kholnu

unbred *adj.* अशिक्षित ashikshit

uncalled for *adj.* नबोलाएको nabolaiko

uncaring *adj.* निश्चिन्त nishchint

uncertain *adj.* अनिश्चित anishchit

unchaste *adj.* चोखो नभएको chokho nabhayko

uncivillised *adj.* असभ्य asabhya

unclas *adj.* नाङ्गो naango

unclassified *adj.* अवर्गीकृत awargikrit
uncle *n.* ठूलो बा thulo ba
unclench *v.* खोल्नु kholnu
uncomfortable *adj.* असजिलो asajilo
unconformable *adj.* असंगत asangat
unconformity *n.* असंगतता asangatata
unconnected *adj.* असम्बद्ध asambadh
unconquerable *adj.* अविजेय avijay
unconscious *adj.* बेहोश behosh
uncooked *adj.* काँचो kancho
uncork *v.* काग खोल्नु kaag kholnu
uncouple *v.* अलग गर्नु alag garnu
uncouth *adj.* गँवार ganwar
uncover *v.* आवरण उघार्नु awaran udharnu
uncrushable *adj.* अदम्य adamya
uncultured *adj.* असभ्य asabhya
undecided *adj.* अनिश्चित anishchit
under *prep.* मुनि muni
under age *adj.* अवयस्क awayask
underbred *adj.* अशिष्ट ashisht
underbrush *n.* झाड़ी jhaddi
undercarriage *n.* हवाईजहाजको उत्रने चक्का hawaijahaj unneko chakka
underclothes *n.* भित्रपट्टि लाउने लुगा bhitrpatti laune luga
underdog *n.* हरुवा haruwa
underdone *adj.* अधकल्चो adhkalvo
underestimate *v.* कम सम्झनु kam samjhanu
undergraduate *n.* स्नातक उपाधि प्राप्त नगरेको व्यक्ति sanatak upadhi prapt nagreko vyakti
underground *adj.* भूमिगत bhumi gat
underneath *adv.* मुन्तिर muntira
underrate *v.* कम महलत्तव दिनु kam mahattwa dinu
undersized *adj.* सानु कदको sanu kad ko
understand *v.* बुझनु bijhnu
understanding *n.* समझदारी samajh dari
undertake *v.* कबुल गर्नु kabul garnu
undertaking *n.* काम kam mahattwa dinu
underwear *n.* भित्री लुगा bhitri luga
underworld *n.* पाताल patal
undesirable *adj.* अवांछनीय awanchhaniya
undeveloped *adj.* अविकसित aviksit
undies *n.* स्त्रीको भित्री लुगा striko bhitri luga
undignified *adj.* मर्यादाहीन maryadaheen
undo *v.* फुकाउनु phukaunu
undoubtedly *adv.* निस्सन्देह nissandeh

undressed *adj.* लुगा नलाएको luga na laeko
undue *adj.* अनुचित anuchit
unearth *v.* खनेर निकाल्नु khaner nikalnu
uneasy *adj.* असजिलो asajilo
uneconomical *adj.* खर्चिलो kharchilo
unemployed *adj.* बेकार bekar
unemployment *n.* बेरोजगारी berojgari
unenlightened *adj.* राम्रो जानकारी नभएको ramro jaankari nabhayko
unequalled *adj.* बेजोड़ bejodh
uneven *adj.* बिजोर bijor
unexampled *adj.* अतुलनीय atulniya
unfair *adj.* पक्षपाती paksh pati
unfasten *v.* खोल्नु kholnu
unfathered *adj.* बतासे bataase
unfavo(u)rable *adj.* प्रतिकूल prati kul
unfavourable *adj.* प्रतिकूल prati kul
unfeeling *adj.* निष्ठुर nishthur
unfettered *adj.* स्वच्छन्द swachand
unfit *adj.* अयोग्य ayogya
unfold *v.* खोल्नु kholnu
unformed *adj.* निश्चित आकार nischit akaar
unfortunate *adj.* अभागी abhagi
unfreeze *v.* रोकटोक हटाउनु roktok hataunu
unfurl *v.* खोलिनु kholinu
unfurnished फर्निचर नभएको furniture nabhayko
ungainly *adj.* भद्दा बेढंगको bhadda bedhangko
unhand *adj.* भारी bhaari
unhorse *v.* घोड़ाबाट लड़ाउनु ghodabaat ladaunu
unicameral *adj.* एक सदनीय ek sadaniya
unicellular *adj.* एक कोषीय ek koshiya
unicolour *adj.* एक रंगको ek rangko
unidimensional *adj.* सतही satahi
unification *n.* एकीकरण ekikaran
uniform *n.* बर्दी bardi
uniformity *n.* एकरूपता ek rupta
unify *v.* एक गराउनु ek garaunu
unimportant *adj.* महत्त्वहीन mahattwahin
uninhabitable *adj.* बस्न लायकको नभएको basn layakko nabhayko
unintelligent *adj.* मूर्ख moorkh
union *n.* एकता ekata
unique *adj.* बेजोड bejod
unit *n.* एकाइ ekai
unitary *adj.* एकात्मक ekatamak
unite *v.* जोड्नु jodnu
united *adj.* संयुक्त samyukta
unity *n.* एकता ekata
universal *adj.* विश्वव्यापी wishwa wyapi

universe *n.* ब्रह्माण्ड brahmand

university *n.* विश्वविद्यालय wishwa widyalaya

unjust *adj.* अन्यायी anyayi

unkind *adj.* निर्दय nirday

unknowable *adj.* अज्ञेय agyae

unknown *adj.* अज्ञात agyat

unlade *v.* उतार्नु utaarnu

unlash *v.* खोल्नु kholnu

unlearned *adj.* अनपढ़ anpad

unleash *v.* खोल्नु kholnu

unlikelihood *n.* असम्भाव्यता asambhavyta

unlimber *v.* तयार गर्नु tyar garnu

unlime *adj.* असमान asaman

unlimited *adj.* असीमित asimit

unload *v.* माल उतार्नु mal utarnu

unlucky *adj.* अभागी abhagi

unman *v.* हिम्मत तोड्नु himmat todhnu

unmanly *adj.* कमजोर kamjor

unmarked *adj.* अचिन्हित achinhit

unmarried *adj.* विवाह नभएको wiwahna bhaeko

unmeaning *adj.* निरर्थक nirarthak

unnamed *adj.* अनाम anaam

unnatural *adj.* अप्राकृतिक aprakritik

unnecessary *adj.* नचाहिंदो na chahindo

unnoticed *adj.* नदेखेको na dekheko

unobstructed *adj.* नछेकिएको na chhekieko

unorthodox *adj.* अपरम्परागत aprampragat

unpack *v.* खोल्नु kholnu

unpaid *adj.* नतिरिएको na tirieko

unpeople *v.* जनशून्य गर्नु janshunya garnu

unpick *adj.* सिलाई खोल्नु silai kholnu

unpleasant *adj.* नरमाइलो na ramailo

unpopular *adj.* अलोकप्रिय alokpriya

unprecedented *adj.* पहिले नभएको pahile na bhaeko

unprepared *adj.* तयार नभएको tayar na bhaeko

unproductive *adj.* अनुत्पादक anutpadak

unpublished *adj.* अप्रकाशित aprakashit

unqualified *adj.* अयोग्य ayogya

unquote *v.* उद्धरणाचिन्ह बन्द गर्नु udwaranchinha bandh garnu

unready *adj.* अप्रस्तुत aprastut

unreasonable *adj.* बेमनासिब bemanasib

unrefined *adj.* अपरिष्कृत aparishkrit

unreliable *adj.* भर पर्न नसकिने bhar parn naskine

unrest *n.* अशान्तिगडबड ashanti

unriddle *v.* हल गर्नु hal garnu

unripe *adj.* काँचो kancho

unroll लपेटको वस्तु खोल्नु lapetko vastu kholnu

unroot *v.* उखाल्नु ukhalnu
unruly *adj.* अटेरी ateri
unsatisfactory *adj.* असन्तोषजनक asantoshjanak
unseen *adj.* नदेखिएको na dekhieko
unsheathe *v.* दाप वा म्यानबाट झिक्नु daap wa myanbaat jhiknu
unskillful *adj.* अदक्ष adaksh
unsociable *adj.* अरूको संगत नरूचाउने arooko sangat naruchaune
unsophisticated *adj.* सोझो sojho
unspeakable *adj.* अवर्णनीय awarnaniya
unspeakable *adj.* अकथनीय akathniya
unspotted *adj.* निष्कलंक nishkalank
unstable *adj.* अस्थिर asthir
unsteady *adj.* अस्थिर asthir
unsubstantial *adj.* निराधार niradhar
unsuccessful *adj.* असफल asaphal
unsuitable *adj.* अफाप aphap
unsure *adj.* अनिश्चित anishchit
unsuspected *adj.* असंदिग्ध asandigdh
unsuspecting *adj.* शंका नगरिने shanka na garine
untie *v.* फुकाउनु phukaunu
until *conj.* जबसम्म......हुँदैन jaba samma hundaina
untimely *adj.* असामयिक asakayik
untiring *adj.* नथाकीकन काम गरिरहने nathakeekan kaam garirehne
untitled *adj.* शीर्षकहीन sheershakheen
untouchable *n.* अछूत achhut
untouched *adj.* नछोएको nachoyeko
untoward *adj.* अशुभ ashubh
untrue *adj.* असत्य asatya
unusual *adj.* अनौठो anautho
unveil *v.* अनावरण गर्नु anawaran garnu
unwashed *adj.* असिंचित asinchit
unwell *adj.* बिसंचो bisancho
unwilling *adj.* बिराजी biraji
unwonted *adj.* अनभ्यस्त anbhyast
unworthy *adj.* अयोग्य ayogya
unzip *v.* जिप खोल्नु zip kholnu
up *prep/* माथि mathi
up against *adv.* निकट nikat
up against it *adv.* ठूलो कठिनाइमा thulo kathinai ma
up and coming *adj.* प्रगति गर्दै pragati gardai
upbraid *v.* डाँट्नु daantnu
upbringing *n.* शिक्षादीक्षा siksha diksha
upgrade *v.* पदोन्नति गर्नु paddonti garnu
upheaval *n.* उथलपुथल uthal puthal
uphill *adj.* उकालो ukalo
uphold *v.* समर्थन गर्नु samarthan garnu

uplift *n.* उन्नति unnati
upon *prep.* मा ma
upper *adj.* माथिल्लो mathillo
upperhand *n.* माथिल्लो हात mathillo hat
uppermost *adj.* सबभन्दा माथिल्लो sab bhanda mathilo
upright *adj.* खडा khada
uprising *n.* आन्दोलन andolan
uproar *n.* होहल्ला ho halla
uproot *v.* उखेल्नु ukhelnu
ups and downs *n.* तल माथि tala mathi
upset *v.* उल्टिनु ultinu
upside down *adj./adv.* उभिण्डो ubhindo
upstairs *n.* माथिल्लो तला mathillo tala
upstream *adv.* प्रवाहविपरीत prawah wiparit
upto *prep.* सम्म samma
upward *adj.* मास्तिर जाने mastir jaane
upwards *adv.* माथितिर mathi tira
uranium *n.* यूरेनियम urenium
uranus *n.* यूरेनस ग्रह urenus grah
urban *adj.* ाहरी shahari
urge *v.* जोर/ताकिता गर्नु jor/takita garnu
urgency *n.* महत्त्वहीन mahattwahin
urgent *adj.* जरुरी jaruri
uric *adj.* मूत्रको mutrako
urinal *n.* शौचालय shauchalaya
urine *n.* पिसाब pisab
urnate *v.* पिसाब गर्नु pishab garnu
us *pron.* हामीलाई hami lai
usage *n.* प्रयोग prayog
use *v.* प्रयोग prayog
use up *v.* सिद्धयाउनु siddhyaunu
used *adj.* पुरानो purano
useful *adj.* उपयोगी upyogi
useless *adj.* निकम्मा nikamma
usher *n.* बस्ने ठाउँ देखाउनु basne thaun dekhaune
usual *adj.* साधारण sadharan
usually *adv.* अक्सर aksar
utensils *n.* भाडाँकुँडा bhanda kunda
uterus *n.* पाठेघर patheghar
utility *n.* उपयोगिता upyogita
utilization *n.* उपयोग upyogi
utilize *v.* उपयोग गर्नु upyog garnu
utmost *adj.* परम param
utter *v.* भन्नु bhannu
uvula *n.* किलकिले kilkile

V

vacant *adj.* खाली khali
vacation *n.* लामो छुट्टी lamo chhutti
vaccinate *v.* खोपाउनु khopaunu
vaccination *n.* खोप khopaunu
vaccine *n.* खोप khopaunu
vacillate *v.* दोमन गर्नु doman garnu

vagabond *n.* फिरन्ता phiranta
vagina *n.* योनि yoni
vague *adj.* अस्पष्ट aspasht
vain *adj.* व्यर्थ wyarth
valence *n.* संयोजकता sanjogota
valiant *adj.* साहसी sahasi
valid *adj.* मनासिब manasib
validity *n.* मान्यता manyata
valley *n.* उपत्यका upatyaka
valour *n.* वीरता veerta
valuable *adj.* मूल्यवान mulya wan
valuation *n.* मूल्यनिर्धारण mulya nirdharan
value *n.* मूल्य mulya
valueless *adj.* बेकारको bekar ko
valve *n.* कपाट kapaat
vamoose *v.* चाँड़ो जाऊ chando jaun
van *n.* बन्द गाडी bandgadi
vanish *v.* अल्पिनु alpinu
vanity *n.* घमण्ड ghamand
vanquish *v.* हराउनु haraunu
vapo(u)r *n.* बाफ baph
variable *adj.* बदलने badalne
variation *n.* परिवर्तन pariwartan
varied *n.* विविध wiwidh
variety entertainment *n.* विविध मनोरंजन wiwidh manoranjan
various *adj.* विभिन्न wibhinna
varsity *n.* को छोटो रूप ko chhoto roop
vary *v.* बदलिनु badlinu
vascular *adj.* संवहिनी swahini
vase *n.* फुलदान phuldan
vasectomy *n.* नसच्छेदन nas chchhedan
vaseline *n.* भेसलिन beslin
vast *adj.* विशाल wishal
vat *n.* टंकी tanki
vault *n.* गुम्बजदार छाना gumbaj dar chhana
vegetable *n.* तरकारी tarkari
vegetation *n.* वनस्पति wanaspati
vehement *adj.* प्रचण्ड prachand
vehicle *n.* सवारी sawari
veil *n.* घुम्टो ghumto
vein *n.* नसा nasa
vellum *n.* चर्मपत्र charampatra
velocity *n.* गति gati
velour *n.* मखमल जस्तो वस्त्र makhmal jasto vastra
velvet *n.* मखमल makhmal
vendor *n.* विक्रेता wikreta
venerable *adj.* आदरणीय adarniya
vengeance *n.* बदला badla
venial *adj.* क्षम्य shamya
venison *n.* मृगको मासु mrigko masu
venom *n.* विष wishal
venomous *adj.* विषालु wishalu
venous *adj.* शिराको shirako
vent *n.* निकास nikas
ventilation *n.* वायु संचालन wayu sanchalan
venture *n.* साहसको काम sahas ko kam

venus *n.* शुक्रग्रह shukra graha
verb *n.* क्रियापद kriyapad
verbal *adj.* मौखिक maukhik
verdict *n.* फैसला phaisla
verdure *n.* हरियाली haryali
verification *n.* प्रमाणीकरण pramanikaran
verify *v.* रुजू/प्रमाणित गर्नु ruju/ pramanit garnu
verisimilitude *n.* साँचो जस्तो देखिने गुण saancho jasto dekine gun
veritable *adj.* साँचो saancho
verity *v.* सत्यता satyata
vermilion *n.* सिन्दूर sindur
vermouth *n.* सुरविशेष survishesh
vernacular *n.* स्वदेशी भाषा swadeshi bhasha
vernal *adj.* वसन्तको wasantko
verse *n.* कविता kawita
version *n.* अनुवाद anuwad
versus *prep.* विरुद्ध wiruddha
vertex *n.* शीर्ष sheersh
vertical *adj.* ठाडो thado
vertigo *n.* रिंगटा ringta
verve *n.* उत्साह utsaw
very *adv.* धेरै dherai
vessel *n.* भाँडो bhando
vest *n.* गन्जी ganji
veteran *n.* अनुभवी anubhawi
veto *n.* निषेध nishedh
via *prep.* भएर bhaera
viable *adj.* बाँच्न सक्ने banchna sakne
via-media मध्यमार्ग madhyamarg
vibraphone *n.* बाजा baaja
vibrate *v.* थर्कनु tharkanu
vibration *n.* कम्पन kampan
vice *n.* पाप pap
vice chancellor *n.* उपकुलपति upkulpati
vice president *n.* उपराष्ट्रपति uprashtrapati
vice versa *adv.* विपरीत wiprit
vicious *adj.* दुष्ट dusht
vicissitude *n.* उलटफेर ultatpher
vicnity *n.* आसपास aspasht
victim *n.* शिकार shikar
victimize *v.* शिकार बनाउनु shikar banaunu
victor *n.* विजेता wijeta
victorious *adj.* विजयी wijayi
victory *n.* जीत jitnu
victual *v.* खाद्यसामग्रीले भर्नु khadyasamagri bharnu
videlicet *adv.* अर्थात् arthaat
video *n.* भिडियो bhidiyo
vie *v.* प्रतिस्पर्धा गर्नु pratispardha garnu
view *n.* विचार wichar
viewpoint *n.* दृष्टिकोण drishtikon
vigilant *adj.* चनाखो chanakho
vigo(u)r *n.* ाक्ति shakti
vigorous *adj.* जोडदार jod dar
vigorously *adv.* जोडसँग job sanga
vile *adj.* नीच nich

villa *n.* देहाती निवास dehati niwas
village *n.* गाउँ gaun
villager *n.* देहाती dehati
villain *n.* खलनायक khalnayak
villein *n.* सामन्ती प्रथाको दास samanti prathako das
vim *n.* उत्साह utsaw
vine *n.* लहरा lahara
vinegar *n.* सिरका sirka
vintner *n.* मदिराको बेपारी madira ko bepari
violate *v.* उल्लंघन गर्नु ullanghan garnu
violation *n.* उल्लंघन ullanghan
violence *n.* हिंसा hinsa
violent *adj.* हिंसात्मक hinsatmak
violet *adj.* बैजनी baijani
violin *n.* बेला bela
violinist *n.* बेलावादक bela wadak
viper *n.* विषालु सर्प vishalu sarp
virago *n.* भयानक कर्कशा आइमाई bhyanak karksha aeimai
virgin *n.* कन्याकेटी kanya keti
virgo *n.* कन्या राशि kanyariashi
virtual *adj.* झण्डैझण्डै jhandai jhandai
virtue *n.* सद्गुण sadgun
virtuous *adj.* सदाचारी sadachari
virus *n.* भाइरस bhairas
visa *n.* भिसा bhisa
visage *n.* अनुहार anuhaar
visible *adj.* देखिने dekhine
vision *n.* दृष्टिकोण drishtikon

visit *v.* भेट bhet
visitor *n.* आगन्तुक agantuk
visitor's book *n.* आगन्तुक पुस्तिका agantuk pustika
vista *n.* दृश्य drishya
visual *n.* दृष्टिसम्बन्धी drishti sambandhi
vital *adj.* आवश्यक awashyak
vitality *n.* जीवनशक्ति jiwan shakti
vitamin *n.* भिटामिन bhitamin
vivacious *adj.* सजीव sajiw
vivavoce *n.* मौखिक परीक्षा mokhik pariksha
vivid *adj.* उज्यालो ujyalo
vocabulary *n.* शब्दावली shabdawali
vocal *adj.* वाचिक wachik
vocalist *n.* गायक gayak
vocation *n.* पेशा pesha
vodka *n.* रूसी रक्सी roosi raksi
vogue *n.* चल्ती chalti
voice *n.* स्वर swar
voile *n.* मिहिन वस्त्र mihin vastra
volatile *adj.* चाँडै उड्ने chandai udne
volcano *n.* ज्वालामुखी jwalamukhi
vole *n.* मूसा जस्तो जन्त musa jasto jant
volleyball *n.* भलिबल bhalibal
volt *n.* भोल्ट bholt
volte-face *n.* पूर्ण परिवर्तन purn parvartan
voluminous *adj.* मोटो moto

voluntary *adj.* आफुखुशी aphu khushi

volunteer *n.* स्वयंसेवक swayam sewak

voluptuous *adj.* विषयभागी wishayabogi

vomit *n.* उल्टी ulti

voracious *adj.* पेटु petu

vote *n.* मत mat

vote down *v.* बहुमतले अस्वीकार गर्नुग bahu mat le aswikar garnu

vote of no confidence *n.* अविश्वास को प्रस्ताव awishwas ko prastaw

vote of thanks *n.* धन्यवाद-ज्ञापन dhanyawad gyapan

voter *n.* मतदाता mat data

vow *n.* प्रतिज्ञा pratigya

vox *n.* आवाज awaaz

vulgar *adj.* अश्लील ashlil

vulva *n.* भग bhag

vying *adj.* होड़ गर्ने hodh garne

W

wade *v.* नदी हेलेर तर्नु nadi helera tarnu

waffle *n.* सानो केक sano cake

wag *v.* हल्लाउनु hallaunu

wag(g)on *n.* चारपाङ्ग्रे गाडी char pangre gadi

wage *n.* तलब talab

wager *n.* बाजी baji

waggle *v.* हल्लाउनु hallaunu

waif *n.* घरविहीन व्यक्ति gharwihin vyakti

wail *v.* विलाप गर्नु vilap garnu

waistcoat *n.* इस्टकोट istkot

wait *v.* पर्खनु parkhanu

waiter *n.* बेयरा beyara

waiting list *n.* प्रतीक्षा सूचि pratiksha suchi

waiting room *n.* प्रतीक्षालय pratikshalaya

waitress *n.* बेयराकेटी beyaraketi

wake *v.* जाग्नु jagnu

wake up *v.* जगाउनु jagaunu

walk *v.* हिंड्नु hindnu

walk off with *v.* चोरेर लैजानु chorera laijanu

walker *n.* डुल्ने dulne

walkover *n.* सजिलो जीत sajilojit

wall *n.* भित्ता bhitta

wallet *n.* परस purse

wallop *n.* ओखर okhar

walnut *n.* ओखर okhar

wampum *n.* कौड़ीको माला kodhiko maal

wander *v.* घुम्नु ghumnu

wanderer *n.* डुलुवा duluwa

wanderlust *n.* घुम्ने इच्छा ghumne iccha

wane *v.* घट्नु ghatnu

want *v.* चाहनु cjajami

wanted *adj.* आवश्यक awashyak

wanton *adj.* अकारण akaaran

wantonly *adv.* बेमतलबसँग be matlab sanga

war *n.* लडाइँ ladai

war cry *n.* लडाइँको नारा ladain ko nara

ward *n.* आश्रित ashrit

ward off *v.* रोक्नुबचाउनु roknu bachanu

warder *n.* इयालखानको रक्षक eyalkhanko rakshak

wardrobe *n.* दराज daraj

warehouse *n.* गोदाम godam

warfare *n.* युद्ध yuddha

warlike *adj.* न्यानो nyano

warm *adj.* तातो tatto

warm up *v.* तताउनु tataunu

warm-hearted *adj.* दयालु dayalu

warmth *v.* सावधान गर्नु sawdhan garnu

warn *v.* चेताउनी दिनु chetauni dinu

warning *n.* चेतावनी chetawani

warp *v.* विकृत गर्नु वा हुनु vikrit garnu va hunu

warrant *n.* वारण्ट warant

warrior *n.* योद्धा yoddha

warrior *n.* सिपाही sipahi

wart *v./aux.* थियो thiyo

was *v.* थियो thiyo

wash *v.* धुनु dhunu

wash up *v.* माझनु majhnu

washabasin *n.* कोपरा kopara

washable *adj.* धुन हुनु dhuna hune

washed out *adj.* थाकेको thakeko

washer *n.* वासर wasar

washerman *n.* धोबी dhobi

washy *n.* बारुलो barulo

wasp *n.* बारूलो barulo

wastage *n.* खेर khera

waste paper *n.* रद्दी कागज raddi kagaj

waste(paper) basket *n.* रद्दी को टोकरी raddi ko tokari

wasted *adj.* खेर गएको khera gaeko

wasteland *n.* बन्जर जग्गा banjar jagga

wastrel *n.* बेकामे व्यक्ति bekaame vyakti

watch *n.* घडी ghadi

watch out *v.* सतर्क रहनु satark rahanu

watchful *adj.* सावधान sawdhan garnu

watchmaker *n.* घडीसाज ghadisaj

watchman *n.* पाले pale

watchword *n.* संकेत शब्द sanket shabd

water *n.* पानी pani

water down *v.* कम गरी दिनु kam gari dinu

water lily *n.* सेतो कमल seto kamal

waterfall *n.* झरना jharna

watermelon *n.* तरबुजा tarbuja

watermill *n.* पानीघट्ट pani ghatta

waterpipe *n.* पानीको पाइप pani ko paip

waterproof *adj.* पानीले नबिगार्ने pani le na bigarne
watershed *n.* जलाधार jaladhar
waterspout *n.* जलस्तम्भ jal stambha
watery *adj.* पन्यालो panyalo
wave *n.* लहर lahar
waver *v.* हिचकिचाउनु hichkichaunu
wavy *adj.* लहरदार lahardar
wax *n.* मैन main
way *n.* बाटो bato
way of life *n.* जीवनचर्या jiwan charya
way out *adv.* धेरै बाहिर dherai bahir
wayback *n.* बटुवा batuwa
wayfarer *n.* बटुवा batuwa
waylay *v.* ढुक्नु dhuknu
way-out *adj.* असाधारण asadharan
wayside *adj.* जिद्दी jiddi
wayward *adj.* हठी hathi
we *pron.* हामी hami
weak *adj.* कमजोर kamjor
weaken *v.* कमजोर तुल्याउनु kam jor tuly aunu
weak-minded *adj.* सुस्त sust
weakness *n.* कल्याण kalyan
weal *n.* कल्याण kalyan
weal and woe *n.* सुखदुःख sukh duhkh
wealth *n.* धन dhan
wealthy *adj.* धनी dhani
weapon *n.* हतियार hatiyar
wear *v.* लाउनु launu
wear and tear *n.* टुटफुट tytphut
wear away *v.* खिइनु khiinu
wear out *v.* फाट्नु phatnu
weariness *n.* थकाइ thakai
weary *adj.* थाकेको thakeko
weasel *n.* काठे न्याउरीमूसो kathe nyauri muso
weather *n.* मौसम mausam
weather forecast *n.* मौसम भविष्यवाणी mausam bhawishya wani
weather-beaten *adj.* घाम पानी खाएको gham pani khaeko
weave *v.* बुन्नु bunnu
weaving *n.* बुनाइ bunai
web *n.* जाली jali
wed *v.* बिहे गर्नु bihe garnu
wedding *n.* बिहे bihe
wedding ring *n.* बिहेको औंठी bihe ko aunthi
wedge *n.* विवाहबन्धन wiwah bandhan
wedlock *n.* विवाहित अवस्था vivahit awastha
Wednesday *n.* बुधवार budh bar
weed *n.* झारण jharna
week *n.* साता satark rahanu
weekend *n.* हप्ताको आखिरी दिन hapta ko akhiri din
weekly *n.* साप्ताहिक saptahik
weep *v.* जोख्नु jokhnu
weigh *v.* तौलनु tolnu

weight *n.* ढक dhak
weightless *adj.* भारहीन bharhin
weighty *adj.* भारी bhari
weir *n.* नदीको बाँध nadiko bandh
weird *adj.* भयानक bhayanak
welcome *n.* स्वागत swagat
welcome arch *n.* स्वागत द्वार swagat dwar
weld *v.* तताएर पिटेर जोड्नु tattair piter jodnu
welfare *n.* कल्याण kalyan
welfare state *n.* कल्याणकारी राज्य kalyankari rajya
well *adj.* निको niko
well advised *adj.* बुद्धिमान् buddhiman
well and good *adv.* बेस bes
well balanced *adj.* सन्तुलित santulit
well bred *adj.* सुशील sushil
well done *adj.* स्याबाश syabash
well informed *adj.* जानिफकार janiph kar
well intentioned *adj.* राम्रो नियतको ramro niyat ko
well judged *adj.* राम्ररी गरिएको ramrai garieko
well known *adj.* प्रसिद्ध prasiddha
well off *adj.* धनी dhani
well read *adj.* सुपठित supathit
well tried *adj.* राम्ररी कोशिश गरेको ramrari koshish gareko
well-being *n.* कल्याण kalyan
well-to-do *adj.* खुसहाल khushhal
well-wisher *n.* हितैषी hitaishi
welter *n.* छ्यासमिस chiasmis
wench *n.* ठिटी thiti
were *v./aux.* थए their
west *n.* पश्चिम pashchim
western *adj.* पश्चिमी pashchimi
westernise *v.* पश्चिमी रंगमा रंगिनु pashchimi ranga ma ranginu
westernmost *adj.* सुदूरपश्चिम sudur pashchim
westward *adv.* पश्चिमतिर pashchim tira
wet *adj.* भिजेको bhijeko
wet blanket *n.* रंगमा भंग गर्ने ranga ma bhang garne
wet nurse *n.* धाई dhai
wether खसी पारेको भेड़ा khasi pareko bheda
wett *v.* तानमा हालेर कपड़ा बनाउने बाना tanma haler kapda banaune wala
whale *n.* ह्वेल माछा hwel machha
what *int. pron.* के ke
what for *int. pron.* के को लागि ke ko lagi
what have you *pron.* त्यस्तै अरू कुरा tyastai aru kura
whatever *pron.* जेसुकै je sukai
whatsoever *pron.* जेसुकै je sukai
wheat *n.* गहुँगो gahun
wheat stalk *n.* छ्वाली chhwali
wheedle *v.* फुस्ल्याउनु phuslayunu
wheel *n.* चक्का chakka

wheelchair *n.* पांग्रे मेच pangremech
whelp *n.* चिप्लेकीरा chiplekira
when *int. pron.* कहिले kahile
where *int. pron.* काहँ kahan
whereabouts *adv.* ठेगाना thegana
wherever *adv.* जहाँसुकै jahan sukai
wherewithal *n.* पैसा आदि paisaadi
whether *conj.* कि ki
whetstone *n.* सान लाउने पत्थर san laune patthar
which *int.pron.* कुन kun
whiff *n.* फुस्स निस्केको हावा phuss niskeko hawa
while *con.* जबकि jaba ki
whim *n.* लहड lahad
whimsical *adj.* लहडी lahadi
whinny *v.* हिनहिनाउनु hinhinaunu
whip *n.* कोर्रा korra
whirl *v.* फनका ख्वाउनु phanka khwaunu
whisker *n.* जुँगा junga
whisper *v.* साउती गर्नु sauti garnu
whistle *n.* सिट्ठी sitthi
white *adj.* सेतो seto
white *adj.* सेतो seto
white elephant *n.* खर्चिलो हात्ति kharchilo hathi
white flag *n.* मिलापत्र झंडा mila patra jhanda
white hope *n.* आशाको ज्याति asha ko jyoti
white lie *n.* निदोष झूट nirdosh jhut
white paper *n.* वेतपत्र shwet patra
whitewash *n.* चुनको पोताइ chun ko potai
whither *adv.* कहाँ kahan
whitlow *n.* नङ्छुरी nan chhuri
whitsum *n.* इस्टरपछिको सातौं रविबार isterpachiko saathon ravibar
whittle *v.* काट्नु kaatnu
who *int. pron.* कोर्रा korra
whole *adj./adv.* सम्पूर्ण sampurn
wholehearted *adj.* सच्चा sachcha
wholesale *n.* थोक thok
wholesome *adj.* पौष्टिक paushtik
whom *int. pron.* कसलाई kaslai
whoop *v.* कराउनु karaunu
whooping cough *n.* लहरे खोकी lahare khoki
whore *n.* वेश्या veshya
whose *int.pron.* कस्को kasko
why *int. pron.* किन kina
wick *n.* बत्ती batti
wick *adj.* बदमास badmas
wicked *adj.* दुष्ट dusht
wicker *n.* बटारेको बेत batare ko bet
wide *adj.* चौडा chauda
wide awake *adj.* पूरा ब्यूँझेको pura byunjheko
wide-eyed *adj.* छक्क परेको chhakka pareko
widespread *adj.* व्यापक wyapak
widow *n.* विधवा widhwa

width *n.* चौडाइ chaudai

wield *v.* मच्चाउनु machchaunu

wife *n.* स्वास्नी swasni

wig *n.* नक्कली कपाल nakkali kapal

wiggle *v.* हल्लिनु halinu

wildcat *n.* बनबिरालो ban biralo

wilderness *n.* बंजर भूमि banjar bhoomi

wildfire *n.* डढेलो dadhelo

wiles *n.* चाल chaal

wilful *adj.* जिद्दी jiddi

will power *n.* इच्छाशक्ति ichchha shakti

willing *adj.* राजी raji

will-o-the-wisp *n.* राँकेभूत rankebhut

willy-nilly *adv.* इच्छा गरी वा नगरीकन iccha gari va nagrikan

wilt *v.* ओङलाउनु oilaunu

win *n.* जीत jit

wind *n.* हावा hawa

wind up *v.* समाप्त गर्नु samapt garnu

windbag *n.* बोलक्कड bolakkad

windfall *n.* झरेको फल jhare ko phal

windmill *n.* हावाघट्ट hawa ghatt

window *n.* झयाल jhyal

windswept *adj.* धेरै हावाको मार परेको dherai hawa ko mar pareko

wine *n.* रक्सी raksi

wing *n.* पखेटा pakheta

wink at *v.* आँखा झिम्क्याउनु ankha jhimkyaunu

winner *n.* जितुवा jituwa

winnow *v.* निफन्नु niphannu

winnowing tray *adj.* राम्रो ramro

winsome *adj.* आकर्षक akarshak

winter *n.* हिउँद hiund

winter sports *v.* पुछ्नु puchhnu

wipe पुछ्नु puchhnu

wipe out *v.* मेट्नु metnu

wiper *n.* पुछ्ने वस्तु puchhne wastu

wire *n.* तार tarbuja

wireless *n.* बेतार betar

wirepulling *n.* लुकेर गरिने काम lukera garine kan

wiring *n.* बिजुली को तार जडान bijuli ko tar jadan

wiry *adj.* तार जस्तो taar jasto

wisdom *n.* ज्ञान gyan

wisdom tooth *v.* बुद्धि बङ्गारो buddhi bangaro

wise *adj.* बुद्धिमान् buddhiman

wisecrack *n.* घ्चुड्किला chudkila

wisely *adv.* बुद्धिमानी साथ buddhimani sath

wish *v.* इच्छा/कामना गर्नु ichchha/kamna garnu

wishful *adj.* इच्छुक ichchhuk

wishful thinking *n.* त्यान्द्रो tyandro

wisp *n.* सानो मूठा sanomootha

wistful *n.* ज्ञान gyan

wit *v.* अर्थात् arthat

witch *n.* बोक्सी boksi

witch doctor *n.* धामी dhami
witchcraft *n.* बोक्सी विद्या boksi widya
with *prep.* सँग snaga
withdraw *v.* पछि हटनु pachhi hatnu
withdrawal *v.* ओइलाउनु oilaunu
wither *v.* ओइलाउनु oilaunu
withhold *v.* रोक्नु roknu
within *prep.* भित्र bhitra
without *prep.* बिना bina
withstand *adj.* बेकुफ bekuph
witless *n.* साक्षी sakshi
witticism *n.* चुट्किलो chutkilo
witty *adj.* विनोदपूर्ण vinodpurn
wizard *n.* बोक्सो bokshi
wizened *adj.* सूकेको sukeko
wobble *v.* हल्लनु hallanu
woe *n.* दुःख duhkha
wolf *n.* ब्वाँसो bwanso
woman *n.* महिला mahila
womantizer *n.* कोख kokh
womb *n.* गर्भ garam
women *n.* महिलाहरू mahila haru
wonder *n.* आश्चर्य उदेक ashcharya
wonderful *adj.* अचम्मको achamma ko
wonky *adj.* अस्थिर asthir
wont *n.* आदत aadat
woo *v.* प्रेम गर्नु premgarnu
wood *n.* काठ kath
woodcutter *n.* दाउरे daure
wooded *adj.* रूखहरू भएको rukh haru bhaeko
wooden *adj.* काठको kathko
woodpecker *n.* काठकोटेरो kathko tero
wool *n.* ऊन un
woollen *adj.* ऊनी uni
word *n.* शब्द shabd
word fof honour *n.* वचन wachan
word of mouth *n.* मौखिक maukhik
work *n.* काम kam
workable *adj.* कामचलाउ kam chalau
workaday *n.* कामदार kamdar
worker *n.* वेतनभोगी vetanbhogi
workforce *n.* प्राप्त मजदूर संख्या prapt majdur sankhya
working knowledge *n.* कामचलाउ ज्ञान kam chalau gyan
workload *n.* कामको भार kam ko bhar
workmanship *n.* कालिगढी kali gadhi
workout *v.* हिसाब गर्नु hisab garnu
workshop *n.* कार्यशाला karyashala
world *n.* संसार sansar
world-famous *adj.* विश्वप्रसिद्ध wishwa prasiddha
worldly *adj.* सांसारिक sansarik
worm *n.* गडेएँलो gadeunlo
worn out *adj.* झुत्रो jhutro
worried *n.* चिन्ता chinta
worry *v.* चिन्ता गर्नु chinta garnu
worse *adj.* अरू बढी खराब aru badhi kharab

worsen *v.* खराब हुनु kharab hunu
worship *n.* पूजा गर्नु puja garnu
worshipper *n.* भक्त bhakta
worst *adj.* सबभन्दा खराब sab bhanda kharab
worsted *adj.* लायक layak
worth *n.* मूल्य mulya
worthiness *n.* योग्यता yogyata
worthless *adj.* निकम्मा nikamma
worthwhile *adj.* उचित uchit
worthy *adj.* योग्य yogya
would *mod.* भयो bhayo
would-be *adj.* हुनेवाला hunewala
wound *n.* घाउ ghau
wounded *inter.* बाफरे बाफ babh re baph
wow *n.* ठूलो सफलता thulo safalta
wrangle *n.* गरम बहस garam bahas
wrap *n.* रिस ris
wrath *n.* क्रोध krodh
wreak *v.* भयानक क्षति पुरयाउनु bhyanak khasti puryanu
wreath *n.* माला mala
wreck *v.* नाश गर्नु nash garnu
wreckage *n.* रेन्चु renchu
wrench *v.* बटार्नु batarnu
wrest *v.* बलले खोस्नु bal le khosnu
wrestie *v.* कुस्ती खेल्नु kusti khelnu
wrestler *n.* पहलमान pahalman
wrestling *n.* कुस्ती kusti
wretched *adj.* दुःखी duhkhi
wriggle *v.* चलमलाउनु chalmalaunu
wring *n.* चाउरी chauri
wrinkle *n.* नाडी nadi
wrist *n.* नाड़ी naadi
wristwatch *n.* रिट rit
writ *n.* परमादेश parmadesh
write *v.* लेख्नु lekhnu
write off *v.* माफ गर्नु map garnu
write up *v.* वर्णन/प्रशंसा गर्नु warnan/prashamsa garnu
writer *n.* लेखक lekhak
write-up *v.* वर्णन लेख warnan lekh
writhe *v.* दुःखले छटपटाउनु dukkha le chhat pataunu
writing *n.* लेखाइ lekhai
written *adj.* लेखेको lekheko
wrong *adj.* गलत galat
wrong doing *n.* दुराचार durachar
wrong-headed *adj.* हठी hathi
wry *adj.* व्यंग्यपूर्ण vyangyapurn

X

xenophobia *n.* फोटोकापी photokapi
xerox *n.* फोटोकापी photocopy
xmas *n.* क्रिसमस krismas
x-ray *n.* एक्सरे eksre

Y

yacht *n.* पालवाला डुङ्गा palwala dunga

yahoo *n.* चौंरी गाई chaunri gai

yak *n.* तरुल tarul

yam *n.* तरूल tarul

yard *n.* सुट sut

yarn *n.* सूत soot

yaw *n.* हाई गर्नु hal garnu

yawn *v.* हाई गुर्न high garnu

yaws *n.* गरम ठाँउमा हुने छालाको रोग garam thaunma hune chalako rog

yea *adv.* हो ho

year *n.* वर्ष warsh

year in and year out *adv.* निरन्तर nirantar

yearly *adj.* वार्षिक warshik

yearn *v.* रहर गर्नु rahar garnu

yearning *n.* मार्च march

yeast *n.* खमीर khameer

yell *v.* तीखो स्वर thekho soar

yellow *adj.* पहेँलो pahenlo

yellow fever *n.* पीतज्वर pit jwar

yellow press *n.* पीत पत्रकारिता pit patra karita

yelp *v.* छोटो chhoto

yeoman *n.* भूमिधर bhumi dhar

yeoman service *n.* खाँचो पर्दा गरिने सेवा khancho parda garine sewa

yes *n.* हो ho

yesman *n.* जीहजुरिया ji hajuriya

yesterday *adv.* अझै ajhai

yet *conj.adv.* अइसम्म ahism

yeti *n.* सोक्पा sokpa

yield *n.* पैदावार paidawar

yoga *n.* योग yog

yogurt, yoghurt *n.* दही dahi

yokel *n.* गाउँले gaunle

yolk *n.* अण्डा को पहेँलो भाग anda ko pahenlo bhag

yonder *adj.adv.* त्यहाँ tyehan

yore *n.* प्राचीन समय prachin samaya

you *pron.* तिमी timi

young *adj.* तरुण tarun

younger *adj.* कान्छो kanchho

youngest *adj.* सबभन्दा कान्छो sab bhanda kanchho

youngsters *n.* बालबालिका bal balika

your *pron.* तिम्रो timro

yourself *pron.* तिमी आफै timi aphai

youth *n.* यौवन yauwan

youthful *adj.* तरूण tarun

yowl *v.* लामो ठूलो स्वरले कराउनु lamo thulo swarle karaunu

Z

zany *n.* मसखरा maskhara

zap *v.* हमला गर्नु hamla garnu

zeal *n.* कट्टरपन्थी kattarpanthi

zealot *n.* कट्टर समर्थक kattar samarthak

zealous *adj.* उत्साही utsahi

zebra *n.* जेब्रा घोडा jebra ghoda

zen *n.* बौद्ध धर्मको एक रूप bodh dharamko ek roop
zephyr *n.* पश्चिमी वायु paschimi vayu
zero *n.* उत्साही utsahi
zest *n.* ठूलो रूचि thulo ruchi
zigzag *adj.* बाङ्गोटिङ्गो bango tingo
zinc *n.* जस्ता jasta
zipper *n.* जिपर jiper
zodiac *n.* राशिचक्र rashi chakra
zombie *n.* बुद्धिहीन व्यक्ति budhiheen vyakti

zone *n.* अंचल anchal
zone of peace *n.* शान्तिक्षेत्र shanti kshetra
zoo *n.* चिडियाखाना chidiya khana
zoological garden *n.* चिडियाखाना chidiya khana
zoologist *n.* प्राणीशास्त्री prani shastri
zoology *n.* पशुविज्ञान pashu wigyan

NEPALI-ENGLISH

A

a aphnu आ-आफ्नु *adj.* respective
aachran आचरण *n.* bearing
aadat आदत *n.* wont
aadesh dinu आदेश दिनु *v.* enjoin
aagman आगमन *n.* advent
aaharko आहारको *adj.* alimentary
aahawan आह्वान *adj.* clarion
aakashiya आकाशीय *adj.* spatial
aakha ko ghar आखाको घर *n.* orbit
aakraman आक्रमण *n.* spasm
aalamb आलम्ब *n.* fulcrum
aandirko tel अँडिरको तेल *n.* castor-oil
aandra आन्द्रा *n.* entrails
aangan आँगन *n.* patio
aankha ladaunu आँखा लड़ाउनु *v.* ogle
aankhako phulo आँखाको फुलो *n.* cataract
aanyanand अन्यानन्द *n.* jubilation
aaram dine आराम दिने *adj.* restful
aaram ko nokari आरामको नोकरी *n.* sinecure
aarop आरोप *v.* allege
aarop आरोप *n.* charcoal
aasankha आशांखा *n.* qualm
aatankit आतंकित *adj.* aghast
aath आठ *n.* eight
aatma santust आत्मसन्तुष्ट *adj.* complacent
aaunu आउनु *v.* perspire

aaykarmathi laagne thapkar आयकरमाथि लाग्ने थप कर *n.* supertax
aba dekhi अबदेखि *adv.* henceforth
abahari आभारी *adj.* beholden
abble अब्बल *adj.* premier
abela अबेला *n.* late
abhadra bolne अभद्र बोल्ने *adj.* rough-tongued
abhagi अभागी *adj.* hapless
abhagi अभागी *adj.* unfortunate
abhagi अभागी *adj.* unlucky
abhar आभर मान्नु *v.* acknowledge
abhari आभारी *adj.* grateful
abhari आभारी *n.* gratitude
abhari आभारी *adj.* thankful
abharod अवरोध *n.* halt
abhav अभाव *n.* dearth
abhaw अभाव *n.* shortage
abhaya patra अभयपत्र *n.* safe conduct
abhibhawak अभिभावक *n.* guardian
abhijattantra अभिजाततंत्र *n.* aristrocracy
abhinandan/salam garnu अभिनन्दन/सलाम गर्नु *v.* greet
abhinay garn naskine अभिनय गर्न नसकिने *adj.* unactable
abhinay garnu अभिनय गर्नु *v.* enact
abhineta अभिनेता *n.* actor
abhinetrl अभिनेत्री *n.* actress
abhinna अभिन्न *adj.* integral
abhiruchi अभिरूचि *n.* penchant

abhiwyakti अभिव्यक्ति *n.* expression
abhiyukta अभियुक्त *n.* convict
abhrak अभ्रक *n.* mica
abhyas अभ्यास *n.* exercise
abhyas garnu अभ्यास गर्नु *v.* practice
abhyast garnu अभ्यस्त गर्नु *v.* inure
abresum sutnu अबेरसम्म सुत्नु *v.* oversleep
abrodh अवरोध *n.* slege
achal अचल *adj.* immovable
achamma ko अचम्मको *adj.* amazing
achamma ko अचम्मको *adj.* wonderful
achamma lagdo अचम्म लाग्दो *adj.* surprising
achanak अचानक *adj.* sudden
achanak adnu अचानक अड्नु *v.* stop short
achar अचार *n.* pickle
achar अचल *adj.* stable
achet अचेत *v.* stun
achet awastha ma barbaraune अचेत अवस्थामा बर्बराउने *adj.* delirious
achhut अछूत *n.* untouchable
achinhit अचिन्हित *adj.* unmarked
adaksh अदक्ष *adj.* unskillful
adal badal अदलबदल *n.* alteration
adal badal अदलबदल *n.* change
adalat अदलात *n.* court
adalat janch अदालती जाँच *n.* inquest
adalati अदालती *adj.* judicial

adalatko अदालत को *adj.* forensic
adamay अदम्य *adj.* irrepressible
adamya अदम्य *adj.* uncrushable
adan linu अडान लिनु *v.* sit tight
adan pradan आदानप्रदान *n.* give and take
adar आद *n.* courtesy
adar आदर *n.* esteem
adar आदर *n.* reverence
adar आदर *n.* respect
adar garnu आदर गर्नु *v.* regard
adarniya आदरणीय *adj.* respectable
adarniya आदरणीय *adj.* venerable
adarsh vakya आदर्श-वाक्य *n.* motto
adesh आदेश *n.* instruction
adesh dinu आदेश दिनु *v.* dictate
adesh ko palan garnu आदेश पालन गर्नु *v.* toe the line/mark
adha आधार *n.* half
adha chandra अर्धचन्द्र *n.* half-moon
adha jhukeko आधा झुकेको *adj.* half-mast
adha rat आधारात *n.* midnight
adha writta आधा वृत्त *n.* semicircle
adha-adha garnu आधा आधा गर्नु *v.* halve
adhar आधार *n.* groundwork
adhar bhut आधारभूत *n.* basis
adhar bhut आधारभूत *adj.* fundamental
adharat pachhi ko samaya आधारात तपछिको समय *n.* small hours

adharbhut karan आधारभूत कारण *n.* rationale
adharmi अधर्मी *adj.* impious
adharshila आधारशिला *n.* cornerstone
adhayansheel अध्ययनशील *adj.* studious
adhbainse umer अधबैंसे उमेर *n.* middle age
adheer अधीर *adj.* impatient
adhik अधिक *adj.* predominant
adhik dam linu wa magnu अधिक दाम लिनु वा माग्नु *v.* overcharge
adhik vastu अधिक बस्नु *v.* overstay
adhikar अधिकार *n.* authority
adhikar dinu अधिकार दिनु *v.* empower
adhikar dinu अधिकार दिनु *v.* entitle
adhikrit अधिकृत *n.* officer
adhiktam अधिकतम *adj.* maximum
adhinta अधीनता *n.* subjection
adhinta अधीनता *n.* submission
adhinta आड *n.* support
adhirajya अधिराज्य *n.* kingdom
adhkalvo अधकल्चो *adj.* underdone
adhobindu अधोबिन्दु *n.* nadir
adhunik आधुनिक *adj.* modern
adhunik banaunu आधुनिक बनाउनु *v.* modernize
adhyadesh अध्यादेश *n.* ordinance
adhyaksha अध्यक्ष *n.* chairman
adhyatmik आध्यात्मिक *adj.* spiritual
adhyaya अध्याय *n.* chapter

adim आदिम *adj.* primeval
adivasi आदिवासी *n.* aborigines
adiwasi आदिवासी *n.* miscreant
admim आदिम *adj.* primal
adne shakti अड्ने शक्ति *n.* stamina
adne shakti अड्ने शक्ति *n.* staying power
adrishya अदृश्य *adj.* hidden
aduwa अदुवा *n.* ginger
advertisement विज्ञापन *n.* advertisement
adwitiya अद्वितीय *adj.* inimitable
afantharu आफन्तहरू *n.* kith
agadi अगाडि *prep.* before
agadi ko अगाडिको *adj.* forward
agadi ko batti अगाडिको बत्ती *n.* headlight
agadiko अगाडिको *advj.* front
agaman आगमन *n.* arrival
agami आगामी *adj.* forthcoming
agantuk आगन्तुक *n.* visitor
agantuk pustika आगन्तुक पुस्तिका *n.* visitor's book
agarbatti अगरबत्ती *n.* incense
agentko kaam एजेन्टको काम *n.* agency
agenu अगेनु *n.* fireplace
agenuko kuna अगेनुको कुना *n.* inglenook
agenuko mastir raheko kath अगेनुको मास्तिर रहेको काठ *n.* mantelpiece
aghi अघि *adv.* ago

aghi अघि *adv.* ahead
aghi अघि *adv.* ere
aghi aghi अघिअघि *adv.* onward
aghi badhnu अघि बढ्नु *v.* proceed
aghi dhakelne kaam अघि धकेल्ने काम *n.* propulsion
aghi ko अधिको *adj.* former
aghi ko अधिको *adj.* previous
aghi nai अघि नै *adv.* already
aglo अग्लो *adj.* high
aglo अग्लो *adj.* tall
aglo burja अग्लो बुर्जा *n.* tower
aglo ra dublo अग्लो र दुब्लो *adj.* lanky
aglo ra dublo अग्लो र दुब्लो *adj.* lofty
ago आगो *n.* fire
ago ko lapka आगो को लप्का *n.* flame
ago nibhaune manis आगो निभाउने मानिस *n.* fireman
agoko jharilo rahal आगोको झरिलो रहल *n.* embers
agrabhaag अग्रभाग *n.* prow
agraha garnu आग्रह गर्नु *v.* inculcate
aguwa अगुवा *n.* harbinger
aguwa अगुवा *n.* pioneer
agya आज्ञा *n.* command
agya kari आज्ञाकारी *adj.* obedient
agya palak आज्ञापालक *adj.* dutiful
agya palan आज्ञापालन *n.* obedience
agya palan garnu आज्ञा पालन गर्नु *v.* obey
agya/anumati patra आज्ञा/अनुमति पत्र *n.* licence
agyae अज्ञेय *adj.* unknowable
agyani अज्ञानी *adj.* ignorant
agyani vyakti अज्ञानी व्यक्ति *n.* ignoramus
agyanta अज्ञानता *n.* ignorance
agyat अज्ञात *adj.* unknown
aham अहम *n.* ego
ahan अहँ *adv.* no
ahankari अहंकारी *adj.* arrogant
ahankari अहंकारी *adj.* bumptious
ahankari अहङ्कारी *adj.* overbearing
ahar आहार *n.* diet
ahawaan आह्वान *n.* convocation
ahile अहिले *adv.* now
ahile prayog nahune अहिले प्रयोग नहुने *adj.* arehaic
ahile samma अहिले सम्म *adv.* hitherto
ahism अइसम्म *conj.adv.* yet
ahitkari अहितकारी *adj.* noxious
ahsa आशा *n.* prospect
ain ऐन *n.* legislation
aina ऐना *n.* mirror
ainle na dieko ऐनले नदिएको *adj.* illegitimate
ainselu ऐँसेलु *n.* raspberry
aipignu आइपुग्नु *v.* arrive
ais krim आइस्क्रीम *n.* ice cream
aitbar आइतबार *n.* sunday
aitihasik ऐतिहासिक *adj.* historical
aja आज *n.* this day

aja आज *n./adv.* today

aja bihana आज बिहान *n./adv.* this morning

aja rati आज राती *n./adv.* tonight

ajeya अजेय *adj.* invicible

ajh ramro parnu अझ राम्रो पार्नु *v.* ameliorate

ajha अझ *adv.* moreover

ajhai अझै *adv.* still

ajhai अझै *adv.* yesterday

ajingar अजिङ्गर *n.* python

ajiwan आजीवन *adj.* lifelong

ajkal आजकल *adv.* nowadays

akaaran अकारण *adj.* wanton

akadera hindnu अकडेर हिंड्नु *v.* swagger

akanksha garnu आकांक्षा गर्नु *v.* aspire

akansha आकांक्षा *n.* ambition

akar आकार *n.* form

akar आकार *n.* shape

akarman आक्रमण *n.* aggression

akarshak आकर्षक ,*adj.* pictursque

akarshak आकर्षक *adj.* prepossessing

akarshak आकर्षक *adj.* winsome

akarshan आकर्षण *n.* attraction

akarshit garnu आकर्षित गर्नु *v.* attract

akash आकाश *n.* firmament

akash आकाश *n.* sky

akash ganga आकाशगंगा *n.* galaxy

akash ganga आकाशगंगा *n.* milky way

akashe nilo आकाशे नीलो *adj.* sky-blue

akashlya आकाशीय *adj.* celestial

akasinu अकासिनु *v.* soar

akasmaat अकस्मात् *adj.* abrupt

akasmat अकस्मात् *adj.* suddenly

akasmik आकस्मिक *adj.* incidental

akataya अकाट्य *adj.* unassailable

akathniya अकथनीय *adj.* unspeakable

akhbar अखबार *n.* newspaper

akhbarpasal अखबार पसल *n.* news-stand

akhir आखिर *n.* end

akhir ma आखिरमा *adv.* lastly

akhiri shart आखिरी शर्त *n.* ultimatum

akhyan आख्यान *n.* saga

akkai shabdma vyakhaya garnu अकैं शब्दमा व्याख्या गर्नु *v.* paraphrase

akkal अक्कल *n.* sense

akramak आक्रामक *n.* offensive

akraman garnu आक्रमण गर्नु *v.* set upon

aksar अक्सर *adv.* often

aksar अक्सर *adv.* usually

aksha अक्षर *n.* syllable

akshansh अक्षांश *n.* latitude

alachchhin waykti wa wastu अलच्छिना व्यक्ति वा वस्तु *n.* jinx

alag अलग *adv.* apart

alag अलग *adv.* off

alag अलग *adj.* separate

alag garnu अलग गर्नु *v.* sunder
alag garnu अलग गर्नु *v.* uncouple
alag na hune अलग नहुने *adj.* inseparable
alag parnu अलग पार्नु *v.* alienate
alag rahanu अलग रहनु *v.* absatin
alag rakhnu अलग राख्नु *v.* lay aside
alag/wichchhed garnu अलग/विच्छेद गर्नु *v.* sever
alagyaunu अलग्याउनु *v.* isolate
alainchi अलैंची *n.* cardamom
alak अलक *n.* quiff
alankarik bhasha आलङ्कारिक भाषा *n.* rhetoric
alankrit garnu अलंकृत गर्नु *v.* emblazon
alap-tantra अल्प-तंत्र *n.* oligarchy
alas आलस्य *n.* linseed
alasya आलस्य *adj.* indolent
alasya आलस्य *n.* laziness
alaukik अलौकिक *adj.* supernatural
alchhi अल्छी *adj.* idle
alchhi अल्दी *adj.* lazy
alchhi lose vyakti अल्छी लोसे व्यक्ति *n.* sluggard
ali aghi अलि अघि *adv.* just before
ali ali gari अलि अलि गरी *adv.* gradually
ali ali rato अलि अलि रातो *adj.* reddish
ali kati अलिकति *adj.* few
ali mateko अलि मातेको *adj.* squiffy
ali nunilo अलि नुनिलो *adj.* brackish
alijho अलझो *n.* complication
alijjit अलिज्जित *adj.* unabashed
alino अलिनो *adj.* saltless
aljhai अल्झाइ *n.* entanglement
aljho अल्झो *n.* obstruction
alkai अलकाई *n.* piles
alkatra अलकत्रा *n.* asphalt
alkatra अलकत्रा *n.* pitch
alkatra अलकत्रा *n.* tar
alkatra अलकत्रा *n.* tar
alkatra lageko अलकत्रा लागेको *adj.* tarry
alochak आलोचक *n.* critic
alochana garnu आलोचना गर्नु *v.* criticize
alokpriya अलोकप्रिय *adj.* unpopular
alp buddhi अल्पबुद्धि *adj.* short-witted
alpanu अल्पनु *v.* disappear
alpin आलपिन *n.* pin
alpinu अल्पिनु *v.* vanish
alpkalik अल्नकालिक *adj.* short-term
alpsankhya अल्नसंख्या *n.* minority
alu आलु *n.* potato
alu bakhda आलुबखडा *n.* plum
am/sadharan wyakti आम/साधारण व्यक्ति *n.* layman
ama आमा *n.* mother
ama babu आमाबाबु *n.* parents
ama ko gun bhaeki आमाको गुण भएकी *adj.* motherly
amal pitta अमलपित्त *n.* acidity
aman अमन *n.* nausea

amapattico आमापट्टिको *adj.* maternal
amar अमर *adj.* immortal
amba अम्बा *n.* guava
amdani आम्दानी *n.* income
amdani आमदनी *n.* income
amelo अमिलो *adj.* acetic
americama paine junglee ghora अमेरिकामा पाइने जंगली घोड़ा *n.* mustang
amerika habsi mul ko sangit अमेरिकी हब्सी मूलको सङ्गीत *n.* jazz
amilo अमिलो *adj.* sour
amjanata आमजनता *n.* populace
amlet अम्लेट *n.* omelet(te)
amoniea अमोनिया *n.* ammonia
amrit अमृत *n.* elixir
amrit अमृत *n.* nectar
amsancharka sadhan आमसंचारका साधन *n.* mass midia
amsh अंश *n.* fraction
amshik आंशिक *adj.* partial
amshik rup ma आंशिक रूपमा *adv.* partly
amshik samaya ka lagi आंशिक समयका लागि *adj./adv.* part-time
amulya अमूल्य *adj.* preceless
amurt अमूर्त *n.* abstrat
anaam अनाम *adj.* unnamed
anadar अनादर *n.* disregard
anadar अनादर *n.* disrespect
anadi अनाडी *n.* novice
anaitik अनैतिक *adj.* dissolute
anaj अनाज *n.* corn
anand आनन्द *n.* bliss
anand आनन्द *n.* jamboree
anand आनन्द *n.* pleasure
anand dine आनन्द दिने *adj.* enjoyable
anand pradarshit garne आनन्द प्रदर्शित गर्ने *adj.* beatific
anandi आनन्दी *adj.* jovial
anandi आनन्दी *adj.* light-hearted
anant अनन्त *adj.* endless
anant अनन्त *adj.* eternal
anant अनन्त *n.* infinity
anar अनार *n.* pomegranate
anathalaya अनाथालय *n.* orphanage
anautho अनौठो *adj.* odd
anautho अनौठो *adj.* peculiar
anautho अनौठो *adj.* queer
anautho अनौठो *adj.* quixotic
anautho अनौठो *adj.* strange
anautho अनौठो *adj.* unusual
anawaran garnu अनावरण गर्नु *v.* unveil
anawashyak अनावश्यक *adj.* needless
anayae अन्याय *n.* tort
anbandh patra अनुबन्ध पत्र *n.* indenture
anbhyast अनभ्यस्त *adj.* unwonted
anchal अंचल *n.* zone
anda ko pahenlo bhag अण्डा को पहेँलो भाग *n.* yolk
andaj अन्दाज *n.* long shot

andaji अन्दाजी *adv* approximately
andaji अन्दाजी *adv.* roughly
andaji अन्दाजी *adj.* roundabout
andakar अण्डाकार *adj.* ova
andakar अण्डाकार *adj.* oval
andan अन्दाज *n.* guess
andanu अण्डाणु *n.* ovum
andh wishwas अन्ध विश्वास *n.* supersition
andh wishwasi अन्धविश्वासी *adj.* supersititious
andhadhund अन्धाधुन्ध *adj.* indiscriminate
andhi आँधी *n.* cyclone
andhi आँधी *n.* gale
andhi आँधी *n.* hurricane
andhi आँधी *n.* storm
andhi आँधी *n.* tempest
andhi chaleko आँधी चलेको *adj.* stormy
andhkar अन्धकार *n.* gloom
andho अन्धो *adj.* blind
andho अन्धो *adj.* sightless
andhyaro अँध्यारो *adj.* dark
andhyaro अँध्यारो *adj.* murky
andhyaro अँध्यारो *adj.* sombre
andhyaro mukh अँध्यारो मुख *n.* long face
andolan आन्दोलन *n.* revolution
andolan आन्दोलन *n.* uprising
andra bhundi आन्द्राभुँडी *n.* gut
andra, aant आँद्रा, आँत *n.* bowel
andro आन्द्रो *n.* intestine
andu ghoda आँडु घोडा *n.* stallion
anek r vividh अनेक र विविध *adj.* manifold
ang अङ्ग *n.* limb
ang अङ्ग *n.* organ
angaar अंगार *n.* breeze
angali halnu अङ्गालो हाल्नु *n.* hug
angalo halnu अँगालो हाल्नु *v.* embrace
angethi अँगेठी *n.* brazier
anginti अनगिन्ती *adj.* innumerable
angrej अँग्रेज *n.* english
angrezi kuleen purush अंग्रेजी कुलीन पुरूष *n.* earl
angur अंगुर *n.* grape
angur ko lahar अंगुर को लहरा *n.* grapevine
anidra अनिद्रा *n.* insomnia
anikal अनिकाल *n.* famine
anischit अनिश्चित *adj.* chancy
anishchit अनिश्चित *adj.* precarious
anishchit अनिश्चित *adj.* uncertain
anishchit अनिश्चित *adj.* undecided
anishchit अनिश्चित *adj.* unsure
anishchit kal samma अनिश्चित कालसम्म *adv.* sine die
anisht अनिष्ट *adj.* sinister
anishthasuchak अनिष्टासूचक *adj.* ominous
aniwarya अनिवार्य *adj.* inevitable
aniwarya kura अनिवार्य कुरा a must
aniwarya shart अनिवार्य शर्त *n.* sine qua non

aniyamit अनियमित *adj.* irregular
aniyamit अनियमित *adj.* random
aniyantrit अनियन्त्रित *adj.* rampant
anjan अनजान *adj.* unaware
anjir अन्जीर *n.* fig
ank अंक *n.* figure
ank अंक *n.* numeral
ank ganit अंकगणित *n.* arithmetic
ankganak अंकगणक *n.* abacus
ankha आँखा *n.* eye
ankha jhimjhim garnu आँखा झिमझिम गर्नु *v.* blink
ankha jhimkyaunu आँखा झिम्क्याउनु *v.* wink at
ankha tirmir aunu आँखा तिर्मिराउनु *v.* dazzle
ankhako आँखा को *adj.* ophthalmic
ankhama dhulo halnu आँखामा धुलो हाल्नु *v.* hoodwink
ankhan pharer hernu आँखा फारेर हेर्नु *v.* goggle
ankhi bhaun आँखीभौं *n.* eyebrow
ankhi gedi आँखीगेडी *n.* eyeball
ankhibhaun आँखीभौं *n.* brow
ankse juka अङ्कसे-जुका *n.* hookworm
ankur अँकुर *n.* sprout
ankush अंकुश *n.* hook
anmol अनमोल *adj.* invaluable
anna अनन्न *n.* grain
annako naap अन्नको नाप *n.* bushel
anp आँप *n.* mango
anpad अनपढ़ *adj.* unlearned
ansh अंश *n.* inheritance
ansh अंश *n.* share
ansu आँसु *n.* tear
ant अन्त *n.* close
antahpur अन्तःपुर *n.* seraglio
antai अन्तै *adj.* elsewhere
antar agaman अन्तर आगमन *n.* influx
antar drishti अन्तरदृष्टि *n.* insight
antar warta अन्तरवार्ता *n.* interview
antarashtriya अन्तर्राष्ट्रिय *adj.* international
antariksha poshak अन्तिरिक्ष पोशाक *n.* spacesuit
antariksha stesan अन्तरिक्ष स्ऐसन *n.* space station
antariksha yan अन्तरिक्षयान *n.* spacecraft
antariksha yan अन्तरिक्षयान *n.* spaceship
antariksha yatri अन्तरिक्ष यात्री *n.* astronaut
antariksha yatri अन्तरिक्षयात्री *n.* spaceman
antariksha yug अन्तरिक्ष युग *n.* space age
antarim अन्तरिम *adj.* interim
antarmukhi vyakti अन्तर्मुखी व्यक्ति *n.* introvert
antarrashtriya police अन्तरराष्ट्रिय पुलिस *n.* interpol
antartam अन्तरतम *adj.* inmost
anth अन्त *n.* end
anth अन्त *n.* hormone

anthavivah garnu अन्तःर्विवाह गर्नु *v.* intermarry
antilo आँटिलो *adj.* purposeful
antim अन्तिम *adj.* enventual
antim अन्तिम *adj.* eventual
antim अन्तिम *adj.* final
antim अन्तिम *adj.* last
antim अन्तिम *adj.* ultimate
antim bhag अन्तिम भाग *n.* tailpiece
antma अन्तमा *adv.* ultimately
antnu आँट्नु *v.* determine
antraap अन्तराप *n.* hasp
antreep अन्तरीप *n.* cape
antreep अन्तरीप *n.* promontory
antyeshti अन्त्येष्टि *n.* obsequies
anu अणु *n.* molecule
anubhav अनुभव *n.* experience
anubhavheen अनुभवहीन *adj.* callow
anubhavheen rikute अनुभवहीन रिकुटे *n.* rookie
anubhavi अनुभवी *adj.* experienced
anubhaw na bhaeko अनुभव नभएको *adj.* inexperienced
anubhawi अनुभवी *n.* veteran
anubhawi manis अनुभवी मानिस *n.* old hand
anuchar अनुचर *n.* retinue
anuchchhed अनुच्छेद *n.* paragraph
anuchit अनुचित *adj.* improper
anuchit अनुचित *adj.* inappropriate
anuchit अनुचित *adj.* indedent
anuchit अनुचित *adj.* undue
anuchit mag अनुचित माग *n.* tall order
anuchit wyawahar अनुचित व्यवहार *n.* raw deal
anudan अनुदान *n.* grant
anuhaar अनुहार *n.* visage
anuhar अनुहार *n.* appearance
anuhar अनुहार *n.* complexion
anuhar अनुहार *n.* countenance
anuhar ka peshiko sankuchan अनुहार का पेशी को संकुचन *n.* tic
anuharko अनुहारको *adj.* facial
anukool अनुकूल *adj.* propitious
anukool banaunu अनुकूल बनाउनु *v.* adapt
anukulan अनुकूलन *v.* orientate
anukultam अनुकूलतम *adj.* optimum
anulipi अनुलिपी *n.* facsimile
anumaan अनुमान *n.* surmise
anuman अनुमान/तर्कना गर्नु *n.* speculation
anuman garnu अनुमान गर्नु *v.* suppose
anuman/tarkana garnu अनुमान/तर्कना गर्नु *v.* speculate
anumati अनुमति *n.* permission
anumati dinu अनुमति दिनु *v.* allow
anumati nadinu अनुमति नदिनु *v.* disallow
anumati patra अनुमति पत्र *n.* permit
anupasthiti अनुपस्थिति *n.* absence
anupatama अनुपतामा *adj.* pro rata
anupras अनुप्रास *n.* alliteration
anupyukt अनुपयुक्त *adj.* unapt

anurag अनुराग n. passion
anurodh अनुरोध n. request
anurup अनुरूप adj. consistent
anusandhan अनुसंधान n. caftan
anusandhan अनुसन्धान n. research
anusandhan garne अनुसन्धान गर्ने n. researcher
anusar अनुसार adv. according to
anushakti uttapan garne yantra अणुशक्ति उत्पन्न गर्ने यंत्र n. reactor
anushasan अनुशासन n. discipline
anutho अनौठो adj. bizarre
anutho अनौठो adj. grotesque
anutho अनौठो adj. outlandish
anutho yantra अनौठो यन्त्र n. contraption
anutpadak अनुत्पादक adj. unproductive
anuwad अनुवाद n. version
anuwad garnu अनुवाद गर्नु v. render
anuwad garnu अनुवाद गर्नु v. translate
anuwadak अनुवादक n. translator
anwik shakti आणविक शक्ति n. nuclear energy
anwik shakti आणविक शक्ति n. nuclear power
anyaya purwak prapt gareko अन्यायपूर्वक प्राप्त गरेको adj. ill-gotten
anyaya purwak prapt gareko अन्यायपूर्वक प्राप्त गरेको n. injustice
anyayi अन्यायी adj. unjust
ap bhasha अपभाषा n. slang
apaar अपार adj. boundless
apach अपच dyspepsia
apach अपच n. indigestion
apach अपच n. indigestion
apaharan garnu अपहरण गर्नु v. kidnap
apang अपाङ्ग adj. disabled
apang अपाङ्ग adj. handicapped
apardarshi अपारदर्शी adj. opaque
apardarshita अपारदर्शिता n. opacity
aparipakwa अपरिपक्व adj. premature
aparishkrit अपरिष्कृत adj. unrefined
aparivartit अपरिवर्तित adj. unaltered
apartivartinya अपरिवर्तनीय adj. unalterable
apas ko आपसको adj. mutual
apas ma आपसमा adv. mutually
apasi आपसी adj. reciprocal
apat आपत् n. disaster
apat आपत् n. misfortune
apavitar अपवित्र adj. unblessed
apawitra अपवित्र adj. impure
apeel hun naskane अपील हुन नसक्ने adj. unappealable
apeksha garnu अपेक्षा गर्नु v. look forward to
aphai आफै adv. personally
aphai adne bharen आफै अड्ने भरेङ n. stepladder
aphai baneko आफै बनेको adj. self-made
aphai bhaeko आफै भएको adj. spontaneous

aphai chalne आफै चल्ने *adj.* automatic

aphai chalne bhareng आफै चल्ने भरेङ्ग *n.* escalator

aphap अफाप *adj.* unsuitable

apharan garnu अपहरण गर्नु *v.* abduct

aphim अफीम *n.* opium

aphis ka likhit kam haru अफिसका लिखित कामहरू *n.* paperwork

aphnai उपभोग गर्नु *adj.* own

aphsos अफसोस *n.* regret

aphsos garnu अफसोस गर्नु *v.* deplore

aphu आफु *n.* self

aphu khushi आफुखुशी *adj.* voluntary

aphule paunuparne phal आफूले पाउनुपर्ने फल *n.* deserts

apman अपमान *n.* insult

apman/khisi garnu अपमान/खिसी गर्नु *v.* humiliate

apman/khisi garnu अपमान/खिसी गर्नु *n.* humiliation

apmanjanak अपमानजनक *adj.* derogatory

apmanjanak अपमानजनक *n.* disgrace

apno bachau garnu आपनो बचाउ गर्नु *v.* fend

apno hoin bhanu आपनो होइन भन्नु *v.* disown

appati आपत्ति *n.* calamity

apradh अपराध *n.* crime

apradh kamma saghaune sathi अपराध काममा सघाउने साथी *n.* accomplice

apradhi अपराधी *n.* criminal

apradhi अपराधी *n.* malefactor

apradhi अपराधी *n.* offender

aprakashit अप्रकाशित *adj.* unpublished

aprakritik अप्राकृतिक *adj.* unnatural

aprampragat अपरम्परागत *adj.* unorthodox

apranha अपरान्ह *n.* afternoon

aprastut अप्रस्तुत *adj.* unready

aprawasi आप्रवासी *n.* immigrant

apsakun अपश्कुन *adj.* ominous

apsara अप्सरा *n.* nymph

apthyaro ma parnu अप्ठयारोमा पार्नु *v.* embarrass

apthyaro ma parnu अप्ठयारोमा पार्नु *n.* embarrassment

apug अपुग *adj.* scarce

apurn अपूर्ण *adj.* imperfect

apuro अपूरो *adj.* incomplete

apurti आपूर्ति *n.* supply

apvridhi अपवृद्धि *n.* excrescence

arajakta अराजकता *n.* anarchy

araksha आरक्ष *n.* sanctuary

arakshan आरक्षण *n.* reservation

aram आराम *n.* comfort

aram आराम *n.* ease

aram आराम *n.* relaxation

aram आराम *n.* relief

aram आराम *n.* rest

aram dayi आरामदायी *adj.* comfortable

aram garnu आराम गर्नु *v.* relax

aram hundai janu आराम हुँदै जानु *v.* recuperate

aramsit basaunu आरामसित बसाउनु *v.* ensconce

aramsit basnu आरामसित बस्नु *v.* nestle

ardh अर्ध semi

ardh wiram अर्धविराम *n.* comma

ardhchandra अर्द्धचन्द्र *adj.* crescent

ardhdev अर्धदेव *n.* demi-god

ardrata आर्द्रता *n.* humidity

aringal अरिङ्गाल *n.* hornet

arjigar अर्जीगर *n.* boa

arka ko dosh bokne अर्काको दोष बोक्ने *n.* scapegoat

arkako vichar va lekhai chornu अर्काको विचार वा लेखाई चोर्नु *v.* plagiarize

arko अर्को *adj.* another

arko अर्को *pron.* else

arko अर्को *adj.* next

arko अर्को *adj.* other

arko thaun ma ropnu अर्को ठाउँमा रोप्नु *v.* transplant

arkotir khichnu अर्कोतिर खिँच्नु *v.* distract

arogya shala आरोग्यशाला *n.* sanatorium

arohan आरोहण *n.* embarkation

aroochi अरूचि *n.* disfavour

aroochi अरूचि *n.* distaste

arooko sangat naruchaune अरूको संगत नरूचाउने *adj.* unsociable

arop आरोप *n.* slander

arpan अर्पण *n.* dedication

arpit garnu अर्पित गर्नु *n.* proffer

arth अर्थ *n.* meaning

arth bat aunu अर्थ बताउनु *v.* interpret

arth nikalnu अर्थ निकाल्नु decipher

arth spasht nabheyko अर्थ स्पष्ट नभएको *adj.* ambiguous

arth tantra अर्थतन्त्र *n.* economy

arthaat अर्थात् *adv.* videlicet

arthat अर्थात् *conj.* that is

arthat अर्थात् *v.* wit

arthhin अर्थहीन *adj.* meaningless

arthi आर्थिक *adj.* economic

arthik आर्थिक *adj.* monetary

Arthik warsh आर्थिक वर्ष *n.* fiscal year

aru badhi kharab अरू बढी खराब *adj.* worse

aru baliyo banaunu अरू बलियो बनाउनु *v.* reinforce

aru ko boat आरु को बोट *n.* peach

aru ko mukh takne अरूको मुख ताक्ने *n.* parasite

aru manisbaat alag rakhnu अरु मानिसबाट अलग राख्नु *v.* sequester

aruko ahit garn chahne अरूको अहित गर्न चाहने *adj.* malevolent

asabhya असभ्य *adj.* ill-bred

asabhya असभ्य *adj.* uncivillised

asabhya असभ्य *adj.* uncultured
asabhya bhae pani kargar असभ्य भए पनि कारगर *adj.* rough-and-ready
asabhya vyakti असभ्य व्यक्ति *n.* boor
asadharan असाधारण *adj.* extraordinary
asadharan असाधारण *adj.* way-out
asadhya असाध्य *adj.* impractical
asahay असह्य *adj.* insupportable
asahaya असहाय *adj.* helpless
asajilo असजिलो *adj.* uncomfortable
asajilo असजिलो *adj.* uneasy
asakayik असामयिक *adj.* untimely
asal असल *adj.* fine
asal असल *adj.* good
asamaan असमान *adj.* dissimilar
asaman असमान *adj.* enquual
asaman असमान *adj.* unlime
asamanta असमानता *n.* inequality
asamanya असामान्य *adj.* abnormal
asamanya असामान्य *adj.* offbeat
asamarthya असामर्थ्य *n.* inability
asambaddh असम्बद्ध *adj.* irrelevant
asambadh असम्बद्ध *adj.* disjointed
asambadh असम्बद्ध *adj.* extraneous
asambadh असम्बद्ध *adj.* unallied
asambadh असम्बद्ध *adj.* unconnected
asambaw असम्भव इच्छा *n.* pipedream
asambhavyta असम्भाव्यता *n.* unlikelihood
asambhaw असम्भव *adj.* impossible
asambhaw असम्भव *adj.* improbable
asammat hunu असम्मत हुनु *v.* dissent
asandigdh असंदिग्ध *adj.* unsuspected
asangat असंगत *adj.* preposterous
asangat असंगत *adj.* unconformable
asangatata असंगतता *n.* unconformity
asankshipt असंक्षिप्त *adj.* unabbreviated
asantosh असन्तोष *n.* discontent
asantosh dekh aunu असन्तोष देखाउनु *v.* grumble
asantoshjanak असन्तोषजनक *adj.* unsatisfactory
asantulan असन्तुलन *n.* imbalance
asaphal असफॅल *adj.* unsuccessful
asaphalta असफलता *n.* failure
asaptal pradhan nurse अस्पताल प्रधान नर्स *n.* matron
asar असर *n.* effect
asar na parne असर नपर्ने *adj.* ineffective
asar parnu असर पर्नु *v.* impinge
asas nirman आवास निर्माण *n.* housing
asathya असत्य *n.* chimera
asatya असत्य *adj.* untrue

asatya pramanit garnu असत्य प्रमाणित गर्नु *v.* disprove
asawdhan असावधान *adj.* inattentive
asawdhan असावधान *adj.* indiscreet
asawdhan असावधान *adj.* negligent
aseem असीम *adj.* illimitable
asha आशा *v.* expect
asha आशा *n.* hope
asha garne आशा गर्ने *adj.* expectant
asha janak आशाजनक *adj.* hopeful
asha ko jyoti आशाको ज्याति *n.* white hope
asha wadi आशावादी *n.* optimist
ashakta hunu आशक्त हुनु *v.* indulge
ashammudran अश्ममुद्रण *n.* lithography
ashanka आशंका *n.* trepidation
ashanti अशान्तिगडबड *n.* unrest
ashauch आशौच *n.* mourning
ashcharya आश्चर्य *n.* astonishment
ashcharya आश्चर्य *n.* surprise
ashcharya आश्चर्य उदेक *n.* wonder
ashikshit अशिक्षित *adj.* unbred
ashirwad/asik dinu आशीर्वाद/आसिक दिनु *v.* bless
ashisht अशिष्ट *adj.* brusque
ashisht अशिष्ट *adj.* underbred
ashishtata अशिष्टता *n.* incivility
ashlil अश्लील *adj.* obscene
ashlil अश्लील *adj.* vulgar
ashradha अश्रद्धा *n.* impiety
ashraya आश्रय *n.* haven
ashrit आश्रित *n.* ward
ashubh अशुभ *adj.* inauspicious
ashubh अशुभ *adj.* untoward
ashuddha अशु; *adj.* incorrect
ashudh अशुद्ध *adj.* erroneous
ashudh ganana garnu अशुद्ध गणना गर्नु *v.* miscount
asimit असीमित *adj.* unlimited
asinchit असिंचित *adj.* unwashed
asli असली *adj.* bonafide
asli roop dekhaune असली रूप देखाउने *v.* debunk
asmani rang आसमानी रंग *n.* azure
aspasht अस्पष्ट *adj.* vague
aspasht आसपास *n.* vicnity
aspatal अस्पताल *n.* hospital
asptalma dekhaun aune rogi अस्पतालमा देखाउन आउने रोगी *n.* out-patient
assi अस्सी *adj.* eighty
ast wyasta अस्त-व्यस्त *n.* chaos
asthayi अस्थायी *adj.* temporary
asthayi khareji ko awadhi अस्थायी खारेजीको अवधि *n.* lay-off
asthir अस्थिर *adj.* inconstant
asthir अस्थिर *adj.* unstable
asthir अस्थिर *adj.* unsteady
asthir अस्थिर *adj.* wonky
asthir bhaer chalnu wa ubhinu अस्थिर भएर चल्नु वा उभिनु *v.* teeter
asti अस्ति *n.* day before yesterday
astitva अस्तित्व *n.* being
astitwa अस्तित्व *n.* existence

astra अस्त्र *n.* projectile
astvyast garnu अस्तव्यस्त गर्नु *v.* disarrange
asundar असुन्दर *adj.* inelegant
asuvidha असुविधा *n.* discomfort
asuvidha garaunu असुविधा गराउनु *v.* incommode
asuwidha असुविधा *n.* handicap
asuwidhajanak असुविधाजनक *adj.* inconvenient
aswabhawik अस्वाभाविक *adj.* far-fetched
aswastata अस्वस्थता *n.* malaise
aswasth अस्वस्थ *adj.* off colo(u)r
aswikar अस्वीकार *v.* turn down
aswikar garnu अस्वीकार गर्नु *v.* disavow
aswikar garnu अस्वीकार गर्नु *v.* refuse
aswikrit अस्वीकृत *adj.* unacknowledged
atach अतः *adv.* hence
atadhik अत्यधिक *pref.* ultra
atal अटल *adj.* inexorable
atamkatha आत्मकथा *n.* autobiography
atammoh आत्ममोह *n.* narcissism
atamsantusht आत्मसन्तुष्ट *n.* prig
atam-santusht आत्म-सन्तुष्ट *adj.* smug
atash baji आतशबाजी *n.* fireworks
ataydhik अत्यधिक *adj.* inordinate
ateri अटेरी *adj.* impertinent
ateri अटेरी *n.* minx
ateri अटेरी *adj.* unruly
athara अठार *n.* eighteen
athaun आठौं *adj.* eighth
athawa अथवा *conj.* or
aththeya आतिथेय *n.* host
ati अति *adj.* immoderate
ati abhinay garnu अति अभिनय गर्नु *v.* overat
ati aupcharikta अति औपचारिकता *n.* red tape
ati chatur अति चतुर *adj.* brilliant
ati dusht अति दुष्ट *adj.* diabolic, diablical
ati gopya अति गोप्य *adj.* top secret
ati lamo daud अति लामो दौड *n.* marathon
ati naramro अति नराम्रो *adj.* atrocious
ati naramro अति नराम्रो *adj.* execrable
ati prachin kal अति प्राचीन काल *n.* time immemorial
ati prachin kal अति ज्यादा *adv.* too
ati saral अति सरल *adj.* auster
ati sawdhan अति सावधान *adj.* meticulous
ati tato अति तातो *adj.* piping hot
ati thanda अति ठण्डा *adj.* arctic
ati thulo अति ठूलो *adj.* crass
ati thulo jet wiman अति ठूलो जेटविमान *n.* jumbo jet
ati vyagra अति व्यग्र *adj.*

overstrung

atikraman garnu अतिक्रमण गर्नु *v.* overstep

atimanviya अतिमानवीय *adj.* superhuman

atiramro अति राम्रो *adj.* super

atirikt kar अतिरिक्त कर *n.* surtax

atirikt vastu अतिरिक्त वस्तु *n.* accessory

atirikta अतिरिक्त *adj.* additional

atirikta अतिरिक्त *adj.* extra

atirikta samaya ko khel अतिरिक्त समयको खेल *n.* play-off

atiuttam अति उत्तम *adj.* superfine

atma आत्मा *n.* soul

atma आत्मा *n.* spirit

atma balidan आत्म बलिदान *n.* self-sacrifice

atma nirbhar आत्मनिर्भर *adj.* self-sufficient

atma nirnaya आत्मनिर्णय *n.* self-determination

atma niyantran आत्मनियन्त्रण *n.* self-control

atma samarpan garnu आत्मसमर्पण गर्नु *v.* give in

atma samarpan garnu आत्मसमर्पण गर्नु *v.* surrender

atma samman आत्सम्मान *n.* self-respect

atma wishwasi आत्मविश्वासी *adj.* self-confident

atmahatya आत्महत्या *n.* suicide

attieko आत्तिएको *adj.* nervous

atulniya अतुलनीय *adj.* incomparable

atulniya अतुलनीय *adj.* unexampled

atyachar अत्याचार *n.* tyranny

atyachar garnu अत्याचार गर्नु *v.* oppress

atyadhik अत्यधिक *adj.* excessive

atyadhik अत्यधिक *adj.* exorbitant

atyaunu अत्याउनु *v.* terrify

atyuttam अत्युत्तम *adj.* tip-top

august mahina अगस्त महीना *n.* august

aujar औजार *n.* instrument

aujar औजार *n.* tool

aukat औकात *n.* status

aulako jorni औंलाको जोर्नी *n.* knuckle

aun आउँ *n.* dysentery

aundo आउँदो *adj.* oncoming

aunla औंला *n.* finger

aunla ko jorni औंलाको जार्नी *n.* knuckly

auns औंस *n.* ounce

aunsi औंसी *n.* new moon

auntha chhap औंठाछाप *n.* thumbprint

aunu आउनु *v.* come

aupcharikta औपचारिकता *n.* formality

ausar औसर *n.* occasion

ausat औसत *n.* average

aushadhi औषधि *n.* drug

aushadhi adhik matra औषधिको अधिक मात्रा *n.* overdose
aushadhi pasal औषधि पसल *n.* drugstore
aushadhi pasal औषधि पसल *n.* pharmacy
aushadhi tayar garne vyakti औषधि तयार गर्ने व्यक्ति *n.* pharmacist
aushadhiko khurak औषधिको खुराक *n.* dosage
aushdhalaya औषधालय *n.* dispensary
authe jawaf ओठे जवाफ *n.* repartee
authe jawaf ओठे जवाफ *n.* riposte
authe jawaf dinu ओठे जवाफ दिनु *n.* retort
authi औठी *n.* ringlet
authko ओठको *adj.* labial
avijay अविजेय *adj.* unconquerable
aviksit अविकसित *adj.* undeveloped
avivahit purush&stri अविवाहित पुरूष-स्त्री *v.* cohabit
aviveki अविवेकी *adj.* imprudent
avsamanya अवसामान्य *adj.* subnormal
avsarwad अवसरवाद *n.* opportunism
aw chetan अवचेतन *adj.* subconscious
awaaz आवाज *n.* vox
awadhi अवधि *n.* duration
awadhi अवधि *n.* period
awadhi अवधिक *n.* term
awagya अवज्ञा *n.* defiante
awaidh wyapari अवैध व्यापारी *n.* trafficker
awaidhmal अवैध माल *n.* contraband
awaj आवाज *n.* noise
awaj आवाजा *n.* sound
awaj आवाज *n.* tone
awaj na chhirne आवाज नछिर्ने *adj.* soundproof(ed)
awaj thulo parne yantra आवाज ठूलो पार्ने यंत्र *n.* loudspeaker
awak अवाक् *adj.* tongue-tied
awal अवाल *n.* kiln
awanchhaniya अवांछनीय *adj.* undesirable
awara आवारा *n.* loafer
awaran udharnu आवरण उघार्नु *v.* uncover
awargikrit अवर्गीकृत *adj.* unclassified
awarnaniya अवर्णनीय *adj.* unspeakable
awashyak आवश्यक *adj.* imperative
awashyak आवश्यक *adj.* needful
awashyak आवश्यक भाग *n.* part and parcel
awashyak आवश्यक *adj.* vital
awashyak आवश्यक *adj.* wanted
awashyak hunu आवश्यक हुनु *v.* require

awashyak wyakti आवश्यक व्यक्ति *n.* kingpin
awashyakta आवश्यकता *n.* requirement
awasiya आवासीय *adj.* residential
awayask अवयस्क *adj.* under age
awayaw अवयव *n.* ingredient
awaykat अव्यक्त *adj.* ulterior
awaz nikarldae chapaunu आवाज निकाल्दै चपाउनु *v.* crunch
awaz sun sakine duri आवाज सुन्न सकिने दूरी *n.* earshot
awishkar आविष्कार *n.* invention
awishkar garnu आविष्कार गर्नु *v.* invent
awishwas अविश्वास *n.* distrust
awishwas अविश्वास *n.* mistrust
awishwas ko prastaw अविश्वास को प्रस्ताव *n.* vote of no confidence
awishwasniya अविश्वसनीय *adj.* incredible
awiwahit jiwan अविवाहित जीवन *n.* celibacy
awkash अवकाश *n.* recess
awkash अवकाश *n.* retirement
awkash linu अवकाशप्राप्त *v.* retire
awlokan अवलोकन *n.* observation
awlokan garnu अवलोकन *v.* observe
awrodh अवरोध *n.* blockage
awrodh अवरोध *n.* interruption
awsar अवसर *n.* opportunity
awshesh अवशेष *n.* relic
awtar अवतार *n.* incarnation
awyawasthit+C3512 अव्यवस्थित *adj.* haywire
aya आय *n.* turnover
ayakar आयकर *n.* income tax
ayam आयाम *n.* dimenstion
ayat आयत *n.* rectangle
ayat/paithari garnu आयात/पैठारी गर्नु *v.* import
ayatakar आयताकार *adj.* rectangular
aya-wyayak आय-व्ययक *n.* budget
ayogya अयोग्य *adj.* incapable
ayogya अयोग्य *adj.* incompeten
ayogya अयोग्य *adj.* inefficient
ayogya अयोग्य *adj.* ineligible
ayogya अयोग्य *adj.* inept
ayogya अयोग्य *adj.* unfit
ayogya अयोग्य *adj.* unqualified
ayogya अयोग्य *adj.* unworthy
ayogya banaunu अयोग्य बनाउनु *v.* incapacitate
ayojana आयोजना *n.* project
ayojit hatyakand आयोजित हत्याकाण्ड *n.* pogrom
ayurasha आयुराशा *n.* life expectancy

B

baaja बाजा *n.* cornet

baaja बाजा *n.* vibraphone

baalkale khelne bhaalu बालकले खेल्ने भालू *n.* teddy

baandh बाँध *n.* dike, dyke

baangkhatte बाङखट्टे *adj.* bow-legged

baanki rahenko बाँकी रहेको *adj.* residual

baat alag garnu बाट अलग गर्नु *v.* detach

baat bachnu बाट बाच्नु *v.* evade

baat umkan naskine बाट उम्कन नसिकने *adj.* ineluctable

baatgarnu बात गर्नु *v.* converse

babh re baph बाफरे बाफ *inter.* wounded

babu बाबु *n.* daddy

babu बाबु *n.* father

babu baje ko gun बाबुबाजेको गुण *n.* heredity

babu ko babi patti ko बाबुको बाबुपट्टिको *adj.* paternal

bachat बचत *n.* savings

bachaunu बचाउनु *v.* protect

bachaunu बचाउनु *v.* save

bachcha बच्चा *n.* baby

bachcha haru बच्चाहरू *n.* children

bachchho बाच्छो *n.* calf

bachera rahanu बचेर रहनु *v.* steer clear of

bachha kukhura बच्चा कुखुरा pullet

badal बादल *n.* cloud

badal बादल *adj.* overcast

badali lageko बदली लागेको *adj.* cloudy

badalne बद्लने *adj.* variable

badalnu बदल्नु *v.* alter

badalnu बदल्नु *v.* replace

badam बदाम *n.* almond

badam बादाम *n.* groundnut

badam बदाम *n.* peanut

badar garnu बदर गर्नु *v.* quash

badar/kharej garnu बदर/खारेज गर्नु *v.* overrule

badar/radda garnu बदर/रद्द गर्नु *v.* repeal

bademan बडेमान *adj.* jumbo

badha बाधा दिनु *n.* disturbance

badha बाधा *n.* impediment

badha बाधा *n.* resistance

badha dinu बाधा दिनु *v.* disturb

badha dinu बाधा दिनु *v.* interfere

badha dinu बाधा दिनु *v.* obstruct

badha parnu बाधा पार्नु *v.* hamper

badha parnu बाधा पार्नु *n.* hindrance

badha parnu बाधा पार्नु *n.* hurdle

badhai chadhai gareko kura बढाई चढाई गरेको कुरा *n.* exaggeration

badhai dinu बधाई दिनु *v.* congratulate

badhai dinu बधाई दिनु *n.* congratulation
badhai dinu बधाई दिनु *v.* felicitate
badhai dinu बधाई दिनु *n.* felicitation
badhai garnu बढाइ गर्नु *v.* flatter
badhai-chadhaika bhanu बढ़ाई-चढ़ाईकन भन्नु *v.* overstate
badhaun बढाउनु *v.* step up
badhaunu बढ़ाउनु *v.* aggrandize
badhaunu बढाउनु *v.* magnify
badhaunu बढाउनु *v.* promote
badhauti बढौती *n.* promotion
badhi बाढी *n.* flood
badhi बढी *adj.* more
badhi बाढी *n.* spate
badhi aeko बाढी आएको *adj.* flooded
badhi bhar बढी भार *n.* overload
badhi ruchaunu बढी रुचाउनु *v.* prefer
badhi ruchikar बढी रुचिकर *adj.* preferable
badhi samaya ko बढी समय को *adj.* overtime
badhiya garnu बाध्य गर्नु *v.* coerce
badhnu बढ्नु *v.* enhance
badhnu बढ्नु *v.* exceed
badhnu बढ़्नु *v.* expand
badhnu बढ्नु *v.* increase
badhti bagh बढीती बाग *n.* surplus
badhya garnu बाध्य गर्नु *v.* constrain
badhya garnu बाध्य गर्नु *v.* obligate
badla बदला *n.* vengeance
badla linu बदला लिनु *v.* avenge
badla linu बदला लिनु *v.* retaliate
badla linu बदला लिनु *n.* retaliation
badla linu बदला *n.* revenge
badla ma बदलामा *adv.* instead of
badlama dinu बदलामा दिनु *v.* requite
badlindo sthiti mad dhalnu बदलिंदो स्थितिमा ढल्नु *v.* trim one's sails
badlinu बदलिनु *v.* vary
badmaash बदमाश *n.* blackguard
badmas बदमास *n.* hooligan
badmas बदमास *n.* scoundrel
badmas बदमास *adj.* wick
badmash बदमाश *n.* ruffian
badmash balak बदमाश बालक *n.* imp.
badmasi garne बदमासी गर्ने *adj.* impish
badnam बदनाम *adj.* infamous
badnam बदनाम *adj.* notorious
badnam बदनाम *n.* scandal
badnami बदनामी *n.* discredit
badnami बदनामी *n.* disrepute
bagai बगाल *n.* herd
bagaincha बगैचा *n.* garden
bagaincha बगैंचा *n.* garden
bagaincha बगैँचा *n.* orchard
bagaltir बगलतिर *adv.* sideways

bagar बगर *n.* shore

bagare बगरे *n.* butcher

bagdae gareko बग्दै गरेको *adv.* adrift

bagh बाघ *n.* tiger

baglimara बगलीमारा *n.* pickpocket

baglis बगलिस *n.* shoehorn

bagnu बग्नु *v.* drift

bagwani बागवानी *n.* horticulture

bahadur बहादुर *adj.* brave

bahai wala बहालवाला *adj.* incumbent

bahakau बहकाउ *n.* seduction

bahakaunu बहकाउनु *v.* seduce

bahalaunu बहलाउनु *v.* divert

bahalwala बहालवाला *n.* tenant

bahana बहाना *n.* cloak

bahana बहाना *n.* feint

bahana बहाना *n.* pretext

bahana garnu बहाना गर्नु *v.* pretend

bahas garnu बहस गर्नु *v.* argue

bahau बहाउ *n.* outflow

bahek बाहेक *prep.* besides

bahi khata बहिखाता *n.* journal

bahi khata बही खाता *n.* ledger

bahi rangi बहुरङ्गी *adj.* multi-colo(u)red

bahir gal garine kam बाहिर गई गरिने काम *n.* errand

bahir jane kam बाहिर जाने काम *n.* egress

bahira बाहिर *n./v.* out

bahira बाहिर *adv.* outdoors

bahira nikleko hunu बाहिर निक्लेको हुनु *v.* stick out

bahira patti बाहिरपट्टि *adv.* outside

bahira tira ko बाहिरतिरको *adv.* outward

bahiri बाहिरी *adj.* exterior

bahiri बाहिरी *adj.* external

bahiri बाहिरी *adj.* outdoor

bahiri बाकिहरी *adj.* outer

bahiri baranada बाहिरी बरण्डा *n.* portico

bahiri hissa बाहिरी हिस्सा *n.* surface

bahirko बाहिरको *adj.* external

bahiro बहिरा *adj.* deaf

bahirtir utheko बाहिरतिर उठेको *adj.* convex

bahishkar garnu बहिष्कार गर्नु *v.* boycott

bahkaunu बहकाउनु *v.* misguide

bahu mat le aswikar garnu बहुमतले अस्वीकार गर्नुग *v.* vote down

bahu mukhi बहुमुखी *adj.* multi-purpose

bahu mulya बहुमूल्य *adj.* sumptuous

bahu utpadan बहुउत्पादन *n.* mass production

bahu wachan बहुवचन *n.* plural

bahubhuj बहुभुज *n.* polygon

bahul बहुल *adj.* multiple

bahula बाहुला *n.* sleeve
bahula na bhaeko बाहुला नभएको *adj.* sleeveless
bahumat बहुमत *n.* majority
baibayhik वैवाहिक *adj.* conjugal
baigun बैगुन *n.* demerit
baijani बैजनी *n.* mauve
baijani बैजनी *adj.* violet
baikunth khel बैकुण्ठ खेल *n.* snakes and ladders
bail gadi बैलगाडी *n.* cart
baink बैंक *n.* bank
baisakhi बैसाखी *n.* crutch
baithak बैठक *n.* drawing room
baithak बैठक *n.* hall
baithak बैठक *n.* living room
baithak बैठक *n.* parlo(u)r
baj बाज *n.* falcon
baj बाज *n.* hawk
baja बाजा *n.* accordion
bajai बजै *n.* grandmother
bajar बजार *n.* market
bajarnu बजार्नु *v.* slam
bajaunu बजाउनु *v.* hoot
baje बाजे *n.* grandfather
baje बजे *n.* o'clock
baji बाजी *n.* bet
baji बाजी *n.* wager
bajyai बज्यै *n.* granny
bakamphoos बकम्फूस *v.* drivel
bakas बाकस *n.* box
bakbak बकबक *n.* gab

bakbak garnu बकबक गर्नु *v.* prate
bakhan garnu बखान गर्नु *v.* relate
bakhi बाखी *n.* nanny-goat
bakullo बकुल्लो *n.* heron
bal बल *n.* energy
bal बल *n.* force
bal बल *n.* power
bal balika बालबालिका *n.* youngsters
bal chikitsa बाल चिकित्सा *n.* paediatrics
bal le khosnu बलले खोस्नु *v.* wrest
bal prayog garine बल प्रयोग गरिने *adj.* strong-arm
bala बाला *n.* bracelet
balak बालक *n.* brat
balatkar बलात्कार *n.* rape
balaute samudritat बलौटे *adj.* sandy
balchar बालचर *n.* scout
bali बाली *n.* crop
balidan बलिदान *n.* sacrifice
balio बलियो *adj.* robust
baliya बलियो *adj.* hardy
baliya बाली *n.* harvest
baliyo बलियो *adj.* manly
baliyo बलियो *n.* might
baliyo बलियो *adj.* powerful
baliyo बलियो *adj.* stout
baliyo बलियो *adj.* strong
baliyo banaunu बलियो बनाउनु *v.* strengthen
balkanu बल्कुन *v.* throb

ball katnu बाली काट्नु *v.* reap
balnu बाल्नु *v.* kindle
balti बाल्टी *n.* bucket
balti बाल्टी *n.* pail
baluwa बालुवा *n.* sand
baluwako dhisko बालुवाको ढिस्को *n.* dune
bam gola बम गोला *n.* bomb
bambari garnu बमबारी गर्नु *v.* bombard
bammachha बाम माछा *n.* eel
bampunke बामपुड्के *n.* pygmy, pigmy
ban बन *n.* forest
ban biralo बनबिरालो *n.* wildcat
banaune बनाउने *n.* builder
banaunu बनाउनु *v.* construct
banaunu बनाउनु *v.* erect
banaunu बनाउनु *v.* fabricate
banaunu बनाउनु *v.* make
banaunu बनाउनु *v.* put up
banaunu बनाउनु *v.* trump up
banawati बनावटी *adj.* artificial
banawati बनावटी *n.* forgery
banawati बनावटी *adj.* sham
bancharo बन्चारो *n.* axe
bancharo adiko beerh बंचरो आदिको बीड़ँ *n.* haft
bancharo le katnu बन्चरोले काट्नु *v.* hew
banchhne samagri बाँच्ने सामग्री *n.* necessaries
banchna sakne बाँच्न सक्ने *adj.* viable. .
banchnu बाँच्नु *v.* exist
banchnu बाँच्नु *v.* survive
band garnu बन्द गर्नु *v.* cease
band garnu बन्द गर्नु *v.* shut
band garnu बन्द गर्नु *v.* shut down
band garnu बन्द गर्नु *v.* turn off
band motar gadi बन्द मोटरगाडी *n.* limousine
band sawal बन्द सवाल *n.* cross-examination
banda kobhi बन्दाकोभी *n.* cabbage
bandan बन्दना *n.* greetings
bandar बाँदर *n.* monkey
bandar gah बन्दरगाह *n.* harbo(u)r
bandara बङ्गारा *n.* jaw
bandargah बन्दरगाह *n.* port
bandel बँदेल *n.* boar
bandgadi बन्द गाडी *n.* van
bandh बाँध *n.* dam
bandh बाँध *n.* embankment
bandh बाँध *n.* levee
bandh garhi बन्दगाड़ी *n.* brougham
bandhak बन्धक *n.* hostage
bandhak rakhnu बन्धक राख्नु *v.* pawn
bandhaki बन्धकी *n.* mortgage
bandhan बन्धन *n.* bond
bandhan बन्धन *n.* shackle
bandhnu बाँध्नु *v.* bind
bandhnu बाँध्नु *v.* fasten
bandhnu बाँध्नु *v.* tie

bandnu बाँछ्नु *v.* distribute

bandobast बन्दोबस्त *n.* arrangement

bandobast garnu बन्दोबस्त गर्नु *v.* organize

banduk बन्दुक *n.* gun

banduk बन्दूक *n.* tommy-gun

banduk ko jibri बन्दुक को जिब्री *n.* trigger

banduk wa pistol hanne kam बन्दुक वा पिस्तोल हान्ने काम *n.* shooting

bandukko kunda बन्दूकको कुन्दा *v.* butt

bandukko naal बन्दूकको नाल *n.* barrel

bango tingo बाङ्गोटिङ्गो *adj.* zigzag

bangotingo rekha बाङ्गोटिङ्गो रेखा *n.* squiggle

bangyaunu बङ्ग्याउनु *n.* refract

bani बानी *n.* habit

bani basalnu बानी बसाल्नु *v.* accustom

bani paereko बानी परेको *adj.* habitual

bani paereko बानी परेको *adj.* habituated

baniya बनिया *n.* grocer

banjar bhoomi बंजर भूमि *n.* wilderness

banjar jagga बन्जर जग्गा *n.* wasteland

banjho बाँझो *adj.* infertile

banjho बाँझो *adj.* sterile

banki बाँकी भाग *n.* remainder

banki बाँकी भाग *adj.* remaining

banko khula thaun बनको खुला ठाउँ *n.* glade

bans बाँस *n.* bamboo

bansuri बाँसुरी *n.* flute

bapauti बपौती *n.* legacy

baph बाफ *n.* vapo(u)r

baph bannu बाफ बन्नु *v.* evaporate

baphadar बफादार *adj.* loyal

baphadar वफादार *adj.* staunch

baphadar बाफ *n.* steam

baphadari बफादारी *n.* loyalty

baphaeko parikar बफाएको परिकार *n.* stew

bar बार *n.* fence

bar ko rukh बरको रुख *n.* banyan

barabar बराबर *adj.* equal

barabar बराबर *adj.* equivalent

barabar badli rahane drishya बराबर बदलिरहने दृश्य *n.* kaleidoscope

barabar dimag ma aunu बराबर दिमागमा आउनु *v.* haunt

barabar/barambar bhai aeko बराबर/बारम्बार भइ आएको *adj.* frequent

barabari बराबरी *n.* equiality

barabari बराबरी *n.* par

barambar बारम्बार *adv.* over and over

barambar बारम्बार *adv.* time and again

baranda बरन्डा *n.* gallery

baraph बरफ *n.* Ice
barbad बर्बाद *v.* ravage
bardali बार्दली *n.* balcony
bardi बर्दी *n.* uniform
bare ma बारेमा *prep.* regarding
barema बारेमा *prep/* concerning
barha बाह्र *n.* twelve
barkha बर्खा *n.* monsoon
barkhast garnu बर्खास्त गर्नु *v.* cashier
barkhe बर्खे *adj.* rainy
barma बर्मा *n.* drill
barnis बार्निस lacquer
barphilo बरफिलो तूफान *n.* snowstorm
barsadi बर्सादी *n.* mackintosh
barsadi बर्सादी *n.* raincoat
baru बरू *adv.* rather
barud बारूद *n.* gunpowder
barulo बारुलो *n.* washy
barulo बारूलो *n.* wasp
bas बस *n.* bus
bas basne thaun बास बस्ने ठाउँ *n.* accommodation
bas basnu बास बस्नु *n.* sojourn
bas garna yogya बास गर्न योग्य *adj.* inhabitable
bas garnu बास गर्नु *v.* inhabit
basai sarne kam बसाइ सर्ने काम *n.* migration
basant बसन्त *n.* spring
basaunu बसाउनु *v.* push down
basinda बासिन्दा *n.* inhabitant
basinda बासिन्दा *n.* inmate
basinda बासिन्दा *n.* native
basn layakko nabhayko बस्न लायकको नभएको *adj.* uninhabitable
basna बास्ना *n.* scent
basna/basyogya बस्न/बासयोग्य *adj.* habitable
basne ra sutne thaun बस्ने र सुत्ने ठाउँ *n.* berth
basne thaun बस्ने ठाउँ *n.* seat
basne thaun dekhaune बस्ने ठाउँ देखाउनु *n.* usher
basnu बरूपु *v.* remain
basnu बस्नु *v.* reside
basnu बस्नु *v.* sit
basobas garnu बसोबास गर्नु *v.* settle
bassthan बासस्थान *n.* abode
basti बस्ती *n.* colony
basti बस्ती *n.* settlement
bat marnu बात मार्नु *v.* chat
bat/bath rog बात/बाथरोग *n.* rhematism
bata बाट *prep.* from
bata utpatti hunu बाट उत्पत्ति हुनु *v.* derive
bataase बतासे *adj.* unfathered
batamunibat pani jane बाटामुनिबाट पानी जाने *n.* culvert
batare ko bet बटारेको बेत *n.* wicker
batarine kriya बटारिने क्रिया *n.* torsion

batarinu बटारिनु v. contort
batarnu बटार्नु v. twist
batarnu बटार्नु v. wrench
bataunu बातउनु v. denote
bataunu बताउनु v. explain
batdhaunu बढाउनु v. escalate
bath बाथ n. gout
bathan बथन n. batch
bathan बथान n. flock
batir बटेर n. quail
bato बाटो n. path
bato बाटो n. route
bato बाटो n. track
bato बाटो n. way
bato band garnu बाटो बन्द गर्नु v. seal off
bato biraunu बाटो बिराउनु v. stray
bato pelne injine बाटो पेल्ने इन्जिन n. roller
batoma बाटोमा adv. en route
batrog lageko बातरोग लागेको adj. rheumatic
batteko dhalkai बाटेको ढल्काइ n. gradient
battha भत्ता n. royalty
batti बत्ती n. lamp
batti बत्ती n. wick
batuwa बटुवा n. pedestrian
batuwa बटुवा n. wayback
batuwa बटुवा n. wayfarer
baulaha बौलाहा adj. crazy
baulaha बौलाहा adj. insane
baulaha बौलाहा adj. mad

baundine rog बाउँडिने रोग n. cramp
baunne बाउन्ने n. dwarf
bayang व्यंग n. quip
baykul व्याकुल adj. perplexed
bayodata बायोडाटा n. resume
bazar बजार n. mart
be adab बेअदब adj. insolent
be chalti ko बेचल्तीको adj. obsolete
be matlab ko kuro बेमतलबको कुरो n. nonsense
be matlab sanga बेमतलबसँग adv. wantonly
bear बीयर n. malt
bech bikhan बेचबिखन n. marketing
bechain बेचैन adj. restive
bechna layak बेच्नलायक adj. saleable
bechnu बेच्नु v. sell
bedag बेदाग adj. spotless
bedag बेदाग adj. stainless
bedha बेड़ा n. flortilla
bedhag ko बेढङ्गको adj. quzzical
bedhang बेढङ्ग adj. sloppy
bedhang ko बंढंगो adj. clumsy
beechma बीचमा prep. amid, amidst
beechma bolnu बीचमा बोल्नु v. interpose
beej sambandhi विज सम्बन्धी adj. nuclear
beejanu बीजाणु n. spore

beejganit बीजगणित *n.* algebra

beer बियर *n.* ale

beg sanga chalne motar dunga वेगसँग चल्ने मोटर डुङ्गा *n.* speedboat

begla beglai बेग्लाबेग्लै *adv.* separately

begwan jango jahaj वेगवान् जंगी जहाज *n.* cruiser

behosh बेहोश *adj.* insensate

behosh बेहोश *adj.* unconscious

behoshi ki avashta बेहोशीकी अवस्था *n.* anaesthetic

behula बेहुला *n.* groom

behuli बेहुली *n.* bride

behuliko poshak बेहुलीको पोशाक *n.* trousseau

behulo बेहुलो *n.* bridegroom

beiman बेइमान *adj.* dishonest

bejan बेजान *adj.* lifeless

bejod बेजोड *adj.* matchless

bejod बेजोड *adj.* unique

bejodh बेजोड़ *adj.* unequalled

bekaame vyakti बेकामे व्यक्ति *n.* wastrel

bekar बेकार *adj.* unemployed

bekar ko बेकारको *adj.* valueless

bekuph बेकुफ *adj.* withstand

bekwad बेकवाद *n.* crap

bela बेला *n.* violin

bela bela ma बेलाबेलामा *adv.* off and on

bela na bhal suru garnu बेला नभई सुरु गर्न्र *v.* jump the gun

bela wadak बेलावादक *n.* violinist

belayat बेलायत *n.* england

beluka बेलुका *n.* eveing

belun गुब्बारा *n.* balloon

bemanasib बेमनासिब *adj.* unreasonable

bench बेंच *n.* bench

bepar बेपार *n.* trade

bepari samagri बेपारी सामग्री *n.* commodity

beparwah बेपरवाह *adj.* careless

berinu बेरिनु *v.* entwine

berium बेरिअम *n.* barium

berna बेर्ना *n.* seedling

berojgari बेरोजगारी *n.* unemployment

bes बेस *adv.* well and good

besari बेसरी *adv.* greatly

beslin भेसलिन *n.* vaseline

besurapan बेसुरापन *n.* dissonance

bet बेत *n.* cane

betar बेतार *n.* wireless

bethik बेठीक *adj.* inaccurate

bewasta बेवास्ता *n.* neglect

beyara बेयरा *n.* waiter

beyaraketi बेयराकेटी *n.* waitress

bhaale biralo भाले बिरालो *n.* tomeat

bhaar halnu भार हाल्नु *v.* encumber

bhaari भारी *adj.* unhand

bhada भाडा *n.* rent

bhada bata aune rakam भाडाबाट आउने रकम *n.* rental

bhadda भद्दा *adj.* awkward

bhadda भद्दा *adj.* dowdy

bhadda भद्दा *adj.* gawky

bhadda bedhangko भद्दा बेढंगको *adj.* ungainly

bhadkilo भड्किलो *adj.* gaudy

bhadkilo भड्किलो *adj.* pompous

bhaera भएर *prep.* via

bhag भाग *n.* part

bhag भाग *n.* portion

bhag भग *n.* vulva

bhag garna/launa na sakine भाग गर्न/लाउन नसकिने *adj.* indivisible

bhag garnu भाग गर्नु divide

bhag lagaun sakine भाग लगाउन सकिने *adj.* divisible

bhag lin nadinu भाग लिन नदिनु *v.* exclude

bhag lina kar garnu भाग लिन कर गर्नु *v.* rope in

bhag linu भाग लिनु *v.* pariticpate

bhagnu भाग्नु *v.* flee

bhagnu भाग्नु *v.* get away

bhagnu भाग्नु *v.* levant

bhagnu भाग्नु *v.* puill back

bhagnu भाग्नु *v.* run away

bhagnu भाग्नु *v.* run off

bhagphal भागफल *n.* quotient

bhaguwa भगुवा *n.* fugitive

bhagwan chaki chaain bhanne vyakti भगवान छकि छेन भन्ने व्यक्ति *adj.* agnostic

bhagya भाग्य *n.* destiny

bhagya भाग्य *n.* destiny

bhagya भाग्य *n.* fate

bhagya भाग्य *n.* luck

bhagya mani भाग्यमानी *adj.* fortunate

bhagya mani भाग्यमानी *adj.* lucky

bhagya wash भाग्यवश *adv.* luckily

bhai chara ko भाइचारा *n.* fraternity

bhainsi भोंसी *n.* buffalo

bhairas भाइरस *n.* virus

bhajan भजन *n.* hymn

bhak bhakaunu भकभकाउनु *v.* stammer

bhak bhakaunu भकभकाउनु *v.* stammer

bhak bhake भकभके *n.* stammerer

bhakari भ्कारी *n.* bin

bhakari भकारी *n.* granary

bhakbhakaunu भकभकाउनु *v.* stutter

bhakta भक्त *n.* devotee

bhakta भक्त *n.* worshipper

bhakti भक्ति *n.* devotion

bhakundo भकुण्डो *n.* ball

bhakundo भकुण्डा *n.* football

bhala भाला *n.* javelin

bhala भाला *n.* pike

bhala भाला *n.* spear
bhaladmi भलादमी *n.* gentleman
bhale भाले *n.* male
bhale भाले *n.* rooster
bhale gadha भाले गधा *n.* jackass
bhale haans भाले हाँस *n.* drake
bhale haans भाले हाँस *n.* gander
bhale jarayo भाले जरायो *n.* stag
bhale kukhura भाले कुखुरा *n.* cock
bhalibal भलिबल *n.* volleyball
bhalu भालु *n.* bear
bhanai भनाइ *n.* remark
bhanban garnu भनाभन गर्नु *v.* bandy
bhanchhe भान्छे *n.* cook
bhanda भाँडा *n.* basin
bhanda भाँडा *n.* pot
bhanda भन्दा *prep.* than
bhanda aghi भन्दा अघि *adv.* prior to
bhanda badhta banchnu भन्दा बढ्ता बाँच्नु *v.* outlive
bhanda kunda भाडाँकुँडा *n.* utensils
bhanda pahile marnu भन्दा पहिले मर्नु *v.* predecease
bhanda ramro भन्दा राम्रो *adj.* better
bhandar भण्डार *n.* depot
bhandar भण्डार *n.* storehouse
bhandare भण्डारे *n.* storekeeper
bhandnu बाँध्नु *v.* gird
bhando भाँडो *n.* container
bhando भाँडो *n.* vessel
bhang भंग *n.* breach
bhang भंग *n.* fracture
bhangera भँगेरा *n.* sparrow
bhani thannu भनिठान्नु *v.* presume
bhanjyan भंज्याङ *n.* saddle
bhanna na sakine भन्न नसकिने *adj.* incommunicable
bhanne darle भन्ने डरले *conj.* lest
bhannu भन्नु *v.* say
bhannu भन्नु *v.* tell
bhannu भन्नु *v.* utter
bhanrha maine kotha भाँड़ा माइने कोठा *n.* scullery
bhansa kotha भान्साकोठा *n.* kitchen
bhansar mahsul भन्सार महसुल *n.* tariff
bhansaradda भन्सार अड्डा *n.* custgoms
bhanta भण्टा *n.* eggplant
bhanyo भन्यो *v.* quoth
bhar garnu/parnu भर गर्नु/पर्नु *v.* rely
bhar pardo भरपर्दो *adj.* dependable
bhar pardo भरपर्दो *adj.* reliable
bhar pardo भरपर्दो *adj.* trustworthy
bhar parn naskine भर पर्न नसकिने *adj.* unreliable
bhara भाँड़ा *n.* receptacle
bharen भरेङ *n.* stairs

bharen ko khud kila भरेङ्को खुड्किला *n.* rung
bharhin भारहीन *adj.* weightless
bhari भारी *n.* burden
bhari भारी *adj.* cumbersome
bhari भारी *n.* load
bhari भारी *adj.* weighty
bhari udyog भारी उद्योग *n.* heavy industry
bhari uthaune yantra भारी उठाउने यंत्र *n.* derrick
bharieko भरिएको *adj.* full
bhariya भरिया *n.* porter
bhariyeko भरिएको *adj.* replete
bharkharai भर्खरै *adv.* just now
bharna भर्ना *n.* compensation
bharnu भर्नु *v.* fill
bharosa भरोसा *n.* assurance
bharosa भरोसा *n.* confidence
bharosa भरोसा *n.* reliance
bharpai भर्पाई *n.* receipt
bharsthachari भ्रष्टाचारी *adj.* lascivious
bharti garnu भर्ती गर्नु *v.* admit
bharyan भर्‍याङ्ग *n.* ladder
bhasha भाषा *n.* dialect
bhasha भाषा *n.* language
bhasha wid भाषविद् *n.* linguist
bhashan भाषण *n.* lecture
bhashan dine hal भाषण दिने हल *n.* lyceum
bhashanko upsanhar भाषणको उपसंहार *n.* peroration
bhat भात *n.* rice
bhatija भतिजा *n.* nephew
bhatiji भतिजी *n.* niece
bhatkaunu भत्काउनु *v.* demolish
bhatkaunu भत्काउनु *v.* dismantle
bhatkaunu भत्काउनु *v.* pull down
bhatkaunu भत्काउनु *v.* take to pieces
bhatmas भटमास *n.* soya bean
bhatmas भटमास *n.* soya bean/ soybean
bhatta भत्ता *n.* stipend
bhattha भत्ता *n.* allowance
bhatti भट्टी *n.* distillery
bhatti भट्टी *n.* pub
bhatti भट्टी *n.* tavern
bhattiwal भट्टीवाल *n.* publican
bhauju भाउजू *n.* sister-in-law
bhauntarinu भौँतारिनु *v.* loiter
bhautik shastra भौतिकशास्त्र *n.* physics
bhavanko samune bhag भवनको सामुन्ने भाग *n.* façade
bhavishya bataune stri भविष्य बताउने स्त्री *n.* sibyl
bhavishya kathan भविष्यकथन *n.* divination
bhavpurn भावपूर्ण *adj.* impassioned
bhavya भव्य *adj.* magnificent
bhavya smadhi भव्य समाधि mausoleum
bhaw भाव *n.* feeling

bhawan भवन *n.* building
bhawan भवन *n.* edifice
bhawan भाव *n.* emotion
bhawan भवन *n.* mansion
bhawan nirman kala भवन निर्माण कला *n.* architecture
bhawana भावना *n.* sentiment
bhawi peerhi भावी पीढ़ी *n.* posterity
bhawishyawani भविष्यवाणी *n.* forecast
bhawishyawani भविष्यमानी *n.* future
bhawishyawani भविष्यवाणी *n.* prediction
bhawishyawani भविष्यवाणी *n.* prophecy
bhawuk भावुक *adj.* sentimental
bhawya भव्य *adj.* gorgeous
bhawya भव्य *adj.* grand
bhaya भय *n.* panic
bhayanak भयानक *adj.* awful
bhayanak भयानक *adj.* dire
bhayanak भयानक *adj.* dreadful
bhayanak भयानक *adj.* grim
bhayanak भयानक *adj.* gruesome
bhayanak भयानक *adj.* horrible
bhayanak भयानक *adj.* weird
bhayankar भंयकर *adj.* formidable
bhayat khasnu भ्यात्त खस्नु *v.* flop
bhayo भयो *mod.* would
bhed भेद *n.* contrast
bhed भेद *v.* distiguish
bhed bhaw garnu भेदभाव गर्नु *v.* discriminate
bheda भेडा *n.* ram
bheda भेडा *n.* sheep
bheda gothalo भेडागोठालो *n.* shepherd
bheer भीड़ *n.* horde
bheer भीड़ *v.* throng
bheer gonthali भीर गौंथली *n.* martin
bheeshan akarman भीषण आक्रमण *n.* onslaught
bhela भेला *n.* rally
bhela hune thaun भेला हुने ठाउँ *n.* rendezvous
bhela hunu भेला हुनु *v.* forgather
bhesh badalne kam भेष बदलने काम *n.* camouflage
bhesh badalnu भेष बदल्नु *n.* disguise
bhet भेट *v.* visit
bhid भीड *n.* crowd
bhidant भिडन्त *n.* melee
bhidant भिड़न्त *n.* scrimmage
bhidant ladain भिडन्त लडाइँ *n.* skimish
bhidanta भिडन्त *n.* clash
bhidbhadpurn भीडभाडपूर्ण *adj.* crowded
bhidiyo भिडियो *n.* video
bhijeko भिजेको *adj.* moist
bhijeko भिजेको *adj.* soggy
bhijeko भिजेको *adj.* wet
bhijnu भिज्नु *v.* drench

bhikhari भिखारी *v.* mendicant
bhiksha भिक्षा *n.* alms
bhikshu भिक्षु *n.* friar
bhikshuniharuko math भिक्षुनीहरूको मठ *n.* convent
bhiralo भिरालो *adj.* precipitous
bhirhbhar bhaeko भीड़भाड़ भएको *adj.* congested
bhiringi rog भिरिङ्गी रोग *n.* syphilis
bhisa भिसा *n.* visa
bhitamin भिटामिन *n.* vitamin
bhitar hunu भित्र हुनु *v.* contain
bhitra भित्र *prep.* in
bhitra भित्र *prep.* inside
bhitra भित्र *prep.* into
bhitra भित्र *prep.* within
bhitra pasnu भित्र पस्नु *v.* step in
bhitra tira भित्रतिर *adj.* inward
bhitri भित्री *adj.* inner
bhitri भित्री *adj.* interior
bhitri भित्री *adj.* internal
bhitri luga भित्री लुगा *n.* underwear
bhitrpatti laune luga भित्रपट्टि लाउने लुगा *n.* underclothes
bhitta भित्ता *n.* wall
bhitta-satabh भित्ता-स्तम्भ *n.* pilaster
bhog भोग *n.* possession
bhoj भोज *n.* banquet
bhoj भोज *n.* feast
bhoj भोज *n.* junketing
bhojan garnu भोजन गर्नु *v.* dine
bhojanpachi khane mishthan भोजनपछि खाने मिष्टान्न *n.* despot
bhojnalaya भोजनालय *n.* restaurant
bhok भोक *n.* appetite
bhokaeko भोकाएको *adj.* hungry
bhokai hunu भोकै हुनु *v.* starve
bhokmari भोकमरी *n.* starvation
bhoko भोको *adj.* ravening
bholi भोलि *n./adv.* tomorrow
bholiko din भोलिको दिन *n.* morrow
bholt भोल्ट *n.* volt
bhoolchook भूलचूक *n.* blunder
bhoomisambandhi भूमिको सम्बन्धी *adj.* agrarian
bhram भ्रम *n.* illusion
bhram hataunu भ्रम हटाउनु *v.* disillusion
bhram ma pareko भ्रममा परेको *adj.* mistaken
bhramit भ्रमित *adj.* confused
bhrashachar भ्रष्टाचार *n.* corruption
bhrmansheel भ्रमणशील *adj.* peripatetic
bhudrishya भूदृश्य *n.* landscape
bhuganit भूगणित *n.* geodesy
bhugarbh shastra भूगर्भशास्त्र *n.* geology
bhugo भूगोल *n.* geography
bhuichuk भूलचूक *n.* lapse
bhuin aadi poochne sadhan भुइँ आदि पुछने साधन *n.* swab

bhuin ainselu भुइँ ऐँसेलु *n.* strawberry

bhuin kathar भुइँकटहर *n.* pineapple

bhuinchalo भुइँचालो *n.* earthquake

bhuktani भुक्तानी *n.* payment

bhul भूल *n.* mistake

bhul भूल *n.* oversight

bhulako vyopari भुल्लाको व्यापारी *n.* furrier

bhumadhya rekha भूमध्य रेखा *n.* equator

bhumi dhar भूमिधर *n.* yeoman

bhumi gat भूमिगत *adj.* underground

bhumika भूमिका *n.* role

bhunde भुँडे *adj.* pot-bellied

bhundi भुँडी *n.* pot (belly)

bhundi भुँडी *n.* stomach

bhupariweshtit भूपरिवेष्टित *adj.* landlocked

bhurun भ्रूण *n.* embryo

bhusuna भुसुना *n.* gnat

bhusyaha kukur भुस्याहा कुकुर *n.* cur

bhut भूत *n.* ghost

bhut भूत *n.* phantom

bhut dhapaunu भूत धपाउनु *v.* exorcise

bhutkal भूतकाल *n.* past

bhutnu भुट्नु *v.* fry

bhutpurv sainik भूतपूर्व सैनिक *n.* ex-serviceman

bhuwa भुवा *n.* fur

bhuwa jasto भुवा जस्तो *adj.* furry

bhuwanri भुँवरी *n.* eddy

bhyaguto भ्यागुतो *n.* frog

bhyanak karksha aeimai भयानक कर्कशा आइमाई *n.* virago

bhyanak khasti puryanu भयानक क्षति पुरयाउनु *v.* wreak

bhyanak vipati भयानक विपत्ति *n.* cataclysm

biasaun बीसौँ *adj.* twentieth

bich बीच *prep.* among

bich ko बीचको *adj.* intermediate

bich ko manchhe बीचको मान्छे *n.* go-between

bichara बिचरा *inter.* poor man

bichchhi बिच्छी *n.* scorpion

bichhaunu बिछ्याउनु *v.* lay

bichhyauna बिछ्यौना *n.* bed

bichhyauna बीच *adv./prep.* between

bida बिदा *n.* holiday

bida बिदा *n.* leave

bida garnu बिदा गर्नु *v.* send off

bidai विदाई *n.* bye

bidai बिदाई *int.* bye-bye

bidai विदाइ *n.* farewell

bidai बिदाइ *n.* parting

bidha बिदा *interj.* ta-ta

bigapith विज्ञप्ति *n.* communique

bigarnu बिग्रनु *v.* conk

bigarnu बिगार्नु *v.* mar

bigarnu बिग्रनु *adv.* phut

bigarnu बिगार्नु *v.* spoil
bigarnu बिगार्नु *v.* taint
bigarnu बिगार्नु *v.* tamper
bigrane बिग्रने *adj.* perishable
bigranu बिग्रनु *v.* deteriorate
bigreko बिग्रेको *n.* kaput
bigreko बिग्रेको *adj.* out of order
bigul बिगुल *n.* bugle
bigul बिगुल *n.* bugle
bigul बिगुल *n.* trumpet
biha हिबहे *n.* marriage
bihana बिहान *n.* morning
bihana saberai बिहान सबेरै *n.* dawn
bihanko prarthana बिहानको प्रार्थना *n.* matins
bihe बिहे/विवाह गर्नु *v.* marry
bihe बिहे *n.* matrimony
bihe बिहे *n.* wedding
bihe garnu बिहे गर्नु *v.* espouse
bihe garnu बिहै गर्नु *v.* wed
bihe ko aunthi बिहेको औंठी *n.* wedding ring
bihibar कबहीबार *n.* Thursday
bijhnu बुझ्नु *v.* understand
bijor बिजोर *adj.* uneven
bijuli बिजुली *n.* electricity
bijuli ko gulup बिजुली को गुलुप *n.* light bulb
bijuli ko karent बिजुलीको करेण्ट आदि छेक्ने बस्तु *n.* insulator
bijuli ko karent ko dhakka बिजुलीको करेण्टको धक्का *n.* electric shock
bijuli ko karent lagera marnu बिजुलीको करेण्ट लागेर मर्नु *v.* electrocute
bijuli ko tar jadan बिजुली को तार जडान *n.* wiring
bijuli-path बिजुली-पथ *n.* circuit
bikhalu बिखालु *adj.* toxic
bikri बिक्री *n.* sale
bil बिल *n.* invoice
bilaeko बिलाउको *adj.* extinct
bilkul बिलकुल *adv.* quite
bilkul thik बिलकुल ठीक *adj.* perfect
billa बिल्ला *n.* badge
billa बिल *n.* bill
bilona बिलौना *n.* jeremiad
bima बीमा *n.* insurance
bima-kista बीमा-किस्ता *n.* premium
bimar बिमार *adj.* sick
bimari बिमारी *n.* illness
bimari बिमारी *n.* malady
bimira बिमिरा *n.* rash
bimiro बिमिरा *n.* citron
bina बिना *prep.* without
bina mahtavko बिना महत्त्वको *adj.* trivial
bina sajaya umkeko बिनासजाय उम्केको *adj.* scot-free
bina tayari बिना तयारी *adj.* extempore
bina tayari बिनातयारी *adj.* offhand
binamulya gariyeko wa diyeko बिनामूल्य गरिएको वा दिइएको *adj.* gratuitous

bind बीण्ड *n.* handel

bind बीण्ड *n.* holder

bine tyari बिना तयारी *adv. adj.* extepore

binti बिन्ती *n.* plea

binti bhau बिन्तीभाउ *n.* persuasion

binti bhau garnu बिन्तीभाउ गर्नु *v.* solicit

binti garnu बिन्ती गर्नु *v.* plead

binti garnu बिन्ती गर्नु *v.* supplicate

binti patra बिन्तीपत्र *n.* petition

binti/anurodh garnu बिन्ती/अनुरोध गर्नु *v.* entreat

biphar बिफर *n.* pox

biphar ब्फिर *n.* smallpox

bir बीर *adj.* gallant

birailo ko bachcha बिरालोको बच्चा *n.* kitten

biraji बिराजी *adj.* unwilling

biralo बिरालो *n.* cat

biraloko बिरालोको *adj.* feline

birami बिरामी *adj.* ill

birami बिरामी *n.* patient

birami बिरामी *adj.* sick

birko बिर्को *n.* cover

birko बिर्को *n.* lid

birsane बिर्सने *adj.* forgetful

birsanu बिर्सनु *v.* forget

biruwa बिरुवा *n.* plant

biruwa ghar बिरुवाघर *n.* greenhouse

biruwako kisim बिरूवाको किसिम *n.* hazel

bisancho बिसंचो *adj.* unwell

biscuit va roti chopalnu बिस्कुट वा रोटी चोपल्नु *v.* dunk

bishalthalay विशालताले *adv.* largely

bishop बिशप *n.* bishop

bishtharak विस्तारक *n.* stretcher

biskut *n.* bicscuit

bisthan बीस थान *n.* score

bit बिट *n.* rim

bitholu बिथोल्नु *v.* interrupt

bitnu बित्नु *v.* elapse

biyar बियर *n.* beer

bjil भूल *n.* slip

blchai ma roknu बीचैमा रोक्नु *v.* intercept

bodh dharamko ek roop बौद्ध ध र्मको एक रूप *n.* zen

boka बोका *n.* billy-goat

boknu बोक्नु *v.* carry

boknu बोक्नु *v.* tote

boko बोको *n.* goat

bokra बोक्रा *n.* peel

bokshi बोक्सो *n.* wizard

boksi बोक्सी *n.* witch

boksi widya बोक्सी विद्या *n.* witchcraft

bokso बोक्सो *n.* sorcerer

bol chal ko बोलचालको *adj.* colloquial

bolaha बौलाहा *adj.* deranged

bolakkad बोलक्कड *n.* windbag

bolauna pathaunu बोलाउन पठाउनु *v.* send for

bolawat बोलावट *n.* call

bolda therai shabd prayog garne बोल्दा थेरै शब्द प्रयोग गर्ने *adj.* laconic

boli बोली *n.* speech

boliko shaili बोलीको शैली *n.* parlance

bolne kala बोल्ने कला *n.* elocution

bolnu बोल्नु *v.* express

bolnu बोल्नु *v.* speak

bonus बोनस *n.* bonus

boornu बूर्नु *v.* furl

bora बोरा *n.* sack

bot wiruwa lagaeko jagga बोट बिरूवा लगाएको जग्गा *n.* plantation

bottle बोतल *n.* magnum

bowl phyankne manis बल फयाँक्ने मानिस *n.* bowler

brahmand ब्रह्माण्ड *n.* macrocosm

brahmand ब्रह्माण्ड *n.* universe

brahmvidya ब्रह्मविद्या *n.* theosophy

bramhand ko ब्रह्माण्ड को *adj.* cosmic

brandy ब्रान्डी *n.* brandy

bromide ब्रोमाइड *n.* bromide

buba बुबा *n.* papa

buddhi बुद्धि *n.* intellect

buddhi bangaro बुद्धि बङ्गारो *v.* wisdom tooth

buddhi jiwi बुद्धिजीवी *n.* intellectual

buddhichal बुद्धिचाल *n.* chess

buddhiman बुद्धिमान *n.* intelligence

buddhiman बुद्धिमान् *adj.* well advised

buddhiman बुद्धिमान् *adj.* wise

buddhimani sath बुद्धिमानी साथ *adv.* wisely

budh bar बुधवार *n.* Wednesday

budh graha बुध ग्रह *n.* mercury

budheskal बुढेसकाल *n.* old age

budhi aunlo बूढी औंलो *n.* thumb

budhiheen vyakti बुद्धिहीन व्यक्ति *n.* zombie

budho बूढो *adj.* age-old

bue बीउ *n.* seed

buhari बुहारी *n.* daughter-in-law

bujhaunu बुझाउनु *v.* lay down

bujhnu बुझ्नु *v.* comprehend

bujo बुजो *n.* gag

bukhyacha बुख्याचा *n.* scraecrow

bulaki नाक को प्वाल *n.* nose ring

bulldug kukkur बुलडग कुकुर *n.* bulldog

bunai बुनाइ *n.* weaving

bunnu बुन्नु *v.* knit

bunnu बुन्नु *v.* weave

burja बुर्जा *n.* turret

burukka uphranu बुरुक्क उफ्रनु *v.* skip

butta बुट्टा *n.* pattern

butta jadieko बुट्टा जडिएको *adj.* inlaid
bwanso ब्वाँसो *n.* wolf
byatri ब्याट्री *n.* battery

C

cake केक *n.* éclair
cake केक *n.* pastry
cake केक *n.* scone
carburettor कार्बुरेटर *n.* carburettor
centimetre सैन्टीमीटर *adj.* centimetre
chaal चाल *n.* stratagem
chaal चाल *n.* wiles
chaalbaj garne vyakti चालबाज गर्ने व्यक्ति *n.* trickster
chaalbaji चालबाजी *n.* skullduggery
chaata छाता *n.* brolly
chad चाड *n.* festival
chadak चड्का *adj* jazzy
chadhai चढ़ाइ *n.* ascent
chadhnu चढ्नु *v.* climb
chahak चहक *n.* splendo(u)r
chahine sasman चाहिने सामान *n.* requisite
chak चाक *n.* buttocks
chak manna andhyaro चकमन्न अँध्यारो *adj.* pitch-dark
chakaunu छकाउनु *v.* hoax
chakhewa chakhewi चखेवाचखेवी *n.* lovebirds
chakit चकित *adj.* surprised
chakka चक्का *n.* wheel
chakka ko kendra चक्काको केन्द्र *n.* hub
chakkar चक्कर *n.* rotation
chakkar khanu चक्कर खानु *v.* gyrate
chakki चक्की *n.* capsule
chakki चक्की *n.* pill
chakku चक्कु *n.* knife
chaklet चकलेट *n.* chocolate
chakmak चकमक *n.* flint
chakra चक्र *n.* cycle
chakra चक्र *n.* hoop
chakrapath चक्रपथ *n.* ring road
chal चाल *n.* gait
chal चाल *n.* motion
chal चाल *n.* move
chal चाल *n.* movement
chal छल *n.* ruse
chal chitra चलचित्र *n.* cinema
chal chitra चलचित्र *n.* film
chalak चालक *n.* driver
chalakh चलाख *adj.* shrewd
chalakile jitnu चलाकीले जित्नु *v.* outsmart
chalakile jitnu चलाकीले जित्नु *v.* overreach
chalan चलन *n.* fashion
chalan naskane चल्न नसक्ने *adj.* immobile

chalaunu चलाउनु v. operate
chalaunu चलाउनु v. stir
chalband चालबन्द n. stalemate
chalchitra चलचित्र n. motion picture
chalchitra चलचित्र n. movie
chaldai gareko चल्दै गरेको adj. ongoing
chalis चालीस n. forty
chalkapat छलकपट n. guile
chal-kapat छल-कपट n. deceit
challa चल्ला n. chick
chalmalaunu चलमलाउनु v. wriggle
chalne sarne चल्ने adj. movable
chalni चल्नी n. sieve
chalnu छलनु v. delude
chalti चल्ती n. vogue
chamacham chumchum garnu छामछाम-छुमछुम गर्नु v. fumble
chamada चमडा n. leather
chamak चमक n. gleam
chamak चमक n. lustre
chamak चमक n. shine
chamatkar चमत्कार n. miracle
chamatkar चमत्कार n. revelation
chamatkar चमत्कार n. tour de force
chamatkarpurn चमत्कारपूर्ण adj. miraculous
chamcha चम्चा n. spoon
chameli चमेली n. jasmine
chamena ghar चमेनाघर n. canteen
chamena ghar चमेनाघर n. snack bar
chamero चमेरा n. bat
chamkanu चम्कनु v. glitter
chamkanu चम्कनु v. scintillate
chamkanu चम्कनु n. sheen
chamkanu चम्कनु v. twinkle
chamkanuj चम्कनु v. sparkle
chamkilo चम्किलो adj. bright
chamkilo चम्किलो adj. radiant
chamkilo चम्किलो adj. shining
champat hunu चम्पत हुनु v. elope
chana चाना n. slice
chanak छनक n. premonition
chanakho चनाखो adj. vigilant
chanchal चंचल adj. restless
chanchal चंचल adj. shaky
chand shastra छनद शास्त्र n. prosody
chanda चन्दा n. subscription
chandai चाँडै adv. shortly
chandai चाँडै adv. soon
chandai badhnu चाँडै बढ्नु run up
chandai risaune चाँडै रिसाउने adj. short-tempered
chandai udne चाँडै उड्ने adj. volatile
chandi चाँदी n. silver
chandi jasto seto चाँदीजस्तो सेतो adj. silvery
chando garnu/garaunu चाँडो गर्नु/गराउनु v. quicken

chando jaun चाँड़ो जाऊ *v.* vamoose

chando kutkuti lagne चाँडो कुतकुती लाग्ने *adj.* ticklish

chando risaune चाँडो रिसाउने *adj.* pettish

chando/takita garnu चाँडो/ताकिता गर्नु *v.* expedite

chand-parikshan छनद-परीक्षण *n.* scansion

chandrama चन्द्रमा *n.* moon

chandrama ko चन्द्रमाको *adj.* lunar

changa चङ्गा *n.* kite

chansur चंसूर *n.* cress

chap चाप *n.* arc

chap चाप *n.* stress

chapal चपल *adj.* light-headed

chapaune dant चपाउने दाँत *n.* molar

chapaune surtiko dallo चपाउने सुर्ती को डललो *n.* quid

chapaunu चपाउनु *v.* chew

chapaunu चपाउनु *v.* masticate

chapaunu चपाउनु *v.* munch

chaploos चापलूस subservient

chappal चप्पल *n.* sandal

chappal चप्पल *n.* slipper

char चार *n.* four

char charanko padhe चार चरणको पद्य *n.* quatrain

char chuchche चारचुच्चे *adj.* quadrangular

char jana ko samuha चारजनाको समूह *n.* quartet

char jodi nachne nach चार जोड़ी नाच्ने नाच *n.* quadrille

char khutte चारखुट्टे *adj.* four-footed

char pangre gadi चारपाङ्ग्रे गाडी *n.* wag(g)on

char pate चारपाटे *n.* square

char taare gitar चार तारे गिटार *n.* ukulele

chara चारा *n.* bait

chara चरा *n.* bird

charai tira hernu चारैतिर हेर्नु *v.* survey

charaitira चारैतरि *adv.* around

charakho pawankh चराको प्वाँख *n.* plumage

charampatra चर्मपत्र *n.* parchment

charampatra चर्मपत्र *n.* vellum

charan चरण *n.* phase

chares चरेस *n.* hashish

charitarko dosh चरित्रको दोष *n.* foible

charitra चरित्र *n.* character

charitra चरित्र *n.* conduct

charjanale khelne चारजनाले खेल्ने *n.* mahjong

charkanu छड्कनु *v.* sizzle

charkeko dharka चर्केको धर्का *n.* crack

charkha चर्खा *n.* spinning wheel

charko चर्को *adj.* loud

charko चर्को *adj.* strident
charko bhadda hanso चर्को भद्‌दा हाँसो *n.* horse laugh
charnu चर्नु *v.* graze
charparsasi चप्रासी *n.* bailiff
charpi चर्पी *n.* latrine
charpi चर्पी *n.* lavatory
chasma चस्मा *n.* eyeglasses
chasma banaune baykti चस्मा बनाउने ब्यक्ति *n.* optician
chasni चासनी *n.* syrup
chaso चासो *n.* concern
chatai चटाई *n.* mat
chatai चटाई *n.* matting
chatnu चाट्नु *v.* lick
chattan चट्टान *n.* cliff
chattan चट्टान *n.* rock
chattanko patra wa the चट्टानको पत्र वा तह *n.* stratum
chatti चट्टी *n.* slippers
chatur चतुर *v.* deft
chatur chal चतुर चाल *n.* ploy
chaturbhuj चतुर्भुज *n.* quadrilateral
chatyan सानु उद्योग *n.* lightning
chatyan चट्याङ *n.* thunderbolt
chaubato चौबाटो *n.* crossroads
chaubato चौबाटो *n.* intersection
chauda चौडा *adj.* wide
chaudai चौडाइ *n.* breadth
chaudai चौडाई *adj.* broad
chaudai चौडाइ *n.* width
chaudha din चौध दिन *n.* fortnight
chaugada चौगडा *n.* guinea pig
chauguna sankhya चौगुना संख्या *adj.* quadruple
chauki चौकी *n.* outpost
chaukos maidan चौकोस मैदान *n.* quadrangle
chauni छाउनी *n.* barracks
chaunri gai चौंरी गाई *n.* yahoo
chaupaya jantu चौपाया जन्तु *n.* quadruped
chaur चोरी *n.* lawn
chaur चउर *n.* lea
chaur चौर *n.* meadow
chauri चाउरी *n.* wring
chauthai चौथाइ *n.* quarter
chautho चाथो *adj.* fourth
chaya चाया *n.* dandruff
chaya चाया *n.* scurf
chaya चाया *n.* scurf
cheejharu rakhne thaun चीजहरू राख्ने ठाउँ *n.* repository
chehkilo चहकिलो *adj.* aglow
chehkilo चहकिलो *adj.* refulgent
chek चेक *n.* cheque/check
cheknu छेक्नु *v.* impede
chela चेला *n.* disciple
chela चेला *n.* pupil
chepagaanda चेपागाँड़ा *n.* tadpole
chepara jasto prani छेपारा जस्तो प्राणी *n.* newt
chepare boli चेपारे बोली *n.* lip-service

cheparo छेपारो *n.* chameleon
cheplete चिप्लेटी *n.* chute
chepte salla चेप्टे सल्ला *n.* juniper
cheta चिता *n.* cheetah
chetauni dinu चेताउनी दिनु *v.* warn
chetawani चेतावनी *n.* warning
cheuko छेउको *adj.* latreral
chha छ *v./aux.* is
chha छ *n.* six
chhadi छडी *n.* rod
chhadi dinu छाछिदिनु *v.* run out on
chhadma bhesh ma छद्‍म भेषमा *adv./adj.* incognito
chhaitaun छैटौं *n./adj.* sixth
chhak pareko छक्क परेको *adj.* nonplussed
chhakka pareko छक्क परेको *adj.* wide-eyed
chhal छल *n.* humbug
chhal छल *n.* trick
chhal phal छलफल *n.* discussion
chhal phal garnu छलफल गर्नु *v.* discuss
chhala छाला *n.* skin
chhalako dori छालाको डोरी *n.* thong
chhalang छालाङ्ग *n.* leap
chhali छली *adj.* treacherous
chhalne/chhakyaune kam छलने/छक्याउने काम *n.* dodge
chhalnu छलनु *v.* spoof
chhalphal garnu छलफल गर्नु *v.* talk over
chhana छाना *n.* celling
chhana छाना *n.* roof
chhana wa pharsma bhaeko darwaza छाना वा फर्समा भएको दरवाजा *n.* trap-door
chhango छागो *n.* cascade
chhanna yogya छान्नयोग्य *adj.* eligible
chhannu छान्नु *v.* select
chhanot छनोट *n.* choice
chhanot छनोट *n.* selection
chhap छाप *n.* seal
chhap छाप *n.* stamp
chhapa छापा *n.* print
chhapa khana छापाखाना *n.* press
chhapa khana छापा,ाना *n.* printing press
chhapro छाप्रो *n.* shed
chhare rog छारेरोग *n.* epilepsy
chharito छरितो *adj.* svelte
chharito dublo patalo छरितो दुब्लो पातलो *adj.* slim
chharkanu छर्कनु *v.* sprinkle
chharkinu छर्किनु *v.* spatter
chharnu छर्नु *v.* scatter
chharnu छर्नु *v.* sow
chhata छाता *n.* umbrella
chhati छाती *n.* bosom
chhati छाती *n.* breast
chhati छाती *n.* chest

chhati polne rog छाती पोल्ने रोग *n.* heartburn
chhatpati छटपटी *n.* restlessness
chhatra writti छात्रवृत्ति *n.* scholarship
chhatrawas छात्रावास *n.* hostel
chhauro छाउरो *n.* cub
chhaya छाया *n.* shade
chhayadar छायादार *adj.* shady
chhed छेड *n.* innuendo
chhednu छेड्नु *v.* pierce
chhena छेना *n.* casein
chheparo छेपारो *n.* lizard
chheskini छेस्किनी *n.* bolt
chheu छेउ *n.* edge
chheu छेउ *n.* flank
chheu छेउ *n.* margin
chheu छेउ *n.* side
chhidra छिद्र *n.* gap
chhidra bhaeko छिद्र भएको *adj.* porous
chhimalnu छिमल्नु *v.* prune
chhimek छिमेक *n.* neighbo(u)rhood
chhimeki छिमेकी *n.* neighbo(u)r
chhin छिन *n.* moment
chhink छिँक्क *n.* sneeze
chhippieko छिप्पिएको *adj* seasoned
chhirai छिराइ *n.* penetration
chhirbire छिबिरि *adj.* spotted
chhirka चिका *n.* jet
chhitain छिटै *adv.* rapidly
chhiti lekhne widhi छिटो लेख्ने विधि *n.* shorthand
chhito छिटो *adj.* fast
chhito छिटो *adj.* nimble
chhito छिटो *adj.* quick
chhito छिटो *adj.* rapid
chhito छिटो *adj.* swift
chhito छिटो *adj.* prompt
chhodi dinu छोडिदिनु *v.* let alone
chhodi dinu छोडिदिनु *v.* relieve
chhodnu छोड्नु *v* abandon
chhodnu छोड्नु *v.* give up
chhodnua छोड्नु *v.* part with
chhodunu छोड्नु *v.* deliver
chhora छोरा *n.* son
chhori छोरी *n.* daughter
chhotkari छोटकरी *adj.* brief
chhotkari छोटकरी *adj.* concise
chhoto छोटो *adj.* short
chhoto छोटो *v.* yelp
chhoto bato छोटोबाटो *n.* shortcut
chhoto duri छोटो दूरी *n.* stone's throw
chhoto jiwan bhaeko छोटो जीवन भएको *adj.* short-lived
chhoto kissa छोटो किस्सा *n.* anecdote
chhoto parnu छोटो पार्नु *v.* abbreviate
chhoto parnu छोटो पार्नु *v.* abridge
chhoto parnu छोटो पार्नु *v.* shorten
chhoto wakya छोटो वाक्य *n.* phrase

chhuchcho छुच्चो *adj.* mean
chhuchundro छुचुन्द्रो *n.* mole
chhura छुरा *n.* razor
chhura dhasnu छुरा धस्नु *n.* stab
chhuri छुरी *n.* blade
chhut छूट *n.* discount
chhut dinu छूट दिनु *v.* exempt
chhut dinu छूट दिनु *n.* exemption
chhutkara छुटकारा *v.* acquit
chhutkara छुट्कारा *n.* discharge
chhutphut छूटफूट *n.* odds and ends
chhuttai छुट्टै *adj.* distinct
chhuttyaunu छुट्टयाउनु *v.* distinguish
chhutyaunu छुट्याउनु *v.* sort out
chhwali छ्वाली *n.* wheat stalk
chhyap chhyap छयापछयाप *n.* splash
chhyapi छयापी *n.* pearl onion
chi chya छिः छयाः *interj.* phew
chiasmis छयासमिस *n.* welter
chiauko vigyan च्याउको विज्ञान *n.* mycology
chiaunu चियाउनु *v.* peek
chichaunu चिच्चयाउनु *v.* holler
chichindo चिचिण्डो *n.* snake-gourd
chichyahat चिच्याहट *n.* scream
chichyahat चिच्याहट *n.* shriek
chiddra छिद्र *n.* aperture
chidiya khana चिडियाखाना *n.* zoo
chidiya khana चिडियाखाना *n.* zoological garden
chidra छिद्र *n.* orifice
chihan चिहान *n.* necropolis
chihan चिहान *n.* tomb
chihan ma gadne kam चिहानमा गाड्ने काम *n.* burial
chiimek/aspas ko छिमेक/आसपासको *adj.* neighbo(u)ring
chij चीज *n.* stuff
chij चीज *n.* substance
chij चीज *n.* thing
chikitsa चिकित्सा *n.* therapy
chil चील *n.* eagle
chilai चिलाइ *n.* itch
chillo चिल्लो *n.* fat
chillo चिल्लो *n.* grease
chillo चिल्लो *adj.* greasy
chillo चिल्लो *adj.* oily
chilne khil चिल्ने खिल *n.* sting
chilo hunu चिल्लो हुनु *n.* glaze
chim चिम *n.* bulb
chimniko dhakni चिम्नीको ढकनी *n.* cowl
chimta चिम्टा *n.* nippers
chimta चिम्टा *n.* pineers
chimta चिम्टा *n.* tongs
chimti चिम्टी *n.* pinch
chimtra चिम्टा *n.* pincers
chin chin garnu चीँचीँ गर्नु *v.* squeak

china parchi na bhaeko चिनापर्ची नभएको *adj.* unacquainted
chine janeko चिनेजानेको *adj.* familiar
chingarhi चिंगड़ी *n.* prawn
chingari चिँगड़ी *n.* lobster
chinha चिन्ह *n.* symbol
chinha patra चिन्हपत्र *n.* label
chini चिनी *n.* sugar
chini mata ka wastu चिनीमाटाका वस्तु *n.* porcelain
chiniyan mtoka bhanda चिनियाँ माटोका भाडा *n.* china
chinjan चिनजान *n.* acquaintance
chinjan चिनजान *n.* introduction
chinjan/parichaya garaunu चिनजान/परिचय गराउनु *v.* introduce
chinnu चिन्नु *v.* know
chinnu चिन्नु *v.* recognize
chino चिनो *n.* emblem
chino चिनो *n.* mark
chinta चिन्ता *n.* anxiety
chinta चिन्ता *n.* worried
chinta garnu चिन्ता गर्नु *v.* worry
chintan चिन्तन *n.* reverie
chintit चिन्तित *adj.* anxious
chinu छिनु *n.* chisel
chinu चिनु *n.* keepsake
chinu चिर्नु *n.* souvenir
chiplanu चिप्लनु *v.* glide
chiplanu चिप्लनु *v.* slide
chiple kiro चिप्लेकीरो *n.* slug

chiplekira चिप्लेकीरा *n.* whelp
chiplo चिप्लो *adj.* slippery
chiplo mato चिप्लो माटो *n.* clay
chiplo r hile mato चिप्लो र हिले माटो *n.* slime
chir phar चिर फार *n.* operation
chir phar garne daktar चिरफार गर्ने डाक्टर *n.* surgeon
chir sammanit चिरसम्मानित *adj.* time-hono(u)red
chira चिरा *n.* cranny
chira चिरा *n.* interstice
chira चिरा *n.* slit
chira चिरा *n.* slot
chirchire चिरचिरे *adj.* temperamental
chirharitalta चिरहरितलता *n.* ivy
chirhaunu चिढ्याउनु *v.* rile
chirnu चिर्नु *v.* slash
chirphar चिरफार *adj.* inoperable
chirphar विरफार *n.* surgery
chirphar garn hune चिरफार गर्न हुने *adj.* operable
chiso चिसो *adj.* cold
chiso चिसो *adj.* cool
chiso चिसो *adj.* nippy
chisoparne mesin चिसो पार्ने मेसिन *n.* refrigerator
chita चिता *n.* pyre
chitaeko kura pugne kam चिताएको कुरा पुग्ने काम *n.* fruition
chitaunu चिताउनु *v.* intend
chithi चिठी *n.* epistle

chithi चिठी *n.* letter
chitra चित्र *n.* image
chitra चित्र *n.* portrait
chitra चित्र *n.* tableau
chitra adaune kathko dhancha चित्र अड्याउने काठको ढाँचा *n.* easel
chitra banaunu चित्र बनाउनु *v.* portray
chitrakar चित्रकार *n.* painter
chitrakari चित्रकारी *n.* painting
chitta dukhaune चित्त दुखाउने *adj.* heartbreaking
chittha चिट्ठा *n.* lottery
chittha चिट्ठा *n.* raffle
chituwa चितुवा *n.* leopard
chituwa चितुवा *n.* panther
chiundo चिउँडो *n.* chin
chiya चिया *n.* tea
chiya bagan चियाबगान *n.* tea estate
chiya khane chhutti चिया खाने छुट्टी *n.* tea break
chiyadan चियादान *n.* teapot
chlorine क्लोरीन *n.* chlorine
chodnu छोड्नु *v.* emit
chodnu छोड्नु *v.* let go
chodnu छोड्नु *v.* release
chodnu छोड्नु *v.* resign
choito चोइटो *n.* splint
chok चोक *n.* courtyard
chok चोक *n.* piazza
chok चोक *n.* plaza
chok bajar चोकबजार *n.* marketplace
chokar चोकर *n.* bran
chokar चोकर *n.* husk
chokho nabhayko चोखो नभएको *adj.* unchaste
cholo चोलो *n.* blouse
cholo चोलो *n.* bodice
chon छोड्नु *v.* leave off
chon छोड्नु *v.* omit
chon छोडनु *v.* launch
choop चूप mum
chop चोप *n.* sap
chor aunla चोरऑला *n.* forefinger
chor aunla चोरऔंला *n.* index finger
chorera laijanu चोरेर लैजानु *v.* walk off with
chori चोरी *n.* larceny
chori चोरी *n.* rip-off
chori चौरी *n.* theft
chori चौरी *n.* thief
chori garna lalayit hune rog चोरी गर्न लालायित हुने रोग *n.* kleptomania
choriko maal चोरीको माल *n.* swag
chornu चोर्नु *v.* rob
chornu चोर्नु *v.* steal
chot lagaunu चोट लगाउनु *v.* injure
chot lagaunu चोट लगाउनु *n.* injury
chot lagaunu va lagnu चोट लगाउनु वा लाग्नु *n.* bruise
chot lagnu चोट लाग्नु *v.* hurt

chot puryaune चोट पुर्याउने *adj.* shocking
choto r moto छोटो र मोटो *adj.* podgy
choto r rukho छोटो र रूखो *v.* curtail
chrachurangiko vigyan चराचुरूङ्गीको विज्ञान *n.* ornithology
chrachurungi rakhne thaun चराचुरूंगी राख्ने ठाउँ *n.* aviary
christmas क्रिस्मस *n.* noel
chritsmasko pachiko din क्रिस्मसको पछिको दिन *n.* boxing day
chuchcho चुच्चो *n.* beak
chuchcho चुच्चो *n.* jut
chuchcho चुच्चो *n.* point
chuchuro चुचुरो *n.* peak
chudkila घ्चुड्किला *n.* wisecrack
chuhawat चुहावट *n.* leakage
chuhine चुहिने *adj.* leaky
chuhnu चुहनु *v.* ooze
chuhyawat चुहावट *n.* leak
chukandar चुकन्दर *n.* beet
chukandar चुकन्दर *n.* sugar beet
chukaunu चुकाउनु *v.* repay
chukul चुकुल *n.* hinge
chukul चुकुल *n.* latch
chuli चुली *n.* summit
chulo चूलो *n.* oven
chumbak चुम्बक *n.* magnet
chumban चुम्बन *n.* kiss
chumban चुम्बन *n.* seal of love
chun चून *n.* lime
chun dhunga चूनदुङ्गा *n.* limestone
chun ko potai चुनको पोताइ *n.* whitewash
chun sakine छुन सकिने *adj.* tangible
chunau चुनाउ *n.* election
chunau khestra चुनाउ क्षेत्र *n.* constitutency
chunauti चुनौती *n.* challenge
chundalnu चुँडाल्नु *v.* pull off
chungi चुँगी *n.* octroi
chunnu चुन्नु *v.* elect
chunu चुन्नु *v.* opt
chup lageko चुप लागेको *adj.* silent
chup lagera चुप लागेर *adv.* silently
chupchap चुपचाप *n.* silence
chuplag चुप लाग *v.* shut up
chupriko thupro चुपरीको थुप्रो *n.* sod
chura चूरा *n.* bangle
chura चुरा *n.* bangle
chura udhayune chhala छूरा उध्याउने छाला *n.* strop
churn banaunu चूर्ण बनाउनु *v.* pulverize
churot चुरोट *n.* cigarette
churot/tamakhu khane चुरोट/तमाखु खाने *n.* smoker
churote चुरोट cheroot
chusne mithai चुस्ने मिठाई *n.* lozenge

chusnu चुस्नु *v.* suck
chut छूट *n.* omission
chutkara छुटकारा *n.* quietus
chutkilo चुट्किलो *n.* witticism
chutney चटनी *n.* chutney
chyapne purja च्याप्ने पुर्जा *n.* clamp
chyat chut parnu च्यातचुत पार्नु *v.* tear up
chyatanu च्यात्नु *v.* rend
chyau च्याउ *n.* mushroom
chyaune pwal च्याउने प्वाल *n.* peephole
chyaunu च्याउनु *v.* peep
cigar सिगार *n.* cigar
cinema सिनेमा *n.* projector
cjajami चाहनु *v.* want
cobalt कोबाल्ट *n.* cobalt
cococo beej va rukh कोकोको बीज वा रूख *n.* cacao
coughnasak कफनासक *v.* expectorant
coughnikalnu कफ निकाल्नु *v.* expectorate
crome क्रोम *n.* chrome
crore करोड़ *n.* crore
cup कप *n.* pannikin
cutlet कटलेट *n.* cutlet

D

daag दाग *n.* blemish
daag दाग *n.* smudge
daag, dhabha दाग, धब्बा *n.* fleck
daanbir दानबीर *adj.* profuse
daanshil दानशील *adj.* bountiful
daantnu डाँट्नु *v.* upbraid
daap wa myanbaat jhiknu दाप वा म्यानबाट झिक्नु *v.* unsheathe
daazu दाजु *n.* brethren
dabab दबाब *n.* pressure
dabab mahar mannu दबाबमा हार मान्नु *v.* give way
dabab samuh दबाव समूह *n.* pressure group
dabaunu दबाउनु *v.* dominate
dabaunu दबाउनु *v.* put down
dabaunu दबाउनु *v.* quell
dabaunu दबाउनु *v.* repress
dabeko haanso दबेको हाँसो *v.* chuckle
dabeko haanso दबेको हाँसो *n.* snigger
dabha दाबा *n.* claim
dad दाद *n.* eczema
dadhelo डढेलो *n.* wildfire
dadu डाडु *n.* ladle
dadura दादुरा *n.* measles
dadura दादुरा *n.* measles
dag दाग *n.* spot
dag दाग *n.* stain
dagurnu दगुर्नु *v.* run
dah sanskar दाहसंस्कार *n.* cremation
daha डाहा *n.* envy
daha डाहा *n.* malice

dahi दही *n.* curd
dahi दही *n.* yogurt, yoghurt
dahiko misthanan दही को मिष्टान्न *n.* junket
daijo दाइजो *n.* dowry
dailo दैलो *n.* door
dainik wiwaran दैनिक विवरण *n.* diary
daitya दैत्य *n.* demon
dajnu दाँज्नु *v.* collate
daju दाजु *n.* brother
dak ticket sangrah डाक टिकट संग्रह *n.* philately
dakaiti डकैती *n.* robbery
dakarmi डकर्मी *n.* mason
dakarnu डकार्नु *v.* belch
dakdak gareko awaaz ढकढक गरेको आवाज *n.* rat-tat
dakkhini दक्षिणी *adj.* southern
daknu डाक्नु *v.* summon
daksh दक्ष *adj.* adroit
daksh दक्ष *adj.* deft
daksh दक्ष *adj.* efficient
daksha दक्ष *adj.* ingenious
daksha दक्ष *adj.* talented
dakshata दक्षता *n.* efficiency
dakshin दक्षिण *n.* south
dakshin dhruv pradesh दक्षिण ध्रुव प्रदेश *adj.* antarctic
dakshini दक्षिणी *adj.* southward
dakshta दक्षता *n.* dexterity
daktar डाक्टर *n.* doctor
daktar डाक्टर *n.* physician
daktar ko shalaka डाक्टरको शलाका *n.* probe
daktari डाक्टरी *adj.* medical
daku डाकु *n.* robber
dal दल *n.* gang
dal दाल *n.* lentil
dal दाल *n.* pulse
dal chhodaha दल छोडाहा *n.* turncoat
dal dal दलदल *n.* bog
dal dal दलदल *n.* swamp
dalal दलाल *n.* broker
dalal दलाल *n.* pimp
dalbal दलबल *n.* entourage
dalchini दालचिनी *n.* cinnamon
dalera sapha garnu दलेर सफा गुर्न *n.* scrub
dalin दलिन *n.* joist
dallo डल्लो *n.* sphere
dam ka rog दमको रोग *n.* asthma
dam lagaunu दाम लगाउनु *v.* bid
daman दमन *n.* repression
daman garnu दमन गर्नु *v.* suppress
dameko chinha डामेको चिन्ह *n.* brand
dami pathar दामी पत्थर *n.* garnet
dami pathar दामी पत्थर *n.* onyx
damkal दमकल *n.* fire brigade
damkarl दमकल *n.* fire engine
damlo दाम्लो *n.* leash
dampatya दाम्पत्य *n.* marital
dan दान *n.* charity

dan/chanda dinu दान/चन्दा दिनु *v.* donate
dana pani दानापानी *n.* provisions
danadar दानादार *adj.* granular
danak दनक *n.* knock
danaw दानव *n.* giant
danaw दाना *n.* granule
dance डाँस *n.* gadfly
dand दण्ड *n.* penalty
dand/sajaya dinu दण्ड/सजाय दिनु *v.* punish
danda डण्डा *n.* bar
danda डाँडा *n.* ridge
dandalno डँडाल्नो *n.* spine
dandh दण्ड *n.* retribution
dandi phor डन्डीफोर *n.* pimple
danga दंगा *n.* rout
danga phasad दङ्गाफसाद *n.* outbreak
danjnu दाँज्नु *v.* compare
dank डाँक *n.* mail
danku डाँकु *n.* bandit
danku डाँकू *n.* dacoit
danphe डाँफे *n.* pheasant impeyan
dant dukhai दाँत दुखाइ *n.* toothache
dant ko daktar दाँतको डाक्टर *n.* dentist
dant ko tyaune sinko दोत कोटयाउने सिन्को toothpick
dant sambandhi दाँत सम्बन्धी *adj.* dental
danth डाँठ *n.* stalk
danth डाँठ *n.* stem
dantharu दाँतहरू *n.* teeth
dantharu दाँत *n.* tooth
dantpisnu दाँतपिस्नु *v.* gnash
dantya/pauranik katha दन्त्य/पौराणिक कथा *n.* legend
dap दाप *n.* scabbard
dar डर *n.* dread
dar डर *n.* horror
dar डर *n.* terror
dar lagdo डरलाग्दो *adj.* fearful
dar lagdo डरलाग्दो *adj.* ferocious
dar lagdo डरलाग्दो *adj.* fierce
dar lagdo डरलाग्दो *adj.* terrible
dar lagdo sapana डरलाग्दो सपना *n.* nightmare
dar le kammu डरले काम्नु *v.* shudder
dar r nirashako bhawna डर र निराशाको भावना *n.* dismay
daraeko डराएको *adj.* afraid
daraj दराज *n.* cabinet
daraj दराज *n.* closet
daraj दराज *n.* cupboard
daraj दराज *n.* wardrobe
darar दरार *n.* rift
darbaria दरबारिया *n.* courtier
Darha दाह्रा *n.* fang
Darha डर *n.* fear
darhi दाही *n.* beard
daridar दरिद्र *adj.* necessitous
darja दर्जा *n.* class

darja दर्जा *n.* degree
darja दर्जा *n.* grade
darja दर्जा *n.* rank
darja दर *n.* rate
darja दर्जामान *n.* title
darjan दर्जन *n.* dozen
darji दर्जी *n.* seamster
darji दर्जी *n.* tailor
darjini दर्जिनी *n.* seamstress
darlagdo डरलाग्दो *adj.* grisly
darlagdo डरलाग्दो *adj.* scary
darle luruk parnu डरले लुरूक्क पर्नु *v.* cower
daro दरो *adj.* stark
daro दरो *adj.* stiff
darshak दर्शक *n.* spectator
darshanik दार्शनिक *n.* philosopher
darshanshastra दर्शनशास्त्र *n.* philosophy
darta दर्ता *n.* registration
darta gareko दर्ता गरेको *adj.* registered
darta garnu दर्ता गर्नु *v.* register
das दास *n.* serf
das दास *n.* slave
das दस *n.* ten
das banaunu दास बनाउनु *v.* enslave
das lakh दस लाख *n.* million
das warsh ko samaya दस वर्षको समय *n.* decade
dasamalab दसमलब *n.* decimal
dash kharab दश खरब *n.* billion
dashko not दशको नोट *n.* tenner
dasna डसना *n.* mattress
dasna डसना *n.* mattress
dasta दासता *n.* slavery
data दाता *n.* donor
datta chitta hunu दत्तचित्त हुनु *v.* devote
dauda daud दौडादौड *n.* razor blade
daudane manchhe दौडने मान्छे *n.* runner
dauntari दौंतरी *n.* playmate
daupech दाउपेच *n.* tactics
daura दाउरा *n.* firewood
daurako bita दाउराको बिटा *n.* faggot
daure दाउरे *n.* woodcutter
daya दया *n.* compassion
daya दया *n.* kindness
daya maya lagdo दया मायालाग्दो *adj.* pathetic
daya maya lagdo दया मया लाग्दो *n.* pity
daya/kripapurwak दया/कृपापूर्वक *adv.* kindly
dayalu दयालु *adj.* benevolent
dayalu दयालु *adj.* gracious
dayalu दयालु *adj.* humane
dayalu दयालु *adj.* kind
dayalu दयालु *adj.* merciful
dayalu दयालु *adj.* warm-hearted
dayan दायाँ *adj.* right
dayitwa दायित्व *n.* liability
debre देब्रे *adj.* left

debre hat chalne देब्रे हात चल्ने *adj.* lefty
dedho डेढो *adj.* squint
dehati देहाती *n.* villager
dehati niwas देहाती निवास *n.* villa
dekha parnu देखा पर्नु *v.* appear
dekha siki garnu देखासिकी गर्नु *v.* imitate
dekhaunu देखाउनु *v.* evince
dekhaunu देखाउनु *v.* exude
dekhaunu देखाउनु *v.* flaunt
dekhaunu देखाउनु *v.* indicate
dekhawati देखावटी *adj.* showy
dekhda देख्दा *adv.* seemingly
dekhine देखिने *adj.* visible
dekhiunu देखिनु *v.* seem
dekhna na saknu देख्न नसक्नु *v.* overlook
dekhnu देख्नु *v.* descry
dekhnu देख्नु *v.* set eyes on
delhi दिली *adj.* heartfelt
desh देश *n.* country
desh bhakta देशभक्त *n.* patriot
desh drohi देशद्रोही *n.* traitor
desh nikala garnu देशनिकाला *n.* deporatation
desh nikala garnu देश निकाला गर्नु *v.* deport
deshantar देशान्तर *n.* longitude
deshbat niklanu देशभाट निकाल्नु *v.* banish
desk छेस्क *n.* desk
devdar देवदार *v.* cedar

devdoot देवदूत *n.* seraph
dewdut देवदुत *n.* angel
dewi देवी *n.* deity
dewi देवी *n.* goddess
dhaba धाबा *n.* inroad
dhabba धब्बा *n.* splotch
dhabba धब्बा *n.* tarnish
dhad ढाड *n.* backbone
dhadaka धड़ाका *n.* crash
dhadkanu धड्कनु *v.* palpitate
dhago धागो *n.* thread
dhago wa philim berne ril धागो वा फिलिम बेर्ने रिल *n.* spool
dhai धाई *n.* nurse
dhai धाई *n.* wet nurse
dhairya धैर्य *n.* fortitude
dhairya धैर्य *n.* patience
dhairyawan धैर्यवान *adj.* self-possessed
dhak ढक *n.* weight
dhak launu धाक लाउनु *v.* boast
dhakelnu धकेलनु *v.* propel
dhakka धक्का *n.* brunt
dhakka धक्का *n.* hitch
dhakka धक्का *n.* jolt
dhakka धक्का *n.* push
dhakka धक्का *n.* shock
dhakka धक्का *n.* collision
dhakka thamne wastu ने वस्तु *n.* buffer
dhakne choli ढाक्ने चोली *n.* bra
dhaknu ढाक्नु *v.* overwhelm

dhakre ढाके *adj.* jobless
dhal ढल *n.* sewer
dhal ढाल *n.* shield
dhalnu ढल्नु *v.* collapse
dhalnu ढाल्नु *v.* mould
dhami धामी *n.* witch doctor
dhamilo धमिलो *adj.* dim
dhamilo धमिलो *adj.* nebulous
dhamilo धमिलो *adj.* turbid
dhamilo ankha bhaeko धमिलो आँखा भएको *adj.* bleary
dhamilo parnu धमिलो पर्नु *adj.* obscure
dhamiro धमिरो *n.* termite
dhamki धम्की *n.* duress
dhamki धमकी *n.* menace
dhamki धम्की *n.* threat
dhamkyaunu धम्क्याउनु *v.* intimidate
dhamkyaunu धम्क्याउनु *v.* threaten
dhamni धमनी *n.* artery
dhan धान *n.* paddy
dhan धन *n.* riches
dhan धन *n.* treasure
dhan धन *n.* wealth
dhan ko khani धनको खानी *n.* bonanza
dhan sampatti धन-सम्पत्ति *n.* possessions
dhan sampatti धन-सम्पत्ति *n.* property
dhan5 धन *n.* mammon

dhancha ढाँचा *n.* attitude
dhancha ढाँचा *n.* position
dhanchawal ढाँचावाल *adj.* stylish
dhandhali धाँधली *n.* rigging
dhani धनी *adj.* affluent
dhani धनी *adj.* rich
dhani धनी *adj.* wealthy
dhani धनी *adj.* well off
dhaniya धनिया *n.* coriander
dhanja धाँजा *n.* cleft
dhanko lobh धनको लोभ *n.* cupidity
dhanu rashi धनुराशि *n.* sagittarius
dhanush धनुष *n.* bow
dhanushtankar धनुष्टङ्कार *n.* tetanus
dhanya wad dinu धन्यवाद दिनु *v.* thank
dhanyawad धन्यवाद *inter.* thanks
dhanyawad धन्यवाद *inter.* thankyou
dhanyawad gyapan धन्यवाद-ज्ञापन *n.* vote of thanks
dhap धाप *n.* fen
dhap धाप *n.* marsh
dhap धाप *n.* pat
dhap धाप *n.* quagmire
dhar na bhaeko नभएको *adj.* blunt
dhara धारा *n.* tap
dharamistri धारामिस्त्री *n.* plumber
dharam-nishta धर्म-निष्ठा *n.* piety

dharawahik धारावाहिक *n./adj.* serial
dharka धर्का *n.* stripe
dharkanu धड़कनु *v.* pulsate
dharke धर्के *adj.* striped
dharke suti luga धर्के सूती लुगा *n.* gingham
dharm धर्म *n.* religion
dharm badalne wyakti दल्ने व्यक्ति *n.* convert
dharm nirapeksha धर्मनिरपेक्ष *n.* secular
dharm pracharak धर्मप्रचारक *n.* preacher
dharmandh धर्मान्ध *n./adj.* fanatic
dharmatma धर्मात्मा *adj.* pious
dharmgranth धर्मग्रन्थ *n.* scripture
dharmik धार्मिक *adj.* devout
dharmik धार्मिक *adj.* religious
dharmik riti धार्मिक रीति *n.* rite
dharna धारणा *n.* perception
dharnesh chara चरा *n.* hornbill
dharo धारो *n.* spout
dhatu धातु *n.* metal
dhatu pagale bharo धातु पगाल्ले भाँड़ो *n.* crucible
dhatuko maila धातु को मैला *n.* dross
dhatuko maila धातुको मैला *n.* slag
dhatuko sikka धातु को सिक्का *n.* specie
dhatuko thaal wa tray धातुको थाल वा ट्रे *n.* salver
dhaturekha धातु रेखा *n.* lode
dhaturo धतरो *n.* belladonna
dhau धाउ *n.* ore
dhawa धावा *n.* incursion
dhawa धावा *n.* raid
dhawan marg धावन मार्ग *n.* runway
dhawanse ध्वाँसे *adj.* smoky
dhayan deir padhnu ध्यान दिएर पढ्नु *v.* peruse
dheelo ढीलो *adj.* tardy
dheer धीर *adj.* sedate
dheeth ढीठ *adj.* brash
dheknu देख्नु *v.* espy
dherae धेरै *adj.* umpteen
dherai धेरै *adj.* lot(s) of
dherai धेरै *adj.* luxuriant
dherai धेरै *adj.* many
dherai धेरै *adj.* much
dherai धेरै *adj.* numerous
dherai धेरै *adj.* several
dherai धेरै *adv.* very
dherai aghi धेरै अघि *adv.* longago
dherai bahir धेरै बाहिर *adv.* way out
dherai duri ko धेरै दूरीको *adj.* long range
dherai hawa ko mar pareko धेरै हावाको मार परेको *adj.* windswept
dherai jaso धेरैजसो *adv.* mostly
dherai khane धेरै खाने *n.* glutton
dherai matle prajit garnu धेरै मतले पराजित गर्नु *v.* outvote

dherai matra धेरै मात्रा *n.* plethora

dherai nabolne धेरै नबोल्ने *adj.* reticent

dherai raksi khane रक्सी खाने *n.* drunkard

dherai raun bhaeko धेरै रौं भएको *adj.* hairy

dherai sano धेरै सानो *adj.* tiny

dherai shabd prayag garne धेरै शब्द प्रयाग गर्ने *v.* diffuse

dherai tadha najanu धेरै टाढा नजानु *v.* hangaround

dherai tala bhaeko धेरै तला भएको *adj.* high-rise

dherai tala bhaeko धेरै तला भएको *n.* multi-storey

dherai ubjani hune धेरै उब्जनी हुने *adj.* fecund

dherainiket धेरै निकट *n.* hair'sbreadth

dhika ढिका *n.* lump

dhiki chyaunkhel ढिकिच्याउँ खेल *n.* seesaw

dhiksko ढिस्को *n.* mound

dhilai ढिलाई *n.* delay

dhilo ढीलो *adj.* slow

dhilo wa chando ढिलो वा चाँडो *adv.* sooner or later

dhilogari ढीलोगरी *adv.* slowloy

dhipdhip garnu धिपधिप गर्नु *vg.* flicker

dhisko ढिस्को *n.* hummock

dhisko ढिस्को *n.* knoll

dhobi धोबी *n.* washerman

dhobi ko ghar को घर *n.* laundry

dhoka धोका *n.* fraud

dhoka adami thokeko awaaz ढोका आदिमा ठोकेको आवाज *m.* rat-a-tat-tat

dhoka dinu धोखा दिनु *v.* dupe

dhoka dinu धोका दिनु *v.* let down

dhoke ढोका *n.* gate

dhoke ढोके *n.* gatekeeper

dhokha धोखा *n.* treachery

dhokha dinu धोखा दिनु *v.* betray

dhokha dinu धोका दिनु *v.* sell out

dhokre धोक्रे *adj.* baggy

dhokro धोक्रो *adj.* hoarse

dhol ढोल *n.* drum

dhoopghari धूप-घड़ी *n.* sundial

dhrawiya ध्रुवीय *adj.* polar

dhrisht धृष्ट *adj.* pert

dhrishtata धृष्टता *n.* effrontery

dhruvtara ध्रुवतारा *n.* lodestar

dhruwa tara ध्रुव तारा *n.* north star

dhruwa tara ध्रुवतारा *n.* pole star

dhua laer kitanuharu marnu धुँवा लाएर कीटाणुहरू मार्नु *n.* fume

dhuk dhuk ढुकढुक *n.* palpitation

dhukdhuki ढुकढुकी *n.* beat

dhukh denu दुख दिनु *v.* groan

dhuknu ढुक्नु *v.* waylay

dhukur ढुकुर *n.* dove

dhulo धूलो *n.* dust

dhulo pitho parnu धूलो पिठो पर्नु *n.* pound

dhuloko kan धूलोको कण *n.* mote

dhumdham धूमधाम *n.* fanfare

dhumketu धूमकेतु *n.* comet

dhumra pan na gaarne धूम्रपान नगर्ने *n.* non-smoker

dhun धुन *n.* craze

dhun धुन *n.* fad

dhuna hune धुन हुनु *adj.* washable

dhunga ढुङ्गा *n.* stone

dhunga chhapnu ढुङ्गा छाप्नु *v.* pave

dhunga khani ढृङ्गाखानी *n.* quarry

dhungako smarak ढुंगा को स्मारक *n.* cairn

dhunu धुनु *v.* wash

dhuri धुरी *n.* axis

dhurmrapan धुम्रपान *n.* smoking

dhurt धूर्त *n./adv.* knave

dhurt धूर्त *adj.* sly

dhusi ढुसी *n.* mildew

dhuwan धुँवा *n.* smoke

dhuwan na bhaeko धुेवा नभएको *adj.* smokeless

dhuwankas चिउडो *n.* chimney

dhwaja pataka ध्वजपताका *n.* banner

dhwajawahak ध्वजावाहक *n.* standard-bearer

dhwani va shravan sambandhi ध्वनि वा श्रवण सम्बन्धी *adj.* acoustic

dhwanso ध्वाँसो *n.* soot

dhyan ध्यान *n.* meditation

dhyan ध्यान *n.* attention

dhyan dinu ध्यान दिनु *v.* heed

dhyan rakhnu ध्यान राख्नु *v.* see to

dhyan sanga hernu ध्यानसँग हेर्नु *v.* scan

dhyan sanga janchnu ध्यानसँग जाँच्नु *v.* scrutinize

dhyan/chintan garnu ध्यान/चिन्तन गर्नु *v.* meditate

dibba डिब्बा *n.* canister

dibbama band garnu डिब्बामा बन्द गर्नु *v.* encase

didi दिदी *n.* sister

diieko matra दिइएको मात्रा *n.* quantum

dijel डिजेल *n.* diesel

dikka launu दिक्क लाउनु *v.* annoy

dillagi दिल्लगी *n.* raillery

dimag दिमाग *n.* brain

din bhari दिनभरि *n.* daylong

din dinai दिनदिनै *adv.* daily

din dinai दिनदिनै *n.* day

din ko ujyalo दिनको उज्यालो *n.* daylight

din r rat saman hune samay दिन र रात समान हुने समय *n.* equinox

dinko दिनको *adj.* diurnal

dinu दिनु *v.* bestow

dinu दिनु *v.* deal

dinu दिनु *v.* endow

dinu दिनु *v.* give
dinu दिनु *v.* give away
dirghayu दीर्घायु *n.* longevity
disa दिसा *n.* f(a)eces
disa-pisab rokan naskane दिसा-पिसाब रोक्न नसक्ने *adj.* incontinent
disha दिशा *n.* direction
disha दिसा *n.* excrement
diunso दिउँसो *n.* daytime
diuso ko khana दिउसोको खना *n.* lunch
diwa bhoj दिवाभोज *n.* luncheon
diwaliya banaunu दिवालिया बनाउनु *adj.* bankrupt
diwaswapna दिवास्वप्न *n.* daydream
do bhashe दोभाषे *n.* interpreter
dobar garnu wa hunu दोबर गर्नु वा हुनु *v.* redouble
dobbar दोब्बर *adj.* double
dobhan दोभान *n.* confluence
dobhase दोभाषे *n.* bilingual
dobryaeko doro/rekha दोब्र्याएको *n.* crease
dodhar दोधार *n.* dilemma
dodhar दोधार *n.* fix
doharine kam दोहरिने काम *n.* recurrence
dohoro दोहोरो *adj.* duplicate
dohoro दोहोरो *adj.* two-way
dohoro pushti garnu दोहोरो पुष्टि गर्नु *v.* reconfirm
dohoryaune kam दोहोऱ्याउने काम *n.* repetition
dohoryaunu दोहोऱ्यानु *v.* repeat
dohoryaunu दोहोऱ्याउनु *v.* revise
doman garnu दोमन गर्नु *v.* vacillate
doos डूस *n.* enema
dori डोरी *n.* cable
dori डोरी *n.* guy
dori डोरी *n.* rope
dori डोरी *n.* string
dori tanne khel डोरी तान्ने खेल *n.* tug of war
dorie डोरी *n.* cord
dosh दोष *v.* accusation
dosh दोष *n.* blame
dosh दोष *n.* drawback
dosh दोष *n.* guilt
dosh bhaeko दोष भएको *n.* defective
dosh lagannu दोष लगाउनु *v.* accuse
doshi दोषी *adj.* guilty
doshi thaharyaunu दोषी ठहऱ्याउनु *v.* condemn
doshi thehrin yogya दोषी ठहरिन योग्य *adj.* culpable
dosro manchhe दोस्रो मान्छे *n.* second
dosro sarwottam दोस्रो सर्वोत्तम *adj.* second best
dosrosthan दोस्रो सीान *n.* second fiddle
dridh दृढ़ *adj.* dogged

dridh दृढ़ *adj.* pertinacious

dridh दृढ *adj.* tenacious

dridh nishchayi दृढनिश्चयी *adj.* strong-minded

dridhta दृढता *n.* determination

drishti दृष्टि *n.* eyesight

drishti दृष्टि *n.* sight

drishti kam hune rog दृष्टि कम हुने रोग *n.* glaucoma

drishti kon दृष्टिकोण *n.* outlook

drishti sambandhi दृष्टिसम्बन्धी *n.* visual

drishtikon दृष्टिकोण *n.* standpoint

drishtikon दृष्टिकोण *n.* viewpoint

drishtikon दृष्टिकोण *n.* vision

drishtipatal दृष्टिपटल *n.* retina

drishya दृश्य *n.* scene

drishya दृश्य *n.* vista

dubaunu डुबाउनु *v.* dip

dubli ra akarshak keti दुब्ली र आकर्षक केटी *n.* gamine

dublo दुब्लो *adj.* lean

dublo bhaeko दुब्लो भएको *adj.* emaciated

dublo-patlo दुब्लो-पातलो *adj.* gaunt

dublo-patlo दुब्लो-पातलो *adj.* scrawny

dublo-patlo दुब्लो-पातलो *adj.* skinny

dubnu डुब्नु *v.* drown

dubnu डुब्नु *v.* immerse

dubnu डुब्नु *v.* plunge

dubnu डुब्नु sink

dudh दूध *n.* milk

dudh jasto दूध जस्तो *adj.* milky

dudh khwaunu दूध ख्वाउनु *v.* suckle

dudh ko दूध को *adj.* lactic

dudh ko munto दूधको मुण्टो *n.* teat

dudh paine Thaun दूध पाइने ठाउँ *n.* dairy

dudhe balak दूधे बालक *n.* nursling

duhkh दुःख *n.* grief

duhkh दुःख *n.* trouble

duhkh ka din दुःख का दिन *n.* rainy days

duhkh/yatna/dinu दुःख/यातना दिनु *v.* torment

duhkha दुःख *n.* sorrow

duhkha दुःख *n.* woe

duhkhad ghatna दुःखद घटना *n.* tragedy

duhkhad ghatna दुःखद *adj.* tragic

duhkhi दुखी *adj.* miserable

duhkhi दुःख *n.* misery

duhkhi दुःखी *adj.* wretched

duhurt धूर्त *n.* cunning

dui दुई *n.* twain

dui chakke ghora gadi दुई चक्के घोड़ा गाड़ी *n.* hansom

dui jana ko bhidant दुई जनाको भिडन्त *n.* duel

dui vibhajan दुई विभाजन *n.* dichotomy

dui vivah garne vyakti दुई विवाह गर्ने व्यक्ति *n.* bigamy
duijanako दुईजनाको *adj.* dual
duipalta दुईपल्ट *adv.* twice
duipalta दुईपल्ट *n.* two
dukh दुःख *n.* pain
dukh दुःख *n.* tribulation
dukh dinu दुःख दिनु *v.* grieve
dukhi दुःखी *adj.* disconsolate
dukhi दुःखी *adj.* lugubrious
dukhi दुःखी *adj.* sad
dukhi दुखी *adj.* sorrowful
dukhi दुखी *adj.* stunned
dukhnu दुख्नु *n.* ache
dukkha le chhat pataunu दुःखले छटपटाउनु *v.* writhe
dul dhare दुईधारे *adj.* two-edged
dul khutte दुईखुट्टे *n.* biped
dulayamko दुई आयामको *adj.* two-dimensional
dulne डुल्ने *n.* walker
dulnu डुल्नु *v.* ramble
dulnu डुल्नु *v.* stroll
dulo दुलो *n.* hole
duluwa डुलुवा *n.* wanderer
dumsi दुम्सी *n.* porcupine
dunga डुगां *n.* boat
dunga डुंगा *n.* ferry
dunga डुङ्गा *n.* trimaran
durachar दुराचार *n.* despite
durachar दुराचार *n.* misconduct
durachar दुराचार *n.* wrong doing
durasth दूरस्थ *adj.* outlying
durbal दुर्बल *adj.* effete
durbal banaunu दुर्बल बनाउनु *v.* enervate
durbhagya दुर्भाग्य *n.* adversity
durbhagya दुर्भाग्य *n.* misadventrue
durbhagya दुर्भाग्य *n.* mischance
durbin दुर्बिन *n.* binoculars
durbin दूरबीन *n.* telescope
durgam दुर्गम *adj.* inaccessible
durgandhi दुर्गन्धी *adj.* foul
durgandhpurn दुर्गन्धपूर्ण *adj.* malodorous
durgha Tana दुर्घटना *n* accident
durghatna दुर्घटना *n.* mishap
duri दूरी *n.* distance
durjay दुर्जेय *adj.* impregnable
durlabh दुर्लभ *adj.* rare
durooh दुरूह *adj.* recondite
durupyog दुरुपयोग *n.* misuse
durwyawahar दुर्व्यवहार *n.* ill-treatment
durwyawahar दुर्व्यवहार *n.* malpractice
durwyawahar दुर्व्यवहार *n.* maltreatment
dusaahas दुःसाहस *n.* temerity
dushan दूषण *n.* contamination
dushkaram दुष्कर्म *n.* misdeed
dusht दृष्ट *adj.* naughty
dusht दुष्ट *adj.* vicious
dusht दुष्ट *adj.* wicked

dushta दुष्ट *adj.* miscreant
dushtata दुष्टता *n.* evil
dushtta दुष्टता *n.* turpitude
dut दूत *n.* herald
dutawas दूतावास *n.* embassy
dutawas दूतावास *n.* emissary
duvidha दुविधा *n.* quandary
duwai दुवै *adj.* both
duwidha दुविधा *n.* suspense
dwandatamak द्वन्द्वात्मक *adj.* dialectic
dweepsmuh द्वीपसमूह *n.* archipelago
dyaluta दयालुता *n.* lenity
dyaudhi डयौढी *n.* porch

E

eghara एघार *n.* eleven
ek एक *n.* one
ek chiine एक छिन *adv.* awhile
ek chinko nidra एक छिनको निद्रा *n.* nap
ek choti एक चोटि *adv.* once
ek dam एकदम *adv.* thoroughtly
ek ek garera एकएक गरेर *adv.* one by one
ek garaunu एक गराउनु *v.* unify
ek jaatko harin एक जातको हरिण *n.* elk
ek jaatko machha एक जातको माछा *n.* trout
ek jantu एक जन्तु *n.* mink
ek jatko kukhura एक जातको कुखुरा *n.* leghorn
ek kada bastu एक कडा बस्तु *adj.* adamant
ek kisimko bandkopi एक किसिमको बन्दकोपी *n.* kale
ek kisimko ghasrne jantu एक किसिमको घस्रने जन्तु *n.* dinosaur
ek kisimko kodhalo एक किसमको कोढालो *n.* spud
ek kisimko sano baaj एक किसिमको सानो बाज *n.* kestrel
ek koshiya एक कोषीय *adj.* unicellular
ek koshiya prani एक कोषीय प्राणी *n.* amoeba
ek kuna ma एक कुना मा *n.* nook
ek mat एकमत *adj.* unanimous
ek nambar ko आफू *adj.* number one
ek nash hunu उकनाश हुनु *v.* resemble
ek nishth एकनिष्ठ *adj.* single-minded
ek prakar ko podha एक प्रकारको पौधा *n.* chicory
ek rangko एक रंगको *adj.* unicolour
ek rupta एकरूपता *n.* uniformity
ek sadaniya एक सदनीय *adj.* unicameral
ek tak ko herai एकटकको हेराइ *n.* gaze

ek tarphi एकतर्फी *adj.* one-sided

eka samayma एक समयमा *adv.* once upon a time

ekadhikar एकाधिकार *n.* monopoly

ekagrata एकाग्रता *n.* concentration

ekai एकाइ *n.* unit

ekai nas ko एकैनासको *adj.* alike

ekai nase एकैनासे *adj.* stereotyped

ekai thaun ma udi rahanu एकै ठाउँमा उडिरहनु *v.* hover

ekaichoti एकैचोटि *adv.* simultaneously

ekal pariwar एकल परिवार *n.* nuclear family

ekalei basne vyakti एक्लै बस्ने व्यक्ति *n.* recluse

ekant एकान्त *adj.* lonely

ekant bas एकान्तबासव *n.* seclusion

ekapatti एकापट्टि *adv.* aside

ekata एकता *n.* union

ekata एकता *n.* unity

ekatamak एकात्मक *adj.* unitary

ekatra hunu एकत्र हुनु *v.* turn up

eke ek garera एक-एक गरेर *adv.* piecemeal

ekh lakh एक लाख *n.* hundred thousand

ekikaran एकीकरण *n.* unification

ekka एक्का *n.* ace

ekkassi modhinu एक्कासि मोड़िनु *v.* swerve

ekkhuttama uphranu एक खुट्टामा उफ्रनु *v.* hop

ekktar garnu एकत्र गर्नु *v.* garner

eklai le एक्लै ले *adj./adv.* single-handed

eklo एक्लो *adj.* alone

eklo एक्लो *adj.* lone

eklo एक्लो *adj.* single

eklo pan एक्लोपन *n.* lonelinees

eksre एक्सरे *n.* x-ray

ektar garnu एकत्र गर्नु *v.* muster

embulens एम्बुलेन्स *n.* ambulance

ena jasto dekhine plastic padarth ऐना जस्तो देखिने प्लास्टिक पदार्थ *n.* perspex

enamel एनामेल *n.* enamel

engine ko ghumai इंजनको घुमाइ *v.* rev

engineko ghumne bhaag इंजनको घुम्ने भाग *n.* rotor

enzyme इन्जाइम *n.* enzyme

eskimo dunga एस्किमो डुङ्गा *n.* kayak

esthan ko mukh स्तनको मुख *n.* nipple

eutai एउटै *adj.* singleton

eya ऐय्या *n.* ouch

eyalkhanko rakshak इयालखानको रक्षक *n.* warder

F

fahrenheit फारेनहाइट *adj.* fahrenheit

fapar jatko saag फापर जातको साग *n.* rhubarb

fariya फरिया *n.* petiticoat

fatar-fatar bolnu फतर-फतर बोल्नु *v.* prattle

fazool kura फजुल कुरा *n.* bunkum

feerj फींज *n.* froth

focusko फोक्सोको *adj.* pulmonary

fohare फोहारे *adj.* frowzy

fohor फोहोर *adj.* bawdy

fohor फोहोर *adj.* sleazy

fohori फोहोरी *adj.* blowzy

fohorko thupro फोहोरको थुप्रो *n.* midden

frakilo baato फराकिलो बाटो *n.* boulevard

french brandi फ्रेन्च ब्रान्डी *n.* cognac

french madera फ्रेन्च मदिरा *n.* champagne

furniture nabhayko फर्निचर नभएको unfurnished

G

gaali गाली *n.* reproof

gaali denu गाली दिनु *n.* abuse

gabhnu गाभ्नु *v.* include

gabhnu गाभ्नु *v.* merge

gad gadahat गडगडाहट *n.* peal

gadda गद्दा *n.* cushion

gadda गद्दा *n.* pad

gaddhi गद्दी *n.* pouffe

gadeunlo गडेएँलो *n.* worm

gadh गढ *n.* stronghold

gadha गधा *n.* ass

gadha गधा *n.* donkey

gadha kalo गाडा कालो *adj.* jet-black

gadha rato rang गाडा रातो रङ्ग *adj.* scarlet

gadnu गाड्नु *v.* bury

gadya गद्य *n.* prose

gagan chumbi bhawan गगनचुम्बी भवन *n.* skyscraper

gagro गाग्रो *n.* pitcher

gahak गाहक *n.* customer

gahana गहना *n.* jewellery

gahana गहना *n.* ornament

gahana guriya गहनगुरिया *n.* trinket

gahior sambandh गहिरो सम्बनध *n.* affinity

gahirai गहिराइ *n.* depth

gahiro गहिरो *adj.* deep

gahiro गहिरो *adj.* profound

gahiro ghau गहिरो घाउ *n.* gash

gahiro hilo गहिरो हिलो *n.* slough

gahiro nindra गहिरो निन्द्रा *n.* coma

gahiro pwal गहिरा प्वाल *n.* pothhole

gahkilo गहकिलो *adj.* momentous

gahraun गह्रौं *adj.* heavy

gahun गहुँगो *n.* wheat

gahyo गाह्रयो *adj.* difficult

gai गाई *n.* cow

gai goth गाईगोठ *n.* cowshed

gai karaunu गाई कराउनु *v.* moo

gai wastu गाईवस्तु *n.* livestock

gaiko masu गाईको मासु *n.* beef

gainda गैंडा *n.* rhinoceros

gaine गाइने *n.* minstrel

gainti गैंती *n.* mattock

gair kanuni गैरकानूनी *adj.* illegal

gair kanuni गैरकानूनी *adj.* illicit

gaivastu गाईवस्तु *n.* cattle

gaivastuko dana गाईवस्तुको दाना *n.* fodder

gajal गाजल *n.* collyrium

gajar गाजर *n.* carrot

gal bandi गलबन्दी *n.* muffler

gala गाला *n.* cheek

gala ko niman bhag गाला को निम्न भाग *n.* jowl

galafko khel गल्फको खेल *n.* golf

galaincha गलैंचा *n.* carpet

galat गलत *adj.* wrong

galat andaj garnu गलत अन्दाज गर्नु *v.* miscalculate

galat arth lagaunu गलत अर्थ लगाउनु *v.* misinterpret

galat arth laune गलत अर्थ लाउने *v.* miscontrue

galat chapnu गलत छाप्नु *v.* misprint

galat dharna गलत धारणा *n.* misconception

galat phahami गलतफहमी *n.* misunderstanding

galat samjhanu गलत सम्झनु *v.* misunderstand

galat suchana dinu गलत सूचना दिनु *v.* misinform

galat udwaran dinu गलत उद्धरण दिनु *v.* misquote

galbadi गलबन्दी *n.* scarf

galicha गलीचा *n.* rug

galli गल्ली *n.* alley

galli गल्ली *n.* lane

galti गल्ती *n.* error

galti गलती *n.* fault

galti गलती *n.* faux pas

galti garn sakne गलती गर्न सक्ने *adj.* fallible

galti garnu गल्ती गर्नु *v.* err

gam paene rukh गम पाइने रूख *n.* acacia

gambhir गंभीर *adj.* earnest

gambhir गम्भीर *adj.* grave

gambhir गम्भीर *adj.* serious

gambhir गम्भीर *adj.* solemn

gambhir गंभीर *adj.* staid

gambhir banaunu गंभीर बनाउनु *v.* aggravate

gambhir mudra गम्भीर मुद्रा *adj.* straight face

gamla गमला *n.* flowerpot

gan tantra गणतंत्र *n.* republic

ganana गणना *n.* reckoning

ganaunu गनाउनु *v.* stench

ganaunu गनाउनु *v.* stink

gand गाँड *n.* goitre

gandabasti गन्दा बस्ती *n.* slum

gandh गन्ध *n.* odour

gandhak गन्धक *n.* brimstone

gandhak गन्धक *n.* sulphur/sulfur

gangato गँगटो *n.* crab

gangi गन्जी *n.* jarsey

ganit गणित *n.* mathematical

ganit गणित *n.* mathematics

ganji गन्जी *n.* singlet

ganji गन्जी *n.* vest

gans गाँस *n.* guip

gans गाँस *n.* morsel

gansnu गाँस्नु *v.* attach

gantavya sthan गन्तव्य स्थान *n.* destination

gantho गाँठो *n.* knot

gantho गाँठो *n.* tumo(u)r

ganti गन्ती *n.* count

ganti गन्ती *n.* number

ganti garn sakine गन्ती गर्न सकिने *adj.* numerable

ganwar गँवार *n.* lout

ganwar गँवार *adj.* uncouth

gaphi गफी *n.* gasbag

gaphi गफ *n.* gossip

gaphi गफी *adj.* talkative

gara गरा *n.* terrace

garam गर्भ *n.* womb

garam bahas गरम बहस *n.* wrangle

garam mijas ko गरम मिजासको *adj.* hot-headed

garam thaunma hune chalako rog गरम ठाँउमा हुने छालाको रोग *n.* yaws

garbh dharan गर्भधारण *n.* gestation

garbh nirodhak गर्भनिरोधक *n.* condom

garbhapath hunu गर्भपात हुनु *v.* abort

garbhdharan garaunu गर्भधारण गराउनु *n.* impregnate

garbhnirodhak गर्भनिरोध *n.* contraception

garbhwati गर्भवती *adj.* pregnant

gardan गर्दन *n.* neck

garha rato rang गाढ़ा रातो रंग *n.* crimson

garho गाह्रो *adj.* truing

garib गरीब *adj.* indigent

garib गरीब *adj.* poor

garib गरीब *adj.* poverty-striken

garib basti गरिब बस्ती *n.* ghetto

garibi गरीबी *n.* poverty

garjan गर्जन *n.* roar

garjane गर्जने *adj.* thunderous

garjanu गर्जनु *v.* howl

garjanu गर्जनु *n.* thunder

garmi गर्मी *n.* heat
garmi गर्मी *adj.* sultry
garmi sambandhi गर्मीसम्बन्धी *adj.* tropical
garna dinu गर्न दिनु *v.* let
garnai parne गर्नै पर्ने *adj.* compulsory
garnu गर्नु *v.* do
garnu गर्नु *v.* execute
garrha ratto rang गाढ़ा रातो रंग *n.* carmine
garwa गर्व *n.* pride
gas burner ग्यास बर्नर *n.* bunsen burner
gathiawat गठियावात *n.* arthritis
gathilo गठिलो *adj.* knotty
gathilo गठिलो *adj.* sinewy
gati गति *n.* momentum
gati गति *n.* speed
gati गति *n.* velocity
gati rodh गतिरोध *n.* impasse
gati rodhak गतिरोधक *n.* brake
gati sima गति सीमा *n.* speed limit
gati va chal badhanu गति वा चाल बढ़ाउनु *v.* accelerate
gatta गत्त *n.* cardboard
gatta गट्टा *n.* knob
gauaunu गाउनु *v.* chant
gauinu गाउनु *v.* sing
gaun गाउँ *n.* village
gaun ghar गाउँघर *n.* countryside
gaun khane katha गाउँखाने कथा *n.* riddle
gaunle गाउँले *adj.* rural
gaunle गाउँले *n.* yokel
gaunle yuvak गाउँले युवक *n.* swain
gaunthali गौँथली *n.* swallow
gawahi गवाही *n.* testimony
gayak गायक *n.* singer
gayak गायक *n.* vocalist
gayak dalko गायक-दलको *adj.* choral
gayak haru ko dal गायकहरूको दल *n.* choir
gayak haru ko dal गायकहरूको दल *n.* chorus
geda gudi गेडागुडी *n.* legume
geda phal गेडा फल *n.* berry
gene जीन *n.* gene
geru rang गेरु रङ्ग *n.* raddle
ghaantiko rog घाँटीको रोग *n.* diptheria
ghaat घाट *n.* quay
ghach ghachy aunu घचघच्याउनु *v.* jog
ghachetnu घचेट्नु *v.* shove
ghadi घडी *n.* clock
ghadi घडी *n.* timepiece
ghadi घडी *n.* watch
ghadisaj घडीसाज *n.* watchmaker
gham घाम *n.* sunshine
gham chasma घाम चस्मा *n.* sunglasses
gham chhata घाम छाता *n.* parasol
gham lageko घाम लागेको *adj.* sunny

gham ma laune kalo chasma घाममा लाउने कालो चस्मा *n.* goggles

gham pani khaeko घाम पानी खाएको *adj.* weather-beaten

ghamand घमण्ड *n.* conceit

ghamand घमण्ड *n.* vanity

ghamandi घमण्डी *adj.* haughty

ghamandi घमण्डी *adj.* haughty

ghamandi घमण्डी *adj.* hoity-toity

ghamandi घमण्डी *adj.* proud

ghamandi manchhe घमण्डी मान्छे *n.* snob

ghamaura घमौरा *n.* heat rash

ghan घन *n.* cube

ghan धन *n.* hammer

ghana घना *adj.* dense

ghana awadi bhaeko घना आवादी भएको *adj.* populous

ghanisht saathi घनिष्ठ साथी *n.* chum

ghanishth घनिष्ठ *adj.* intimate

ghankanu घन्कनु *v.* reverberate

ghanm le dadheko घामले डढेको *adj.* sunburnt

ghans khane jantu धाँस खाने जन्तु *adj.* graminivorous

ghans khane jantu घाँस *n.* grass

ghanse chaur घाँस चौर *n.* turf

ghanta घण्टा *n.* hour

ghantakar pushp घण्टाकार पुष्प *n.* tulip

ghanti घण्टी *n.* bell

ghanti घण्टी *n.* gong

ghanti घाँटी *n.* throat

ghanti sunine rog घाँटी सुनिने रोग *n.* quinsy

ghanti thunnu घाँटी थुन्नु *v.* strangle

ghar घर *n.* home

ghar घर *n.* house

ghar bhitra घरभित्र *adv.* indoors

ghar jagga घरजग्गा *n.* real estate

ghar jagga घर *n.* residence

ghar jalouney dosh घर जलाउने दोष *n.* arson

ghar ki malikni घरकी मालिक्नी *n.* matron

ghar na bhaeko घर नभएको *adj.* homeless

ghar pariwar घरपरिवार *n.* household

ghar patini घरपटिनी *n.* landlady

ghar patini घरपटी *n.* landlord

ghar samjhi rahane घर सम्झिरहने *adj.* homesich

ghar wa sathivihin vyakti घर वा साथीविहीन व्यक्ति *n.* outcaste

gharelu घरेलु उद्योग *n.* cottage industry

gharelu घरेलु *adj.* domestic

gharha घड़ा *n.* ewer

gharha khairo गाढ़ा खैरो *n. adj.* sepia

gharighari घरीघरी *adv.* frequently

gharko chal bastu घरको चल वस्तु *n.* chattle

gharma chalaune phalam ka saman घरमा चलाउने फलाम का सामान *n.* hardware

gharra घर्रा *n.* drawer

gharwihin vyakti घरविहीन व्यक्ति *n.* waif

ghasko maidan घाँसको मैदान *n.* ley

ghasko maidan घाँसको मैदान *n.* meadow

ghasnu घस्नु *v.* smear

ghasrane jantu घस्रने जन्तु *n.* reptile

ghasranu घस्रनु *v.* crawl

ghat ko malik घट्टको मालिक miller

ghata घाटा *adj.* deficit

ghata घाटा *n.* shortfall

ghatak घातक *adj.* fatal

ghatak घातक *adj.* lethal

ghatana घटना *n.* incident

ghatau घटाउ *n.* minus

ghataunu घटाउनु *v.* diminish

ghataunu घटाउनु *v.* subtract

ghataunu घटाउ *n.* subtraction

ghatit hunu घटित हुनु *v.* take place

ghatiya घटिया *adj.* shoddy

ghatiya घटिया *adj.* third-rate

ghatna घटना *n.* event

ghatnaharu ko kramik vitran घटनाहरूको क्रमिक विवरण *n.* chronicle

ghatnapurjha bhraman घटनापूर्झा भ्रमण *n.* odyssey

ghatnasthal घटनास्थल *n.* locale

ghatnu घट्नु *v.* befall

ghatnu घट्नु *v.* subside

ghatnu घट्नु *v.* wane

ghau घाउ *n.* lesion

ghau घाउ *n.* sore

ghau घाउ *n.* ulcer

ghau घाउ *n.* wound

ghau ko papra घाउको पाप्रा *n.* scab

ghera घेरा *n.* band

ghera घेरा *n.* enclosure

ghera घेरा *n.* frame

ghernu घेर्नु *v.* enclose

ghernu घेर्नु *v.* envelop

ghernu घेर्नु *v.* surround

ghin lagdo घिनलाग्दो *adj.* hideous

ghin lagdo घिनलाग्दो *adj.* repulsive

ghine घिन *n.* dislike

ghirni घिर्नी *n.* pulley

ghirsanu घिसार्नु *v.* lug

ghisarnu घिसार्नु *v.* tow

ghoch pech घोचपोच *n.* pinprick

ghochako bar घोचाको बार *n.* paling

ghochnu घोच्नु jab

ghochnu घोच्नु *v.* poke

ghochpech घोचपेच *n.* sarcasm

ghod chadhi घोड्चढी *n.* equestrian

ghod daud kosabar घोडदौड को सबार *n.* jockey

ghoda घोडा *n.* horse

ghoda chadhnu घोडा चढ्नु *v.* mount

ghoda ko bachcha घोडा को बच्चा *n.* colt

ghoda ko jagar घोडाको जगर *n.* mane

ghodabaat ladaunu घोड़ाबाट लड़ाउनु *v.* unhorse

ghodi घोडी *n.* mare

ghop tinu घोप्टिनु *v.* turn turtle

ghopto घोप्टो *adj.* prone

ghor घोर *adj.* heinous

ghor घोर *adj.* tremendous

ghor apradhi घोर अपराधी *n.* felon

ghora hinhinaunu घोड़ा हिनहिनाउनु *v.* neigh

ghorako tapma nal thokne manis घोड़ा को टापमा नाल ठोक्ने मानिस *n.* farrier

ghoshana घोषणा *n.* proclamation

ghoshana garnu घोषणा गर्नु *v.* announce

ghoshana garnu घोषण गर्नु *v.* proclaim

ghoshit garnu घोषित गर्नु *v.* declare

ghoshna patra घोषणा-पत्र *n.* manifesto

ghoshnana घोषणा *n.* announcement

ghrina घृणा *n.* contempt

ghrina घृणा *n.* hate

ghrina घृणा *n.* hatred

ghrina garnu घृणा गर्नु *v.* abhor

ghrina garnu घृणा *n.* animosity

ghrina garnu घृणा गर्नु *v.* detest

ghrinit घृणित *adj.* obnoxious

ghrinit घृणित *n.* scurvy

ghuincho घुइँचो *n.* multitude

ghuincho घुइँचो *n.* rush

ghulnu झुल्नु *n.* tilt

ghum phir garnu घुमफिर गर्नु *v.* rove

ghumakkad घुमक्कड *n.* rover

ghumante घुमन्ते *n.* tramp

ghumau घुमाउ *n.* turn

ghumhindne bekar vyakti घुमिहिंड्ने बेकार व्यक्ति *n.* hobo

ghumne iccha घुम्ने इच्छा *n.* wanderlust

ghumne yantra घुम्नु यंत्र *n.* rotary

ghumnu घुम्नु *v.* revolve

ghumnu घुम्नु *v.* wander

ghumto घुम्टो *n.* veil

ghun phir garnu घुमफिर गर्नु *v.* roam

ghunda घुँडा *n.* knee

ghunda ko chakka घुँडाको चक्का *n.* kneecap

ghunda samma ko gahiro घुँडासम्मको गहिरो *adj.* knee-deep

ghunda teknu घुँडा टेक्नु *v.* kneel

ghungro banaunu घुँगुरो बनाउनु *v.* crimp

ghurnu घुर्नु *v.* snore
ghus घूस *n.* bribe
ghus घूस *n.* graft
ghus घूस *n.* pay-off
ghus paith घुसपैठ *n.* infiltration
ghusarnu घुसार्नु *v.* push through
gija गिजा *n.* gum
gijyaunu गिज्याउनपु *v.* jeer
gilas गिलास *n.* mug
gilla garnu गिल्ला गर्नु *v.* sneer
ginni गिन्नी *n.* guinea
giraffe जिराफ *n.* giraffe
giraphtar garnu गिरफ्तार गर्नु *v.* arrest
girja गिर्जा *n.* kirk
girja ghar गिर्जाघर *n.* church
girjaghar ko khand गिर्जाघरको खण्ड *n.* aisle
girjagharka padariharu गिर्जाघरका पादरीहरू *n.* clergy
girjagharko bench wa asan गिर्जाघरको बेन्च वा आसन *n.* pew
girjagharko gajur गिर्जाघरको गजुर *n.* steeple
girjama bible rakhne desk गिर्जामा बाइबल राख्ने डेस्क *n.* lectern
girjamuniko kotha गिर्जामुनिको कोठा *n.* crypt
girkha तिर्खा *n.* gland
git गीत *n.* lyric
git गीत *n.* song
gitar गितार *n.* guitar
giti-natay गीति-नाटय *n.* opera
glycerine ग्लिसरीन *n.* glycerine
go dhuli गोधूलि *n.* twilight
gobre kira गोब्रे कीरा *n.* beetle
goda गोडा *n.* leg
godam गोदाम *n.* godown
godam गोदाम *n.* warehouse
godawari phul गोदावरी फूल *n.* chrysanthemum
godh chadhi घोड़चढ़ी *n.* cavalier
godhuli गोधूलि *n.* dusk
godna गोदना *n.* tattoo
gohi गोही *n.* crocodile
gol गोल *adj.* round
gol bhenda गोलभेँडा *n.* tomato
gola गोला *n.* orb
golabari गोलाबारी *n.* fusillade
gola-barood गोला बारूद *n.* ammunition
golardh गोलार्ध *n.* hemisphere
goli गोली *n.* bullet
goli गोली *n.* tablet
goli handa ubhine dhang गोली हान्दा उभिने ढंग *n.* stance
golkrimi गोलकृमि *n.* roundworm
golmal गोलमाल *n.* confusion
golmal गोलमाल *n.* hubbub
gol-mal गोलमाल *n.* hanky-panky
golmej sammelan गोलमेज सम्मेलन *n.* round-table conference
golo गोलो *adj.* circular
golo गोलो *adj.* rotund
golo गोलो *adj.* spherical

golo sanu dhunga गोलो सानु ढुङ्गा *n.* pebble

golo vastu गोलो वस्तु *n.* disc, disk

goman गोमन *n.* cobra

gopniyata गोपनीयता *n.* secrecy

gopya/kura kholnu गोप्य/कुरा खोल्नु *v.* let on

goreto गोरेटो *n.* by-road

goru गोरू *n.* bullock

goru गोरु *n.* ox

goru jasto गोरू जस्तो *adj.* bovine

goru wa bhedako charbi गोरु वा भेड़ाको चर्बी *n.* suet

goshthi गोष्ठी *n.* seminar

goswara hulak गोस्वारा हुलाक *n.* general post office

gota गोता *n.* dive

goth गोठ *n.* cote

gothalo गोठालो *n.* herdsman

graha ग्रह *n.* planet

grahak ग्राहक *n.* subscriber

grahan ग्रहण *n.* eclipse

gramophone ग्रामोफोन *n.* gramophone

gramophoneko sui ग्रामोफोनको सुई *n.* stylus

granite ग्रेनाइट *n.* granite

grantha ग्रन्थ *n.* tome

gras garnu ग्रास गर्नु *v.* engulf

grih karya गृह कार्य *n.* homework

grih prawesh samaroh गृहप्रवेश समारोह *n.* house-warming

grihini गृहिणी *n.* housewife

guchchha गुच्छा *n.* tuft

guddi hanknu गुड्डी हाँक्नु *v.* talk tall

gudi गुदी *n.* kernel

gufawasi गुफाबासी *n.* troglodyte

gujreko गुज्रेको *adj.* out of date

gula गुला *n.* testicle

gulaph गुलाफ *n.* rose

gulaph jal गुलाफजल *n.* rose water

gulaphi गुलाफी *adj.* pink

gulaphi गुलाफी *adj.* rosy

guleli गुलेली *n.* slingshot

guliyo गुलियो *adj.* sweet

gumaunu गुमाउनु *v.* forfeit

gumbaj गुम्बज *n.* cupola

gumbaj गुम्बज *n.* dome

gumbaj dar chhana गुम्बजदार छाना *n.* vault

gumnaam गुमनाम *adj.* anonymous

gun गुण *n.* merit

gun गुण *n.* quality

gun gunaunu गुनगुनाउनु *v.* hum

gun gunaunu गुनगुनाउनु *v.* murmur

gun mannu गुन मान्नु *v.* appreciate

guna गुणा *n.* multiplication

gund गुँद *n.* glue

gund गुँड *n.* nest

gunda गुंडा *n.* hoodlum

gunda गुण्डा *adj.* rovwdy

gunda गुण्डा *n.* scamp

gundri गुन्द्री *n.* pallet

gungaan गुणगान *n.* panegyric

gungan garnu गुणगान गर्नु *v.* glorify

gungunaunu गुनगुनाउनु *n.* croon

gunjan गुँजन *n.* reverberation

gunjine गुंजिने *adj.* resonant

gunnu गुन्नु *v.* multiply

gunta kasne byag गुन्टा कस्ने ब्याग *n.* holdall

gupha गुफा *n.* cave

gupha गुफा *n.* den

gupt गुप्त *adj.* covert

gupt गुप्त *adj.* occult

gupt ang गुप्त अङ्ग *n.* private parts

gupt prem garnu गुप्त प्रेम गर्नु *n.* intrigue

gupt pulis गुप्त पुलिस *n.* secret police

gupt rup ma गुप्त रूपमा *adv.* privately

gupt sabha गुप्त सभा *n.* conclave

gupt, vyaktigat गुप्त, व्यक्तिगत *adj.* privy

guptchar गुप्तचर *n.* scount

guptchar गुप्तचर *adj.* sneaking

gupti गुप्ति *n.* privacy

guptikura गुप्ति कुरा *n.* secret

guptmatdan गुप्तमतदान *n.* ballot

gurans गुराँस *n.* rhododendron

guru गुरु *n.* instructor

guru गुरु *n.* tutor

guru yojana गुरुयोजना *n.* master plan

gurutwakarshan गुरुत्वाकर्षण *n.* gravity

gurutwakarshan गुरु *n.* guru

gusseko vatavaran गुम्सेको वातावरण *n.* fug

gut गुट *n.* faction

gute गुट *n.* clique

gwala ग्वाला *n.* milkman

gyalan ग्यालन *n.* gallon

gyan ज्ञान *n.* cognition

gyan ज्ञान *n.* enlightenment

gyan ज्ञान *n.* knowledge

gyan ज्ञान *n.* wisdom

gyan ज्ञान *n.* wistful

gyane गाइने *n.* bard

gyane गाइने *n.* troubadour

gyani ज्ञानी *adj.* sapient

gyanko seema ज्ञानको सीमा *n.* ken

gyaranti ग्यारण्टी *n.* guarantee

H

haanu हान्नु *v.* smite

haar हार *adj.* resurgent

haatko isharale bolaunu हात इशाराले बोलाउनु *v.* beekon

haatmukh dhune हातमुख धुने *n.* toilet

habshi हब्शी *n.* jim crow

habsi हब्सी *n.* negro
hadbadaeko हडबडाएको *adj.* flustered
hadbadaunu हडबडाउनु *v.* bewilder
hadbadma हडबडमा *adv.* helter-skelter
haddi हड्डी *n.* bone
haddi va danthko kshay हड्डी वा दाँतको क्षय *n.* caries
hadh हद *n.* barrier
hadnata karani हाडनाता करणी *n.* incest
hadtaal हड़ताल *v.* strike
hagnu हग्नु *n.* defecate
haija हैजा *n.* cholera
haisiyat हैसियत *n.* capacity
hajam हजाम *n.* barber
hajar हजार *n.* thousand
hajar gram हजार ग्राम *n.* kologram(m)e
hajar warsh ko awadhi हजार वर्षको अवधि *n.* millennium
hajaraun हजारौं *n.* thousands
hajir हाजिरी *adj.* present
hajir हाजिर *n.* roll-call
hajir hunu हाजिर हुनु *v.* attend
hajiri हाजिरी *n.* attendance
hajiri हाजिरी *n.* presence
hak dar हकदार *adj.* rightful
hakdar हकदार *n.* heir
hakim हाकिम *n.* boss
hal garnu हल गर्नु *v.* unriddle
hal garnu हाई गर्नु *n.* yaw
hal/samadhan garnu हल/समाधान गर्नु *v.* solve
halai हालै *adv.* lately
halat हालत *n.* condition
halat हालत *n.* plight
halbihe bhaeko हाल बिहे भएको *n./adj.* newly-wed
halchal हलचल *n.* bustle
halchal हलचल *n.* sensation
halchal हलचल *n.* shake-out
halchal हलचल *n.* shake-up
halchal garna sakne हलचल गर्न सक्ने *adj.* mobile
haledo हलेदो *n.* turmeric
halinu हल्लिनु *v.* wiggle
halka हल्का *adj.* slight
halka bear हल्का बियर *n.* lager
halka challe hanu wa chunu हल्का चालले हान्नु वा छुनु *v.* flick
halko हालको *adj.* newly
halla हल्ला *n.* din
halla हल्ला *n.* hubbub
halla हल्ला *n.* rumo(u)r
halla r vinod garne हल्ला र विनोद गर्ने *adj.* rumbustious
hallanu हल्लनु *v.* sway
hallanu हल्लनु *v.* wobble
hallaunu हल्लाउनु *v.* brandish
hallaunu हल्लाउनु *v.* shake
hallaunu हल्लाउनु *v.* wag
hallaunu हल्लाउनु *v.* waggle
halo हलो *n.* plough

halsal ko taja हालसालको ताजा *adj.* recent

halsalko हालसालको *n.* current

haluka dhangle हलुका ढंगले *adv.* gently

haluka ghussa hannu हलुका घुस्सा हान्नु *n.* rap

haluka peya हलुका पेय *n.* soft drink

haluwabed हलुवाबेद *n.* persimmon

hamesha ko lagi हमेशाको लागि *adv.* forever

hami हामी *pron.* we

hami lai हामीलाई *pron.* us

hamla हमला *n.* blitz

hamla हमला *n.* foray

hamla हमला *n.* onset

hamla garnu हमला गर्नु *v.* attack

hamla garnu हमला गर्नु *v.* zap

hamla/akraman garnu हमला/आक्रमण गर्नु *v.* invade

hamla/akraman garnu हमला/आक्रमण गर्नु *n.* invasion

hamro हाम्रो *pron.* our

hande rog हाँडे रोग *n.* mumps

hanga हाँगा *n.* branch

hanga हाँगा *n.* offshoot

hangan हाँगा *n.* bough

hangeriko raksi हंगेरीको रक्सी *n.* tokay

hani हानि *n.* damage

hani हानि *n.* detriment

hani हानि *n.* disadvantage

hani हानि *n.* harm

hani हानि *n.* harm

hani karak हानिकारक *adj.* injurious

hani karak हानिकारक *adj.* malignant

hani karak bastu हानी कारक बस्तु *n.* nuisance

hani rahit हानिरहित *adj.* harmless

hanikar हानिकर *adj.* noisome

hanikarak हानिकारक *adj.* harmful

hankai हँकाइ *n.* drive

hannu हुनु *v.* happen

hanphnu हाँफ्नु *v.* gasp

hans हाँस *n.* duck

hans ko boli हाँसको बोली *n.* quack

hans kukhura adi हाँस, कुखुरा आदि *n.* poultry

hansaune gyans हँसाउने ग्याँस *n.* laughing gas

hansda galama parne khadal हाँस्दा गालामा पर्ने खाडल *n.* dimple

hansi हँसी *n.* ridicule

hansilo हँसिलो *adj.* smiling

hansiya हँसिया *n.* scythe

hansiya हँसिया *n.* sickle

hansiya हाँसिया *n.* sickle

hansnu हाँस्नु *n.* laugh

hanso हाँसो *v.* laughter

hanso हाँसो *adj.* ridiculous

hapkaunu हप्काउनु *v.* chide

hapkaunu हप्काउनु *v.* reprove

hapkaunu हप्काउनु *v.* scold

hapki हप्की *n.* rebuke

hapta ko akhiri din हप्ताको आखिरी दिन *n.* weekend
har हार *n.* necklace
har chij हर चीज *n.* everything
har mannu हार मान्नु *v.* knuckle under
har wyakti हर व्यक्ति *n.* everybody
haraeko हराएको *adj.* lost
haran garna nam milne हरण गर्न नमिल्ने *adj.* inalienable
haran garnu हरण गर्नु *v.* expropriate
haraunu हराउनु *v.* vanquish
harchur हरचुर *n.* mistletoe
hardik हार्दिक *adj.* cordial
hardik हार्दिक *adj.* hearty
harek हरेक *adj.* each
harek हरेक *adj.* every
harek tabar le हरेक तबरले *adv.* out-and-out
hareko हारेको *v.* defeated
harin हरिण *n.* antelope
hariyo हरियो *adj.* green
hariyo pariyo हरियोपरियो *n.* greenery
harkela हरकेला *n.* palm
harnu हार्नु *v.* lose
harsa हर्सा *n.* haemorrhoids
harsh हर्ष *n.* merry
harsh हर्ष *n.* rapture
harsh ashchurch adi jaher garne shabd हर्ष आश्चर्च आदि जाहेर गर्ने शब्द *int.* ha
haruwa हरूवा *n.* loser
haruwa हरुवा *n.* underdog
haryali हरियाली *n.* verdure
hasil garnu हासिल गर्नु *v.* procure
haso-khushi हाँसो-खुशी *n.* mirth
hast kala हस्तकला *n.* handicraft
hast maithun हस्तमैथुन *n.* masturbation
hast maithun हस्तमैथुन *n.* self-abuse
hastakshar हस्ताक्षर *adj.* autograph
hastakshar हस्ताक्षर *n.* handwriting
hastakshep हस्तक्षेव *n.* interference
hastmaithun garnu हस्तमैथुन गर्नु *v.* masturbate
hasurnu हसुर्नु *v.* devour
hasya abhineta हास्य-अभिनेता *n.* comedian
hasyaprad हास्यपद *adj.* ludicrous
hat हातगोला *n.* hand
hat halnu हात हाल्नु *v.* manhandle
hat le banaeko chitra हातले बनाएको चित्र *n.* sketch
hat milaunu हात मिलाउनु *v.* shake hands
hata हाता *n.* premises
hatahat हताहत *n.* casualty
hatar हतार *n.* haste
hatar हतार *n.* hurry
hatar garer हतार गरेर *adv.* pell-mell
hatar garnu हतार गर्नु *v.* hasten
hataun naskine हटाउन नसकिने *adj.* irremovable

hatauna layak ko हटाउन लायकको *adj.* removable
hataunu हटाउनु *v.* dislodge
hataunu हटाउनु *v.* displace
hataunu हटाउनु *v.* obviate
hataunu हटाउनु *v.* purge
hataunu हटाउनु *v.* remove
hataunu हटाउनु *v.* rid
hataunu हटाउनु *v.* rule out
hate byag हाते ब्याग *n.* handbag
hatemalo हातेमालो *adv.* hand in hand
hatgola हातगोला *n.* grenade
hathatiyar हातहतियार *n.* arms
hathatiyar हातहतियार *n.* munitions
hathi हठी *adj.* headstrong
hathi हठी *adj.* obdurate
hathi हठी *adj.* stubborn
hathi हठी *adj.* wayward
hathi हठी *adj.* wrong-headed
hathi r risaha हठी र रिसाहा *adj.* stroppy
hathihad हस्तिहाड *n.* ivory
hatiyar हतियार *n.* weapon
hatkadi हतकडी *n.* handcuffs
hatkadi हतकड़ी *n.* manacle
hatko nam हातको नाम *n.* cubit
hatle hirkaunu हातले हिर्काउनु *v.* pommel
hatnu हट्नु *v.* get out of
hatnu हट्नु *v.* pull out
hatnu हट्नु *v.* stand off
hatoutsaw हतोत्साह *adj.* dispirited

hatpat हातपात *n.* rough and tumble
hatpate हतपते *adj.* hasty
hatpherne हात फेर्ने *adj.* light-fingered
hattakatta हट्टा कट्टा *adj.* burly
hattakatta हट्टाकट्टा *adj.* stalwart
hattar हतार *v.* buzz
hatti हात्ती *n.* elephant
hatti ko darho हात्ती को दाह्रो *n.* tusk
hatya हत्या *n.* assassination
hatya हत्या *n.* murder
hatyara हत्यारा *n.* assassin
hatyara हत्यारा *n.* cut-throat
hatyara हत्यारा *n.* killer
hatyara हत्यारा *n.* murderer
hau bhau हाउभाउ *n.* posture
haubhau हाउभाउ *n.* pose
hausala हौसला *n.* encouragement
hausala हौसला *n.* morale
hawa हावा *n.* air
hawa हावा *n.* wind
hawa ghatt हावाघट्ट *n.* windmill
hawa ko jhokka हावा को झोक्का *n.* gust
hawa wa hawako jhoka हावा वा हावाको झोक्का *n.* flurry
hawai jahaj हवाईजहाज *n.* plane
hawai jahaj ko pankha हवाईजहाजको पङ्खा *n.* propeller
hawaiaddha हवाईअड्डा *n.* aerodrome
hawaijahaj unneko chakka हवाईजहाजको उत्रने चक्का *n.* undercarriage

hawapani हावापानी *n.* climate

hawbhaw garnu *v.* gesticulate

hayakulo हयाकुलो *n.* brisket

helicopter हेलिकाप्टर *n.* helicopter

helium हिलियम *n.* helium

helo हेलो *n./excl.* hello

hepnu हेप्नु *v.* scorn

her chah हेरचाह *v.* maintain

herai हेराइ *n.* look

herai हेराइ *n.* sight

herchah हेरचाह *n.* care

here her garnu हेराहर गर्नु *v.* stare at one another

herna layak ko हेर्न लायक को *adj.* spectacular

hernia हर्निया *n.* hernia

hernu हेर्नु *v.* behold

hernu हेर्नु despatch

hernu हेर्नु *v.* look up

hernu हेर्नु *n.* saw

hernu हेर्नु *v.* see

herwichar garnu हेरविचार गर्नु *v.* tend

herwichar/syahar garnu हेरविचार/स्याहार गर्नु *v.* look after

hichkichahat हिचकिचाहट *n.* hesitation

hichkichaune हिचकिचाउने *adj.* hesitant

hichkichaunu हिचकिचाउनु *v.* hesitate

hichkichaunu हिचकिचाउनु *v.* waver

high garnu हाई गुर्न *v.* yawn

hijje हिज्जे *n.* orthography

hijje garnu हिज्जे गर्नु *v.* spell

hilo हिलो *n.* mire

hilo हिलो *n.* mud

hilsa हिलसा *n.* herring

him manaw हिममानव *n.* snowman

him nadi हिमनदी *n.* glacier

him rekha हिमरेखा *n.* snowline

him-darar हिम-दरार *n.* crevasse

himjowar हिमज्वर *n.* malaria

himmat badhaunu हिम्मत बढ़ाउनु *v.* embolden

himmat na harne हिम्मत नहार्ने *adj.* indomitable

himmat todhnu हिम्मत तोड्नु *v.* unman

himnirodhi हिमनिरोधी *n.* antifreeze

himpat हिमपात *n.* snowfall

hindnu हिंड्नु *v.* tread

hindnu हिंड्नु *v.* walk

hinhinaunu हिनहिनाउनु *v.* whinny

hinsa हिंसा *n.* violence

hinsatmak हिंसात्मक *adj.* violent

hinsatmak wyawahar हिंसात्मक व्यवहार *n.* rampage

hinta हीनता *n.* inferiority

hira हीरा *n.* diamond

hirasat हिरासत *n.* custody

hisab garnu हिसाब गर्नु *n.* calculate

hisab garnu हिसाब गर्नु *v.* workout

hisab rakhne हिसाब राख्ने *n.* scorer

hisabkitab हिसाब-किताब *n.* account

hitaishi हितैषी *n.* well-wisher

hiun हिउँ हिउँ पर्नु *n.* snow

hiun chituwa हिउँ चितुवा *n.* snow leopard

hiun ko dallo हिउँको डललो *n.* snowball

hiun le dhakeko हिउँले ढाकेको *adj.* snow-capped

hiun le khaeko ghau हिउँले खाएको घाउ *n.* frostbite

hiund हिउँद *n.* winter

hiunko aandhi हिउँको आँधी *n.* blizzard

hiunko pahiro हिउँको पहिरो *n.* avalanche

ho हो *int.* o, oh

ho हो *adv.* yea

ho हो *n.* yes

ho halla होहल्ला *n.* uproar

ho halla gari ramailo garnu होहल्ला गरी रमाइलो गर्नु *v.* revel

hocho होचो *adj.* low

hochyunu हाच्याउनु *v.* degrade

hodh garne होड़ गर्ने *adj.* vying

hohalla होहल्ला *n.* commotion

hohalla होहल्ला *n.* disorder

ho-jasto garnu हो-जस्तो गर्नु *v.* simulate

hola होला *adv.* probably

hoseyar होशियार *adj.* alert

hoshiyar होशियार *adj.* careful

hoshiyar होशियार *adj.* caution

hosma bnhaeko होसमा भएको *adj.* conscious

hotel होटेल *n.* hotel

hotel ko mukhiya vansay होटलको मुख्य भान्से *n.* chef

hridaya ghat हृदयघात *n.* heart attack

hridaya widarak हृदयविदारक *adj.* heart-rending

hukka हुक्का *n.* hookah

hukka हुक्का *n.* hubble-bubble

hukum हुकुम *n.* order

hukum chalaune हुकुम चलाउने *adj.* imperious

hukum chalaunu हुकुम चलाउने *adj.* peremptory

hul हूल *n.* mob

hulak adda हुलाकअड्डा *n.* post office

hulak mahsul हुलाकमहसुल *n.* postage

hulak tikat हुलाकटिकट *n.* postage stamp

hulakadda ko hakim हुलाकअड्डाको हाकिम *n.* postmaster

hulaki हुलाकी *n.* mailman

hulaki हुलाकी *n.* postman

huldanga हूलदङ्गा *n.* riot

hullarhbaaj हुल्लड़बाज *adj.* rowdy

hulyaha हुल्याहा *n.* rioter

hulyaha हल्याहा *n.* roughneck

huna anteko हुन आँटेको *adj.* imminent

huna sakchha हुन सक्छ *adv.* possibly

huna sakhha हुनसक्छ *adv.* maybe

huna sakne हुन सक्ने *adj.* probable

hunewala हुनेवाला *adj.* would-be

hunu हुनु *v.* be

hunu हुनु *v.* become

hunu हुनु *v.* occur

hunu हुल्नु *v.* push in

huri हुरी *n.* genie

huri हुरी *n.* gnu

hurkaunu हुर्काउनु *v.* bring up

huttinu हुत्तिनु *v.* dash

hutyaunu हुत्याउनु *v.* hurl

hwel machha ह्वेल माछा *n.* whale

hydrogen bum हाइड्रोजन बम *n.* h-bomb

I

ialama sheesha halne vyakti इयालमा शीशा हाल्ने व्यक्ति *n.* glazier

iash rakhne bakas लाश राख्ने वाकस *n.* coffin

iccha gari va nagrikan इच्छा गरी वा नगरीकन *adv.* willy-nilly

ichchha इच्छा *n.* desire

ichchha इच्छा *n.* intention

ichchha dhin इच्छाधीन *adj.* optional

ichchha shakti इच्छाशक्ति *n.* will power

ichchha/kamna garnu इच्छा/कामना गर्नु *v.* wish

ichchhuk इच्छुक *adj.* wishful

ijjat इज्जत *n.* credit

ijjat इज्जत *n.* kudos

ijjat इज्जत *n.* prestige

ijjat इज्जत *n.* reputation

ijjat bachananu ईज्जत बचाउनु *v.* save one's face

ikh ईख *n.* grudge

ikhalu इखालु *adj.* spiteful

ikhalu इखालु *adj* jealous

imaandari ईमानदारी *n.* probity

imali इमली *n.* tamarind

imandar इमानदार *adj.* faithful

imandar इमानदार *adj.* honest

inam इनाम *n.* prize

inam इनाम *n.* reward

inchi इन्ची *n.* inch

indhan इन्धन *n.* fuel

indreni इन्द्रेणी *n.* rainbow

injiniyar इन्जिनियर *n.* engineer

inkar garnu इन्कार गर्नु *v.* deny

inkar garnu इन्कार गर्नु *n.* rejection

inkar/aswikar garnu इन्कार/अस्वीकार गर्नु *v.* reject

insaph इन्साफ *n.* judg(e)ment

insulin इन्सुलिन *n.* insulin

inta ईंटा *n.* brick

irshya garn yogya ईर्ष्या गर्न योग्य *adj.* enviable

irshya garnu ईर्ष्या गर्नु *v.* begrudge

isai इसाई *n.* christian
ishara इशारा *n.* gesture
Ishwar ईश्वर *n.* god
ishwar ईश्वर *n.* providence
ishwariya dan ईश्वरीय दान *n.* charisma
isotope आइसोटोप *n.* isotope
ispat इस्पात *n.* steel
isterpachiko saathon ravibar इस्टरपछिको सातौं रविबार *n.* whitsum
istkot इस्टकोट *n.* waistcoat
italyko mudra इटालीको मुद्रा *n.* lira
itihas kar इतिहासकार *n.* historian
ityadi इत्यादि *pron.* so on

J

jaali जाली *n.* grating
jaatiya जातीय *adj.* racial
jaba ki जबकि *con.* while
jaba samma जबसम्म *prep.* till
jaba samma hundaina जबसम्म.... ..हुँदैन *conj.* until
jabarjasti prawesh जबर्जस्ती प्रवेश *n.* intrusion
jadibuti जडीबुटी *n.* herb
jadnu जड्नू *v.* embed
jadu जादु *n.* magic
jadugar जादुगर *n.* juggler
jadugar जादुगर *n.* magician
jag जग *n.* foundation
jag जग *n.* jug
jagaaunu जगाउनु *adj.* awake
jagaunu जगाउनु *v.* rouse
jagaunu जगाउनु *v.* wake up
jageda जगेडा *n.* spare
jageda purja haru जगेडा पुर्जाहरू *n.* spare parts
jagga जग्गा *n.* plot
jagga dhani जग्गाधनी *n.* landholder
jagga dhani जग्गाधनी *n.* landowner
jagir chodnu जागिर छोड्नु *v.* resign
jagnu जाग्नु *v.* wake
jahaj जहाज *n.* ketch
jahaj जहाज *n.* ship
jahaj chadhnu जहाज चढ्नु *v.* embark
jahaj chalaune yogya जहाज चलाउने योग्य *adj.* navigable
jahaj ko dhoka जहाज को ढोका *n.* hatch
jahaj ko pal जहाज हिंड्नु *n.* sail
jahaj ma chalan garieko mal जहाजमा चलान गरिएको माल *n.* shipment
jahaj va railma जहाज वा रेलमा *adv.prep.* aboard
jahaj wa nauko bahir rakhiyeko जहाज वा नाउको बाहिर राखिएको *adj.* outboard
jahaj/gadima lagine mal matta जहा/गाडीमा लगिने मलमत्ता *n.* cargo

jahaji जहाजी *n.* sailor
jahan जहान *n.* spouse
jahan ko tyhin rahanu जहाँको त्यहीँ रहनु *v.* stay put
jahan sukai जहाँसुकै *adv.* everywhere
jahan sukai जहाँसुकै *adv.* wherever
jai dhanya जई धान्य *n.* oats
jai-jai जय-जय *int.* hey
jaijaikar garnu जयजयकार गर्नु *v.* acclaim
jail जेल *n.* gaol
jaiphal जाइफल *n.* nutmeg
jaitun जैतून *n.* olive
jal जाली *n.* net
jal stambha जलस्तम्भ *n.* waterspout
jal widyut जल विद्युत *n.* hydroelectricity
jal yatra जलयात्रा *n.* rafting
jaladhar जलाधार *n.* watershed
jalashaya जलाशय *n.* reservoir
jalbiruwa जलबिरूवा *n.* papyrus
jaldae gareko जल्दे गरेको *adj.* aflame
jaldae gareko जल्दे गरेको *adj.* alight
jaldevi जलदेवी *n.* naiad
jali जाली *n.* web
jalo जालो *n.* network
jalpan जलपान *n.* refreshment
jamani जमानी *n.* bail
jamghat जमघट *n.* gathering
jamghat जमघट *n.* meet
jamin जमीन *n.* land
jamin ko tukra जमीनको टुक्रा *n.* patch
jamindar जमीनदार *n.* laird
jamma जम्मा *n.* sum
jamma garnu जम्मा गर्नु *v.* collect
jamma garnu जम्मा गर्नु *v.* gather
jamma hisab जम्मा हिसाब *n.* total
jamma hunu जम्मा हुनु *v.* assemble
jammai जम्मै *adv.* altogether
jammai जम्मै *adv.* totally
jamnu जम्नु *v.* congeal
jamnu जम्नु *v.* freeze
jan abhiruchi जन अभिरूचि *n.* human interest
jan andolan जनआन्दोलन *n.* mass movement
jan ganan जनगणना *n.* census
jan jati जनजाति *n.* tribe
jan mat sangraha जनमत संग्रह *n.* referendum
jan mat sangraha जनमत-संग्रह *n.* referendum
jan sampark जन सम्पर्क *n.* public relation
jan samuh जन समूह *n.* party
jan sankhya जनसंख्या *n.* population
jan shruti जनश्रुति *n.* folklore
jana jani जानाजानी *adj.* intentional
janajani जानाजानी *adv.* purposely

janamaghi जन्मअघि *adj.* prenatal

janamkaidi जन्मकैदी *n.* lifer

janamko जन्मको *adj.* natal

janamko जन्मको *n.* nativity

janampachhi hune जन्मपछि हुने *adj.* post-natal

janana ghar जनानाघर *n.* harem

janau जनाउ *n.* intimation

janaunu जनाउनु *v.* signify

janawarko laash जनावर को लाश *n.* carcass

janch जाच *n.* censor

janch जाँच *n.* examination

janch जाँच *n.* test

janchnu जाँच्नु *v.* examine

janchnu जाँच *n.* inspection

janchpadtal जाँचपडताल *n.* investigation

janchpadtal garnu जाँचपड़ताल गर्नु *v.* investigate

jane thaun जाने ठाउँ *n.* destination

janera garieko जानेर गरिएको *adv.* deliberate

jangali जङ्गली *adj.* savage

jangalipan जङ्गलीनन *n.* savagery

jangarilo जाँगरिली *adj.* active

jangi ain जङ्गी ऐन *n.* martial law

jangi jahaj जंगी जहाज *n.* armour

jangyaha जँड्याहा *n.* sot

janijani जानीजानी *adv.* knowingly

janiph kar जानिफकार *adj.* well informed

janjir जंजीर *n.* chain

jankari जानकारी *n.* know-how

janma जन्म *n.* birth

janma patrika जन्मपत्रिका *n.* horoscope

janmada mareko *adj.* stillborn

janmadin जन्मदिन *n.* birthday

janmedekhiko janamgat जन्मैदेखिको जन्मगत *adj.* congenital

janmeko जन्मेको *adj.* born

janneke kura जानेकै कुरा *n.* truism

jansadharan जनसाधारण *n.* hoi polloi

jansankhya ghataunu जनसंख्या घटाउनु *v.* depopulate

janshunya garnu जनशून्य गर्नु *v.* unpeople

janta जनता *n.* people

janter जन्तर *v.* amulet

janto जाँतो *n.* millstone

janu जानु *v.* go

janu जानु *v.* push off

janwer जानवर *n.* animal

jao जौ *n.* oat

japani kusti जापानी कुस्ती *n.* judo

japani kusti जापानी कुश्ती *n.* karate

japhat जफत *v.* confiscate

japmala जपमाला *n.* rosary

japmala जपमाला *n.* rosary

jar जार *n.* paramour

jara जरा *n.* root

jaraekoseengh जरायोकोसीङ *n.* antler
jarajirn budhiya जराजीर्ण बुढ़िया *n.* crone
jarimana garnu जरिमाना गर्नु *v.* mulct
jarnel जर्नेल *n.* general
jaro जरो *n.* fever
jaro aaune saruwa rog जरो आउने सरूवा रोग *n.* typhus
jarooratbandh jyada khanu जरूरतभन्दा ज्यादा खानु *v.* overeat
jarurat जरुरत *n.* necessity
jaruri जरूरी *adj.* essential
jaruri जरुरी *adj.* necessary
jaruri जरुरी *adj.* urgent
jasari pani जसरी पनि *adv.* anyhow
jasoosi जासूसी *n.* expionage
jasta जस्ता *n.* zinc
jasto जस्तो *adv.* as
jasto कम महत्त्वको *adj.* like
jasto dekhinu जस्तो देखिनु *v.* look like
jasto ki जस्तो कि *adj.* such as
jasus जासूस *n.* sleuth
jasus जासूस *n.* spy
jasusi जासूसी *n.* espionage
jasusi kam जासूसी काम *n.* secret service
jate जात *n.* caste
jatha bhabi जथाभाबी *adj.* haphazar
jati bhed जाति भेद *n.* racism
jati wadi जातिवादी *n.* racist
jatil जटिल *adj.* intricate
jatir awastha जटिल अवस्था *n.* imbroglio
jatisanhar जातिसंहार *n.* genocide
jatiya जातीय *adj.* tribal
jatiya gun जातीय गुण *n.* ethos
jau जौ *n.* barley
jawaph जवाफ *n.* answer
jawaph deh जवाफदेह *adj.* liable
jawaph dinu जवाफ दिनु *v.* reply
jawaph dinu जवाफ दिनु *n.* response
jayanti जयन्ती *n.* jubilee
je hos जे होस् *adv.* anyway
je sukai जेसुकै *pron.* whatever
je sukai जेसुकै *pron.* whatsoever
jebra ghoda जेब्रा घोडा *n.* zebra
jeera जीरा *n.* caraway
jeernovastha जीर्णोवस्था disrepair
jeev जीव *n.* organism
jeevanu जीवाणु *n.* bacteria
jeevanu marne aushadhi जीवाणु मार्ने औषधि *n. adj.* antibiotic
jeevdrawya जीवद्रव्य *n.* protoplasm
jelar जेलर *n.* turnkey
jelhalnu जेल हाल्नु *v.* imprison
jelinu जेलिनु *v.* ravel
jet wiman जेटविमान *n.* jet plane
jetha जेथा *n.* status symbol
jethaju जेठाजु *n.* brother-in-law
jethimadhu जेठीमधु *n.* liquorice

jetho जेठो *adj.* elder
jetho जेठो *adj.* senior
jhaddi झाड़ी *n.* underbrush
jhadi झाड़ी *n.* bush
jhadkelo babu झङ्केलो बाबु *n.* stepfather
jhagada झगडा *n.* dispute
jhagada झगडा *n.* feud
jhagada झगडा *n.* quarrel
jhagada झगडा *n.* rough house
jhagada झतडा *n.* scuffle
jhagada झगडा *n.* strife
jhagada झगडा *n.* tussle
jhagada garnu झगडा गर्नु *v.* haggle
jhagadalu झगडालु *adj.* quarrelsome
jhagadiya झगडिया *n.* suitor
jhagdalu aeimai झगड़ालु आइमाई *n.* termagant
jhagralu झगड़ालु *adj.* pugnacious
jhagrha garnu झगड़ा गर्नु *n.* brawl
jhakki झक्की *n.* eccentric
jhalak झलक *n.* glance
jhalak झलक *n.* glimpse
jhalak झलक *n.* glow
jhalkan झल्कने *adj.* lustrous
jhamaunu झम्अनु *v.* swoop
jhamtanu झम्अनु *v.* spring on
jhan झाङ *n.* thicket
jhanda झण्डा *n.* ensign
jhanda झंडा *n.* flag
jhandai jhandai झण्डैझण्डै *adj.* virtual
jhare ko phal झरेको फल *n.* windfall
jhari झाड़ी *n.* gorse
jharkanu झर्कनु *v.* growl
jharna झरना *n.* falls
jharna झर्ना *n.* fountain
jharna झरना *n.* waterfall
jharna झारण *n.* weed
jharnu झार्नु *v.* bring down
jharnu झार्नु *v.* shake down
jhaskinu झस्किनु *v.* startle
jhatka झट्का *n.* jerk
jhatkeli chhori झट्केली छोरी *n.* stepdaughter
jhatkelo chhora झट्केलो छोरा *n.* stepson
jhatoro झटारो *n.* sling
jheel झील *n.* loch
jheer झीर *n.* skewer
jhiknu झिक्नु *v.* extract
jhiknu झिक्नु *v.* take out
jhilimili parnu झिलिमिली पार्न *v.* illuminate
jhilko झिल्को *n.* flash
jhilko झिल्को *n.* spark
jhilli झिल्ली *n.* membrane
jhilmil झिलमिल *n.* shutter
jhinga झिंगा *n.* fly
jhinge machha झिंगे माछा *n.* shrimp
jhinjha झिंझा *n.* twig
jhino झिनो *adj.* slender
jhismise bihana झिसमिसे बिहान *n.* daybreak

jhok झोक *n.* rage
jhoki झोकी *adj.* edgy
jhokraeko झोक्राएको *adj.* downcast
jhokrieko झोक्रिएको *adj.* depressed
jhola झोला *n.* bag
jholunge झोलुङ्गे *n.* suspension
jholunge pul झोलुङ्गे पुल *n.* suspension bridge
jholungo झोलुङ्गो *n.* hammock
jhonki झोंकी *adj.* tetchy
jhopari झोपड़ी *n.* hovel
jhukau झुकाउ *n.* proclivity
jhukau झुकाउ *n.* tendency
jhukaw झुकाव *n.* inclination
jhukeko झुकेको *adj.* inclined
jhul झूल *n.* mosquito net
jhulana झुलना *v.* swing
jhulnu झुल्नु *v.* sag
jhundyaunu झुण्ड्याउनु *v.* hang
jhupadi झुपडी *n.* hut
jhuppa झुप्पा *n.* bunch
jhurine झुरिने *adj.* friable
jhurrinu झुर्रिनु *v.* scorch
jhutho झठो *adj.* bogus
jhuto झूटो *adj.* mendacious
jhuto bolne झूटो बोल्ने *n.* liar
jhuto kura झूटो कुरा *n.* lie
jhuto prachar झूटो प्रचार *n.* propaganda
jhuto prem झूटो प्रेम *n.* affectation
jhutro झुत्रो *n.* rag
jhutro झुत्रो *adj.* worn out
jhyal झयाल *n.* window
jhyal khana ko hakim घ्यालखानाको हाकिम *n.* jailor
jhyali झयाली *n.* cymbals
jhyalkhan झयालखान *n.* prison
jhyang pwale झयाङ्ग्प्वाले *adj.* threadbare
jhyau झयाउ *n.* lichen
ji hajuriya जीहजुरिया *n.* yesman
jibro जिब्रो *n.* tongue
jiddi जिद्दी *adj.* pig-headed
jiddi जिद्दी *adj.* wayside
jiddi जिद्दी *adj.* wilful
jiddiwal जिद्दीवाल *adj.* obstinate
jiju bajai *n.* great grandmother
jiju baje *n.* great grandfather
jill pareko जिल्ल परेको *adj.* flabbergasted
jilla जिल्ला *n.* district
jimewari जिम्मेवारी *n.* responsibility
jimidari जिमीदारी *n.* manor
jimma जिम्मा *n.* charge
jin kapada जीन कपडा *n.* jean
jiper जिपर *n.* zipper
jipsum जिप्सम *n.* gypsum
jiri ko sag जिरीको साग *n.* lettuce
jiskyaunu जिस्क्याउनु *v.* tease
jit जीत *n.* win
jitnu जित्नु *v.* conquer
jitnu जित्नु *v.* excel
jitnu जित्नु *v.* overpower

jitnu जित्नु *v.* subdue
jitnu जित्नु *v.* subjugate
jitnu जित्नु *v.* surpass
jitnu जीत *n.* victory
jituwa जितुवा *n.* winner
jiundo जिउँदो *adj.* alive
jiundo जिउँदो *adj.* live
jiunu, bachnu जीउनु, बाँच्नु *v.* live
jiwan जीवन *n.* life
jiwan bima जीवनबीमा *n.* life insurance
jiwan chakra जीवनचक्र *n.* life cycle
jiwan charya जीवनचर्या *n.* career
jiwan charya जीवनचर्या *n.* way of life
jiwan dhanne wastu जीवन धान्ने वस्तु *n.* lifeblood
jiwan shakti जीवनशक्ति *n.* vitality
jiwan star जीवन स्तर *n.* standard of living
jiwanu जीवाणु *n.* microbe
jiwika जीविका *n.* livelihood
jiwika जीविका *adj.* living
jiwkosth जीवकोष्ठ *n.* cell
job sanga जोडसँग *adv.* vigorously
jod जोड *n.* link
jod dar जोडदार *adj.* vigorous
jod garnu जोड गर्नु *v.* persist
jod le kura garnu जोडले कुरा गर्नु *v.* sound off
jod le tannu जोडले तान्नु *v.* tug
joda जोडा *n.* couple
joddinu जोड दिनु *v.* insist
jodh जोड़ *n.* addition
jodi जोडी *n.* pair
jodinu जोडिनु *v.* ally
jodinu जोडिनु *v.* interlace
jodiyeko bhaag जोड़िएको भाग *n.* extension
jodnu जोड्नु *v.* add
jodnu जोड्नु *v.* connect
jodnu जोड्नु *v.* interlink
jodnu जोड्नु *v.* sum up
jodnu जोड्नु *v.* unite
jogini जोगिनी *n.* nun
jokhim जोखिम *n.* risk
jokhimpurn जोखिमपूर्ण *adj.* risky
jokhimpurn जोखिमपूर्ण *adj.* touch-and-go
jokhimpurn kam जोखिमपूर्ण काम *n.* escapade
jokhnu जोख्नु *v.* weep
jor जोर *n.* emphasis
jor/takita garnu जोर/ताकिता गर्नु *v.* urge
jordinu जोर दिनु *v.* accentuate
jorko awaaz जोरको आवाज *n.* bang
jorle hansnu जोरले हाँस्नु *n.* cackle
jorni जोर्नी *n.* junction
jornu जोर्नु *v.* combine
jornu जोर्नु *v.* join
josh जोश *n.* enthusiasm
josh जोश *n.* fervo(u)r
jotaha जोताहा *n.* tiller

joteko jameen जोतेको जमीन *n.* tilth
juhari जुहारी *n.* jeweller
juka जुका *n.* leech
jukao bhaeko झुकाउ भएको *adj.* apt
jukti जुक्ति *n.* design
jukti जुक्ति *n.* means
julab जुलाब *n.* purgative
julaf जुलाफ *n.* laxative
julum जुलुम *n.* persecution
julus जुलुस *n.* parad
julus जुलुस *n.* procession
jumlyaha जुम्ल्याहा *n.* twin
jumra haru जुम्राहरू *n.* lice
jumro जुम्रो *n.* louse
jun जून *n.* moonlight
junga जुँगा *n.* whisker
jungha जुँघा *n.* moustache
junglee haas जंगली हाँस *n.* mallard
junglee janwarko gufa जंगली जनावर को गुफा *n.* lair
juni जुनी *n.* lifetime
junkiri जूनकीरी *n.* firefly
junkiri जूनकीरी *n.* glow-worm
jureli जुरेली *n.* nightingale
juro जुरो *n.* crest
jutaunu जुटाउनु *v.* provide
jutho जुठो *v.* defiled
jutho pura जुठो पुरा *n.* scraps
jutta जूता *n.* boot
jutta जुत्ता *n.* footwear
jutta जुत्ता *n.* shoe
jutta ko phitta जुत्ता को फित्ता *n.* shoelace
jutta ko phitta जुत्ता को फित्ता *n.* shoestring
juwa जूवा *n.* gambling
juwa ghar जूवा घर *n.* casino
juwa khelnu जूवा खेल्नु *v.* gamble
juwadi जुवाडी *n.* gambler
jwala ज्वाला *n.* blaze
jwala ज्वाला *n.* flare
jwalabina jalnu ज्वालाबिना जल्नु *v.* smoulder
jwalamukhi ज्वालामुखी *n.* volcano
jwar bhata ज्वारभाटा *n.* tide
jwar grast ज्वरग्रस्त *adj.* feverish
jwarbhatako ज्वारभाटाको *adj.* tidal
jyada ज्यादा *n.* excess
jyadae bhavuk ज्यादै भावुक *adj.* maudlin
jyadai badhi ज्यादै बढी *adj.* exobitant
jyadai chhoto samaya ज्यादै छोटो समय *n.* split second
jyadai dublo ज्यादै दुब्लो *adj.* raw-boned
jyadai harshit ज्यादै हर्षित *adj.* overjoyed
jyadai risaunu ज्यादै रिसाउनु *v.* see red
jyadai thulo ज्यादै ठूलो *adj.* gigantic
jyadai thulo ज्यादै ठूलो *adj.* immense

jyaket ज्याकोट *n.* jacket

jyalkhana झयालखाना *n.* jail

jyami ज्यामी *n.* labo(u)rer

jyanjane ज्यान जाने *adj.* fatal

jyasal ज्यासल *n.* foundry

jyotish shastra ज्योतिष शास्त्र *n.* astrology

jyotishi जयोतिषी *n.* astrologer

jyotishi ज्योतिषी *n.* fortune teller

jyotishi ज्योतिषी *n.* soothsayer

jyotishi ज्योतिषी *n.* stargazer

K

kaag kholnu काग खोल्नु *v.* uncork

kaarhadaar jhari कांढ़ादार झाड़ी *n.* bramble

kaatar कातर *adj.* timorous

kaatnu काट्नु *v.* whittle

kabja haran garnu कब्जा हरण गर्नु *v.* dispossess

kabjiyat कब्जियत *n.* constipation

kabristan कब्रिस्तान *n.* cemetery

kabul garnu कबुल गर्नु *v.* undertake

kachaura कचौरा *n.* cup

kachchamal कच्चा माल *n.* raw material

kachha kaam garer bigarnu कच्चा काम गरेर बिगार्नु *v.* botch

kachhad कछाड *n.* loincloth

kachhuwa कछुवा *n.* tortoise

kada कड़ा *n.* acrid

kada कडा *adj.* harsh

kada कडा *adj.* severe

kada koila कड़ा कोइला *n.* anthracite

kada prayog ko lagi banaieko कडा प्रयोगको लागि बनाइएको *adj.* heavy-duty

kada ra sakht कडा र सख्त *adj.* hard and fast

kadam कदम *n.* footstep

kadam कदम *n.* pace

kadam कदम *n.* stride

kadam कदम *n.* stride

kadha parikshan कड़ा निरीक्षण *n.* surveillance

kag काग *n.* crow

kag काग *n.* rook

kagaj कागज *n.* paper

kagaj ko jilla bhaeko kitab कागजको जिल्ला भएको किताब *n.* paperback

kagaj ko panch saya tau कागज को 500 ताउ *n.* ream

kagaj patra कागजपत्र *n.* document

kagati कागती *n.* lemon

kahan काहँ *int. pron.* where

kahan कहाँ *adv.* whither

kahile कहिले *int. pron.* when

kahile kahin कहिलेकाहीँ हुने *adv.* occasionally

kahile kahin matai कहिलेकाहीँ मात्रै *adv.* seldom

kahile kahin matai कहिलेकाहीँ *adv.* sometimes

kahile pani hoina कहिले पनि होइन *adv.* never

kahin कहीँ *adv.* somewhere

kahin katai pani hoina कहीँ कतै पनि होइन *adv.* nowhere

kahin pani कही पनि *adv.* anywere

kaida काइदा *n.* etiquette

kaida काइदा *n.* manner

kaida काइदा *n.* mode

kaida काई *n.* moss

kaida sita काइदासित *n.* orderly

kaidi कैदी *n.* prisoner

kailo-pahelo rangko कैलो-पहेंलो रंगको *adj.* tawny

kainchi कैंची *n.* scissors

kajol काजल *n.* snuff

kaju काजु *n.* cashew nut

kakh काख *n.* lap

kaki काकी *n.* aunt

kal कल *n.* engine

kal कल *n.* machine

kal chaundo कल्चौंडो *n.* udder

kala कला *n.* art

kala nirmith bastu कला निर्मित बस्तु *n.* artifact

kalakar कलाकार *n.* artist

kalam कलम *n.* pen

kalamko tuppo *n.* nib

kalank कलंक *v.* slur

kalegeo ko rog कलेजोको रोग *n.* cirrhosis

kalejo कलेजो *n.* liver

kalejo कलेजो *n.* liver

kalejoko rog कलेजोको रोग *n.* hepatitis

kali gadhi कालिगढी *n.* workmanship

kalij कालिज *n.* pheasant

kalilo कलिलो *adj.* tender

kalkothari कालकोठरी *n.* dungeon

kalo कालो *adj.* black

kalo kapal bhaeki aimai कालो कपाल भएकी आइमाई *n.* brunette

kalo rangko chattan कालो रंग का चट्टान *n.* basalt

kaloranko कालो रंगको *adj.* dusky

kalpana कल्पना *n.* imagination

kalpanik काल्पनिक *adj.* ideal

kalpanik काल्पनिक *adj* non-existent

kalpanik काल्पनिक *adj.* romantic

kalpanik काल्पनिक *adj.* fictitious

kalpanik bayan काल्नलिक बयान *n.* fiction

kalpurja sambandhi कलपुर्जासम्बन्धी *adj.* mechanical

kalushit parnu कलुषित पार्नु *v.* sully

kalyan कल्याण *n.* weakness

kalyan कल्याण *n.* weal

kalyan कल्याण *n.* welfare

kalyan कल्याण *n.* well-being

kalyankari rajya कल्याणकारी राज्य *n.* welfare state

kam काम *n.* deed

kam काम *n.* duty

kam काम *n.* employment

kam काम *n.* function

kam कम *adj.* insufficent

kam काम *n.* labo(u)r

kam कमी *adj.* less

kam काम *n.* proceeding

kam काम *n.* task

kam काम *n.* work

kam काम *n.* engagement

kam antilo कम आँटिलो *adj.* half-hearted

kam bolne कम बोल्ने *adj.* taciturn

kam chalau कामचलाउ *adj.* workable

kam chalau gyan कामचलाउ ज्ञान *n.* working knowledge

kam dinu काम दिनु *v.* employ

kam gahiro कम गहिरो *adj.* shallow

kam garai काम गराइ *n.* performance

kam gari dinu कम गरी दिनु *v.* water down

kam garne darko yunit काम गर्नू दरको युनिट *n.* horsepower

kam garnu कम गर्नु *v.* abate

kam garnu कम गर्नु *v.* alleviate

kam garnu काम गर्नु *v.* perform

kam garnu कम गर्नु *v.* reduce

kam garnu wa khali garnu कम गर्नु वा खाली गर्नु *v.* deplete

kam garnu wa khali garnu कम गर्नु वा खाली गर्नु *v.* detract

kam garnue काम गर्ने *n.* employee

kam jor hunu कमजोर हुनु *v.* run down

kam jor tuly aunu कमजोर तुल्याउनु *v.* weaken

kam kharch garne कम खर्च गर्ने *adj.* thrifty

kam kharch kiphayat garnu कम खर्च/किफायत गर्नु *v.* economize

kam kharchilo कम खर्चिलो *adj.* economical

kam ko bhar कामको भार *n.* workload

kam ma lageko/wyasta काममा लागेको/व्यस्त *adj.* engaged

kam ma lagnu काममा लाग्नु *v.* engage

kam mahattwa dinu कम महलत्तव दिनु *v.* underrate

kam mahattwa dinu काम *n.* undertaking

kam nalagne cheej काम नलाग्ने चीज *n.* dud

kam sambhawan कम सम्भावना *n.* off chance

kam samjhanu कम सम्झनु *v.* underestimate

kam sikne vyakti काम सिक्ने व्यक्ति *n.* apprentice

kam uttejit hunu कम उत्तेजित हुनु *v.* simmer down

kam/shithil hunu कम/शिथिल हुनु *v.* let up

kamai कमाइ *n.* earning
kamal कमाल *n.* stunt
kamal ko phul कमलको फूल *n.* lotus
kamalo कमलो *adj.* soft
kamalo कमलो *adj.* soft-hearted
kamaunu कमाउनु *v.* earn
kambal कम्बल *n.* blanket
kamdar कामदार *n.* workaday
kamdarharuko thulo jamat कामदरहरूको ठूलो जमात *n.* manpower
kamdev कामदेव *n.* cupid
kami कामी *n.* blacksmith
kami कमी *n.* decrease
kami कमी *adj.* deficiency
kami कामी *n.* ironmonger
kami कमी *n.* lack
kami कमी *n.* reduction
kami कमी *n.* scarcity
kami hunu कमी हुनु *v.* run short
kami/abhaw bhaeko कमी/अभाव भएको *n.* deficient
kamij कमिज *n.* shirt
kamila कमिला *n.* ant
kamisan कमिसन *n.* commision
kamisan कमिसन *n.* kickback
kamjor कमजोर *adj.* feeble
kamjor कमजोर *adj.* unmanly
kamjor कमजोर *adj.* weak
kamjor banaunu कमजोर बनाउनु *v.* debilitate
kamjor banaunu कमजोर बनाउनु *adj.* dicky

kamlo hune कमलो हुने *adj.* pliable
kamma lyaunu काममा ल्याउनु *v.* exert
kammar कम्मर *n.* loin
kammar कम्मर *n.* loin
kammarko कम्मरको *adj.* lumbar
kammarko peerha कम्मरको पीड़ा *n.* lumbago
kamna lagne wastu काम नलाग्ने वस्तु *n.* hogwash
kamnu काम्नु *v.* dodder
kamottejak कामोत्तेजक *adj.* sexy
kampan कम्पन *n.* quake
kampan कम्पन *n.* shiver
kampan कम्पन *n.* vibration
kampani कम्पनी *n.* firms
kampas कम्पास *n.* compass
kampit swar कम्पित स्वर *n.* trill
kampyutar karya kram कम्प्युटर कार्यक्रम *n.* software
kamsal कमसल *adj.* mager/meager
kamuk कामुक *adj.* erotic
kamuk कामुक *adj.* lewd
kamuk कामुक *adj.* randy
kamuttejanako charambindu कामोत्तेजनाको चरमबिन्दु *n.* orgasm
kan कान *n.* ear
kan कण *n.* grain
kan कण *n.* particle
kanch काँच *n.* crystal
kanch काँच *n.* glass
kanchho कान्छो *adj.* younger

kanchil garne कचिङ्गल गर्ने *adj.* fractious
kancho काँचो *adj.* immature
kancho काँचो *adj.* raw
kancho काँचो *adj.* uncooked
kancho काँचो *adj.* unripe
kand कन्द *n.* tuber
kanda काँडा *n.* prick
kanda काँडा *n.* thorn
kande काँडे *adj.* thorny
kandh काँध *n.* shoulder
kandh khum chyaunu काँध खुम्च्याउनु *v.* shrug
kangal कङ्गाल *n.* pauper
kangiyo काहीनउंदगियो *n.* comb
kanika कणिका *n.* corpuscle
kanjoos कंजूस *n.* skinflint
kanjus कंजूस *adj.* niggrdly
kanjus कन्जुस *adj.* stingy
kanjus कन्जूस *adj.* tight-fisted
kankal कङ्काल *n.* skeleton
kanko loti कानको लोती *n.* lobe
kankro काँक्रो *n.* cucumber
kano कानो *adj.* one-eyed
kanpnu काँप्नु *v.* quaver
kans काँस *n.* bronze
kanta काँटा *n.* fork
kantako bunai काँटाको बुनाइ *n.* crochet
kanth कण्ठ *n.* larynx
kantimai कान्तिमय *adj.* lambent
kanun कानून *n.* law

kanuni कानूनी *adj.* lawful
kanuni कानूनी *adj.* legal
kanya keti कन्याकेटी *n.* virgin
kanyariashi कन्या राशि *n.* virgo
kapaat कपाट *n.* valve
kapada कपडा *n.* cloth
kapada कपड़ा *n.* fabric
kapada कपडा *n.* textile
kapada ko jorni कपडाको जोर्नी *n.* seam
kapal dhukne rog कपाल दुख्ने रोग *n.* migraine
kapal ko kanta कपालको काँटा *n.* hairpin
kapal latai कपाल कटाइ *n.* haircut
kapas कपास *n.* cotton
kapati कपटी *n.* deceitful
kapati कपटी *adj.* two-faced
kaphi कफी *n.* coffee
kaphi काफी *adj.* sufficient
kaptan कप्तान *n.* captain
kapur कपूर *n.* camphor
kar laagne कर लाग्ने *adj.* ratable, rateable
kar lagaunu कर लगाउनु *v.* enforce
kar launu कर लाउनु *v.* compel
kar launu कर लाउनु *n.* compulsion
kar/badhya garaune कर/बाध्य गराउने *adj.* obligatory
kara twacha ko bahiri the कड़ा त्वचा को बाहिरी तह *n.* cuticle

karadi katai diyeko talab कर आदि कटाई दिएको तलब *n.* take-home pay
karadi katai diyeko talab कर आदि कटाई दिएको तलब *n.* tax
karalo pareko thaun करालो परेको ठाउँ *n.* escarpment
karan कारण *n.* cause
karan करङ *n.* rib
karan कर्ण *n.* rudder
karan कारण *n.* sake
karani कारण *n.* reason
karaunu कराउनु *v.* exclaim
karaunu कराउनु *v.* shout
karaunu कराउनु *v.* whoop
karbai कारबाई *n.* action
karchop कार्चोप *n.* embroidery
kardha क्रड़ा *adj.* dour
kardha कड़ा *n.* influenza
karesa bari करेसाबारी *n.* kitchen garden
karha kalo kath कड़ा कालो काठ *n.* ebony
karikadau nagarne कड़िकड़ाउ नगर्ने *adj.* lenient
karkash कर्कश *adj.* raucous
karkat rog कर्कट रोग *n.* cancer
karkhana कारखाना *n.* factory
karkhana कारखाना *n.* mill
karkhanama talabandhi कारखानामा तालाबन्दी *n.* lockout
karm chari कर्मचारी *n.* staff
karm chari/kamdar haru कर्मचारी/कामदारहरू *n.* personnel
karmchari tantra कर्मचारी तन्त्र *n.* bureaucracy
karni कर्नी *n.* trowel
karnis कार्निस *n.* cornice
karphyu कर्फ्यू *n.* curfew
karta कर्त्ता *n.* agent
karta कर्त्ता *n.* doer
kartakarak कर्त्ता कारक *n.* nominative
kartawya कर्त्तव्य *n.* obligation
karunajanak करूणाजनक *adj.* pathetic
karunras करूणरस *n.* pathos
karya कार्य *n.* affair
karya karini कार्यकारिणी *n./adj.* executive
karya kram कार्यक्रम *n.* program(m)e
karya widhi कार्यविधि *n.* procedure
karyakshetra कार्यक्षेत्र *n.* scope
karyalaya कार्यालय *n.* office
karyama parinat garnu कार्यमा परिणत गर्नु *v.* implement
karyashala कार्यशाला *n.* workshop
kasai ko kura कसैको कुरा *v.* quote
kasai to hunu कसैको हुनु *v.* belong
kasar कसर *n.* sediment
kasari कसरी *adv.* how
kasht कष्ट *n.* distress
kasht कष्ट *n.* hardship
kasht कष्ट *n.* suffering
kasht dinu कष्ट दिनु *v.* afflict

kasht dinu कष्ट दिनु *v.* bother
kasht dinu कष्ट दिनु *v.* inflict
kasieko कसिउको *adj.* tight
kasilo suruwal कसिलो सुरूवाल *n.* trews
kasingar कसिङ्गर *n.* rubbish
kasko कस्को *int.pron.* whose
kaslai कसलाई *int. pron.* whom
kasne cheej कस्ने चीज *n.* brace
kasrat कसरत *n.* gymnastics
kasrat कसरत *n.* physical exercise
kasrat dekhaune vyakti कसरत देखाउने व्यक्ति *n.* acrobat
kasturi कस्तूरी *n.* musk
kasturi mriga कस्तूरी मृग *n.* musk deer
kasur कसुर *n.* offence
katan कटान *n.* cut
katan कटान *n.* erosion
katari कटारी *n.* dagger
kath काठ *n.* wood
kath chiirne kar khana काठ चिर्ने कारखाना *n.* sawmill
kath ko mudha काठको मुढा *n.* log
kath ma naksha khanu काटमा नाक्शा खन्नु *v.* carve
katha कथा *n.* fable
katha कथा *n.* story
katha कथा *n.* tale
kathalo कठालो *n.* collar
kathalo कठालो *n.* lapel
kathar कातर *adj.* coward
kathar काथर *adj.* timid
kathawachak कथावाचक *n.* raconteur
kathchirne manchhe काठ चिर्ने मान्छे *n.* sawyer
kathe nyauri muso काठे न्याउरीमूसो *n.* weasel
kathin कठिन *adj.* arduous
kathin कठिन *n.* complex
kathin kaam कठिन काम *n.* feat
kathin pariksha कठिन परीक्षा *n.* ordeal
kathinai jhelnu कठिनाइ झेल्नु *v.* run up against
kathko काठको *adj.* wooden
kathko dhulo काठको धुलो *n.* sawdust
kathko ghar काठको घर chalet
kathko lamo patlo tukra काठको लामो पातलो टुक्रा *n.* lath
kathko mudho काठको मुढो *n.* block
kathko tero काठकोटेरो *n.* woodpecker
kathor कठोर *adj.* drastic
kathor कठोर *adj.* scathing
kathorta कठोरता *n.* rigo(u)r
kathpat काठपात *n.* timber
kathputali कठपुतली *n.* marionette
kathputali कठपुतली *n.* puppet
katla कत्ला *n.* scale
katla bhaeko कत्ला भएको *adj.* scaly
katmar काटमार *n.* massacre
katnu काट्नु *v.* amputate

katnu काट्नु *v.* deduct
katnu काट्नु *v.* slaughter
katnu काट्नु *v.* strike off
katro कात्रो *n.* shroud
kattar कातर *adj.* craven
kattar कटार *n.* dagger
kattar कातर *adj.* dastardly
kattar कट्टर *n.* hardliner
kattar कट्टर *adj.* orthodox
kattar samarthak कट्टर समर्थक *n.* zealot
kattarpanthi कट्टरपन्थी *n.* zeal
kattu कटु *adj.* caustic
kattu कट्टु *n.* shorts
kattu कटु *adj.* trenchant
katu कटु *adj.* mordant
katus कटुस *n.* acorn
katus कटुस *n.* chestnut
katusko rukh कटुसको रूख *n.* oak
kaukuti काउकुती *v.* tickle
kawach कवच *n.* panoply
kawi कवि *n.* poet
kawita कविता *n.* poem
kawita कविता *n.* poetry
kawita कविता *n.* verse
kayalnama कायलनामा *n.* confession
kayam rakhnu कायम राख्नु *v.* retain
ke के *int. pron.* what
ke ko lagi के को लागि *int. pron.* what for
kehi केही *adj.* some
kehi chhaina केही छेन *v.* never mind
kehi hoin केही होइन *n.* naught
kehi hoina केही होइन *adj.* nothing
kehi na bolne केही नबोल्ने *adj.* tight-lipped
kehi wastu केही वस्तु *pron.* something
kek केक *n.* cake
kendra केन्द्र *n.* centre (ter)
kendra केन्द्र *n.* nucleus
kendriya केन्द्रीय *adj.* central
kepasi केपासी *n.* maple
kera केरा *n.* banana
kera केरा *n.* plantain
kerau ko phul केराउको फुल *n.* sweetpea
kesh bandhne fitta केश बाँधने फिता *n.* snood
kesh sajja कश सज्जा *n.* hairdo
keshar केशर *n.* saffron
keta केटा *n.* boy
keta keti केटाकेटी *n.* kid
keti केटी *n.* girl
kettle drum केटल ड्रम *n.* timpani
kewal केवल *adj.* only
khabar खबर *n.* news
khachakhach bhariyeko खचाखच भरिए को *adj.* overcrowded
khachchar खच्चर *n.* mule
khada खडा *adj.* upright
khadal खाडल *n.* pit
khadnu खाँदनु *v.* compress

khadyasamagri bharnu खाद्यसामग्रीले भर्नु *v.* victual
khagol vigyansambandhi खगोल विज्ञान सम्बन्धी *n.* astronomy
khaijandhi खैंजड़ी *n.* tambourine
khaila baila खैलाबैला *n.* tumult
khairo खैरो *adj.* brown
khairo rang खैरो रंग *n.* tan
khairo rato rang खैरो रातो रंग *n.* maroon
khaja खाजा *n.* snack
khaja खाजाा *n.* tiffin
khajanchi खजान्ची *n.* cahier
khajanchi खजांची *n.* treasurer
khajmajaunu खजमजाउनु *n.* muss
khajmajh parnu खजमज पार्नु *v.* tousle
khajuro खजूरो *n.* millepede
khakar खकार *n.* phlegm
khaksi खक्सी *n.* sandpaper
khalbal खलबल *n.* fuss
khalbal खलबल *n.* to-do
khaldo खाल्डो *n.* ditch
khaldo खाल्डो *n.* groove
khali खालि *adv.* simply
khali खालि *adv.* solely
khali खाली *adj.* vacant
khali garnu खाली गर्नु *v.* evacuate
khallo खल्लो *adj.* insipid
khalnayak खलनायक *n.* villain
khalti खल्ती *n.* pocket
khalti ma rakhne sanu kitab' खल्तीमा राख्ने सानु किताब *n.* pocketbook
kham खाम *n.* envelope
kham खाम *n.* envelope
khamba खम्बा *n.* column
khamba खम्बा *n.* pillar
khamba खम्बा *n.* pole
khamba खम्बा *n.* post
khameer खमीर *n.* yeast
khamir खमीर *n.* leaven
khan nahune खान नहुने *adj.* inedible
khana खाना *n.* meal
khana खाना *n.* repast
khana hune खान हुने *adj.* edible
khanapachhi khane mishthan खानापाछि खाने मिष्टान्न *n.* pudding
khancho खाँचो *n.* need
khancho parda garine sewa खाँचो पर्दा गरिने सेवा *n.* yeoman service
khand खण्ड *n.* segment
khandan खण्डन *n.* denial
khandan garnu खण्डन गर्नु *v.* confute
khandan garnu खण्डन गर्नु *v.* contradict
khandilo खँदिलो *adj.* stocky
khane kura खानूकुरा *n.* eatables
khane kura खानेकुरा *n.* food
khane kura ko suchi खानेकुराको सूची *n.* menu
khaner nikalnu खनेर निकाल्नु *v.* unearth
khanera nikalnu खनेर निकाल्नु *v.* excavate

khani khanne kam खानी खन्ने काम *n.* mining
khanij खनिज *n.* petroleum
khanij padarh खनिज पदार्थ *n.* mineral
khanjot खनजोत *n.* tillage
khannu खन्नु *v.* dig
khan-panma sanyami खान-पानमा संयमी *adj.* abstemious
khanti खन्ती pickaxe
khanu खानु *v.* eat
khanyaunu खन्याउनु *v.* pour
khap tinu खप्टिनु *v.* overlap
khapada खपडा *n.* tile
khapakhap khanu खपाखप खानु *v.* gobble
khapat/upbhog garnu खपत/उपभोग गर्नु *v.* consume
kharab खराब *adj.* bad
kharab खराब *adj.* baleful
kharab खराब *adj.* inclement
kharab awastha खराब अवस्था *n.* predicament
kharab bandobast garnu खराब बन्दोबस्त गर्नु *v.* mismanage
kharab hunu खराब हुनु *v.* worsen
kharab intjam खराब इन्तजाम *n.* mismanagement
kharab kam खराब काम *n.* misdeed
kharab lakal खराब लकल *n.* parody
kharani खरानी *n.* ashes
kharani ranga ko खरानी रंगको *adj.* grey
kharayao खरायो *n.* rabbit
kharayo खरायो *n.* hare
kharayo rakhne khor खरायो राख्ने खोर *n.* hutch
kharbuja खर्बुजा *n.* melong
kharch खर्च *n.* expenditure
kharch खर्च *n.* outlay
kharch garnu खर्च गर्नु *n.* spend
Kharcha garna saknu खर्च गर्न सक्नु *v.* afford
kharchilo खर्चिलो *adj.* extravagant
kharchilo खर्चिलो *adj.* uneconomical
kharchilo hathi खर्चिलो हात्ति *n.* white elephant
khari खरी *n.* chalk
kharid खरीद *n.* purchase
khark खर्क *n.* pasture
kharo खरो *adj.* straightforward
khas खास *adj.* typical
khas kam ko lago kosh chhuttyaunu खास कामको लागि कोष छुट्ट्याउनु *v.* earmark
khasi खसी *n.* mutton
khasi pareko bheda खसी पारेको भेड़ा wether
khasi pareko ghora खसी पारेको घोड़ा *n.* gelding
khasi pareko vyakti खसी परेको व्यक्ति *n.* eunuch
khasnu खस्नु *v.* fall

khasre bhyaguto खस्रे भ्यागुतो *n.* toad

khasro खस्रो *adj.* coarse

khasro खस्रो *adj.* rough

khat खाट *n.* scaffolding

khat खत *n.* scar

khataeko kam खटाएको काम *n.* mission

khatam garnu खतम गर्नु *v.* exterminate

khatara ko batti खतरा को बत्ती *n.* red light

khatarako sanket खतराको संकेत *n.* alarm

khatarnak खतरनाक *adj.* dangerous

khatarnak खतरनाक *n.* hazardous

khataune/sumpane kam खटाउने/सुम्पने काम *n.* delegation

khatra खतरा *n.* danger

khatra खतरा *n.* danger

khatrama halnu खतरामा हाल्नु *v.* endanger

khaurai खौराइ *n.* shave

khediyeko gaivastuko hool खेदिएको गाई-वस्तुको हूल *n.* drove

khedo खोदो *n.* pursuit

khel खेल *n.* game

khel खेल *n.* play

khel adi shuru खेल आदि शुरू *n.* kick-off

khel bigarne manchhe खेल बिगार्ने मान्छे *n.* spoilspert

khel maidan खेल मैदान *n.* playground

khel pratiyogita खेल प्रतियोगिता *n.* tournament

kheladi खेलाडी *n.* player

kheladi खेलाडी *n.* sportsperson

khelauna खेलौना *n.* toy

khelkud खेलकूद *n.* sport(s)

khera खेर *n.* wastage

khera gaeko खेर गएको *adj.* wasted

khet खेत *n.* farm

khet खेत *n.* field

kheti खेती *n.* husbandry

kheti garnu खेती गर्नु *n.* cultivation

khichatani खिचातानी *n.* draw

khichnu खिँचिनु *v.* gravitate

khiinu खिइनु *v.* wear away

khip launu खींप लाउनु *n.* buckle

khisi, uphas खिसी, उपहास *n.* jibe

khiya खिया *n.* rust

khiya lageko खिया लागेको *adj.* rusty

khiya na lagne ispat खिया नलाग्ने इस्पात *n.* stainless steel

khoj खोज *n.* quest

khoj खोज *n.* trace

khoj talas/chhan bin garnu खोजतलास/छानबिन गर्नु *v.* look into

khoj/anweshan garnu खोज/अन्वेषण गर्नु *v.* explore

khojidal खोजी दल *n.* search party

khojnu खोज्नु *v.* look for

khojnu खोज्नु *v.* seek

khojtalash खोजतलाश *n.* search
khoknu खोक्नु *v.* cough
khokro खोक्रो *adj.* hollow
khol खोल *n.* sheath
khola खोला *n.* stream
khola ra bela खोला र बेला *n.* time and tide
kholai खोला *n.* rivulet
kholawa dhara ko pani खोला वा धाराको पानी *n.* running water
khole खोले *n.* gruel
kholinu खोलिनु *v.* unfurl
kholnu खोल्नु *v.* reveal
kholnu खोल्नु *v.* turn on
kholnu खोल्नु *v.* unbolt
kholnu खोल्नु *v.* unclench
kholnu खोल्नु *v.* unfasten
kholnu खोल्नु *v.* unfold
kholnu खोल्नु *v.* unlash
kholnu खोल्नु *v.* unleash
kholnu खोल्नु *v.* unpack
kholsa खोल्सा *n.* ravine
khonch खोंच *n.* gorge
khop खोप *n.* inoculation
khopadi खोपडी *n.* skull
khopari खोपड़ी *n.* cranium
khopaunu खोपाउनु *v.* vaccinate
khopaunu खोप *n.* vaccination
khopaunu खोप *n.* vaccine
khopilto खोपिल्टो *n.* dent
khopnu खोप्नु *v.* engrave
khor खोर *n.* coop
khor खोर *n.* fold
khorsani खोर्सानी *n.* chilli/chili
khosnu खोस्नु *v.* dismiss
khosnu खोस्नु *v.* grab
khosnu खोस्नु *v.* snatch
khot खोट *n.* flaw
khrimchinu खृम्चिनु *v.* crumple
khub khojnu खूब खोज्नु *v.* ransack
khudkila खुड्किला *n.* step
khudra खुद्रा *n.* small change
khudra bikri खुद्रा बिक्री *n.* retail
khudra pasale खुद्रा पसले *n.* retialer
khuilanu खुइलनु *v.* fade
khukulo खुकुलो *adj.* unattached
khukulo, phitlo खुकुलो, फितलो *adj.* lax
khula खुला *adj.* open
khula खुला *adj.* open-air
khula daraj खुला दराज *n.* rach
khula drishya खुला दृश्य *n.* panorama
khula motorcar खुला मोटरकार *n.* roadster
khulamanko खुला मनको *adj.* open-minded
khulast खुलस्त *adj.* heart-to-heart
khulast खुलस्त *adv.* openly
khulast खुलस्त *adj.* overt
khulast kura garne खुलस्त कुरा गर्ने *adj.* outspoken
khulast sanga खुलस्तसँग *adj.* frankly

khumchinu खुम्चिनु *v.* shrink
khup mileko खुप मिलेको *adj.* tailor-made
khur खुर *n.* hoof
khur ṃurinu खुरमुरिनु *v.* tumble
khurpani phal खुर्पानी फल *n.* apricot
khus खुस *adj.* elated
khush खुश *adj.* happy
khush खुश *adj.* jolly
khush खुश *adj.* pleased
khush garnu खुश गर्नु *adj.* glad
khush hunu खुश हुनु *v.* rejoice
khushhal खुसहाल *adj.* well-to-do
khushi खुशी *n.* happiness
khushi खुशी *n.* joy
khushi खुशी *n.* rejoicing
khushi ko smarniya din खुशी को स्मरणीय दिन *n.* red-letter day
khushile खुशीले *adv.* happily
khusi खुसी *n.* delight
khusi खुसी *adj.* delighted
khusi parnu खुसी पार्नु *v.* gratify
khusiyali खसीयाली *n.* merriment
khuta dhakne patti खुट्टा ढाक्ने पट्टी *n.* gaiter
khuta ghisarer hindnu खुट्टा घिसारेर हिंड्नु *v.* scuff
khutta bajarer hindanu खुट्टा बजारेर हिंड्नु *v.* stomp
khutta chopne awaran खुट्टा छोप्ने आवरण *n.* leggings
khutta ghisarera hindnu खुट्टा घिसारेर हिंड्नु *v.* shuffle
khutta ko nan खुट्टाको नङ *n.* toenail
khutta na kamaune खुट्टा नकमाउने *adj.* sure-footed
khuttako chikitsa खुट्टाको चिकित्सा *n.* pedicure
khuwa खुवा *n.* cheese
khwaunu ख्वाउनु *v.* feed
khyaunu ख्याउनु *v.* erode
ki कि *conj.* whether
kichnu किच्नु *v.* crush
kihaki kapada खाकी कपडा *n.* khaki
kila किला *n.* nail
kila किला *n.* peg
kilip किलिप *n.* clip
kilkile किलकिले *n.* uvula
killa किल्ला *n.* fort
killa किल्ला *n.* fortress
kimbu किम्बु *n.* mulberry
kimti कीमती *adj.* precious
kina किन *int. pron.* why
kina bhane किनभने *adv.* inasmuch
kinaki किनकि *conj.* because
kinar किनार *n.* side
kinara किनारा *n.* brink
kinara किनारा *n.* coast
kinara nabhayeko topi किनारा नभएको टोपी *n.* tarboosh
kinarar किनारा *n.* beach

kinarma किनारमा *adv.* ashore
kinaro किनारो *n.* tatting
kinbhane किनभने *adv.* inasmuch as
kinmel किनमेल *n.* shopping
kinnu किन्नु *n.* buy
kiphayati किफायती *adj.* frugal
kira कीरा *n.* insects
kiran किरण *n.* beam
kiran किरण *n.* ray
kiraya किराया *n.* hire
kiriya किरिया *n.* oath
kiriyakhanu किरिया खानु *v.* swear
kirti कीर्ति *n.* fame
kisan किसान *n.* farmer
kisan किसान *n.* peasant
kisan warg किसानवर्ग *n.* peasantry
kishoravastha किशोरावस्था *n.* adolescence
kishorawastha किशोरावस्था *n.* salad days
kishorawastha किशोराअवस्था *n.* teens
kisim किसिम *n.* sort
kisim किसिम *n.* type
kismat किस्मत *n.* kismet
kismis किसमिस *n.* raisin
kista किस्ता *n.* instal(l)ment
kisti किस्ती *n.* tray
kitab किताब *n.* book
kitanu कीटाणु *n.* germ
kitli किट्ली *n.* kettle

kitnashak कीटनाशक *n.* insecticide
kitnu किट्नु *v.* pinpoint
ko को *prep.* of
ko chhoto roop को छोटो रूप *n.* varsity
ko choto roop को छोटो रूप gym, gymnasium
ko hunu को हुनु *v.* pertain
ko pakshma को पक्षमा *n.* behalf
ko samyama को समयमा *prep.* during
kocharnu कोचार्नु *v.* tamp
kodalo कोदालो *n.* hoe
kodalo कोदालो *n.* spade
kodhiko maal कौड़ीको माला *n.* wampum
kodo कोदो *n.* millet
kohi कोही *pron.* somebody
kohi कोही *pron.* someone
kohi hoina कोही होइन *n.* nobody
kohi pani hoina पासो *pron./adv.* no one
kohi pani hoina कोही पनि होइन *adv.* none
koila कोइला *n.* coal
kok कोक *n.* coke
kokh कोख *n.* womantizer
kolahal कोलाहल *n.* din
komal कोमल *adj.* delicate
komal कोमल *n.* pitful
komal कोमल *n.* supper
kon कोण *n.* angle
kon napne yantra कोण नाप्ने यंत्र *n.* theodolite

kopara कोपरा *n.* washabasin

kopila कोपिला *n.* bud

kopila halnu कोपिला हाल्नु *v.* burgeon

kora कोर्रा *n.* knout

korali gai कोरली गाई *n.* heifer

koram कोरम *n.* quorum

korara launu कोर्रा लाउनु *v.* flagellate

kori कोरी *n.* leper

korra कोर्रा *n.* whip

korra कोर्रा *int. pron.* who

korra hannu कोर्रा हान्नु *v.* flog

korra thoknu कोर्रा ठोक्नु *n.* lash

kosa कोसा *n.* pod

kose dhunga कोसेढुङ्गा *n.* milestone

koseli कोसेली *n.* gift

kosh कोष *n.* fund

koshish garnu कोशिश गर्नु *v.* try

koshma laune lep कोशमा लाउने लेप *n.* pomade

kosis garnu कोसिस गर्नु *v.* strive

kotha कोठा *n.* apartment

kotha कोठा *n.* chamber

kotha कोट *n.* coat

kotha कोठा *n.* room

kotha ko bhuin कोठाको *n.* floor

kothako chutiyeko bhag कोठाको छुट्टिएको भाग *n.* alcove

kothako sajawat कोठा को सजावट *n.* decor

kothama hawako jhokka कोठामा हावाको झोंक्का *n.* draught

kotyaunu कोटयाउनु *v.* pick

koya कोया *n.* bobbin

koyali कोयली *n.* cuckoo

koyha कोठा *n.* cabin

kram क्रम *n.* continuation

kram क्रम *n.* sequence

kramai le क्रमैले *adv.* respectively

krantikari क्रान्तिकारी *n.* revolutionary

kriket क्रिकेट *n.* cricket

kripa कृपा *n.* favo(u)r

kripa कृपा *n.* grace

krishi कृषि *n.* agriculture

krishi yogya कृषि-योग्य *adj.* arable

krismas क्रिसमस *n.* xmas

krismas chad क्रिस्मस चाड *n.* christmas

kritghanta कृतघनता *n.* ingfratitude

kritrim कृत्रिम *adj.* factitious

kritsankalp कृतसंकल्प *adj.* resolute

kriyapad क्रियापद *n.* verb

kriyarup bananunu क्रियारूप बनाउनु *v.* conjugate

kriyasheel banaunu क्रियाशील बनाउनु *v.* activate

kriyavisheshan क्रियाविशेषण *n.* adverb

krodh क्रोध *n.* indignation

krodh क्रोध *n.* wrath

krubharuko tehkhana क्रबहरूको तहखाना *n.* catacombs

krudh parnu क्रुद्ध पार्नु *v.* enrage

kschamta क्षमता *n.* aptitude
ksham yachna क्षमायाचना *n.* apology
kshama क्षमा *n.* excuse
kshama क्षमा *n.* pardon
kshama क्षमा *n.* remission
kshan क्षण *n.* jiffy
kshariya क्षारीय *n.* alkali
kshati pura garnu क्षति पूरा गर्नु *v.* indemnify
kshati purti ko rup ma diieko wastu क्षतिपूर्तिको रूपमा दिइएको वस्तु *n.* quid pro quo
kshatipura garnu क्षति पूरा गर्नु *v.* offset
kshaya क्षय *n.* decay
kshaya rog क्षयरोग *n.* consumptive
kshaya rog क्षयरोग *n.* tuberculossis
kshepyastra क्षेप्यास्त्र *n.* missile
kshetra क्षेत्र *n.* range
kshetra क्षेत्र *n.* region
kshetra क्षेत्र *n.* sector
kshetra क्षेत्र *n.* territory
kshetra phal क्षेत्रफल *n.* area
kshetrako nap क्षेत्र को नाप *n.* hectare
kshetriya क्षेत्रीय *adj.* regional
kshetriya क्षेत्रीय *adj.* territorial
kshitij क्षितिज *n.* horizon
kshitij खितिज *n.* skyline
kubato laijanu कुबाटो लैजानु *v.* mislead
kucho कुचो *n.* broom
kucho कुचो *n.* brush
kucho launemanchhe कुचो लाउने मान्छे *n.* sweeper
kucho launu कुचो लाउनु *v.* sweep
kuddai कुद्दै *v.* romp
kuhina कुहिना *n.* elbow
kuhinu कुहिनु *v.* rot
kuhiro कुहिरो *n.* mist
kuhiro lageko कुहिरो लागेको *adj.* foggy
kuiro कुइरो *n.* fog
kukam मुकाम *n.* standstill
kukavita कुकविता *n.* doggerel
kukhura कुखुरा *n.* chicken
kukhura कुखुरा *n.* fowl
kukhuri कुखुरी *n.* hen
kukhuri कुखुरी *n.* hen
kukur कुकुर *n.* dog
kukur कुकुर *n.* doggy
kukur khor कुकुर खोर *n.* kennel
kukur ko chhauro कुकुरको छाउरो *n.* pup
kukur ko chhauro कुकुरको छाउरो *n.* puppy
kukurni कुकुर्नी *n.* bitch
kul कुल *n.* lineage
kul bansh कुल वंश *n.* clan
kulchinu कुल्चिनु *v.* trample
kuleen कुलीन *adj.* patrician
kulla garnu कुल्ला गर्नु *v.* gargle
kulli कुल्ली *n.* carrier
kulo कुलो *n.* gutter

kulpati कुलपति *n.* chancellor
kulyog कुलयोग *n.* aggregate
kumari कुमारी *n.* living goddess
kumari कुमारी *n.* mademoiselle
kumari keti कुमारी केटी *n.* maiden
kumari keti कुमारी *n.* miss
kumari meri कुमारी मेरी *n.* madonna
kumbhrashi कुम्भराशि *n.* aquarius
kumhale कुम्हाले *n.* potter
kumnai kisimle कुनै किसिमले *adv.* somehow
kun कुन *int.pron.* which
kunai कुनै *adj.* any
kunai kurama thapthaap कुनै कुरामा थपथाप eke out
kunai wyakti कुनै व्यक्ति *pron.* anyone
kunain कुनैन *n.* quinine
kunder belbutta bharnu कुँदेर बेलबुट्टा भर्नु *v.* emboss
kunjo कूँजो *n.* hunchback
kupan कुपन *n.* coupon
kuposhan कुपोषण *n.* malnutrition
kura कुरा *n.* fact
kura kholnu कुरा खोल्नु *v.* spill the beans
kura sake teliphon rakun कुरा सकेपछि टेलिफोन राख्नु *v.* hang up
kura tarnu कुरा तर्नु *v.* avert
kurakani कुराकानी *n.* chitchat
kurakani कुराकानी *n.* conversation
kurakani कुराकानी *n.* dialogue
kurakani कुराकानी *n.* talk
kurchana कुरचना *n.* malformation
kurkuchcha कुर्कुच्चा *n.* heel
kursi कुर्सी *n.* chair
kurup कुरूप *adj.* ill-favoured
kushagra कुशाग्र *adj.* subtle
kushal कुशल *adj.* safe
kushasan कुशासन *n.* misrule
kushth rog कुष्ठ रोग *n.* leprosy
kusti कुस्ती *n.* wrestling
kusti khelnu कुस्ती खेल्नु *v.* wrestie
kuti कुटी *n.* cottage
kutnaitik कूटनैतिक *adj.* diplomatic
kutnaitik shishtachar कूटनैतिक शिष्टाचार *n.* protocol
kutniti कूटनीति *n.* diplomacy
kutpit कुटपिट *n.* assault
kuwa कूवा *n.* tank
kwatar क्वाटर *n.* quarters
kyamera क्यामेरा *n.* camera
kyamp क्याम्प *n.* camp
kyampas क्याम्पस *n.* campus
kyampas क्याम्पस *n.* college
kyaset क्यासेट *n.* cassette

L

label taslu लेबल टाँस्लु *n.* labelled
labh dayak लाभदायक *adj.* beneficial
labh dayak लाभदायक *adj.* lucrative

lachakdar gadda लचकदार गद्दा *n.* trampoline
lachilo लचिलो *adj.* lithe
lachkine लच्किने *adj.* flexible
ladai लड़ाई *n.* combat
ladai लडाइँ *n.* war
ladain लडाइँ *n.* fighting
ladain ko nara लडाइँको नारा *n.* war cry
ladant लडन्त *n.* fight
ladin लडाइँ *n.* battle
ladnu लड्नू *v.* encounter
ladnu लाद्नु *v.* impose
lagaeko लगाएको *adj.* clad
lagaera hernu लगाएर हेर्नु *v.* try on
lagam लगाम *n.* bridle
lagam लगाम *n.* rein
lagan लगन *n.* perseverance
lagani garnu लगानी गर्नु *v.* invest
lagat लागत *adv.* estimate
lagatar लगातार *adj.* ceaseless
lagatar लगातार *adv.* continuously
lagatar hannu लगातार हान्नु *v.* batter
lagatar pitnu लगातार पिट्नु *v.* drub
lagatarko लगातारको *adj.* incessant
lagaunu लगाउनु *v.* put on
lagaw लगाव *n.* attachment
lagayat लगायत *prep.* including
lagbhag लगभग *prep.* about
lagbhag लगभग *adv.* nearly
laghu brahmand लघु ब्रह्माण्ड *n.* microcosm
laghu chitra लघुचित्र *n.* thumbnail sketch
laghu jawarbhata लघु ज्वारभाटा *n.* neap
laghuganak लघुगुणक *n.* logarithm
lagi rahanu लागिरहनु *v.* continue
lagnu लाग्नु *v.* turn to
lagu garne kam लागू गर्ने काम *n.* enforcement
lagu padarth लागू पदार्थ *n.* heroin
laha लाहा *n.* sealing wax
laha लाहा *mod.* shall
lahad लहड *n.* freak
lahad लहड *n.* whim
lahadi लहडी *adj.* humorous
lahadi लहडी *adj.* whimsical
lahar लहर *n.* row
lahar लहर *n.* wave
lahara लहरा *n.* vine
lahardar लहरदार *adj.* wavy
lahare khoki लहरे खोकी *n.* whooping cough
lahure phul लाहुरे फूल *n.* dahlia
lai लाई *prep.* for
lai लय *n.* lilt
lai लाई *prep.* to
lain लाइन *n.* queue
laj लज *n.* lodge
laj lageko लाज लागेको *adj.* ashamed
lajja लज्जा *n.* shame
lajjajanak लज्जाजनक *adj.* inglorious

lajjalu लज्जालु *adj.* shamefaced
lajjalu लज्जालु *adj.* sheepish
lajjalu लज्जालु *adj.* shy
lajjit लज्जित *adj.* abashed
lakhatnu लखाट्नु *v.* repulse
lakhetai लखेटाइ *n.* chase
lakhpati लखपति *n.* millionaire
laksha लक्ष्य *n.* aim
laksha लक्ष *n.* objective
lakshan लक्षण *n.* symptom
lakshyaheen लक्ष्यहीन *adj.* unaimed
lalach लालच *n.* temptation
lali लाली *n.* lipstick
lali लाली *n.* rouge
laltin लाल्टिन *n.* lantern
lalupate लालुपाते *n.* poinsettia
lam khutte लाम्खुट्टे *n.* mosquito
lama लामा *n.* lama
lama-lama khutta hune लामा-लामा खुट्टा हुने *adj.* leggy
lamb लम्ब *n.* perpendicular
lambai लम्बाइ *n.* length
lamcho लाम्चो *adj.* oblong
lami लमी *n.* matchmaker
lamo लामो *adj.* long
lamo ayu लामो आयु *n.* long life
lamo bhashan लामो भाषण *n.* disquisition
lamo chhutti लामो छुट्टी *n.* vacation
lamo duri ko लामो दुरीको *adj.* long distance
lamo duri ko uphrai लामो दूरीको उफ्राइ *n.* long jump
lamo moja लामो मोजा *n.* stocking
lamo parnu लामो पार्नु *n.* elongate
lamo poshak लामो पोशाक *n.* cassock
lamo saas phernu लामो सास फेर्नु *v.* sign
lamo sas lenu लामो साँस लिनु *n.* sigh
lamo thulo swarle karaunu लामो ठूलो स्वरले कराउनु *v.* yowl
langado लङ्गडो *n.* cripple
langado लङ्गडो *adj.* lame
langar khasalnu लंगर खसाल्नु *n.* anchor
langoor लंगूर *n.* baboon
lanu लानु *v.* take away
laparbah लापर्बाह *adj.* madcap
laparbah लापर्बाह *adj.* reckless
laparbah लापर्बाह *adj.* regardless
laparbahi लापर्वाही *n.* indifference
laparbahi लापर्बाही *n.* negligence
laparwah लापरवाह *adj.* feckless
lapetanu लपेटनु *v.* enfold
lapetko vastu kholnu लपेटको वस्तु खोल्नु unroll
larkharaunu लर्खराउनु *v.* stagger
lash लाश *n.* cadaver
lash rakhne ghar लाश राख्ने घर *n.* mortuary
lasun लसुन *n.* garlic
lat लात *n.* kick

lat lagnu लत लाग्नु *v.* addict
lathi लाठी *n.* lathi
lathi bajra लठीबज्र *n.* mess
lathibajra लठिबज *n.* hotchpotch/ hodgepodge
lathuwa लठुवा *n.* cretain
lathuwa लठुवा *n.* dullard
lathuwa लठुवा *adj.* silly
latieko लाटिएको *adj.* numb
latkeko लट्केको *adj.* pendent
latkinu लटकिनु *v.* dangle
lato लाटो *adj.* mute
lato लाटो *adj.* speechless
lato kosero लाटोकोसेरो *n.* owl
latranu लत्रनु *v.* droop
latthaparnu लट्ठ पार्नु *v.* intoxicate
latthi लट्ठी *n.* stick
lattu लट्टु *n.* spinning top
lauka लौका *n.* gourd
launu लाउनु *v.* don
launu लाउनु *v.* wear
lawa लावा *n.* lava
laya लय *n.* tune
layak लायक *adj.* competent
layak लायक *adj.* fit
layak लायक *adj.* worsted
lebul लेबुल *n.* tag
ledo लेदो *n.* gravy
legro लेग्रो *v.* drawl
lehardar लहरदार *v.* corrugated
lehare khoki लहरे खोकी *n.* hooping cough
lekh लेख *n.* article
lekh लेख *n.* inscription
lekh padh garna janne लेखपढ गर्न जान्ने *adj.* literate
lekha janchnu लेखा जाँच्नु *v.* audit
lekha padhi लेखापढी *n.* correspondence
lekha pal लेखापाल *n.* accountant
lekha parikshak लेखा परीक्षक *n.* auditor
lekhai लेखाइ *n.* writing
lekhak लेखक *n.* author
lekhak लेखक *n.* writer
lekheko लेखेको *adj.* written
lekhera swikar/darpith garnu लेखेर स्वीकार/दरपीठ गर्नु *v.* endorse
lekhnu लेख्नु *v.* write
lekhot लेखोट *n.* memo(randum)
len den लेनदेन *n.* tally
len den garnu लेनदेन गर्नु *v.* reciprocate
lens लेन्स *n.* lens
lep लेप *n.* ointment
leshkar लेषकार punster
liera aunu लिएर आउनु *v.* fetch
likha लिखा *n.* nit
likhat लिखत *n.* record
likhit vivran लिखित विवरण *n.* record
lilam लिलाम *n.* auction
ling लिंग *n.* gender
ling लिंग *n.* penis

ling लिङ्ग *n.* sex
lipht लिफ्ट *n.* elevator
lipht लिफ्ट *n.* lift
lipi लिपि *n.* script
litre लीटर *n.* litre
lobh लोभ *n.* greed
lobh lagdo लोभलाग्दो *adj.* tempting
lobhi लोभी *adj.* greedy
lobhi लोभी *adj.* rapacious
lobhyaunu लोभ्याउनु *v.* lure
lodar लोदर *n.* hoodoo
logne लोग्ने *n.* hubby
logne लोग्ने *n.* husband
logne manchhe haru लोग्नेमान्छेहरू *n.* men
logne manchhe haru ko parti लोग्नेमान्छेहरूको पार्टी *n.* stag party
logne manis haru लोग्ने-मानिसहरू *n.* menfolk
lohar लोहार *n.* smith
lok priyata लोकप्रियता *n.* popularity
lok sangit लोकसंगीत *n.* folk music
lokgit लोकगीत *n.* folk song
lokharke लोखर्के *n.* squirrel
lokheken लोखकें *v.* squirrel
lokhit लोकहित *n.* philanthropy
lop garaunu लोप गराउनु *v.* eliminate
lori लोरी *n.* lullaby
lovi manis लोभी मानिस *n.* caterpillar

lu लू *n.* sunstroke
luchhnu लुछ्नु *v.* tear to pieces
luga लुगा *n.* dress
luga लुगा *n.* garb
luga लुगा *n.* garment
luga लुगा *n.* tunic
luga adi jhundyaune hyanger लुगा आदि झुण्ड्याउने हयाङ्गर *n.* hanger
luga bunne tan लुगा बुन्ने तान *n.* loom
luga ko bhitri लुगाको भित्री *n.* lining
luga lagaunu लुगा लगाउनु *vc.* attire
luga na laeko लुगा नलाएको *adj.* undressed
luga phato लुगाफाटो *n.* clothes
luga rakhne bakas लुगा राख्ने बाकस *n.* suitcase
lugaphukalnu फुकाल्नु *v.* strip
lukamari लुकामारी *n.* hide and seek
lukaunu लुकाउनु *v.* conceal
lukeko shatru लुकेको शत्रु *n.* snake in the grass
lukera garine kan लुकेर गरिने काम *n.* wirepulling
lukne thaun लुक्ने ठाउँ *n.* hideout
luknu लुक्नु *v.* hide
lulo लुलो *adj.* limp
lulo लुलो *adj.* loose
lungi लुङ्गी *n.* sarong
lut लूट *n.* hold-up

lut ko mal लूटको माल *n.* plunder
luteko mal लुटेको माल *n.* loot
lutera लुटेरा *n.* plunderer
lutko mal लूटको माल *n.* booty
lutlat लूटलाट *n.* looting
lutnu लुट्नु *v.* despoil
luto लुतो *n.* herpes
luto लुतो *n.* scabies
lwan ल्वांग *n.* clove
lyapche ल्याप्चे *n.* fingerprint
lyaunu ल्याउनु *v.* bring

M

ma मात्रा *prep.* during
ma मोटोपन *prep.* on
ma मा *prep.* upon
ma aphain म आफैं *pron.* myself
maadh माड़ *n.* starch
maaf garnu माफ गर्नु *v.* condone
maai माई *n.* smallpox
maalyodha मल्लयोद्धा *n.* athlete
maan मान *n.* dignity
maanchirawali मानचित्रवली *n.* atlas
maanilinu मानिलिनु *v.* postulate
maathi माथि *adv* above
machan मचान *n.* sacaffold
machchaunu मच्चाउनु *v.* wield
machha vishesh माछा विशेष *n.* carp
machhako pakheta माछाको पखेटा *n.* fin
machhako pakheta माछा *n.* fish
madak/lagu padarth वर्णन गर्नु *n.* narcotic
madani मदानी *n.* churn
madat मदत *n.* help
madat/paisa dinu मदत/पैसा दिनु *v.* contribute
madhumeh मधुमेह *n.* diabetes
madhur git/sangit मधुर गीत/संगीत *n.* melody
madhur subashna मधुर सुबासमा *n.* perfume
madhya yugi मध्ययुगी *adj.* medi(a)eval
madhyagrishm मध्यग्रीष्म *n.* midsummer
madhyam मध्यम *n.* medium
madhyam warg मध्यम वर्ग *n.* middle class
madhyamarg मध्यमार्ग via-media
madhyamvargko मध्यम वर्गको *adj.* bourgeosis
madhyana मध्यान्ह *n.* noon
madhyanha मध्यान्ह *n.* midday
madhyantar मध्यान्तर *n.* half-time
madhyantar मध्यान्तर *n.* intermission
madhyantar मध्यान्तर *n.* interval
madhyasth hunu मध्यस्थ हुनु *v.* mediate
madhyauko मध्ययुको *adj.* medieval

madhyayugko rasayanik shashtra मध्ययुगको रासायनिक शास्त्र *n.* alchemy

madira ko bepari मदिराको बेपारी *n.* vintner

mag माग *n.* demand

magajako मगजको *adj.* cerebral

maghko dhag माँझको भाग *n.* shaft

magne माग्ने *n.* beggar

magnu माग्नु *v.* ask for

magnu माग्नु *v.* beg

maha मह *n.* honey

maha kawya महाकाव्य *n.* epic

maha mahim महामहिम *n.* excellency

maha mari महामारी *n.* scourge

maha nagar महानगर *n.* metropolis

maha wanijyadut महावाणिज्यदूत *n.* consul

mahadwip महाद्वीप *n.* continent

mahal महल *n.* castle

mahal महल *n.* chateau

mahamari महामारी *n.* epidemic

mahamari महामारी *n.* pestilence

mahamurkh vyakti महामूर्ख व्यक्ति tomfool

mahangai महँगाइ *n.* dearness

mahango महँगो *adj.* costly

mahango महंगो *adj.* expensive

mahanta महानता *n.* greatness

mahasagar महासागर *n.* ocean

mahashaya महाशय *n.* mister/Mr.

mahasul महसूल *n.* assessment

mahatthwa kam garnu महत्त्व कम गर्नु *v.* play down

mahattwa महत्त्व *n.* significance

mahattwa purn महत्वपूर्ण *adj.* important

mahattwahin महत्वहीन *adj.* inconsequential

mahattwahin महत्त्वहीन *adj.* unimportant

mahattwahin महत्त्वहीन *n.* urgency

mahattwapurn महत्त्वपूर्ण *adj.* significant

mahila महिला *n.* lady

mahila महिला *n.* woman

mahila haru महिलाहरू *n.* women

mahila majman महिला मेजमान *n.* hostess

mahilakawi महिला कवि *n.* poetess

mahina महिना *n.* month

mahodaya महोदया *n.* madam

mahsus garnu महसुस गर्नु *v.* feel

mahsus garnu महसुस गर्नु *v.* realize

mahuri माहुरी *n.* bee

mahuri ko chaka माहुरीको चाका *n.* beehive

maik माइक *n.* microphone

mail माइल *n.* mile

mailla parnu मैला पार्नु *v.* besmirch

main मैन *n.* wax

main batti मैनबत्ती *n.* candle

maitripurn sambandhko punh sthapan मैत्रीपूर्ण सम्बन्ध को पुनः स्थापन *n.* rapprochement
maja मजा *n.* enjoyment
majak wa thatta ko patra मजाक व ठट्टाको पात्र *n.* laughing stock
majdur sangh मजदुर संघ *n.* trade union
majetro मजेत्रो *n.* kerchief
majh माझ *adj.* middle
majhnu माझनु *v.* wash up
makai मकै *n.* maize
makar मकर *n.* capricorn
makarnu मर्कनु *v.* sprain
makgajarmathiko officer मकगजरमाथिको अफिसर *n.* colonel
makhan, nauni मक्खन, नौनी *n.* butter
makhmal मखमल *n.* velvet
makhmal jasto vastra मखमल जस्तो वस्त्र *n.* velour
makkiaer dhulo hunu मक्किएर ध ूलो हुनु *v.* moulder
makundo मकुण्डा *n.* mask
makura माकुरा *n.* arachind
makura माकुरा *n.* spider
makura ko jali माकुराको जालो *n.* cobweb
makura ko jalo माकुरा को जालो *n.* spider's web
makurako jalo माकुराको जालो *n.* gossamer
makuro माकुरो *n.* spider
mal मल *n.* fertilizer
mal माल *n.* goods
mal माल *n.* luggage
mal मल *n.* manure
mal माल *n.* material
mal ko sangalo माल को सँगालो *n.* stockpile
mal matta मालमत्ता *n.* baggage
mal utarnu माल उतार्नु *v.* unload
mala माला *n.* garland
mala माला *n.* wreath
malai मलाई *pron.* me
malai मलाई *pron.* me
malam मलम *n.* balm
malam मलम *n.* cream
malam मलम *n.* salve
malami मलामी *n.* funeral
malashaya मलाश्य *n.* rectum
maldhuwani bhada मालढुवानी भाडा *n.* freight
maldwar मलद्वार *n.* anus
malgadi मालगाडी *n.* freight train
mali माली *n.* florist
mali माली *n.* gardener
malik मालिक *n.* lord
malik मालिक *n.* master
malik मालिक *n.* owner
malik मालिक *n.* proprietor
malik मालिक *n.* proprietor
malikni मालिक्नी *n.* mistress
malin मलिन *adj.* gloomy
malis मालिस *n.* liniment

malis मालिस *n.* massage
malis garne peshawar sthri मालिस गर्ने पेशावर स्त्री *n.* masseus
malis garnu मालिस गर्नु *v.* rub in
mallah मल्लाह *n.* fisherman
malmal मलमल *n.* muslin
malnu मल्नु *v.* rub
malpuwa मालपुवा *n.* pancake
mama मामा *n.* maternal uncle
man मन *n.* mind
man bahalaunu मन बहलाउनु *v.* entertain
man chhune मन छुने *adj.* touching
man chune मन छुने *adj.* moving
man diyera kam ma lagnu मन दिएर काममा लाग्नु *v.* knuckle down
man garnu मान गर्नु *v.* revere
man hani मानहानि *n.* loss of face
man ko awastha मन को अवस्था *n.* mood
man lagaunu मन लगाउनु *n.* pore
man pari garne मनपरी गर्ने *adj.* lawless
man pari motar hankne मनपरी मोटर हाँक्ने *n.* road hog
man phukaera kharch garnu मन फुकाएर खर्च गर्नु *adj.* lavish
man tato मनतातो *adj.* lukewarm
manahi garieko मनाही गरिएको *adj.* forbidden
manahi garnu मनाही गर्नु , prohibition
manasib मनासिब *adj.* reasonable
manasib मनासिब *adj.* valid
manasthiti मनस्थिति *n.* state of mind
manauinu मनाउनु *v.* persuade
manav vigyan मानव विज्ञान *n.* anthropology
manaw adhikar मानव अधिकार *n.* human rights
manaw swabhaw मानव स्वभाव *n.* human nature
manawiya मानवीय *adj.* human
manawiya मानवीय *n.* human (being)
manawta मानवता *n.* humanity
manch मंच *n.* dais
manch मंच *n.* forum
manch मंच *n.* platform
manch मंच *n.* rostrum
manche khane rakshas मान्छे खाने राक्षस *n.* ogre
manchhe मान्छे *n.* bloke
manchhe मान्छे *n.* man
manchinte मनचिन्ते *adj.* imaginary
mand मन्द *adj.* dull
mandal मण्डल *n.* shire
mandali मण्डली *n.* coterie
mandand मानदंड *n.* norm
mandir मन्दिर *n.* temple
mane माने *n.* meaning
mane माने *n.* prayer wheel
mangal bar मंगलबार *n.* Tuesday

mangal graha मंगल ग्रह *n.* mars
manik माणिक *n.* ruby
manilinu मालिलिनु *n.* assume
manjan मंजन *n.* toothpaste
manjur garnu मन्जुर गर्नु *v.* ratify
manjuri मन्जुरी *n.* approval
manjuri मन्जुरी *v.* approve
manjuri मंजुरी *n.* sanction
manjuri nama मन्जूरी नामा *n.* agreement
manko sthirta मनको स्थिरता *n.* equanimity
manlai peer parne मनलाई पीर पार्ने *adj.* poignant
manma bharnu मनमा भर्नु *v.* imbue
manniya माननीय *adj.* hono(u)rable
mannu मान्नु *v.* consent
manohar मनोहर *adj.* melodious
manonit garnu मनोनीत गर्नु *v.* nominate
manonit vyakti मनोनीत व्यक्ति *n.* nominee
manoranajan मनोरंजन *n.* recreation
manoranjan मनोरंजन *n.* amusement
manoranjan मनोरंजन *n.* entertainment
manoranjan मनोरंजन *n.* pastime
manowigyan मनोविज्ञान *n.* psychology
manpraunu मनपराउनु *v.* relish
mansahari मांसाहारी *adj.* carnivorous
mansik मानसिक *adj.* mental
mantra मन्त्र *n.* incantation
mantralaya मन्त्रालय *n.* ministry
mantri मंत्री *n.* minister
mantri ko wibhag मन्त्रीको विभाग *n.* portfolio
manu मौन *n.* hush
manushya jati मनुष्यजाति *n.* mankind
manyata मान्यता *n.* validity
map garnu माफ गर्नु *v.* write off
maph/kshama garnu माफ/क्षमा गर्नु *v.* forgive
marammat garna na sakine मरम्मत गर्न नसकिने *adj.* irreparable
marammat garnu मरम्मत गर्नु *v.* repair
maran shil मरणशील *adj.* mortal
march मार्च *n.* yearning
march mahina मार्च महीना *n.* march
mareko मरेको *adj.* dead
marg मार्ग *n.* avenue
marg chitra मार्गचित्र *n.* road map
marg darshak मार्ग दर्शक *n.* guide
marg wichalan मार्ग विचलन *adj.* deflection
markanu मर्कनु *n.* sprain
markeko मर्केको *adj.* sprained
markswad मार्क्सवाद *n.* marxism

marm prahar garnu मर्म पहार गर्नु *v.* strike home

marmarmat मरमर्मत *n.* serviciang

marmat garnu मर्मत गर्नु *v.* mend

marnottar मरणोत्तर *n.* post-mortem

marnu मर्नु *v.* die

marnu मर्नु *v.* expire

marnu मार्नु *v.* kill

marnu मार्नु *v.* liquidate

marnu मर्नु *v.* pass away

marnu मार्नु *v.* slay

marphat मार्फत *prep.* through

maru bhumi मरुभूमि *n.* desert

maryadaheen मर्यादाहीन *adj.* undignified

masakbaja मसक बाजा *n.* bagpipes

masala मसाला *n.* plaster

masaladar sasej मसालादार ससेज *n.* salami

masale dar मसालेदार *adj.* spicy

masi मसी *n.* ink

masi dani मसीदानी *n.* ink-pot

masik मासिक *adj.* monthly

masjid मस्जिद *n.* mosque

maskhara मसखरा *n.* zany

masla मसला *n.* spice(s)

mast nidaeko मस्त निदाएको *adv.* sound asleep

mast nidra मस्तनिद्रा *n.* sound sleep

mastir jaane मास्तिर जाने *adj.* upward

mastishka jwar मस्तिष्क ज्वर *n.* encephalitis

mastul मस्तूल *n.* mast

masu मासु *n.* flesh

masu मासु *n.* meat

masu khane chara मासु खाने चरा *n.* buzzard

masuma karha rubber jasto vastu मासुमा कड़ा रबर जस्तो वस्तु *n.* gristle

mat मत *n.* credo

mat मत *n.* creed

mat मत *n.* vote

mat data मतदाता *n.* voter

mat lagne मात लाग्ने *adj.* heady

mataka bhanda kunda माटाका भाँडाकुँडा *n.* pottery

mataka bhanda wa tyasko khapta माटाका भाँड़ा वा त्यसको खपटा *n.* crockery

matan मटान *n.* corridor

matar मटर *n.* pea

matdan मतदानस्थल *n.* polling booth

matdan sthal मतदान सीलि *n.* booth

mateko मातेको *adj.* drunk

mateko मातेको *adj.* inebriated

math मठ *n.* cloister

math मठ *n.* monastery

mathi माथि *prep.* at

mathi माथि *prep.* over

mathi माथि *prep/* up

mathi tira माथितिर *adv.* upwards

mathillo माथिल्लो *adj.* upper
mathillo hat माथिल्लो हात *n.* upperhand
mathillo tala माथिल्लो तला *n.* upstairs
matlab bujhaunu मतलब बुझाउनु *v.* imply
mato माटो *n.* soil
mato ko mathilo patra माटोको माथिल्लो पत्र *n.* topsoil
matra मात्रा *n.* dose
matra मात्रा *n.* magnitude
matra मात्रा *n.* measure
matra मात्रा *adv.* merely
matri hatya मातृहत्या *n.* matricide
matribhasha मातृभाषा *n.* mother tongue
matrihatya मातृहत्या *n.* matricide
matsyakanya मत्स्यकन्या *n.* mermaid
mattitel मट्टीतेल *n.* kerosene
mauka मौका *n.* chance
maukhik मौखिक *adj.* verbal
maukhik मौखिक *n.* word of mouth
maulaunu मौलाउनु *v.* flourish
mausam मौसम *n.* weather
mausam bhawishya wani मौसम भविष्यवाणी *n.* weather forecast
mausami मौसमी *adj.* seasonal
mausuli माउसुली *n.* gecko
mausuli माउसुली *n.* salamander
maya माया *n.* affection
maya garne माया गर्ने *adj.* fond
maya garne माया गर्ने *adj.* loving
mayagarnu माया गर्नु *v.* caress
mayalu मायालु *adj.* affestionate
mayalu मायालु *n.* heart-throb
mayapriti मायाप्रीती *n.* love affair
mayur मयूर *n.* peacock
meetha kurale fuslayanu मीठा कुराले फुस्ल्याउनु *v.* cajole
meetho मीठो *adj.* dulcet
meetho cake va roti मीठो केक वा रोटी *n.* bun
mehendi मेंहदी *n.* henna
mehko raksi महको रक्सी *n.* mead
mehnat chahine मेहनत चाहिने *adj.* onerous
mel मेल *n.* harmony
mel milap मेल मिलाप *n.* conciliation
mel milap मेलमिलाप *n.* reconcillation
mela मेला *adj.* dingy
mela मेला *n.* fair
melmilap garnu मेलमिलाप गर्नु *v.* reconcile
mero मेरो *pron.* mine
mero मेरो *pron.* my
merudandko मेरुदण्डको *adj.* spinal
mesh rashi मेष राशि *n.* aries
metaunu naskine मेटाउन नसकिने *adj.* indelible
methi मेथी *n.* fenugreek
metne rabar मेट्ने रबर *n.* eraser
metnu मेट्नु *v.* delete

metnu मेट्नु *v.* erase
metnu मेट्नु *v.* obliterate
metnu मेट्नु *v.* rub out
metnu मेट्नु *v.* wipe out
mewa मेवा *n.* papaya
mihin suto luga मिहीन सुती लुगा *n.* nainsook
mihin vastra मिहिन वस्त्र *n.* voile
mihinet मिहिनेत *n.* effort
mijas मिजास *n.* temper
mijasilo मिजासिलो *adj.* soft(ly) spoken
mila patra jhanda मिलापत्र झंडा *n.* white flag
milansaar मिलनसार *adj.* affable
milansaar मिलनसार *adj.* amiable
milansaari मिलनसारी *n.* bon-homie
milansar मिलनसार *adj.* convivial
milansar मिलनसार *adj.* debonair
milansar मिलनसार *adj.* friendly
milap garaune मिलाप गराउने *n.* mediator
milaunu मिलाउनु *v.* accommodate
milaunu मिलाउनु *v.* adjust
milaunu मिलाउनु *v.* patch up
milaunu मिलाउनु *v.* put together
milavat garnu मिलावट गर्नु *v.* adulterate
mildo मिल्दो *adj.* harmonious
milera garine kam मिलेर गरिने काम *n.* teamwork
millaunu मिलाउनु *v.* associate
milne yog मिलने योग्य *adj.* obtainable
milne/bhetne kam मिल्ने/भेट्ने काम *n.* dating
milnu मिल्नु *n.* terms
miltho bolne मीठो बोल्ने *adj.* smooth-tongued
min rashi मीन राशि *n.* pisces
minar मिनार *n.* spire
mirgalo sunine rog मिर्गौला सुनिने रोग *n.* nephritis
mirgaula मिर्गौला *n.* kidney
mirgaulako मिर्गौलाको *adj.* renal
misaha kukur मिसाहा कुकुर *n.* mongrel
misaunu मिसाउनु *v.* mix
mishra dhatu मिश्र धातु *n.* alloy
mishran मिश्रण *n.* amalgam
mishran मिश्रण *n.* compound
mishran मिश्रण *n.* mixture
mishrit मिश्रित *adj.* assorted
mishrit bhasha मिश्रित भाषा *n.* pidgin
misine kam मिसिने काम *n.* merger
misnu मिसिनु *v.* mingle
misnu मिसिनु *v.* mingle
misri मिस्त्री *n.* candy
mistri मिस्त्री *n.* mechanic
mitar मिटर *n.* metre/meter
mithai मिठाई *n.* confectionery
mithai मिठाई *n.* lollipop
mitho मीठो *adj.* delicious
mitho मीठो *adj.* luscious

mitho boli wa chal garer phuslaunu मीठो बोली वा चाल गरेर फुस्लाउनु *v.* inveigle
mithun rashi मिथुन राशि *n.* gemini
mithya मिथ्या *adj.* pseudo
miti मिति *n.* date
mitra मित्र *n.* colleague
mitrabhav मित्रभाव *n.* goodwill
mitrata मित्रता *n.* friendship
mitvyaye मितव्ययी *adj.* sparing
mod मोड *n.* bend
mod मोड *n.* turning
mod मोड *n.* turning point
modh मोड़ *n.* diversion
moh मोह *n.* enchantment
mohak मोहक *adj.* charming
mohit मोहित *adj.* infatuated
mohit garnu मोहित गर्नु *n.* captivate
mohit garnu मोहित गर्नु *v.* enchant
mohit garnu मोहित गर्नु *v.* enthral
mohit pamu मोहित पार्नु *v.* captivate
mohit/akarshit garnu 13 *v.* fascinate
moja मोजा *n.* sock
mokhik pariksha मौखिक परीक्षा *n.* vivavoce
mol molai मोलमोलाइ *n.* bargain
mool मूल *adj.* seminal
moorkh मूर्ख *adj.* unintelligent
motai मोटाइ *n.* thickness
motar मोटर *n.* motor
motar chadhnu मोटर चढ्नु *v.* ride
motar gadi मोटर गाड़ी *n.* car
motar karkhana मोटर कारखाना *n.* garage
motar saikal मोटरसाइकल *n.* motorcycle
motarchalak मोटरचालक *n.* chauffeur
motargadi मोटरगाड़ी *n.* automobile
motargadi haru ko lam मोटर गाडीहरूको लाम *n.* motorcade
motarkar मोटरकार *n.* motor car
moter uhcalne aujar मोटर उचाल्ने औजार *n.* jack
moti मोती *n.* pearl
moto मोटो *adj.* corpulent
moto मोटो *adj.* thick
moto मोटो *adj.* voluminous
moto kapada मोटो कपडा *n.* canvas
moto suti luga मोटो सूती लुगा *n.* corduroy
motopan मोटोपन *n.* obesity
motorgadi मोटरगाड़ी *n.* limousine
mrigi मृगी *n.* doe
mrigko chhal मृग को छाला *n.* bickskin
mrigko masu मृगको मासु *n.* venison
mrigtrishna मृगतृष्णा *n.* mirage
mrit मृत *adj.* deceased
mrit मृत *n.* requiem

mrityu मृत्यु *n.* death
mrityu मृत्यु *n.* demise
mrityu dand मृत्युदण्ड *n.* death penality
mudda मुद्दा *n.* case
mudda मुद्दा *n.* lawsuit
mudda chalaunu मुद्दा चलाउनु *v.* prosecute
mudha haru ko beda मुढाहरूको बेडा *n.* raft
mudra मुद्रा *n.* currency
mudra sphiti मुद्रास्फीति *n.* inflation
muhan मुहान *n.* firth
muja मुजा *n.* pleat
muja मुजा *n.* ruck
muja parnu wa paarnu मुजा पर्नु वा पार्नु *v.* crinkle
mukabhinay मूकाभिनय *n.* pantomime
mukam मुकाम *n.* station
mukh मुख *n.* face
mukh मुख *n.* mouth
mukh baer hernu मुख बाएर हेर्नु *v.* gape
mukh baja मुख-बाजा *n.* harmonica
mukh chit मुख चित्त *n.* obverse
mukh ko मुखको *adj.* oral
mukh ko lali मुख को लाली *n.* flush
mukh prishth मुखपृष्ठ *n.* title page
mukh vikrati मुख-विकृति *n.* grimace

mukhbhari मुखभरि *n.* mouthful
mukhle bajaune baaja मुखले बजाउने बाजा *n.* bassoon
mukhya मुख्य *n.* arch
mukhya मुख्य *adj.* dominant
mukhya मुख्य *adj.* main
mukhya मुख्य *adj.* prime
mukhya मुख्य *adj.* salient
mukhya girijaghar मुख्य गिरजाघर *n.* cathedral
mukhya karyalaya मुख्य कार्यालय *n.* headquarters
mukhya sahara मुख्य सहारा *n.* mainstay
mukhya sahayak मुख्य सहायक *n.* right-hand man
mukhya vishya मुख्य विषय *n.* gist
mukkabaaj मुक्काबाज *n.* pugilist
mukkale pitnu मुक्काले पिट्नु *v.* pummel
mukke baj मुक्केबाज *n.* boxer
mukt garnu मुक्त गर्नु *v.* emancipate
mukt garnu मुक्त गर्नु *v.* extricate
mukta garnu मुक्त गर्नु *v.* liberate
mukta garnu मुक्त गर्नु *v.* redeem
mukthastale diaeko dan मुक्तहस्तले दिएको दान *n.* largesse
mukti मुक्ति *n.* emancipation
mukti मुक्ति *n.* liberation
mukti मुक्ति *n.* salvation
muktidata मुक्तिदाता *n.* savio(u)r
mukut kirit मुकुट किरीट *n.* diadem

mul मूल *n.* source
mul bati मूल बाटो *n.* thoroughfare
mul prawah मूलप्रवाह *n.* mainstream
mula मूला *n.* radish
muljiu मूलजीउ *n.* trunk
mulpath मूलपाठ *n.* text
mulya मूल्य *n.* cost
mulya मूल्य *n.* price
mulya मूल्य *n.* value
mulya मूल्य *n.* worth
mulya nirdharan मूल्यनिर्धारण *n.* valuation
mulya suchi मूल्य सूचि *n.* price list
mulya wan मूल्यवान *adj.* valuable
mulyankan मूल्यांकन *v.* evaluate
mulyankan garnu मूल्याकन गर्नु *v.* assess
mulyawarg मूल्यवर्ग *n.* denomination
muma bada maharani मुमा बडामहारानी *n.* queen mother
mundri मुन्द्री *n.* ring
munga मूंगा *n.* coral
mungro मुङ्ग्रो *n.* mallet
mungro मुङ्ग्रो *n.* mallet
muni मुनि *prep.* under
muntira मुन्तिर *adv.* below
muntira मुन्तिर *adv.* underneath
murchha मूर्छा *n.* swoon
murchha मूर्छा *n.* syncope
murchhit मूर्छित *adj.* faint
murda मुर्दा *n.* corpse
murda khane pishach मुर्दा खाने पिशाच *n.* ghoul
murda lejane gadi मुर्दा लैजाने गाड़ी *n.* hearse
murkh मूर्ख *adj.* daft
murkh मूर्ख *n./adj.* fool
murkh मूर्ख *adj.* imbecile
murkh मूर्ख *n.* nincompoop
murkh मूर्ख *adj.* senseless
murkh मूर्ख *n.* simpleton
murkh मूर्ख *adj.* stupid
murkh vyakti मूर्ख व्यक्ति *n.* dunderhead
murkh vyakti मूर्ख व्यक्ति *n.* nitwit
murkhta मूर्खता *n.* idiocy
murliwadan मुरलीवादन *n.* piping
murti मूर्ति *n.* icon
murti मूर्ति *n.* idol
murtikala मूर्तिकला *n.* sculpture
murtikar मूर्तिकार *n.* sculptor
musa haru मूसाहरू *n.* mice
musa haru मूसाहरू *n.* mouse
musa jasto jant मूसा जस्तो जन्त *n.* vole
musal मुसल *n.* flail
musal मुसल *n.* pestle
musal dhare मुसलधारे *adj.* torrential
musaldhar pani मुसलधार पानी *n.* downpour
muskan मुस्कान *n.* smile
muskil le मुस्किलले *adv.* barely
muskil le मुस्किलले *adv.* scarcely

muskil le uklanu मुस्किले उक्लनु *v.* scramble
muslim मुस्लिम *n.* muslim
muslimharuko dharamgranth मुस्लिमहरूको धर्मग्रन्थ *n.* koran
muslimharuko dharmik yudh मुस्लिमहरूको धार्मिक युद्ध *n.* jihad
muslimko dharamguru मुस्लिमको धर्मगुरू *n.* imam
muslo मुस्लो *n.* torrent
muso मूसो *n.* rat
muso chhuchundro adi मूसो, छुचन्द्रो आदि *n.* rodent
mutha मुठा *n.* roll
muthi मुट्ठी *n.* fist
muthi मुठी *n.* grasp
muthibhar ko pariman मुट्ठीभर को परिमाण *n.* handful
mutnu मुत्नु *v.* piss
mutrako मूत्रको *adj.* uric
mutrashaya मूत्राश्य *n.* bladder
mutu मुटु *n.* heart
mutu मुटु *n.* hearts
mutu wa raktnali-ma khoon jamne kriya मुटु वा रक्तनली-मा खून जम्ने क्रिया *n.* thrombosis
mutuko dhukdhuki मुटुको ढुकढुकी *n.* heartbeat
myad nagheko म्याद नाघेको *adj.* overdue
myau myau म्याउम्याउ *n.* mew
myujiyam म्युजियम *n.* museum

N

na bhai na hune नभै नहुने *adj.* indispensable
na chahindo नचाहिंदो *adj.* unnecessary
na chhekieko नछेकिएको *adj.* unobstructed
na dekheko नदेखेको *adj.* unnoticed
na dekhieko नदेखिएको *adj.* unseen
na galne नगल्ने *adj.* rigid
na ramailo नरमाइलो *adj.* unpleasant
na ramro नराम्रो *adj.* ugly
na ramro sallah paeko नराम्रो सल्लाह पाएको *adj.* ill-advised
na rokine न रोकिने *adj.* non-stop
na sakne नसक्ने *adj.* unable
na ternu नटेर्नु *v.* disobey
na tirieko नतिरिएको *adj.* unpaid
naach नाच *n.* can-can
naadi नाड़ी *n.* wrist
naak नाक *n.* nose
naango नाङ्गो *adj.* unclas
nabalig apradh नाबालिग अपराध *n.* juvenile delinquency
nabbe नब्बे *n.* ninety
nabhniyeko नभनिएको *adj.* tacit
nabichari swikriti dinu नबिचारी स्वीकृति दिनु *v.* rubber-stamp
nabik officer नाविक आफिसर *n.* commodore

nabolaiko नबोलाएको *adj.* uncalled for

nabujhine नबुझिने *adj.* incomprehensible

nachoyeko नछोएको *adj.* untouched

nadi नदी *n.* river

nadi नाडी *n.* wrinkle

nadi bagne ghatti नदी बग्ने घाटी *n.* canyon

nadi helera tarnu नदी हेलेर तर्नु *v.* wade

nadiko bandh नदीको बाँध *n.* weir

nadimukh नदीमुख *n.* estuary

nagad नगद *n.* cash

nagad नगद *n.* hard cash

nagad नगद *n.* ready money

nagar नगर *n.* town

nagar palika नगरपालिका *n.* municipality

nagar pramukh नगप्रमुख *n.* mayor

nagar yojana नगर योजना *n.* town planning

nagarpal, nagarpati नगरपाल, नगरपति *n.* mayor

nagarpalika नगरपालिका *adj.* municipal

naghateko नघटेको *adj.* unabated

nagrik नागरिक *n.* citizen

nagrikta dinu नागरिकता दिनु *v.* naturalize

nahar नहर *n.* canal

nailan नाइलन *n.* nylon

nain नाइँ *adv.* not

naitik नैतिक *n.* ethical

naitik bal नैतिक बल *n.* moral force

naitik dhang le नैतिक ढङ्गले *adv.* morally

naitik sahas नैतिक साहस *n.* moral courage

naitikta नैतिकता *n.* morality

naito नाइटो *n.* navel

naivaidhya नैवेद्य *n.* oblation

najar bandi नजरबन्दी *n.* house arrest

najeek नजीक *adv.* nigh

najeek aaunu नजीक आउनु *v.* approach

najeekma raheko नजीकमा रहेको adjacent

najekhaiko jasto garnu नदेखेको जस्तो गर्नु *v.* connive

najik नजिक *adv.* near

najik janu नजिक जानु *v.* pull in

najikai ko नजिकैको *adj.* nearby

najikari rahanu नजिकै रहनु *v.* stick aroujnd

najuk नाजुक *adj.* brittle

najuk नाजुक *adj.* critical

nak ko pwal नाकको प्वाल *n.* nostril

nakali dant नकली दाँत *n.* denture

nakali kapaal नकली कपाल *n.* toupee

nakali, jaali नकली, जाली *adj.* counterfeit

nakam नाकाम *adj.* invalid

nake नाके *adj.* nasal

nakkabandi garnu नाकाबन्दी गर्नु *v.* blockade

nakkal नक्कल *n.* mock
nakkal नक्कल प्रतिकृति *n.* replica
nakkal नक्कल *n.* imitation
nakkali नक्कली *adj.* phony
nakkali kapal नक्कली कपाल *n.* wig
nakkali wastu नक्कली वस्तु *n.* fake
nakko twaghako kathira नाकको स्वचाको खटिरो *n.* acne
nakle chunu wa dalnu नाकले छुनु वा दल्नु *v.* nuzzle
nakoreko नकोरेको *adj.* dishevelled
naksa नक्सा *n.* chart
naksa नक्सा *n.* map
nal नाल *n.* drain
nal नाल *n.* horseshoe
nala नाला *n.* runnel
nali नली *n.* duct
nali नली *n.* pipe
nali नली *n.* tube
nalihad नलिहाड *n.* shin
nalini नलिनी *n.* lily
nam नाम *n.* name
nam ko pahilo akshar नामको पहिलो अक्षर *n.* initial
namanjur/aswikar garnu नामुजूर/अस्वीकार गर्नु *v.* disagree
namannu नमान्नु *v.* disapprove
namanun नमान्नु *v.* decline
namard नामर्द *adj.* impotent
namaste नमस्ते *n.* goodbye
namaste नमस्ते *n./excl.* hi
namawali नामावली *n.* nomenclature
namawali नामावली *n.* roster
nambari sun chandi नम्बरी सुन चाँदी *n.* hallmark
nami नामी *adj.* eminent
nammatra ko नाम मात्र को *adj.* nominal
namna bhaeko नाम नभएको *adj.* nameless
namra नम्र *adj.* humble
namra नम्र *adj.* lowly
namra नम्र *adj.* meek
namra dayalu नम्र र दयालु *v.* benign
namra hunu नम्र हुनु *v.* tone down
namrata नम्रता *n.* modesty
namuna नमूना *n.* model
namuna नमूना *n.* sample
namuna नमूना *n.* specimen
nan chhuri नङ्छुरी *n.* whitlow
nango नांगो *adj.* bare
nango नाङ्गो *adj.* naked
nango नाङगो *adj.* nude
nangra नङ्ग्रा *n.* talon
nani नानी *n.* babe
naniko thana नानीको थाङ्ना *n.* nappy
nantma अन्तमा *adv.* finally
nantma नङ् *n.* fingernail
nap नाप *n.* measure
nap नाप *n.* measurement
nap नाप *n.* size

napha नाफा *n.* proceeds
napha dine नाफा दिने *adj.* profitable
napkin नेपकिन *n.* serviette
napne dandi नाप्ने डन्डी *n.* ga(u)ge
napnu नाप्नु *v.* gauge
napug दपुग *adj.* inadequate
napunsak नपुंसक *adj.* neuter
nar hatya नरहत्या *n.* homicide
nara नारा *n.* slogan
naraji नाराजी *n.* displeasure
narak नरक *n.* hell
narakko नरकको *adj.* infernal
naram नरम *adj.* mild
naram नरम *adj.* silky
naram chhala नरम छाला *n.* suede
naram hunu नरम हुनु *v.* relent
naram koila नरम कोइला *n.* lignite
naran नम्र *adj.* polite
narhatya नरहत्या *n.* manslaughter
nariko cheu नाड़ीको छेउ *n.* cuff
nariwal नरिवल *n.* coconut
nariwal ko jata नरिवल को जटा *n.* coir
narkat नरकट *n.* bulrush
narsin hom नसिङ् होम *n.* nursing home
nas chchhedan नसच्छेदन *n.* vasectomy
nasa नसा *n.* sinew
nasa नसा *n.* vein
nash नाश *n.* destruction
nash नाश *n.* pillage
nash garnu नाश गर्नु *v.* lay waste
nash garnu नाश गर्नु *v.* wreck
nash huna na sakne नाश हुन नसक्ने *adj.* indestructible
nash nahune नाश नहुने *adj.* imperishable
nash/nasht garnu नाश/नष्ट गर्नु *v.* destroy
nashiat नसिहत *n.* reprimand
nashkari wyakti नाशकारी व्यक्ति *n.* pest
nasht garnu नष्ट गर्नु *v.* destroy
nasht garnu नष्ट गर्नु *v.* fritter
nasingariyeko नसिँगारिएको *adj.* unadorned
nasinu नासिनु *v.* perish
naskane banaunu नसक्ने बनाउनु *v.* disable
nasochi bhannu नसोची भन्नु *v.* blurt
naspati नास्पाती *n.* pear
nasta नास्ता *n.* breakfast
nastik नास्तिक *n.* atheist
nastik नास्तिक *n.* infidel
nata नाता *n.* relation
nata dar नातादार *n.* kin
nata gota नातागोता *n.* relative
natak नाटक *n.* drama
natak नाटक *n.* re-run
natak kar नाटककार *n.* playwright
natak wa abhinaysambandhi नाटक वा अभिनयसम्बन्धी *adj.* histroinic

natawad नातावाद *n.* nepotism

nathakeekan kaam garirehne नथाकीकन काम गरिरहने *adj.* untiring

nathi नाठी *n.* flirt

natija नतिजा *n.* outcome

natikuti garne नाटीकुटी गर्ने *adj.* fussy

natini नातिनी *n.* granddaughter

natini नातिनी *n.* grandson

natirne kam नतिर्ने काम *n.* non-payment

natkiya नाटकीय *adj.* dramatic

natra नत्र *conj.* otherwise

nattune नटुट्ने *adj.* indissoluble

nau नौ *n.* nine

nau khiyaune dandi नाउ ख्याउने डाँड़ी *n.* scull

nauka-daur नौका-दोड़ *n.* regatta

naulo नौलो *adj.* exotic

naulo/parai manchhe नौलो/पराइ मान्छे *n.* stranger

nauni नौनी *n.* butter

nautal नौतल *n.* keel

nav prastar नव प्रस्तर *adj.* neolithic

nawagantuk नवागन्तुक *n.* newcomer

nawaun नवौं *n.* ninth

nawin prawartan नवीन प्रवर्तन *n.* innovation

nawodit नवोदित *adj.* emergent

naya basne thaun dinu नयाँ बस्ने ठाउँ दिनु *v.* rehouse

naya dhangle नया ढँगले *adv.* afresh

naya jalbayuma bani parnu नयाँ जलवायुमा बानी पार्नु *v.* acclimatize

nayab नायब *n* deputy

nayab नायब *n.* junior

nayan नयाँ *pref.* neo

nayan नयाँ *adj.* new

nayan banaune kam नयाँ बनाउने काम *n.* renewal

nayan banaunu नयाँ बनाउनु *v.* renovate

nayan dishama ghumnu नयाँ दिशामा घुम्नु *v.* slew

nayan kura liaunu नयाँ कुरा ल्याउनु *v.* innovate

nayan parnu नयाँ पार्नु *v.* renew

nayan prakashan नयाँ प्रकाशन *n.* reprint

nayan shabd नयाँ शब्द *n.* neologism

nayan sipahi नयाँ सिपाही *n.* recruit

nayan suruat नयाँ सुरुआत *n.* resumption

nayan tulwa halnu नयाँ तलुवा हाल्नु *v.* resole

nayan wichar नयाँ विचार *n.* second thought

nayan/nawa warsh नयाँ/नव वर्ष *n.* new year

nayanbasti ma basne नयाँ बस्तीमा बस्ने *n.* settler

nayaysangat न्यायसंगत *adj.* euquitable
neech नीच *adj.* ignoble
neech नीच *adj.* mingy
neeras नीरस *adj.* drab
neeras नीरस *adj.* dreary
neeras नीरस *adj.* humdrum
neeras नीरस *n.* prosy
nektai नेकटाइ *n.* necktie
nepali shaili ko mandir नेपाली शैलीको मन्दिर *n.* pagoda
neta नेता *n.* leader
neta नेता *n.* ringleader
netritava नेतृत्व *n.* hegemony
nibandh निबन्ध *n.* essay
nibhauanu निभाउनु *v.* put out
nibhaunu निभाउनु *v.* extinguish
nibhaunu निभाउनु *v.* switch off
nich नीच *adj.* vile
nicharnu निचर्नु *v.* squeeze
nichod निचोड़ *n.* conclusion
nidaeko निदाएको *v.* asleep
nidar निडर *adj.* fearless
nidar निडर *adj.* intrepid
nidar निडर *adj.* unafraid
nidhar निधार *n.* forehead
nidra निद्रा *n.* slumber
nidra lageko निद्रा लागेको *adj.* sleepy
nidra lagne chakki निद्रा लाग्ने चक्की *n.* sleeping pill
nidralu निद्रालु *adj.* somnolent

nigalo निगालो *n.* reed
nigam निगम *n.* corporation
niharika नीहारिका *n.* nebula
nihattha निहत्था *adj.* unarmed
nihuranu निहुरनु *v.* stoop
nijamati निजामती *adj.* civil
niji निजी *adj.* personal
niji निजी *adj.* private
niji gupt char निजी गुप्तचार *n.* private eye
niji udyam निजी उद्यम *n.* private enterprise
nikal निकल *n.* nickel
nikala निकाला *n.* rxpulsion
nikali dinu निकालिदिनु *n.* kick out
nikalnu निकाल्नु *v.* bring out
nikalnu निकाल्नु *v.* eject
nikalnu निकाल्नु *v.* elicit
nikalnu निकाल्नु *v.* evict
nikalnu निकाल्नु *v.* expel ·
nikalnu निकाल्नु *v.* oust
nikalnu निकाल्नु *v.* rusticate
nikalnu निकाल्नु *v.* throw out
nikalnu निकाल्नु *v.* turn out
nikamma निकम्मा *adj.* useless
nikamma निकम्मा *adj.* worthless
nikamma vyakti निकम्मा व्यक्ति *n.* duffer
nikas निकास *n.* outlet
nikas निकास *n.* vent
nikat निकट *adv.* up against
nikat darshi निकटदर्शी *adj.* near-skghted

nikatata निकटता *n.* proximity
nikatdarshi निकटदर्शी *adj.* short-sighted
nikkama निकम्मा *n.* rotter
niklanu निक्लनु *v.* emerge
niko निको *adj.* well
niko huna sakne निको हुनसक्ने *adj.* curable
niko hunu निको हुनु *n.* heal
niko na hune निको नहुने *adj.* incurable
niko tulyaunu निको तुल्याउनु *v.* cure
niko/aram hunu निको/आराम हुनु *v.* recover
nilamban garnu निलम्बन गर्नु *v.* suspend
nilmani नीलमणि *n.* sapphire
nilo नीलो *adj.* blue
niman madhya wargko vyakti निम्न मध्य वर्गको व्यक्ति *n.* petitbourgeois
nimanbhumi निम्नभूमि *n.* lowland
nimbuko sharbat निम्बूको शरबत *n.* lemonade
nimothnu निमोठ्नु *n.* tweak
nimtabinako pahuna निम्ताबिनाको पाहुना *n.* gatecrasher
nimto निम्तो *n.* invitation
nimto dinu निम्तो दिनु *v.* invite
ninda निन्दा *n.* calumny
ninda garnu निन्दा गर्नु *v.* dafame
ninda garnu निन्दा गर्नु *v.* denounce
ninda garnu निन्दा गर्नु *v.* tqraduce
nindra lagune aushdhi निद्रा लगाउने औषधि *n.* opiate
niphannu निफन्नु *v.* winnow
nipun निपुण *adj.* proficient
nipun निपुण *adj.* tactful
niradhar निराधार *adj.* groundless
niradhar निराधार *adj.* unsubstantial
nirakshar निरक्षर *adj.* illiterate
nirankush निरङ्कुश *adj.* tyrannical
nirantar निरन्तर *adv.* year in and year out
nirarthak निरर्थक *adj.* inane
nirarthak निरर्थक *adj.* insignificant
nirarthak निरर्थक *adj.* unmeaning
nirash निराश *adj.* hopeless
nirash garnu निराश गर्नु *v.* disappoint
nirash/hatotsah garaunu निराश/हतोत्साह गराउनु *v.* frustrate
nirasha निराश *adj.* crestfallesn
nirasha निराशा *n.* despair
nirasha निराशा *adj.* desperate
nirasha निराशा *n.* setback
nirashajanak निराशाजनक *adj.* desperate
nirashawad निराशावाद *n.* pessimism
nirbhar hunu निर्भर हुनु *v.* depend
nirday निर्दय *adj.* callous
nirday निर्दय *adj.* cruel

nirday निर्दय *adj.* unkind
nirdayi निर्दयी *adj.* brutal
nirdayi निर्दयी *adj.* cruel
nirdayi निर्दयी *adj.* inhuman
nirdayi निर्दयी *adj.* pitiless
nirdayi निर्दयी *adj.* relentless
nirdayi निर्दयी *adj.* remorseless
nirdesh dinu निर्देश दिनु *v.* direct
nirdeshak निर्देशक *n.* director
nirdeshika निर्देशिका *n.* handbook
nirdharit garnu निर्धारित गर्नु *v.* allocate
nirdishta garnu निर्दिष्ट गर्नु *v.* assign
nirdosh निर्दोष *adj.* flawless
nirdosh निर्दोष *adj.* innocent
nirdosh ghoshit garnu निर्दोष घोषित गर्नु *v.* acquit
nirdosh jhut निदोष झूट *n.* white lie
nirikshak निरीक्षक *n.* inspector
nirjal garnu निर्जल गर्नु *v.* dehydrate
nirjan निर्जन *adj.* solitary
nirjeev निर्जीव *adj.* inanimate
nirjiw wastu ko chitra निर्जीव वस्तुको चित्र *n.* still life
nirlajj निर्लज्ज *adj.* immodest
nirlajja निर्लज्ज *adj.* shameless
nirmal sthal निर्माणस्थल *n.* site
nirman निर्माण *n.* construction
nirman garnu निर्माण गर्नु *n.* build
nirmul/unmulan garnu निर्मूल/उन्मूलन गर्नु *v.* eradicate
nirnayak निर्णायक *n.* umpire
nirutsahit garnu निरुत्साहित गर्नु *v.* discourage
nirutsashit garnu निरुत्साहित गर्नु *v.* demoralize
nirvivad निर्विवाद *adj.* indisputable
nirwan निर्वाण *n.* nirvana
nirwasit निर्वासित *n.* outlaw
niryat nikasi garnu निर्यात निकसी गर्नु *n.* export
nisasine parnu निसासिने पार्नु *v.* asphyxiate
nisasino निसासिनु *v.* stifle
nisassinu निसास्सिनु *v.* suffocate
nischit akaar निश्चित आकार *adj.* unformed
nischith निश्वित *adj.* certain
nish kapat saudebaji निष्कपट सौदेबाजी *n.* square deal
nishana निशाना *n.* target
nishchaya sanga bhannu निश्चयसँग भन्नु *v.* affirm
nishchint निश्चिन्त *adj.* uncaring
nishchit awadhi निश्चित अवधि *n.* time limit
nishedh निषेध *n.* ban
nishedh निषेध *n.* veto
nishkalank निष्कलंक *adj.* unspotted
nishkarsh nikalnu निष्कर्ष निकाल्नु *v.* conclude
nishkasan निष्कासन *n.* exile

nishkriya निष्क्रिय *adj.* passive
nishnabaz निशानाबाज *n.* marksman
nishpakshata निष्पक्षता *n.* imparitiality
nishphal निष्फल *adj.* ineffectual
nishphal hunu निष्फल हुनु *v.* fail
nishphal/parajit hunu निष्फल/पराजित हुनु *v.* go under
nishta निष्ठा *n.* allegiance
nishthur निष्ठुर *adj.* merciless
nishthur निष्ठुर *adj.* unfeeling
niskane bato निस्कने बाटो *n.* exit
nissandeh निस्सन्देह *adj.* doubtless
nissandeh निस्सन्देह *n.* no doubt
nissandeh निस्सन्देह *adv.* undoubtedly
nisswarth निस्सवार्थ *adj.* selfless
nistej निस्तेज *adj.* lacklustre
nistej निस्तेज *adj.* muzzy
nithur निठुर *adj.* ruthless
niti नीति *n.* policy
niti shastra नीतिशास्त्र *n.* ethics
niti siksha नीतिशिक्षा *n.* moral
nitrogen नाइट्रोजन *n.* nitrogen
niwaran garnu निवारण गर्नु *v.* preclude
niwas निवास *n.* dwelling
niwasi निवासी *n.* resident
niwas-sthan निवास-सीन *n.* domicole
niyam नियम *n.* rule

niyam anusar नियमानुसार *adj.* formal
niyam bahira ko kura नियमबाहिरको कुरा *n.* exception
niyam bhang garne upaya नियम भङ्ग गर्ने *n.* loophole
niyam kanun नियम कानून *n.* rules and regulations
niyam widhi नियम विधि *n.* regulation
niyamat नियमित *adj.* regular
niyamit नियमित *v.* regulate
niyamit karya नियमित कार्य *n.* routine
niyamit rup ma नियमित रूपमा *adv.* regularly
niyantran नियन्त्रण *n.* control
niyukta garnu नियुक्त गर्नु *v.* appoint
niyukti नियुक्ति *n.* nomination
nokar नोकर *n.* lackey
nokar नोकर *n.* servant
nokarni नोकर्नी *n.* housemaid
nokarni नोकिर्नी *n.* maid
nokarni नोकर्नी *n.* maidservant
nokrani नोकर्नी *n.* handmaid
nokri नौकरी *n.* job
noksan नोक्सान *n.* loss
not ganne janchne नोट गन्ने जाँच्ने *n.* teller
nritya नृत्य *n.* ballet
nritya नृत्य *n.* dance
nsodhi lejanu नसोधी लैजानु *v.* snaffle

nuayadhish न्यायाधीश *n.* judge
nun नुन *n.* salt
nunilo नुनिलो *adj.* saline
nunilo नुनिलो *adj.* salted
nyakka toknu न्याक्क टोक्नु *v.* snap
nyano न्यानो *adj.* warlike
nyar nyur garnu ङ्यारङुर गर्नु *v.* snarl
nyarui muso न्याउरी मूसो *n.* mongoose
nyasro न्यास्रो *adj.* monotonous
nyayapalika न्यायपालिका *n.* judiciary
nyayapalika न्याय *n.* justice
nyayi न्यायी *adj.* just
nyayi न्यायी *adj.* righteous

O

obhar kot ओभरकोट *n.* topcoat
odhne ओढ्ने *n.* shawl
oilaunu ओङलाउनु *v.* wilt
oilaunu ओइलाउनु *v.* withdrawal
oilaunu ओइलाउनु *v.* wither
okhar ओखर *n.* wallop
okhar ओखर *n.* walnut
okhati ओखती *n.* medicine
olaama laune khol औंलामा लाउने खोल *n.* thimble
oon ऊन *pron.* he
oon katranu ऊन कत्रनु *n.* fleece
oon, dhago adiko lacha wa gucha ऊन, धागो आदिको लच्छा वा गुच्छा hank
oorja ऊर्जा *n.* energy
orali ओरालो *n.* downhill
orlanu ओर्लनु *v.* descend
orlanu ओर्लनु *v.* go down
os ओस *n.* dew
os ओस *n.* moisture
osieko ओसिएको *adj.* humid
oth ओठ *n.* lip
otharo basnu ओथारो बस्नु *v.* incubate
overcoat ओभरकोट *n.* overcoat
oxygen अक्सिजन *n.* oxygen

P

paakhura पाखुरा *n.* arm
paani jane nal पानी जाने नल *n.* conduit
paani va madirako bottle पानी वा मदिराको बोतल *n.* carafe
paatlo naram kaagat पातलो नरम कागत *n.* tissue
pacchi hatne kam पछि हट्ने काम *n.* retreat
pacchil tira पछिल्तिर *adv.* backwards
pachan kriya पाचनक्रिया *n.* digestion
pachaun kathin पचाउन कठिन *adj.* stodge

pachauni पछाउनी *n.* pancreas

pachhadi पछाडि *adv.* behind

pachhadi ko bhag पछाडिको भाग *adj.* rear

pachhariko dhoka पछाड़िको ढोका *n.* postern

pachharnu पछार्नु *v.* knock down

pachhattar keji samma ko taul केजीसम्मको तौल *n.* middleweight

pachhi पछि *prep.* after

pachhi पछि *adj.* later

pachhi bata पछि बाट *adv.* afterwards

pachhi hataunu पछि हटाउनु *v.* repel

pachhi hatnu पछि हटनु *v.* withdraw

pachhi lagnu पछिलाग्नु *v.* follow

pachhi lagnu पछि लाग्नु *v.* pursue

pachhi parnu पछि पर्नु *v.* lag

pachhi parnu पछि पर्नु *v.* tail away

pachhi sarnu पछि सार्नु *v.* postpone

pachhil tira dhakka hannu पछिल्तिर धक्का हान्नु *v.* recoil

pachhilitir jaanu पछिल्तिर जानु *v.* retrogress

pachhillo पछिल्लो *adj.* latter

pachhillo patak पछिल्लो पटक *n.* last time

pachhillo rat पछिल्लो रात *n.* last night

pachhote thaun पछौटे ठाउँ *n.* backwoods

pachhutaunu पछुताउनु *v.* repent

pachhuto पछुतो *n.* remorse

pachhuto पछुतो *n.* repentance

pachi aaune पछि आउने *adj.* subsequent

pachi hatnu पछि हट्नु *v.* flinch

pachi sahara lenu पछि सहारा लिनु *v.* recline

packka पच्का *n.* syringe

pad awanati पद अवनति *n.* demotion

pad yatra पदयात्रा *n.* trekking

pad yatri पदयात्री *n.* trekker

padak पदक *n.* medal

paddonti garnu पदोन्नति गर्नु *v.* upgrade

padhai पढाइ *n.* study

padhari पादरी *n.* clerk

padhaunu पढाउनु *v.* teach

padhe lekheko पढेलेखेको *adj.* learned

padhna layak ko पढ्न लायकको *adj.* readable

padhna na sakine पढ्न नसकिने *adj.* illegible

padhna sakine पढ्न सकिने *adj.* legible

padhnu पढ्नु *v.* read

padh-parichay dinu पद-परिचय दिनु *v.* parse

padkad पकड *n.* grip

padkanu पड्कनु *v.* explode

padkanu पड्कनु *v.* go off

padkka पक्का *adj.* sure-fire

padnu पादनु *v.* fart
padri पादरी *n.* eccelesiastic
padswar पादस्वर *n.* crotchet
pagaalnu पगाल्नु *v.* smelt
pagakhana पागलखाला *n.* bedlam
pagal पागल *adj.* loony
pagal पागल *n.* lunatic
pagal kura garnu पागल कुरा गर्नु *v.* rave
pagal wa krudh banaunu पागल वा क्रुद्ध बनाउनु *n.* madden
pagalkhana पागलखाना *n.* asylum
paglanu पग्लनु *v.* melt
paglanu पग्लनु *v.* thaw
pagleko पग्लेको *adj.* molten
pagur पागुर *n.* cud
pahad पहाड *n.* hill
pahad पहाड *n.* mountain
pahad, parwat पहाड़, पर्वत *n.* hill
pahadi पहाडी *adj.* hilly
pahadi पहाडी *adj.* mountainous
pahalman पहलमान *n.* wrestler
paharedar पहरेदार *n.* guard
paharo पहरो *n.* precipice
paheli पहेली *v.* enigma
pahenlo पहेँलो *adj.* yellow
pahichan पहिचान *n.* identification
pahichan पहिचान *n.* recognition
pahile kor पहिलेको *adj.* prior
pahile na bhaeko पहिले नभएको *adj.* unprecedented
pahile nai पहिले नै *adv.* beforehand
pahile ne chetauni dinu पहिले नै चेतावनी दिनु *v.* forewarn
pahile ne dhanu पहिले नै धन्नु *v.* foretell
pahileko awasthama jaanu पहिलेको अवस्थामा जानु *v.* relapse
pahileko pad पहिलेको पद *n.* rehabilitate
pahilo पहिलो *adj.* first
pahilo bhashan पहिलो भाषण *n.* maiden speech
pahilo darja ko पहिलो दर्जाको *adj.* top-notch
pahiro पहिरो *n.* landslide
pahuna पाहुना *n.* guest
pahunch पहुँच *n.* access
paida garaunu/hunu पैदा गराउनु/हुनु *v.* originate
paidal पैदल *adv.* afoot
paidal yatra garnu पैदल यात्रा गर्नु *n.* hike
paidal yatra garnu पैदल यात्रा गर्नु *v.* trek
paidalsena पैदल सेना *n.* infantry
paidawar पैदावार *n.* yield
paikhana पाइखाना *n.* loo
paila पाइला *n.* footprint
paisa पेशा *n.* money
paisa phirta dinu पैसाा फिर्ता दिनु *v.* refund
paisa tirera rakhine bhari पैसा तिरेर राखिने भारी *n.* payload
paisaadi पैसा आदि *n.* wherewithal

paisavihin पैसाविहीन *adj.* penniless
paitala पैताला *n.* sole
paitrik sampati पैतृक सम्पत्ति *n.* patrimony
paiyan पैयाँ *n.* gallop
paji पाजी *n.* rascal
pakad पकड *n.* hold
pakad पकड *n.* seizure
pakaune tarika पकाउने तरीका *n.* cuisine
pakeko पाकेको *adj.* ripe
paket rumal पकेट रुमाल *n.* hanky
pakhala पखाला *n.* diarrh(o)ea
pakhalnu पखाल्नु *v.* rinse
pakhand पाखण्ड *n.* hypocrisy
pakhe पाखे *n.* clown
pakhe पाखे *adj.* rude
pakheta पखेटा *n.* wing
pakhura पाखुरा *n.* forearm
pakka पक्का *adj.* consummate
pakka पक्का *adj.* sure
pakka पक्का *adj.* thorough
pakka garnu पक्का गर्नु *v.* insure
paknu पाक्नु *v.* fester
paknu पाक्नु *v.* maturate
paknu पाक्नु *v.* ripen
pako पाको *adj.* mature
pakranu पक्रनु *v.* take
pakrau पक्राउ *n.* capture
paksh pati पक्षपाती *adj.* unfair
paksha pat पक्षपात *n.* bias
pakshaghat पक्षाघात *n.* palsy
pakshaghat पक्षाघात *n.* paralysis
pakshpat पक्षपात *n.* partiality
pakshya tyagi पक्षत्यागी *n.* renegade
palai palo पालैपालो *adj.* alternate
palai palo sanga पालैपालोसँग *adv.* alternately
palan पालन *n.* compliance
pale पाले *n.* doorkeeper
pale पाले *n.* sentinel
pale पाले *n.* watchman
palis पालिस *n.* polish
palis garne dhatu पालिस गर्ने धातु *n.* emery
palnu पाल्नु *v.* breed
palnu पाल्नु *v.* foster
palnu पाल्नु *v.* nurture
palo dine पालो दिनु *adj.* relievign
paltan पलटन *n.* regiment
paltaunu पल्टाउनु *v.* overturn
paltindai janu पल्टिँदै जानु *v.* roll away
paltu पालतु *adj.* tame
palungo पालुङ्गो *n.* spinach
palwala dunga पालवाला डुङ्गा *n.* yacht
pan पान *n.* betel
pana पाना *n.* page
panatini पनातिनी *n.* great granddaughter
panatini पनाति *n.* great grandson
panchaun पाँचौ *adj.* fifth
panchaun पाँच *n.* five

panchbhuj पंचभुज *n.* pentagon
panchcharan पंचचरण *n.* pentameter
pandhra पन्ध्र *n.* fifteen
pandu rog पाण्डु रोग *n.* jaundice
pandulipi पाण्डुलिपि *n.* manuscript
pandulipi पाण्डुलिपि *n.* manuscript
pangremech पांग्रे मेच *n.* wheelchair
pani पनि *adv.* also
pani पनि *adv.* even
pani पनि *adj./adv./conj.* neither
pani पानी *n.* water
pani dekhi Dar पानीदेखि डर *n.* hydrophobia
pani ghatta पानीघट्ट *n.* watermill
pani khanyanu पानी खन्याउनु douse
pani ko kami पानीको कमी *n.* dehydration
pani ko paip पानीको पाइप *n.* waterpipe
pani le dhaknu/dubaunu पानीले ढाक्नु/डुबाउनु *v.* submerge
pani le na bigarne पानीले नबिगार्ने *adj.* waterproof
pani ma utrane wastu पानीमा उत्रने वस्तु *n.* float
pani ma utreko, bagi raheko पानीमा उत्रेको, बगी रहेको *adj.* afloat
paniko gahiraiko nap पानीको गहिराइको नाप *n.* fathom
panil phoka पानी फोका *n.* bubble
panile kateko kulo पानीले काटेको कुलो *n.* gully
paniun पनिउँ *n.* scoop
panja पंजा *n.* glove
panja पंजा *n.* paw
panjikadhikari पंजिकाधिकारी *n.* registrar
pank phoka पानी फोका *n.* blister
pankha पंखा *n.* fan
pankti पंक्ति *n.* line-up
panna पन्ना *n.* emerald
pannako arkopatti पन्नाको अर्कोपट्टि *adv.* overleaf
panyalo पन्यालो *adj.* watery
pap पाप *n.* sin
pap पाप *n.* vice
papi पानी *adj.* immoral
papi पापी *adj.* sinful
papra jasto पाप्रा जस्तो *adj.* crusty
par darshak पारदर्शक *adj.* see-through
para पर *adv.* beyond
para पर *adv.* further
paraalko topi परालको टोपी *n.* boater
parai परालु *n.* hay
parakasta पराकाष्ठा *n.* climax
paral पराल *n.* straw
paral ko kunyu परालको कुन्यू *n.* haystack
param परम *adj.* utmost
paramarsh garnu परामर्श गर्नु *v.* confer

paramparagat परम्परागत *adj.* traditional

parashna garnu प्रश्न गर्नु *n.* question

parasparik kriya पारस्परिक क्रिया *n.* interplay

paratan प्रर्यटन *n.* tourism

parcha पर्चा *n.* handbill

parcha पर्चा *n.* leaflet

parcha पर्चा *n.* pamphlet

parcha पर्चा *n.* poster

parchha पर्छ *mod.* must

parchha पर्छ *v./mod.* should

parda पर्दा *n.* curtain

parda पर्दा *n.* screen

pardarshi पारदर्शी *adj.* transparent

pardesh परदेश *adv.* abroad

pardeshi परदेशी *n.* aline

parela परेला *n.* eyelash

parewa परेवा *n.* pigeon

pargaman परगमन *n.* adultery

pari परी *n.* fairy

paribhasha परिभाषा *n.* definition

parichalan garnu परिचालन गर्नु *v.* steer

parichaya garaunu परिचय गराउनु *v.* acquaint

parichaya patra परिचयपत्र *n.* identity (ID) card

parichit परिचित *adj.* conversant

paridhi परिघि *n.* circumference

paridhi परिधि *n.* perimeter

pariksha linu परीक्षा लिनु *v.* try out

parinaam परिणाम *n.* sequel

parinam dine परिणाम दिने *adj.* resultant

parinam nikalnu परिणाम निकाल्नु *v.* deduce

paripakwata परिपक्वता *n.* maturity

paripreksha परिप्रेक्ष *n.* perspective

parishad परिषद् *n.* council

parishrami परिश्रमी *adj.* assiduous

parishrami परिश्रमी *adj.* industrious

parishrami परिश्रमी *adj.* laborious

parishramik नारिश्रमिक *n.* remuneration

paristhiti परिस्थिति *n.* state of affairs

parityag garnu परित्याग गर्नु *v.* renounce

parivartan nachahane परिवर्तन नचाहने *adj.* conservative

pariwar परिवार *n.* family

pariwar wa kulki mukeni परिवार वा कुलकी मुखेनी *n.* matdriarch

pariwartan परिवर्तन *n.* variation

pariwesh परिवेश *n.* ambience

parkhanu पर्खनु *v.* wait

parmaan bataunu परिमाण बताउनु *v.* quantify

parmadesh परमादेश *n.* writ

parmanu परमाणु *n.* atom

parninam परिणाम *n.* result

paro पारो *n.* merciry

paro पारो *n.* quicksilver

paroksha परोक्ष *adj.* indirect

parpachuke पारपाचुके *n.* divorce

parshram परिश्रम *n.* labour

parsi पर्सि *n.* day after tomorrow

parti dinu पार्टी दिनु *v.* throw a party

parwahan पारवाहन *n.* transit

parwatarohi पर्वतारोही *n.* mountaineer

paryapt पर्याप्त, योग्य *adj.* adequate

paryatak र्प्यटक *n.* sightseer

paryawaran पर्यावरण *n.* ecology

paryog ma lyaunu प्रयोगमा ल्याउनु *v.* apply

pasa पासा *n.* dice

pasal पसल *n.* shop

pasale पसले *n.* shopkeeper

pasarunu पसार्नु *v.* stretch out

pasaunu पसाउनु *v.* penetrate

paschim ko desha पश्चिम को दिशा *n.* occident

paschimi vayu पश्चिमी वायु *n.* zephyr

pashchim पश्चिम *n.* west

pashchim tira पश्चिमतिर *adv.* westward

pashchimi पश्चिमी *adj.* western

pashchimi ranga ma ranginu पश्चिमी रंगमा रंगिनु *v.* westernise

pashu rakhne ghera पशु राख्ने घेरा *n.* corral

pashu wigyan पशुविज्ञान *n.* zoology

pashuko chak पशुको चाक *n.* rump

pashutulya पशुतुल्य *n.* brute

pasina पसिना *n.* perspiration

pasina पसिना *n.* sweat

paskanu पस्कनु *v.* serve

pasnu पस्नु *v.* enter

pasnu पस्नु *v.* infiltrate

paso सामान्य *n.* noose

paso पासो *n.* snare

paso पासो *n.* trap

pasrinu पस्रिनु *v.* lie flat

patal पाताल *n.* underworld

patalo पातलो *adj.* thin

patalo resami kapada पातलो रेसमी कपडा *n.* georgette

patan पतन *n.* debacle

patan पतन *n.* downfall

pataunu पटाउनु *v.* irrigate

pathak पाठक *n.* reader

pathan pathan पठनपाठन *n.* reading

pathansilta पतनशीलता *adj.* deciduous

pathar पठार *n.* plateau

patharu पातहरू *n.* foliage

patharu पातहरू *n.* frond

pathaunu पठाउनु *v.* send

patheghar पाठेघर *n.* uterus

patho पाठो *n.* lamb

patho पात *n.* leaf

patho पाठो *n.* lesson

pathshala पाठशाला *n.* byre

pathshala पाठशाला *n.* school

pathya kram पाठ्यक्रम *n.* course

pathyakram पाठ्यक्रम *n.* syllabus

pathyapustak पाठ्यपुस्तक *n.* textbook

pati पाटी *n.* board

pati पाटी *n.* inn

patlieko पातलिएको *adj.* sparse

patloon पतलून *n.* pantaloons

patmurkh पटमूर्ख *n.* idiot

patra karita पत्रकारिता *n.* jornalism

patra manjusha पत्रमंजूषा *n.* letter box

patra manjusha पत्रमंजूषा *n.* mailbox

patra mitra पत्रमित्र *n.* pen pal

patra mitra पत्रमित्र *n.* penfriend

patra mitra पत्र *n.* ply

patrakar पत्रकार *n.* journalist

patrakar sammelan पत्रकार सम्मेलन *n.* press conference

patrika पत्रिका *n.* magazine

patro पात्रे *n.* almanac

patro पात्रो *n.* calendar

patta launu पत्ता लाउनु *v.* ascertain

patta launu पत्ता लाउनु *v.* detect

patta launu पत्ता लाउनु *v.* detect

patta launu पत्ता लाउनु *v.* discover

pattadata पट्टादाता *n.* lessor

pattadhari पट्टाधारी *n.* lessee

pattai पट्टाई *n.* boredom

patthar yug पत्थरयुग *n.* stone age

patti पटटी *n.* bandage

patua पटुवा *n.* hemp

patuka पटुका *n.* belt

patyarilo पत्यारिलो *adj.* credible

pau पाउ *n.* foot

pau/khutta haru पाउ खटाहरू *n.* feet

paudar पाउडर *n.* powder

paudi पौडी *n.* swimming

paudi baj पौडीबाज *n.* swimmer

paudi khelda laune poshak पौडी खेल्दा लाउने पोशाक *n.* swimming costume

paudi khelnu पौडी खेल्नु *v.* swim

paudi pokhari पौडी पोखरी *n.* swimming pool

paujeb पाउजेब *n.* anklet

paune wyaki पाउने व्यक्ति *n.* recipient

paunu पाउनु *v.* get

paunu पाउनु *v.* obtain

paunu पाउनु *v.* receive

paunu पाउनु *v.* receive

pauranik katha पौराणिक कथा *n.* myth

pauranik kathamala पौराणिक कथामाला *n.* mythology

pauroti पाउरोटी *n.* bread

pauroti पाउरोटी *n.* loaf

pauroti banaune pasal पाउरोटी बनाउने पसल *n.* bakery

paushtik पौष्टिक *adj.* nutritious

paushtik पौष्टिक *adj.* wholesome
pavitar parnu पवित्र पार्नु hallow
pavitra parnu पवित्र पार्नु *v.* consecrate
pavitra sthal पवित्र स्थल *n.* shrine
pawitra पवित्र *adj.* holy
pawitrata पवित्रता *n.* sanctity
pawitrata पवित्रता *n.* scredness
payak पायक *adj.* convenient
payo पायो *v.* found
pechkas पेचकस *n.* screwdriver
pechkasnu पेच कस्नु *n.* screw
peep पिप *n.* abscess
peepa पीपा *n.* keg
peer parnu पीर पार्नु *v.* disquiet
peerha पीड़ा *n.* agony
peerhanashak पीड़ानाशक *n.* aspirin
penchish पेन्चिस *n.* pliers
pensan पेन्सन *n.* pension
pensilin पेन्सिलिन *n.* penicillin
pesewar पेसेवर *adj.* professional
pesha पेशा *n.* occupation
pesha पेशा *n.* profession
pesha पेशा *n.* vocation
peski पेस्की *n.* advance
pesta पेस्ता *n.* pisctachio
pesta पेस्ता *n.* pistachio
pet पेट *n.* belly
pet पेट *n.* tummy
pet bhar bhojan पेटभर भोजन *n.* square meal

pet ko peerha पेटको पीड़ा *n.* gripses
petbokeko awastha पेट बोके को अवस्था *n.* pregnancy
peth पेट *n.* maw
pethko bachha पेटको बच्चा *n.* foetus
peti पेटी *n.* footpath
peti पेटी *n.* girdle
peti पेटी *n.* sidewalk
petko पेटको *adj.* gastric
petrol पेट्रोल *n.* gasoline
petrol पेट्रोल *n.* petrol
petrolko gun bujhaune vastu पेट्रोलको गुण बुझाउने बस्तु *n.* octane
pett पेट *n.* abdomen
petu पेटु *adj.* voracious
peya पेय *n.* drink
phachchhe फच्छे *n.* quits
phadphadahat फडफडाहट *n.* flap
phaida फाइदा *n.* advantage
phaida फाइदा *n.* gain
phaida फाइदा *n.* profit
phaida uthaunu फाइदा उठाउनु *v.* trade on
phailanu फेलनु *v.* spread
phailaunu फेलाउनु *v.* extend
phaisala फेसला *v.* decide
phaisala फैसला *n.* decision
phaisla फैसला *n.* verdict
phajul kharch garnu फजुल खर्च गर्नु *v.* squander

phajul kharchi फजुलखर्ची *n./adj.* spendthrift
phakaunu फकाउनु *v.* entice
phakaunu फकाउनु *v.* induce
phal फल *n.* consequence
phal फल *n.* fruit
phal फल *n.* product
phal vishesh फल विशेष *n.* gooseberry
phala पहल *n.* initiative
phalam फलाम *n.* iron
phalam katne aari फलाम काट्ने आरी *n.* hacksaw
phalame bar फलामे बार *n.* rail
phalame top फलामे टोप *n.* helmet
phalano फलानो *pron.* such-and-such
phalanu फलानु *pron.* so-and-so
phalatin फलाटिन *n.* flannel
phalatin फलाटिन *n.* flannel
phalayk फल्याक *n.* plank
phaldayak फलदायक *adj.* fruitful
phan phani ghumnu फनफनी घुम्नु *v.* spin
phanka khwaunu फनका ख्वाउनु *v.* whirl
phansi dine manch फाँसी दिने मंच *n.* scaffold
phansiko takhta फाँसीको तखता *n.* gallows
phansiko takhta फाँसीको तखता *n.* gibbet
phant फाँट *n.* department
phapar फापर *n.* buckwheat
pharak फरक *adj.* different
pharak फरक *n.* odds
pharakilo फराकिलो *adj.* commodious
pharakilo फराकिलो *adj.* roomy
pharakilo फराकिलो *adj.* spacious
pharasilo फरासिलो *adj.* frank
phariya फरिया *n.* gown
pharo garer chalaunu फारो गरेर चलाउनु *v.* scrimp
pharra bolne फर्र बोल्ने *adj.* fluent
pharsi फर्सी *n.* pumpkin
phasaune manis फसाउने मानिस *n.* stool pigeon
phasaunu फसाउनु *v.* enmesh
phasaunu फसाउनु *v.* entrap
phasaunu फसाउनु *v.* tempt
phasnu फसनु *v.* entangle
phat phataunu फतफताउनु *v.* mutter
phatengro फटेङ्ग्रो *n.* grasshopper
phatik फटिक *n.* quartz
phatnu फाट्नु *v.* wear out
phayankanu फ्याँक्नु *v.* dump
pheknu फेंकनु *adj.* abject
phela parnu फेला पार्नु *v.* find
phelaiko फेलाएको *adj.* outstreched
phelaunu फेलाउनु *v.* propagate
phenyl फिनेल *n.* phenol
pheri फेरि *adv.* again

pheri bahal garnu फेरि बहाल गर्नु *v.* reappoint

pheri banaunu फेरि बनाउनु *v.* rebuild

pheri banaunu फेरि बनाउनु *v.* remake

pheri bharnu फेरि भर्नु *v.* refill

pheri bhela hunu फेरि भेला हुनु *v.* reassemble

pheri chhannu/chunnu फेरि छान्नु/चुन्नु *v.* re-elect

pheri dekha parnu फेरि देखा पर्नु *v.* reappear

pheri hunu फेरि हुनु *v.* recur

pheri lekhnu फेरि लेख्नु *v.* rewrite

pheri milaunu फेरि मिलाउनु *v.* rearrange

pheri mulya lagaunu फेरि मूल्य लगाउनु *v.* revalue

pheri paida garnu फेरि पैदा गर्नु *v.* reproduce

pheri pakranu फेरि पक्रनु *v.* recapture

pheri pasnu फेरि पस्नु *v.* re-enter

pheri sangathit hunu फेरि सङ्गठित हुनु *v.* reunite

pheri sankriya banaunu फेरि सक्रिय बनाउनु *v.* reactivate

pheri sochnu फेरि सोच्नु *v.* rethink

pheri sthapit garnu फेरी स्थापित गर्नु *v.* reassure

pheri wala फेरीवाला *n.* hawker

pheriwal फेरीवाल *n.* huckster

pheta फेटा *n.* turban

phijaiko फिँजाएको *adj.* outspread

phika baijani rang फीका बैजनी रङ्ग *n.* mauve

phikkapahenlo फिक्का पहेलो *adj.* pale

phikkapan फीकापन *n.* pallor

philtar फिल्टर *n.* filter

phinj फींज *n.* foam

phiranta फिरन्ता *n.* vagabond

phiranta jatiko sadasya फिरन्ता जातिको सदस्य *n.* gipsy

phiranta jatiko sadasya फिरन्ता जातिको सदस्य gypsy

phirauti rakam फिरौती रकम *n.* ransom

phiroj dhunga फिरोज ढुङ्गा *n.* turquoise

phirta bolaunu फिर्ता बोलाउनु *v.* recall

phirta garnu फिर्ता गर्नु *v.* restore

phirti tikat फिर्ती टिकट *n.* return ticket

phitalo फितलो *adj.* slack

phitkiri फिटकिरि *n.* alum

phitta फित्ता *n.* lace

phitta फित्ता *n.* strap

phitta फित्ता *n.* tape

phitte juka फित्तेजुका *n.* tapeworm

phiyo फियो *n.* spleen

phodnu फोड्नु *v.* smash

phohar maila फोहरमैला *n.* garbage

phohar maila फोहरमैला *n.* litter

phohor फोहोर *adj.* nasty

phohor maila फोहोर-मैला *adj.* grotty
phohor/dushit parnu फोहोर⁄दूषित पार्नु *v.* contaminate
phohori फोहोरी *adj.* dirty
phohori फोहोरी *adj.* filthy
phohori फोहोरी *adj.* slipshod
phohori फोहोरी *adj.* squalid
phoka फोका *n.* boil
phokso फोक्सो *n.* lung
phokso ko suj फोक्सोको सुज *n.* pneumonia
phool bechne vyakti फूल बेच्ने व्यक्ति *n.* florist
phoolko krishi फूलको कृषि *n.* floriculture
phoot फूट discord
photo फोटो *n.* photo
photocopy फोटोकापी *n.* xerox
photokapi फोटोकापी *n.* photocopy
photokapi फोटोकापी *n.* xenophobia
phukalnu फुकाल्नु *v.* put off
phukalnu फुकाल्नु *v.* take off
phukaunu फुकाउनु *v.* loosen
phukaunu फुकाउनु *v.* undo
phukaunu फुकाउनु *v.* untie
phul फूल *n.* daisy
phul फुल *n.* egg
phul फूल *n.* flower
phul ko pat फूलको पात *n.* petal
phulaunu फुलाउनु *v.* puff up
phulaunu phulnu फुलाउनु फुल्नु *v.* distend
phuldan फुलदान *n.* vase
phulko gucha फूलको गुच्छा *n.* nosegay
phulko guchchha फुलको गुच्छा *n.* bouquet
phulko seto bhag फुलको सेतो भाग *n.* albumen
phulkobhi फुलकोभी *n.* cauliflower
phulnu फुल्नु *v.* bloom
phulnu फुल्नु *n.* bulge
phulo फुलो *n.* trachoma
phurka फुर्का *n.* tassel
phursad ko samaya फुर्सद को समय *n.* spare time
phursat फुर्सत *n.* leisure
phursatma फुर्सतमा *adv.* leisurely
phurti फुर्ति *n.* elan
phurti sanga फुर्तिसँग *adv.* smartly
phurtilo फुर्तिलो *adj.* agile
phurtilo फुर्तिलो *adj.* brisk
phurtilo फुर्तिलो *adj.* dashing
phurtilo फुर्तिलो *adj.* lively
phus ko chhana फुसको छाना *n.* thatch
phuslayunu फुस्ल्याउनु *v.* wheedle
phuss niskeko hawa फुस्स निस्केको हावा *n.* whiff
phut bal फुटबल *n.* soccer
phutaunu फुटाउनु *v.* shatter
phutkanu फुत्कनु *v.* escape
phutnu फुट्नु *n.* burst
phutnu फुट्नु *n.* chap
phyanknu फ्याँक्नु *v.* throw

phyauro फ्याउरो *n.* fox
phyuj फ्युज *n.* fuse
piano jasto baja पियानो जस्तो बाजा *n.* harpsichord
piaro banaunu प्यारो बनाउनु *v.* endear
piaro garer angalnu प्यारो गरेर अँगाल्नु *v.* cuddle
pichkari पिचकारी *n.* spray
pida dayi पीडादायी *adj.* painful
pida rahit पीडारहित *adj.* painless
piknik पिकनिकब *n.* picnic
pinas पिनास *n.* sinus infection
pind chhutaunu पिण्ड छुटाउनु *v.* shake off
pindalu पिंडालु *n.* taro
pindh पीण्ड *n.* base
pindh पींध *n.* bottom
pindhnu पिंध्नु *v.* grind
pinhyun ma prahar पिठ्युँमा प्रहार *n.* stab in the back
pinjada पिंजड़ा *n.* cage
pip पीप *n.* pus
piralnu पिरल्नु *v.* fret
piramid पिरामिड *n.* pyramid
piro पिरो *adj.* pungent
pisab पिसाब *n.* urine
pishab garnu पिशाब गर्नु *v.* piddle
pishab garnu पिसाब गर्नु *v.* urnate
pishach पिशाच *n.* goblin
pisne anna पिस्ने अन्न *n.* grist
pistaul पिस्तौल *n.* revolver
pistol पिस्तोल *n.* pistol
pistol wa revolverko khol पिस्तोल वा रिभल्भरको खोल *n.* holster
pit jwar पीतज्वर *n.* yellow fever
pit patra karita पीत पत्रकारिता *n.* yellow press
pitai पिटाइ *n.* hiding
pith ma bokne jhola पीठमा बोक्ने झोला *n.* rucksack
pitho पीठो *n.* flour
pitho/matho muchhnu पिठो/माटो मुछ्नु *v.* knead
pithuma bokne jhola पिठ्यूँमा बोक्ने झोला *n.* haversack
pithuyuko पिठ्यूँको *adj.* dorsal
pithyuma पिठ्यूँमा *adv.* pickaback
pitta पित्त *n.* bile
pitta पित्त *n.* gall
pittal पित्तल *n.* brass
piun पिउन *n.* peon
piuna hune पिउन हुने *adj.* potable
piune bharho पिउने भाँड़ो *n.* goblet
piune wastu पिउने वस्तु *n.* beverage
piunu पिउनु *v.* swig
plaiud प्लाइउड *n.* plywood
plastic प्लास्टिक *n.* polythene
plastik प्लास्टिक *n.* plastic
plawika प्लाविका *n.* plasma
ple kard प्लेकार्ड *n.* placard
pohor (sal) पोहोर (साल) *n.* last year

pokhari पोखरी *n.* mere
pokhari पोखरी *n.* pond
pokhari पोखरी *n.* pool
pokhinu पोखिनु *v.* run over
pokhiyeko kura पोखिएको कुरा *n.* overspill
pokhnu पोख्नु *v.* spill
poko पोको *n.* bundle
poko पोको *n.* pack
poko पोको *n.* package
poko पोको *n.* parcel
pol na kholna diine ghus पाले नखोल्न दिइने घूस *n.* hush money
police पुलीस *v.* cop
police ko sipahi पुलीस को सिपाही *n.* bobby
polnu पोल्नु *n.* burn
polnu पोल्नु *v.* singe
poorkha पूर्खा *n.* forbear
popko dut पोपको दूत *n.* legate
poshak पोशाक *n.* costume
poshak पोशाक *n.* robe
poshan पोषण *n.* nourishment
poshan पोषण *n.* nutrition
posnu पोस्नु *v.* nourish
postbaks पोस्टबक्स *n.* postbox
poster पोस्टर *n.* poster
postkard पोस्टकार्ड *n.* postcard
pote ko geda पोतेको गेडा *n.* bead
pothi mujur पोथी मुजुर *n.* peahen
pothre dumsi पोथ्रे दुम्सी *n.* hedgehog
prabal प्रबल *adj.* ardent
prabandhak प्रबन्धक *n.* steward
prabas प्रवास *n.* domicile
prabhav parne gari bolnu प्रभाव पार्ने गरी बोल्नु *v.* declaim
prabhavmandal प्रभावमंडल *n.* nimbus
prabhaw प्रभाव *n.* impact
prabhaw प्रभाव *n.* influence
prabhaw kshetra प्रभाव क्षेत्र *n.* sphere of influence
prabhaw parnu प्रभाव पार्नु *v.* affect
prabhaw parnu प्रभाव पार्नु *v.* impress
prabhaw shali प्रभावशाली *adj.* impressive
prabhaw shali प्रभावशाली *adj.* majestic
prabhawshali प्रभावशाली *adj.* influential
prabhu satta प्रभुसत्ता *n.* sovereignty
prabhutwa प्रभतुत्व *n.* domination
prachand प्रचण्ड *adj.* vehement
prachand toofan प्रचण्ड तूफान *n.* typhoon
prachar प्रचार *n.* circulation
prachar प्रचार *n.* publicity
prachar garnu प्रचार गर्नु *v.* disseminate
prachin प्राचीन *adj.* ancient
prachin प्राचीन *adj.* primitive
prachin roman phhojko company प्राचीन रोमन फौजको कम्पनी cohort

prachin samaya प्राचीन समय *n.* yore
prachlit प्रचलित *adj.* popular
prachur प्रचुर *adj.* ample
prachur प्रचुर *adj.* copious
prachur प्रचुर *adj.* galore
prachurta प्रचुरता *n.* abundance
pradan garnu प्रदान गर्नु *v.* impart
pradarshan garnu प्रदर्शन गर्नु *v.* demonstrate
pradarshan garnu प्रदर्शन *n.* display
pradarshani प्रदर्शनी *n.* exhibition
pradhan प्रधान *n.* chief
pradhan प्रधान *adj.* principal
pradhan adhyapak प्रधानाध्यापक *adv.* headmaster
pradhan mantri प्रधानमंत्री *n.* prime minister
pradhyapak प्राध्यापक *n.* professor
pradushan प्रदूषण *n.* pollution
pragati प्रगति *n.* headway
pragati प्रगति *n.* progress
pragati gardai प्रगति गर्दै *adj.* up and coming
pragatishil प्रगतिशील *adj.* progressive
prahar प्रहार *n.* stroke
praheiika प्रहेलिका *n.* charade
praidweep प्रायद्वीप *n.* peninsula
praishchit प्रायश्चित *n.* penance
prajapidak shasak प्रजापीडक शासक *n.* despot
prajatantra प्रजातन्त्र *n.* democracy
prajeet garnu पराजित गर्नु *v.* overcome
prakash प्रकाश *n.* light
prakash parnu प्रकाश पार्नु *v.* enlighten
prakash yukta प्रकाशयुक्त *adj.* luminous
prakashak प्रकाशक *n.* publisher
prakashan प्रकाशन *n.* publication
prakashit garnu प्रकाशित गर्नु *v.* publish
prakat garnu प्रकट गर्नु *v.* disclose
prakat nabhaeko प्रकट नभएको *adj.* latent
prakhal प्रखाल *n.* parapet
prakhat ऋख्यात *adj.* fabulous
prakhyat प्रख्यात *adj.* noted
prakmukh पुमुख *adj.* leading
prakritik प्राकृतिक *adj.* natural
prakritik प्रकृति *n.* nature
prakritik drishya प्राकृतिक दृश्य *n.* scenery
prakritiwad प्रकृतिवाद *n.* naturalism
prakriya प्रकृया *n.* process
pralap garnu प्रलाप गर्नु *v.* rant
praman प्रमाण *n.* proof
praman patra प्रमाणपत्र *n.* ceritifcate
praman patra प्रमाण पत्र *n.* testimonial
pramanikaran प्रमाणीकरण *n.* verification

pramanit garnu प्रमाणित गर्नु *v.* prove

pramanit granu प्रमाणित गुर्न *n.* certify

pramanit/sabit garnu प्रमाणित/साबित गर्नु *v.* substantiate

pramarshdata परामर्शदाता *n.* mentor

pramukh प्रमुख *adj.* sailent

pramukh bhumika प्रमुख भूमिका *n.* title role

pramukh wichar प्रमुख विचार *n.* keynote

pran halnu प्राण हाल्नु *v.* animate

pranam प्रणाम *n.* obeisance

pranay-yachna प्रणय-याचना *n.* courtship

prani प्राणी *n.* creature

prani haru प्राणीहरू *n.* fauna

prani shastri प्राणीशास्त्री *n.* zoologist

prant प्रान्त *n.* county

prant प्रान्त *n.* province

prapat garnu प्राप्त गर्नु *v.* acquire

prapat garnu प्राप्त गर्नु *v.* attain

prapt garne प्राप्त गर्ने *n.* receiver

prapt garnu प्राप्त गर्नु *v.* achieve

prapt majdur sankhya प्राप्त मजदूर संख्या *n.* workforce

prapti प्राप्ति *n.* acqwuisition

prarambh प्रारम्भ *n.* inception

prarthana garnu प्रार्थना गर्नु *v.* implore

prarthana/binti garnu प्रार्थना/बिन्ती गर्नु *v.* pray

prarthanako pustak प्रार्थनाको पुस्तक *n.* breviary

prarthna patra प्रार्थना पत्र *n.* application

prarthnagaan प्रार्थनागान *n.* anthem

prasanchit प्रसन्नचित *adj.* lightsome

prasang प्रसंग *n.* episode

prasann प्रसन्न *adj.* blithe

prasanna प्रसन्न *adj.* cheerful

prasav peerha प्रसव पीड़ा travail

prashamsa प्रशंसा *n.* praise

prashansa प्रशंसा *n.* accolade

prashansagarnu प्रशंसा गर्नु *v.* admire

prashansniya प्रशंसनीय *adj.* creditable

prashasak प्रशासक *n.* administrator

prashast hava lagne प्रशस्त हावा लाग्ने *adj.* airy

prashasta प्रशस्त *adj.* abundant

prashasta hunu प्रशस्त हुनु *v.* abound

prashat प्रशस्त *n.* plenty

prashikshak प्रशिक्षक *nb.* coach

prashna प्रश्न *n.* query

prashna प्रसन्न *adj.* jubilant

prashna chinha प्रश्नचिन्ह *n.* question mark

prashna garnu प्रश्न गर्नु *v.* interrogate

prashna garnu प्रश्न गर्नु *n.* interrogation
prashnawali *n.* questionnaire
prasiddha प्रसिद्ध *adj.* famous
prasiddha प्रसिद्ध *adj.* renowned
prasiddha प्रसिद्ध *adj.* reputed
prasiddha प्रसिद्ध *adj.* well known
prasidh प्रसिद्ध *adj.* illustrious
prastavana प्रस्तावना *n.* preamble
prastaw प्रस्ताव *n.* offer
prastaw प्रस्ताव *n.* proposal
prastaw प्रस्ताव *n.* resolution
prastaw rakhnu प्रस्ताव राख्नु *v.* propose
prastawak प्रस्तावक *n.* proponent
prasthan प्रस्थान गर्नु *v.* depart
prasthan प्रसस्थान *n.* exodus
prasthan rekha प्रस्थान रेखा *n.* scratch
prasuti griah प्रसूतिगृह *n.* maternity hospital
prateeksha garnu प्रतीक्षा गर्नु *v.* await
pratham प्रथम *adj.* prima
prathmikta प्राथमिकता *n.* priority
prathymik प्राथमिक *adj.* primary
prati dwandwi प्रतिद्वन्द्वी *n.* rival
prati kriya janaunu प्रतिक्रिया जनाउनु *v.* react
prati kul प्रतिकूल *adj.* unfavo(u)rable
prati kul प्रतिकूल *adj.* unfavourable
prati nidhi प्रतिनिधि *n.* proxy
prati nidhitwa प्रतिनिधित्व *n.* representation
prati nidhitwa प्रतिनिधित्व *n.* representative
prati nidhitwa garnu प्रतिनिधित्व गर्नु *v.* stand for
prati warsh प्रतिवर्ष *adj.* per annu,
prati wimba प्रतिबिम्ब *n.* reflection
prati wimbit garnu प्रतिविम्बित गर्नु *v.* reflect
prati wyakti प्रतिव्यक्ति *adj.* per capita
pratibandh garnu प्रतिबन्ध गर्नु *n.* curb
pratibhashali wyakti प्रतिभाशाली व्यक्ति *n.* genius
pratidhwani प्रतिध्वनि *n.* echo
pratigya प्रतिज्ञा *n.* promise
pratigya प्रतिज्ञा *n.* vow
pratikool प्रतिकूल *adj.* adverse
pratikriya प्रतिक्रिया जनाउनु *n.* reaction
pratikriyawadi प्रतिक्रियावादी *n.* reactionary
pratiksha suchi प्रतीक्षा सूचि *n.* waiting list
pratikshalaya प्रतीक्षालय *n.* waiting room
pratikulta प्रतिकूलता *n.* contrariety
pratilipi प्रतिलिपि *n.* copy
pratinidhi प्रतिनिघि *n.* delegate
pratinidhi mandal प्रतिनिधि-मण्डल *n.* deputation

pratinidhi niyukat garnu प्रतिनिधि नियुक्त गर्नु *v.* depute

pratirodh kayam garnu प्रतिरोध कायम गर्नु *v.* hold out

pratirup प्रतिरूप *n.* counterpart

pratisath प्रतिशत *n.* cent

pratispardha प्रतिस्पर्धा *n.* competition

pratispardha garnu प्रतिस्पर्धा गर्नु *v.* vie

pratisthapan प्रतिस्थापन *n.* replacement

pratiyogita garnu प्रतियोगिता गर्न्नु *v.* compete

pratyaksha प्रत्यक्ष *adj.* evident

pratyakshadarshi प्रत्यक्षदर्शी *n.* eyewitness

praudh प्रौढ *adj.* elderly

prawah प्रवाह *n.* flow

prawah प्रवाह *n.* onrush

prawah band garidinu प्रवाह बन्द गरिदिनु *v.* shut off

prawah wiparit प्रवाहविपरीत *adv.* upstream

prawakta प्रवक्ता *n.* spokesperson

prawal dweep प्रवाल द्वीप *n.* atoll

prawasi प्रवासी *n.* emigrant

prawasi प्रवासी *n.* émigré

prawasi प्रवासी *n.* migrant

praweenta प्रवीणता *n.* proficiency

prawesh प्रवेश *n.* admission

prawesh प्रवेश *n.* entrance

prawesh प्रवेश *n.* entry

prawesh garna dinu प्रवेश गर्नु दिनु *v.* let in

prawidhi प्रविधि *n.* technique

prawidhi प्रविधि *n.* technology

prawidhigya प्राविधिज्ञ *n.* technician

prawidhik प्राविधिक *adj.* technical

prawritti प्रवृत्ति *n.* trend

prayah प्रायः *adv.* almost

prayah प्रायः *adv.* mainly

prayashchit garnu प्रायश्चित गर्नु *v.* expiate

prayatna प्रयत्न *n.* endeavo(u)r

prayatna garnu प्रयत्न गुर्न *v.* attampt

prayayewachi kosh पर्यायवाची कोश *n.* thesaurus

prayog प्रयोग *n.* experiment

prayog प्रयोग *n.* trial

prayog प्रयोग *n.* usage

prayog प्रयोग *v.* use

prayog shala प्रयोगशाला *n.* laboratory

prayogshala प्रयोगशाला *n.* Lab

prayojak प्रायोजक *n.* sponsor

praytak पर्यटक *n.* tripper

prem प्रेम *n.* love

prem garihaalne प्रेम गरिहाल्ने *adj.* amorous

prem wiwah प्रेम विवाह *n.* love marriage

premalap प्रेमालाप *n.* romance

premgarnu प्रेम गंर्नु *v.* woo

premi प्रेमी *n.* lover
premi प्रेमी *n.* sweetheart
premika प्रेमिका *n.* girlfriend
premika प्रेमिका *n.* sweetheart
prerana प्रेरणा *n.* impetus
prerana प्रेरणा *n.* inspiration
prerit garnu प्रेरित गर्नु *n.* goad
prerit garnu प्रेरित गर्नु *v.* inspire
pres samwaddata प्रेस संवाददाता *n.* press agent
pret प्रेत *n.* hobgoblin
prithwi पृथ्वी *n.* earth
prithwi पृथ्वी *n.* globe
priye प्रिये *n./adj.* darling
protin प्रोटीन *n.* protein
proton प्रोटोन *n.* proton
protsahan प्रोत्साहन *n.* incentive
pucchar nabhayko bandar पुच्छर नभएको बाँदर *n.* ape
puchchhar पुच्छर *n.* tail
puchhne wastu पुछ्ने वस्तु *n.* wiper
puchhnu पुछ्नु *v.* mop
puchhnu पुछ्नु *v.* winter sports
puchhnu पुछ्नु wipe
pugna sakine पुग्न सकिने *adj.* accessible
pugnu पुग्नु *v.* reach
puja garnu पूजा गर्नु *v.* adore
puja garnu पूजा गर्नु *n.* worship
pujari पुजारी *n.* priest
pujniya पूजनीय *adj.* adorable
pul पुल *n.* bridge
pul pulyaunu पुलपुल्याउनु *v.* pamper
pulao पुलाउ *n.* risotto
puling पुलिङ्ग *n.* masculine
pulis पुलिस *n.* police
pulis पुलिस *n.* policeman
pulpulaunu पुल्पुल्याउनु *v.* dote
punar ganana पुनर्गणना *v.* recount
punar janma पुनर्जन्म *n.* rebirth
punar janma पुनर्जन्म *n.* regeneration
punar jiwit garnu पुर्नजीवित गर्नु *v.* revive
punar milan पुनर्मिलन *n.* reunion
punarsthapna पुनस्थार्पना *n.* restoration
punarutpadan पुनरुत्पादन *n.* reproduction
punarwas पुनर्वास *n.* rehabilitation
punjiwad पूंजीवाद *n.* capitalism
punkeshwar पुंकेशर *n.* stamen
punkur moto पुड्कोर मोटो *adj.* dumpy
pura पूरा *adj.* complete
pura baji marnu पूरा बाजी मार्न *v.* sweep the board
pura byunjheko पूरा ब्यूँझेको *adj.* wide awake
pura garnu पूरा गर्नु *v.* accomplish
pura garnu पूरा गर्नु *v.* fulfil
pura tawar le पूरातवरले *adv.* perfectly
purano पुरानो *adj.* old
purano पुरानो *adj.* outworn

purano पुरानो *adj.* ramshackle

purano पुरानो *adj.* second-hand

purano पुरानो *adj.* used

purano dhancha ko पुरानो ढाँचाको *adj.* old-fashioned

purano dharra ko पुरानो ढर्राको *adj.* old hat

purano dharra ko mani पुरानो ढर्राको मानिस *n.* stick-in-the-mud

purano khalko पुरानो खालको *adj.* quaint

purano thotro gadi पुरानो थोत्रो गाड़ी *n.* jalopy

puraskar पुरस्कार *n.* award

puratattva पुरातत्व *n.* archaeology

purji पूर्जी *n.* prescription

purkha पुर्खा *n.* ancestor

purkha पुर्खा *n.* forefather

purkha adi bata paunu पुर्खा आदिबाट पाउनु *v.* inherit

purn पूर्ण *adj.* absolute

purn पूर्ण *adj.* intact

purn kad पूर्णकद *adj.* life-size(d)

purn parvartan पूर्ण परिवर्तन *n.* volte-face

purn ruple पूर्ण रूपले *adv.* entirely

purna gathan garnu पुर्न गठन गर्नु *n.* reshuffle

purnta पूर्णता *n.* integrity

purntaya पूर्णतया *adv./prep.* throughout

purohit पुरोहित *n.* curate

purohitwargko shasan पुरोहितवर्गको शासन *n.* theocracy

purse परस *n.* wallet

purush natadar पुरुष नातादार *n.* kinsfolk

purushma hune पुरूषमा हुने *n.* falsetto

purushtav पुरुषत्व *n.* manhood

purvanubhav पूर्वानुभव *n.* foretaste

purv-drishya पूर्व-दृश्य *n.* flashback

purvsuchna dinu पूर्वसूचना दिनु *v.* portend

purvsuchna dinu पूर्वसूचना दिनु *v.* presage

purv-vichar पूर्वविचार *n.* forethought

purwa पूर्व *n.* east

purwabhyas पूर्वाभ्यास *n.* rehearsal

purwadhar पूर्वाधार *n.* infrastructure

purwagraha पूर्वाग्रह *n.* prejudice

purwaj पूर्वज *n.* predecessor

purwaj पूर्वज *n.* progenitor

purwaka पूर्वका *n.* orient

purwi पूर्वी *adj.* eastern

purwiya पूर्वीय *adj.* oriental

puryauna janu पुऱ्याउन जानु *v.* see off

pushpa raj पुष्पराज *n.* topaz

pusht पुष्ट *adj.* muscular

pushti garnu पुष्टि गर्नु *v.* confirm

pushti garnu पुष्टि गर्नु *v.* corroborate

pusta पुस्ता *n.* generation

pustak adhyaksha पुस्तकाध्यक्ष *n.* librarian

pustakalaya पुस्तकालय *n.* library
pustakko akaar पुस्तकको आकार *n.* format
pustika पुस्तिका *n.* booklet
putala पुतला *n.* effigy
putali पुतली *n.* butterfly
putali पुतली *n.* doll
putli पुतली *n.* dolly
puttha पुट्ठा *n.* haunch
puttha पुटठा *n.* hip
putti पुति *n.* gagina
pwal parne yantra प्वाल पार्ने यंत्र *n.* punch
pwal parne yantra प्वाल पार्ने यंत्र *n.* puncture
pwankh प्वाँख *n.* feather
pwankh प्वाँख *n.* plume
pwankh प्वाँख *n.* quill
pwankh milaunu प्वाँख मिलाउनु *v.* preen
pwankhe sarpa प्वाँखे सर्प *n.* dragon
pyaj प्याज *n.* onion
pyaj jasto sabzi प्याज जस्तो सब्जी *n.* leek
pyaji प्याजी *adj.* purple
pyano प्यानो *n.* piano
pyant प्याण्ट *n.* trousers
pyarasut प्यारासुट *n.* parachute
pyaro प्यारो *adj.* dear
pyaro प्यारो *n.* favo(u)rite
pyaro wastu प्यारो बस्तु *n.* pet
pyjama पायजामा *n.* pyjamas
pyorrhoea पाइरिया *n.* pyorrhoea

R

ra र *conj.* and
raal chuhaunu राल चुहाउनु *v.* slaver
raang राङ *n.* solder
raasan रासन *n.* ration
rabad ko chhap रबडको छाप *n.* rubber stamp
rabaph रबाफ *n.* pomp
rabaph dekhaunu रबाफ देखाउनु *v.* show off
rabar रबर *n.* rubber
rabar रबर *n.* rubber
rachayita रचयिता *n.* composer
rachna रचना *n.* composition
rachnu रच्नु *v.* compose
radda/badar garnu रद्द/बदर गर्नु *v.* cancel
radda/kharej garnu रद्द/खारेज गर्नु *v.* revoke
raddhi kura रद्दी कुरा *n.* tommyrot
raddi kagaj रद्दी कागज *n.* waste paper
raddi ko tokari रद्दी को टोकरी *n.* waste(paper) basket
radh garnu रद्द गर्नु *v.* annul
radh garnu रद्द गर्नु *v.* rescind
radio रेडियो *n.* aerial
radio adiko ariel रेडियो आदि को एरियल *n.* antenna
radium रेडियम *n.* radium
ragad रगड *n.* friction
ragat रगत *n.* blood

ragat bagnu रगत बग्नु *v.* bleed
ragharne vastu रगड़ने वस्तु *n.* abrasive
rah dani राहदानी *n.* passport
rahalpahal रहलपहल *n.* oddment
rahanu रहनु *v.* stay
rahar garnu रहर गर्नु *v.* yearn
rahar/chakh lagdo रहर/चाखलाग्दो *adj.* interesting
rahasya रहस्य *n.* mystery
rahasya रहस्य *n.* puzzle
rahasya maya रहस्यमय *adj.* mysterious
rahasyatamkata रहस्यात्मकता *n.* mystique
raheko रहेको *adj.* contained
rail ko dabba रेलको डब्बा *n.* compartment
raio रायो *n.* mustard
raj dhani राजधानी *n.* capital
raj droh राजद्रोह *n.* sedition
raj garnu राज गर्नु *n.* reign
raj hans haru राजहाँसहरू *n.* geese
raj kosh राजकोष *n.* treasury
raj kumari राजकुमारी *n.* princess
raj marg राजमार्ग *n.* highway
raj nitigya राजनैतिक *n.* political
raj nitigya राजनीतिज्ञ *n.* politics
raj patru राजपत्र *n.* gazette
raj pratinidhi ko pad राज प्रतिनिधि को पद *n.* regency
raj tantra राजतंत्र *n.* monarchy
raja राजा *n.* king
raja राजा *n.* monarch
raja राजा *n.* sovereign
raja राजा *n.* suzerain
raja ko pad राजाको पद *n.* kingship
rajako hatya राजाको हत्या *n.* regicide
rajaswala रजस्वला *n.* menstruation
rajdand राजदंड *n.* sceptre
rajdroh राजद्रोह *n.* treason
rajdut राजदूत *n.* ambassador
rajdutawas ko karyalaya राजदूतावासको कार्यालय *n.* chancery
rajgaddi राजगद्दी *n.* throne
rajgaddima rakhnu राजगद्दीमा राख्नु *v.* enthrone
rajhans राजहाँस *n.* goose
rajhans राजहाँस *n.* swan
raji राजी *adj.* willing
raji nama dinu राजीनामा दिनु *v.* step down
rajinama राजीनामा दिनु *n.* resignation
rajkiya राजकीय *adj.* royal
rajkosh राजकोष *n.* exchequer
rajpratinedhi राजप्रतिनिधि *n.* regent
rajya राज्य *n.* realm
rajyabhishek राज्याभिषेक *n.* coronation
rajyaharu sangh राज्यहरूको संघ *n.* confederacy
rajyapal राज्यपाल *n.* governor

rakam रकम *n.* amount

raket रकेट *n.* rocket

rakhbari garne thaun/manis रखबारी गर्ने ठाउे/मानिस *n.* look out

rakhne kaam राख्ने काम *n.* retention

rakhnu राख्नु *v.* keep

rakhnu राख्नु *v.* possess

rakhnu राख्नु *v.* put

raksh atmak रक्षा आत्मक *n.* defensive

raksha रक्षा *v.* defence/defense

raksha रक्षा *n.* rescue

raksha रक्षा *n.* safeguard

raksha garne रक्षा गर्ने *adj.* protective

rakshas राक्षस *n.* monster

raksi रक्सी *n.* alcohol

raksi रक्सी *n.* grog

raksi रक्सी *n.* liquor

raksi रक्सी *n.* wine

raksi r gulio tato paani रक्सी र गुलियो तातो पानी *n.* toddy

rakta pat रक्तचाप *n.* bloodshed

raktpaatpurn रक्तपातपूर्ण *adj.* sanguinary

raktranjit रक्तरंजित *adj.* gory

raktshintale pidhit रक्तक्षीनताले पीड़ित *n.* anaemia

ral राल *n.* saliva

ral chuhaunu राल चुहाउनु *v.* drool

ram रम *n.* rum

ram toriyan रामतोरियाँ *n.* lady's finger

ram toriyan रामतोरियाँ *n.* okra

ramailo रमाइलो *adj.* festive

ramailo रमाइलो *adj.* funny

ramailo रमाइलो *adj.* gay

ramailo रमाइलो *adj.* hilarious

ramailo रमाइलो *adj.* pleasant

ramana hunu रमाना *n.* departure

ramaunu रमाउनु *n.* amuse

ramaunu रमाउनु *v.* enjoy

ramniya रमणीय *adj.* scenic

ramrai chhanieko राम्ररी छानिएको *adj.* hand-picked

ramrai garieko राम्ररी गरिएको *adj.* well judged

ramrari koshish gareko राम्ररी कोशिश गरेको *adj.* well tried

ramristri राम्री स्त्री *n.* rosebud

ramro राम्रो *adj.* graceful

ramro राम्रो *adj.* handsome

ramro राम्रो *adj.* nice

ramro राम्रो *adj.* pretty

ramro राम्रो *adj.* winnowing tray

ramro bhojan tyar garne kala राम्रो भोजन तयार गर्ने कला *n.* gastronomy

ramro bolne राम्रो बोल्ने *adj.* elopquent

ramro jaankari nabhayko राम्रो जानकारी नभएको *adj.* unenlightened

ramro natija राम्रो नतिजा ल्याउनु *v.* pay off

ramro niyat ko राम्रो नियतको *adj.* well intentioned
ramroasar parne राम्रो असर पार्ने *adj.* effective
randi ghar रन्डीघर *n.* brothel
rang रंग *n.* colo(u)r
rang रङ्ग *n.* paint
rang रङ्ग *n.* tint
rang aunu रंगाउनु *n.* dye
rang manch रङ्गमंच *n.* stage
rang manch रङ्गमंच *n.* theatre/theater
ranga ko masu राँगाको मासु *n.* buff
ranga ma bhang garne रंगमा भंग गर्ने *n.* wet blanket
rangbhoomi रंगभूमि *n.* arena
rangheen gyas रंगहीन ग्यास *n.* neon
rangin pencil रंगीन पेन्सिल *n.* crayon
rangshala रङ्गशाला *n.* stadium
rani रानी *n.* queen
rankebhut राँकेभूत *n.* will-o-the-wisp
ranniti रणनीति *n.* strategy
ranthninu रन्थनिनु *v.* daze
raphphu bharnu रफ्फू भर्नु *v.* darn
raphtar रफ्तार *n.* tempo
ras रस *n.* juice
ras रस *n.* lotion
ras रस *n.* soup
rasaunu रसाउनु *v.* seep
rasayanik रासायनिक *adj.* chemical

rasdar wyanjan रसदार व्यंजन *n.* sauce
rashi राशि *n.* mass
rashi chakra राशिचक्र *n.* zodiac
rashtra राष्ट्र *n.* nation
rashtrapati राष्ट्रपति *n.* president
rashtrawad राष्ट्रवाद *n.* nationalism
rashtriya राष्ट्रीय *adj.* national
rashtriyata राष्ट्रीय *n.* nationality
rasid रसीद *n.* counterfoil
rasid रसिद *n.* receipt
rasilo रसिलो *adj.* juicy
rasksha रक्षा *n.* protection
rat रात *n.* night
rat bhari रातभरि *adv.* overnight
rat ko disa pisab रातको दिसापिसाब *n.* nightsoil
rat ko khana रातको खाना *n.* dinner
rat ko manoranjan रातको मनोरंजन *n.* nightlife
ratan रतन *n.* jewel
rath रथ *n.* chariot
ratna रत्न *n.* gem
rato रातो *adj.* red
rato french madira रातो फ्रेन्च मदिरा *n.* claret
raun कपाल *n.* hair
raunak रौनक *n.* grandeur
rawaphilo karmchari रवाफिलो कर्मचारी *n.* jack in office
redar रेडार *n.* radar

rediyo रेडियो *n.* radio
rediyo dharmi रेडियोधर्मी *adj.* radioactive
redkras रेडक्रस *n.* red cross
rees uthaunu रीस उठाउनु *v.* exasperate
reesko jhonk रीसको झोंक *n.* tantrum
reharlagdi रहरलाग्दी *n.* nymphet
rekard garne kam रेकर्ड गर्ने काम *n.* recording
rekard garne yantra रकेर्ड गर्ने यन्त्र *n.* recorder
rekh dekh garnu रेखदेख गर्नु *v.* supervise
rekha रेखा *n.* line
rekha chitra रेखा चित्र *n.* diagram
rekha chitra रेखाचित्र *n.* drawing
rekha ganit रेखागणित *n.* geometry
rekhale ghernu रेखाले घेर्नु *v.* curcumscribe
rel रेल *n.* train
rel gadi रेलगाडी *n.* railway train
rel ko dibba रेलको डिब्बा *n.* railway carriage
rel ko injin रेलको इन्जिन *n.* railway engine
rel marg रेलमार्ग *n.* railroad
rel marg रेलमार्ग *n.* railway
renchu रेन्चु *n.* wreckage
rephri रेफ्री *n.* referee
resham रेशम *n.* silk
resham kira रेशमकीरा *n.* silkworm
resham ko koya रेशमको कोया *n.* cocoon
reti रेती *n.* file
riban रिबन *n.* ribbon
riha garnu रिहा गर्नु *v.* let loose
rijhaunu रिझाउनु *v.* please
rikabi रिकाबी *n.* saucer
riksa रिक्सा *n.* rickshaw
rikshaw रिक्सा *n.* chaise
rikt sthan रिक्त स्थान *n.* lacuna
riktata रिक्तता *n.* blank
rile daud रिले दोड *n.* relay race
rin ऋण *n.* debt
rin ऋण *n.* dues
rin ऋण *n.* loan
rin dine sahu रिन दिने साहु *n.* moneylender
rin tirn sakne ऋण तिर्न सक्ने *adj.* solvent
rin, sapat ऋण, सापट *n.* loan
ringata रिंगटा *n.* giddiness
ringata lageko रिंगटा *adj.* dizzy
ringta रिंगटा *n.* vertigo
rini ऋणी *adj.* indebted
rini hunu ऋणी हुनु *v.* owe
rinpatra ऋणपत्र *n.* debenture
riport रिपोर्ट *n.* report
ris रिस *n.* irritation
ris रिस *n.* resentment
ris रिस *n.* wrap
ris रिसले चूर *n.* fury
ris le chur रिसले चूर *adj.* furious
ris uthaunu रिस उठाउनु *v.* irritate

ris uthaunu रिस उठाउनु *v.* provoke
risaeko रिसाएको *adj.* angry
risaeko रिसाएको *adj.* indignant
risaha रिसाहा *adj.* ill-temerped
risaha रिसाहा *adj.* passionate
risaha रिसाहा *adj.* rabid
risaha रिसाहा *adj.* tempered
risaunu रिसाउनु *v.* resent
rishi ऋषि *n.* sage
rit रिट *n.* wristwatch
riti thiti रीतिथिति *n.* tradition
riti/niyam purwak रीति/नियमपूर्वक *adj.* systematic
ritithiti रीतिथिति *n.* custom
riti-thiti रीति-थिति *n.* mores
ritto रित्तो *adj.* empty
ritu ऋतु *n.* season
ritu ऋतु *n.* season
robot रोबोट *n.* robot
rochak रोचक *adj.* pleasing
roda रोडा *adj.* concrete
rog रोग *n.* disease
rog khuttaunu रोग खुट्ट्याउनु *v.* disagnose
rog nash garne रोग नाश गर्ने *adj.* curative
rog patta launu रोग पत्ता लाउनु *v.* diagnose
rog pratirodh kshamata रोग प्रतिरोध क्षमता *n.* immunity
rog rokne tattva रोग रोक्ने तत्व *n* antibody
rogi रोगी *adj.* mawkish
rogko purwanumaan रोगको पूर्वानुमान *n.* prognosis
rogruko vigyan रोगरूको विज्ञान *n.* pathology
roji रोजी *n.* option
rok रोक *n.* check
rok tham रोकथाम *n.* prevention
rokide hune रोकिँदे हुने *adj.* intermittent
rokka रोक्का *n.* embargo
rokka रोक्का *n.* restriction
rokne kura रोक्ने कुरा *n.* deterrent
roknu रोक्नु *v.* debar
roknu रोक्नु *v.* detain
roknu रोक्नु *n.* detention
roknu रोक्नु *v.* deter
roknu रोक्नु *v.* discontinue
roknu रोक्नु *v.* forbid
roknu रोक्नु *v.* prevent
roknu रोक्नु *v.* refrain
roknu रोक्नु *v.* restrain
roknu रोक्नु *v.* restrict
roknu रोक्नु *v.* stanch, staunch
roknu रोक्नु *v.* stop
roknu रोक्नु *v.* withhold
roknu bachanu रोक्नुबचाउनु *v.* ward off
roktok hataunu रोकटोक हटाउनु *v.* unfreeze
rom ko sena रोमको सेना *n.* legion
romanch kari रोमांचकारी *adj.* thrilling

roop bigarnu रूप बिगार्नु *v.* disfigure
roop-parivartan रूप-परिवर्तन *n.* metamorphosis
rooprekha रूपरेखा *n.* blueprint
rooprekha रूपरेखा *n.* contour
roosi raksi रूसी रक्सी *n.* vodka
ropnu रोप्नु *v.* impale
rorha रोड़ा *n.* ballast
rorha रोड़ा *n.* gravel
rubber adiko dudhilo ras रबर आदि को दुधिलो रस *n.* latex
ruchi रुचि *n.* liking
rugha, khoki, jwaro adi रूघा, खोकी, ज्वरो आदि *n.* flu
ruju/pramanit garnu रुजू/प्रमाणित गर्नु *v.* verify
rukawat रुकावट *n.* jam
rukh रूख *n.* tree
rukh chadne jnawar रूख चढ्ने जनावर *n.* koala
rukh haru bhaeko रूखहरू भएको *adj.* wooded
rukh kathar रूख कटहर *n.* jackfruit
rukh katnu रूख काट्नु *v.* fell
rukh ko bokra रूखको बोक्रा *n.* bark
rukh vishesh रूख विशेष *n.* elm
rukho रूखो *adj.* rugged
rumal रुमाल *n.* handkerchief
runu रुनु *v.* cry
rup रूप *n.* aspect
rup badalnu रूप बदल्नु *v.* transform
rup rekha रूपरेखा *n.* outline
rupaiyan रुपैयाँ *n.* rupee
rupwati रूपवती *adj.* shapely
rusi kisan रूसी किसान *n.* moujik
rusko mudra रुसको मुद्रा *n.* rouble
ruwai रुवाइ *n.* sob

S

saancho साँचो *adj.* veritable
saancho jasto dekine gun साँचो जस्तो देखिने गुण *n.* verisimilitude
saandhya goshti सान्ध्य गोष्ठी *n.* soiree
saano jhagda सानो झगड़ा *n.* tiff
saas chodnu सास छोड्नु *v.* exhale
saas phernu सास फेर्नु *v.* respire
saathi साथी *n.* buddy
saatnu साट्नु *v.* swop, swap
sab bhanda asal सबभन्दा असल *adj.* best
sab bhanda jetho सबभन्दा जेठो *adj.* oldest
sab bhanda kam सबभन्दा कम *n.* minimum
sab bhanda kam सबभन्दा *adj./adv.* most
sab bhanda kanchho सबभन्दा कान्छो *adj.* youngest
sab bhanda kharab सबभन्दा खराब *adj.* worst

sab bhanda mathilo सबभन्दा माथिल्लो *adj.* uppermost

sab bhanda phailo सबभन्दा पहिलो *adj.* foremost

sabai सबै *adj.* all

sabai सबै *n.* gamut

sabai bhanda thorai सबैभन्दा थोरै *adj.* least

sabai washaya ali ali janne सबै विषय अलि अलि जान्ने *n.* jack of all trades

sabbhanda ramro vyakti wa vastu सबभन्दा राम्रो व्यक्ति वा वस्तु *n.* tops

sabddhan सावधान *adj.* circumspect

saberai सबेरै *adj.* early

sabha सभा *n.* assembly

sabha सभा *n.* conference

sabha सभा *n.* congress

sabha baithak सभा बैठक *n.* meeting

sabha griha सभागृह *n.* town hall

sabha kakasha सभाकक्षा *n.* auditorium

sabhako karyasuchi सभाको कार्यसूची *n.* agenda

sabhapatitwa garnu सभापतित्व गर्नु *v.* preside

sabhel साभेल *n.* shovel

sabhyata सभ्यता *n.* civilization

sabudana साबुदानाप *n.* sago

sabun साबुन *n.* soap

sabun ko phinj साबुनको फींज *n.* lather

sachcha सच्चा *adj.* wholehearted

sachiwalaya सचिवालय secretariat

sachyaunu सच्याउनु *v.* proofread

sachyaunu सच्याउनु *v.* rectify

sadabahar सदाबहार *adj.* evergreen

sadachari सदाचारी *adj.* virtuous

sadak सडक *n.* road

sadak सडक *n.* street

sadak ko peti सडकको पेटी *n.* pavement

sadar सादर *adj.* respectfully

sadasya सदस्य *n.* member

sade galeko सडेगलेको *adj.* rotten

sadeko masu सड़ेको मासु *n.* carrion

sadgun सद्गुण *n.* virtue

sadhain सधैं *adv.* always

sadhain सधैं *adv.* ever

sadhain rahane सधैं रहने *adj.* everlasting

sadharan साधारण *adj.* mediocre

sadharan साधारण *adj.* ordinary

sadharan साधारण *adj.* run-of-the-mill

sadharan साधारण *adj.* usual

sadharan geet साधारण गीत *n.* ditty

sadharan sipahi साधारण सिपाही *n.* rank and file

sadhe साढे *n.* half-past

sadhisang judhne vaykati सँढ़िसँग जुध्ने व्यक्ति *n.* toreador
sadhu साधु *n.* hermit
sadhuharuko ashram साधुहरूको आश्रम *n.* abbey
sadi साडी *n.* sari
saghan सघन *adj.* compact
sagriye सागरीय *adj.* naval
sagwan kath सागवान काठ *n.* teak
sah bhagi सहभागी *n.* participant
saha astitwa सहअस्तित्व *n.* co-existence
saha bhagita सहभागिता *n.* complicity
saha shiksha सहशिक्षा *n.* co-education
sahabhagita सहभागिता *n.* communion
sahai naramro साहै नराम्रो *adj.* abominable
sahaj सहज *adj.* facile
sahaliya सहलिया *adj.* trite
sahan shilta सहनशीलता *n.* endurance
sahan shilta सहनशीलता *n.* tolerance
sahana na sakine सहन नसकिने *adj.* intolerable
sahanu सहनु *n.* brook
sahanu सहनु *v.* endure
sahanu सहनु *v.* put up with
sahanu सहनु *v.* suffer
sahanu सहनु *v.* tolerate
sahanu bhuti सहानुभूति *n.* sympathy
sahara सहारा *n.* standby
sahas साहस *adj.* audacious
sahas साहस *n.* courage
sahas dekhune kaam साहस देखाउने काम *n.* bravado
sahas ko kam साहसको काम *n.* venture
sahas/himmat garnu साहसे/हिम्मत गर्नु *v.* dare
sahasi साहसी *adj.* courageous
sahasi साहसी *adj.* manful
sahasi साहसी *adj.* valiant
sahasi wyakti साहसी व्यक्ति *n.* go-getter
sahasik kam साहसिक काम *n.* adventure
sahasilo साहसिलो *adj.* adventurous
sahayak सहायक *n.* assisant
sahayak nadi सहायक नदी *n.* tributary
sahayata garnu सहायता गर्नु *v.* assist
sahayata/maddat garnu सहायता/मद्दत गर्नु *n.* aid
sahayta garn inkar garnu सहायता गर्न इन्कार गर्नु disoblige
sahe moto साहै मोटो *adj.* obese
sahe sano साहै सानो *adj.* teeny
saheb साहेब *n.* sir
sahi सही *n.* signature
sahili aunla साहिली औँला *n.* ring

finger

sahitya साहित्य *n.* literature

sahityasambandhi साहित्यसम्बन्धी *adj.* literary

sahmat hunu सहमत हुनु *v,* assent

sahnu सहनु *v.* abide

sahnu सहनु *v.* endure

sahodar bhai wa bahini सहोदर भाइ वा बहिनी *n.* sibling

sahti साथी *n.* mate

sahya सह्य *adj.* tolerable

sahyog garnu सहयोग गर्नु *v.* cooperate

saikal साइकल *n.* bicycle

saikal साइकल *n.* bike

sainik officer सैनिक अफिसर *n.* subaltern

sainik sarwekshan सैनिक सर्वेक्षण *n.* reconnaissance

sainik widroh सैनिक विद्रोह *n.* mutiny

saino साइनो *n.* relative

sair सैर *n.* jaunt

sair सैर *n.* trip

sais सईस *n.* ostler

saitan सैतान *n.* devil

sajaunu सजाउनु *v.* equip

sajawat सजावट *n.* layout

sajawat सजावट *n.* outfit

sajaya सजाय *n.* punishment

sajbaj साजबाज *n.* musical instrument .

sajellai jalnai सजिलै जल्ने *adj.* combustible

sajha साझा *adj.* common

sajhedar साझेदार *n.* shareholder

sajilai hune kam सजिलै हुने काम *n.* pushover

sajilo सजिलो *adj.* handy

sajilo सजिलो *adj.* simple

sajilo ra saphal banaunu सजिलो र सफल बनाउनु *v.* streamline

sajilo sanga सजिलोसँग *adv.* easily

sajilo sanga सजिलोसँग *adj.* easy

sajilo sanga laij ana sakine सजिलोसँग लैजान सकिने *adj.* portable

sajilo upaya सजिलो उपाय *n.* royal road

sajilojit सजिलो जीत *n.* walkover

sajiw सजीव *adj.* vivacious

sajja सज्जा *n.* gear

sakaratmak सकारात्मक *adj.* positive

sakharkhand सखरखण्ड *n.* sweet potato

sakht सख्त *adj.* strict

sakkali सक्कली *adj.* genuine

sakkali सक्कली *adj.* original

saknu सक्नु *n.* can

saksharta साक्षरता *n.* literacy

sakshi साक्षी *n.* evidence

sakshi साक्षी *n.* witless

sakshi baknu साक्षी बक्नु *v.* testify

sakun सक्नु *mod.* may

sakundhari शंकुधारी *n.* conifer

salad *n.* salad

salah सलह *n.* locust
salah सलह *n.* locust
salai सलाई *n.* match
salai ko batta सलाईको बट्टा *n.* matchbox
salai ko kanti सलाईको काँटी *n.* matchstick
salami सलामी *n.* salute
salana battha सालाना भत्ता *n.* annuity
salesh श्लेश *n.* irony
salgam सलगम *n.* turnip
salik सालिक *n.* statue
salla, devdaru सल्ला, देवदारू *n.* fir
sallah सल्लाह *n.* advice
sallah सल्लाह *n.* counsel
sallah kar सल्लाहकार *n.* advisor
sallah linu सल्लाह लिनु *v.* conuslt
sallahkar सल्लाहकार *n.* counsellor
sallo सल्लो *n.* pine
salnal सालनाल *n.* placenta
sam lingi समलिंगी *adj.* homosexual
samachar समाचार *n.* tidings
samachar samiti समाचार समिति *n.* press agency
samachar yogya समाचारयोग्य *adj.* newsworthy
samadhan समाधान *n.* solution
samadhi समाधि *n.* masuoleum
samaj sewi समाजसेवी *n.* social worker
samajh dari समझदारी *n.* understanding

samajhdar समझदार *adj.* sensible
samajik सामाजिक *adj.* social
samajik jamghat सामाजिक जमघट *n.* get-together
samajik sewa सामाजिक सेवा *n.* social services
samajik suraksha सामाजिक सुरक्षा *n.* social security
samajik wigyan सामाजिक विज्ञान *n.* social science
samaj-vigyan समाज-विज्ञान *n.* sociology
samajvirodhi समाजविरोधी *adj.* antisocial
samajwad समाजवाद *n.* socialism
saman सामान *n.* kit
saman सामान *n.* stock
samanjasya सामंजस्य *n.* concordance
samanta समानता *n.* likeness
samanti prathako das सामन्ती प्रथाको दास *n.* villein
samanubhuti समानुभूति *n.* empathy
samanwaya garnu समन्वय गर्नु *v.* coordinate
samanya सामान्यतवरले *adj.* normal
samanya सामान्य *adj.* petty
samanya akar wa napbhanda thulo सामान्य आकार वा नापभन्दा ठूलो *adj.* outsize
samanya gyan सामान्य ज्ञान *n.* common sense
samanya gyan सामान्य ज्ञान *n.* general knowledge

samanya gyan ko prashna सामान्य ज्ञानको प्रश्न *n.* quiz

samanya tawarle सामान्यतवरले *adv.* normally

samanya ukti सामान्य उक्ति *n.* platitude

samapati समाप्ति *n.* cessation

samapt garnu समाप्त गर्नु *v.* terminate

samapt garnu समाप्त गर्नु *v.* wind up

samapt hune समाप्त हुनु *v.* run out

samapti समाप्ति *n.* termination

samaroh समाासेह *n.* ceremony

samarpit garnu समर्पित गर्नु *v.* dedicate

samarthak समर्थक *n.* follower

samarthak समर्थक *n.* supporter

samarthan garnu समर्थन गर्नु *v.* stand by

samarthan garnu समर्थन गर्नु *v.* uphold

samarupta समरूपता *n.* resemblance

samast समस्त *adj.* overall

samasya समस्या *n.* snag

samata wadi समतावादी *n.* egalitarian

samathnu समात्नु *n.* catch

samatnu समात्नु *v.* nab

samatnu समात्नु *v.* round up

samatnu समात्नु *v.* seize

samatnu समात्नु *v.* take hold

samaya समय *n.* time

samaya bitaunu समय बिताउनु *v.* put in

samaya ko antar समयको अन्तर *n.* time lag

samaya ko palna garne समय को पालना गर्ने *adj.* punctual

samaya samaya ma hune समय समयमा हुने *adj.* periodical

samaya sima समयसीमा *n.* deadline

samaya talika समयतालिका *n.* timetable

samayatalika समयतालिका *n.* schedule

samayik सामयिक *adj.* timely

sambaddhta सम्बद्धता *n.* linkage

sambandh सम्बन्ध *n.* rapport

sambandh सम्बन्ध *n.* relationship

sambandhit समम्बन्धित *adj.* related

sambhaw सम्भव *adj.* feasible

sambhaw सम्भव *adj.* possible

sambhawana सम्भावना *n.* possibility

sambhog garnu संभोग गर्नु *v.* fuck

sambhog/maithun garnu सम्भोग/मैथुन गर्नु *v.* copulate

samhalnu सम्हाल्नु *v.* take over

samiksha समीक्षा *n.* review

samiti समिति *n.* committee

samjhana सम्झना *n.* remembrance

samjhana garanunu सम्झना गराउनु *v.* remind

samjhana layak ko सम्झन लायकको *adj.* memorable

samjhana layak ko सम्झना *n.* memory

samjhana layak ko सम्झन लायकको *adj.* notable

samjhanu समझनु *v.* recollect

samjhanu सम्झनु *v.* remember

samjhauta समझौता *n.* compromise

samjhauta sari sat pher garnu सम्झौतासरी साटफेर गर्नु *v.* trade off

samjhauto सम्झौटो *n.* reminder

samjhoto सम्झौटो *n.* memento

samkaleen समकालीन *adj.* contemporary

samlagna garaunu संलग्न गराउनु *v.* let in for

samlagnata संलग्नता *n.* involvement

samlingi stri समलिङ्गी स्त्री *n.* lesbian

samma सम्म *adj.* flat

samma सम्म *prep.* upto

samman dinu सम्मान दिनु *v.* dignify

samman janak सम्मानजनक *adj.* respectful

sammanit सम्मानित *adj.* reputable

sammelan सम्मेलन *n.* pow-wow

sammukh parnu सम्मुख पर्नु *v.* confront

samna garnu सामना गर्नु *v.* cope

samna garnu सामना गर्नु *n.* outface

samp gorkagjar सानो गिर्जाघर *n.* chapel

sampadan garnu सम्पादन गर्नु *v.* edit

sampanna सम्पन्न *n.* completion

sampanna सम्पन्न *adj.* prosperous

sampark सम्पर्क *n.* contact

sampark सम्पर्क *n.* intercourse

sampark सम्पर्क *n.* liaison

sampark adhikrit सम्पर्क अधिकृत *n.* liaison officer

sampati सम्पत्ति *n.* asset

sampha sanga सफासँग *adv.* neatly

samprachna संरचना *n.* structure

sampradya सम्प्रदाय *n.* sect

sampurn सम्पूर्ण *adj./adv.* whole

sampurn bhrahmand सम्पूर्ण ब्रह्मण्ड *n.* cosmos

samragi सम्राज्ञी *n.* empress

samraija wad साम्राज्यवाद *n.* imperialism

samrajya साम्राज्य *n.* empire

samrajyawadi साम्राज्यवादी *n.* imperialist

samrakshak संरक्षक *n.* patron

samrakshan संरक्षण *n.* conservation

samrakshan संरक्षण दिनु *n.* preservation

samrakshan dinu संरक्षण दिनु *v.* patronize

samrat सम्राट *n.* emperor

samrath va yogya banaunu समर्थ वा योग्य बनाउनु *v.* enable

samrathan समर्थन *v.* endorse

samsarga nishedh संसर्ग निषेध *n.* quarantine

samstha संस्था *n.* company

samsya समस्या *n.* problem

samtal maidan समतल मैदान *n.* plain

samudari chara समुद्री चरा *n.* gannet

samudari daaku समुद्री डाकू *n.* buccaneer

samudari daku समुद्री डाँकू *n.* pirate

samudari jantu समुद्री जन्तु *n.* dolphin

samudari machhako prakar समुद्री माछाको प्रकार *n.* mullet

samudaya समुदाय *n.* community

samudra par समुद्रपार *adj.* overseas

samudri bimari समुद्री बिमारी *n.* seasickness

samudri charako suli समुद्री चराको सुली *n.* guano

samudri chattan समुद्री चट्टान *n.* reef

samudri ghat समुद्री घाट *n.* seaport

samudri jhar समुद्री झार *n.* seaweed

samudri khana समुद्री खाना *n.* seafood

samudri kinar समुद्री किनार *n.* seashore

samudri sataha समुद्री सतह *n.* sea level

samudri yatri समुद्री यात्री *n.* seafarer

samudrik सामुद्रिक *adj.* marine

samudrik charo सामुद्रिक चरो *n.* albatross

samudritat समुद्रीतट *n.* sea beach

samuh समूह *n.* group

samuhik ruple सामूहिक रूपले *adv.* en masse

samundari maccha समुद्री माछा *n.* cod

samundra समुद्र *n.* sea

samwaddata संवाददाता *n.* reporter

samwedanshil संवेदनशील *adj.* sensitive

samwedik संवेदिक *adj.* sensory

samweg संवेग *n.* impulse

samwidhan संविधान *n.* constituion

samyawad साम्यवाद *n.* communism

samyawadi साम्यवादी *n.* communist

samyogant natak संयोगान्त नाटक *n.* comedy

samyukta संयुक्त *adj.* joint

samyukta संयुक्त *adj.* united

san सन *n.* jute

san laune patthar सान लाउने पत्थर *n.* whetstone

sana ghantuko tan tan awaj साना धंटी को टनटन आवाज *n.* jingal

sana hatiyar साना हतियार *n.* small arms

sana tina kura सानातिना कुरा *n.* small talk
sana-kal साना-कल *n.* gadget
sanakhat सनक *n.* ideosyncrasy
sanan स्नान *n.* ablutions
sanatak upadhi prapt nagreko vyakti स्नातक उपाधि प्राप्त नगरेको व्यक्ति *n.* undergraduate
sanchalak संचालक *n.* operator
sanchalak संचालक *n.* superintendent
sanchalak samiti संचालक समिति *n.* steering committee
sanchalan garnu संचालन गर्नु *v.* manage
sanchar संचार *n.* communication
sanchchai साँच्चै *adv.* really
sancho साँचो *n.* key
sancho साँचो *adj.* real
sancho साँचो *adj.* sincere
sancho साँचो *adj.* truthful
sancho chhiraune pwal साँचो छिराउने प्वाल *n.* keyhole
sancho haru halne rin साँचोहरु हाल्ने रिङ. *n.* keyring
sandarbh संदर्भ *n.* context
sandarbh सन्दर्भ *v.* refer
sandarbh dekhaunu सन्दर्भ देखाउनु *n.* reference
sandarbh pustakalya सन्दर्भ पुस्तकालय *n.* reference library
sandeh सन्देह *n.* suspicioun
sandeh prakat garnu सन्देह प्रकट गर्नु *v.* impugn
sandesh सन्देश *n.* dispatch
sandesh सन्देश *n.* message
sandesh dinu सन्देश दिनु *v.* communicate
sandesh puraune सन्देश पुन्याउने *n.* messaenger
sandesh pury aunu/sunaidinu सन्देश पुन्याउनु/सुनाइदिनु *v.* convey
sandesh puryaunu सन्देश पुन्याउनु *v.* relay
sandhe साँढे *n.* bull
sandhi सन्धि *n.* alliance
sandhi सन्धि *n.* entente
sandhi सन्धि *n.* entente
sandhi सन्धि *n.* pact
sandhi सन्धि *n.* treaty
sandhunga सानढुङ्गा *n.* hone
sandigdhta सन्दिग्धता *n.* dubiety
sang sangai सँगसँगै *adv.* side by side
sanga सँग *prep.* by
sanga hunu सँग हुनु *v./aux.* have
sangai सँगै *adv.* together
sangai jane jahaji beda संगै जाने जहाजी बेडा *n.* convoy
sangai rahanu सँगै रहनु *v.* co-exist
sangam संगम *n.* confluence
sangat संगत *adj.* congruous
sangathan संगठन *n.* assocation
sangeen संगीन *n.* bayonet
sangeetagya संगीतज्ञ *n.* maestro

sange-sange सँगे-सँगे *adv.prep.* abreast
sange-sange rakhnu सँगे-सँगे राख्नु *n.* juxtapose
sanghar संघार *n.* threshold
sangharsh संघर्ष *n.* struggle
sangit kar संगीकार *n.* musician
sangit rachna संगीत रचना *n.* opus
sangit sambandhi संगीत सम्बन्धी *n.* music
sanglo साहीनउंदग्ला *n.* cockroach
sangraha संग्रह *n.* storage
sangyog संयोग *n.* occurrence
sanjog parnu सन्जोग पर्नु *v.* coincide
sanjogota संयोजकता *n.* valence
sankalan सङ्कलन *n.* collection
sankat संकट *n.* crisis
sankat संकट *n.* emergency
sankat संकट *n.* hazard
sankat ko sthiti सङ्कट को स्थिति *n.* juncture
sankatma shant rehne shakti संकटमा शान्त रहने शक्ति *n.* sang-froid
sankaya सङ्काय *n.* faculty
sanket संकेत *n.* hint
sanket संकेत *n.* indication
sanket संकेत *n.* inkling
sanket सङकेत *n.* signal
sanket chinha संकेत चिन्ह *n.* notation
sanket garnu संकेत गर्नु *v.* allude
sanket lekhak संकेत लेखक *n.* stenographer
sanket shabd संकेत शब्द *n.* watchword
sankh शंख *n.* conch
sankhya badhi hunu सङ्ख्या बढी हुनु *v.* outnumber
sanki vyakti सनकी व्यक्ति *n.* crackpot
sanki vyakti सनकी व्यक्ति *n.* crank
sankirn सङकीर्ण *adj.* narrow-minded
sankoch संकोच *adj.* diffident
sankochi सङकोखे *adj.* self-conscious
sankriyta संक्रियता *n.* activity
sanmadhan garnu समाधान गर्नु *v.* resolve
sano सानो *adj.* small
sano adhar सानो आधार *n.* toehold
sano baccha सानो बच्चा *n.* chit
sano bancharo सानो बन्चरो *n.* hatchet
sano cake सानो केक *n.* waffle
sano chamcha सानो चम्चा *n.* teaspoon
sano chutai kotha सानो छुट्टै कोठा *n.* cubicide
sano dunga सानो डुङ्गा *n.* dinghy
sano gantho सानो गाँठो *n.* nub
sano gaun सानो गाउँ *n.* hamlet
sano ghar सानो घर *n.* maisonette
sano gupha सानो गुफा *n.* grotto

sano haanga सानो हाँगा *n.* sprig
sano hunu सानो हुनु *v.* shrink
sano katai सानो कटाइ *n.* nick
sano khaat सानो खाट *n.* cot
sano khari सानो खाड़ी *n.* cove
sano khet सानो खेत *n.* croft
sano khopilti सानो खोपिल्टी *n.* dint
sano lahar सानो लहर *n.* ripple
sano nadi सानो नदी *n.* rill
sano nau सानो नाउ *n.* skiff
sano paarwartiya taal सानो पार्वतीय ताल *n.* tarn
sano r dublo सानो र दुब्लो *adj.* puny
sano rato phal सानो रातो फल *n.* cherry
sano sundar harin सानो सुन्दर हरिण *n.* gazelle
sano tarwar सानो तरवार *n.* cutlass
sano thal सानो थाल *n.* roundel
sano ulka सानो उल्का *n.* shooting star
sanokan सानो कण *n.* speck
sanomootha सानो मूठा *n.* wisp
sanrakshan संरक्षण *v.* conserve
sanrakshan संरक्षण *n.* tutelage
sansad संसद *n.* parliament
sansani सनसनी *n.* thrill
sansanipurn सनसनीपूर्ण *adj.* sensational
sansar संसार *n.* world
sansarik सांसारिक *adj.* mundane
sansarik सांसारिक *adj.* worldly
sanshodhan संशोधन *n.* revision
sanskar widhi widhan संस्कार विधि विधान *n.* ritual
sanskritik सांस्कृतिक *adj.* cultural
sanstha संस्था *n.* organization
sansthan संस्थान *n.* institute
sansthapak संस्थापक *n.* founder
sant सन्त *n.* saint
santan सन्तान *n.* issue
santan सन्तान *n.* offspring
santan सन्तान *n.* progeny
santhganth साठगाँठ *n.* collusion
santosh सन्तोष *n.* satisfaction
santosh janak सन्तोषजनक *adj.* satisfactory
santulan सन्तुलन *n.* euquilibrium
santulit सन्तुलित *adj.* well balanced
santush garnu सन्तुष्ट गर्नु *v.* appeased
santusht सन्तुष्ट *adj.* satisfied
santusht parn naskine सन्तुष्ट पार्न नसकिने *adj.* implacable
santusht parnu सन्तुष्ट पार्नु *v.* satisfy
santwana सान्त्वना *n.* solace
sanu सानु *adj.* little
sanu akar ko wastu सानु आकार को वस्तु *n.* miniature
sanu chakku सानु चक्कु *n.* penknife
sanu kad ko सानु कदको *adj.* undersized

sanu kapi सानु कापी *n.* notebook
sanu udyog प्रसन्नचित *n.* light industry
sanubot सानुबोट *n.* sapling
sanusisi सानु सिसी *n.* phial
sanyasi सन्यांसी *n.* ascetic
sanyogko safalta संयोगको सफलता *n.* fluke
sanyogle संयोगले *adv.* perchance
sanyukt rajya america संयुक्त राज्य अमेरिका *n.* dollar
sapa सफा *adj.* tidy
sapa ko tokai सर्पको टोकाइ *n.* snakebite
sapasht garnu स्पष्ट गर्नु *v.* elucidate
sapasht roople vyakt garnu स्पष्ट रूपले व्यक्त गर्नु *v.* formulate
sapashtwadita स्पष्टवादिता *n.* candour
sapat linu सापट लिनु *v.* borrow
sapat linu सापट लिनु *n.* bum
sapat/rin dinu सापट/ऋण दिनु *v.* lend
sapero सपेरो *n.* snake charmer
sapha सफा *adj.* clean
sapha सफा *adj.* neat
sapha sugghar सफा-सुग्घर *adj.* neat and clean
saphal सफल *adj.* successful
saphalta सफलता *n.* hit
saphalta सफलता *n.* success
saphalta ka din सफलता का दिन *n.* heyday
saphalta ka sath kam garnu सफलता का साथ काम गर्नु *v.* put across
saphar सफर *n.* excursion
saphar सफर *n.* outing
sapna सपना *n.* dream
sapranu सप्रनु *v.* thrive
saprinu सप्रिनु *v.* prosper
saptahik साप्ताहिक *n.* weekly
saptbhuj सप्तभुज *n.* heptagon
sar सार *n.* essence
sar सार *n.* precis
sar saman सरसामान *n.* supplies
sar sankshep सार-सङ्क्षेप *n.* round-up
sar saphai सरसफाइ *n.* sanitation
saraansh prastut garnu सारांश प्रस्तुत गर्नु *v.* recapitulate
sarahd सरहद *n.* landmark
saral सरल *adj.* candid
saral karya सरल कार्य *n.* plain sailing
sarangi सारंगी *n.* fiddle
saransh सारांश *n.* summary
sarap सराप *n.* curse
sarap सराप *n.* imprecation
sarap सराप *n.* malediction
saras सारस *n.* crane
saras सारस *n.* stork
sarauta सरौता *n.* nutcracker
sarawoth स्रोत *n.* heritage
sares सरेस *n.* gelatine
sarg सर्ग *n.* canto

sarho साह्रो *adj.* hard

sarik garaunu सरिक गराउनु *v.* implicate

sarik/samawesh garnu सरिक/समावेश गर्नु *v.* involve

saripha सरिफा *n.* custard apple

sarkar सरकार *n.* government

sarkari wakil सरकारी वकील *n.* public prosecutor

sarkas सर्कस *n.* circus

sarki सार्की *n.* cobbler

sarki सार्की *n.* shoemaker

sarne सर्ने *adj.* contagious

sarnu सर्नु *v.* budge

sarot स्रोत *n.* fount

sarpa सर्प *n.* serpent

sarpa सर्प *n.* snake

saruwa सरुवा गर्नु *v.* transfer

saruwa rog सरुवा रोग *n.* infection

saruwa rog सरुवा रोग *adj.* infectious

sarvsammati सर्वसम्मति *n.* consensus

sarvvishay gyan सर्वविषय ज्ञान *n.* omnipresence

sarwa nam सर्वनाम *n.* pronoun

sarwa shakti man सर्वशक्तिमान् *n.* almighty

sarwaushadhi सर्वौषधि *n.* panacea

sarwochcha सर्वोच्च *adj.* paramount

sarwochcha सर्वोच्च *adj.* supreme

sas linu सास लिनु *v.* inhale

sas ra hos pharkaunu सास र होस फर्काउनु *v.* resuscitate

sas roki dinu सास रोकिदिनु *v.* smother

sasej ससेज *n.* sausage

sasko jhokka सासको झोक्का *n.* puff

sasto सस्तो *adj.* cheap

sasto सस्तो *adj.* inexpensive

sasto bhadkilo vastu सस्तो भड़किलो वस्तु *adj.* trumpery

sasu सासू *n.* mother-in-law

sasura ससुरा *n.* father-in-law

sat सात *n.* seven

sata patri phul सयपत्री फूल *n.* marigold

satabarsiya शतवर्षीय *adj.* centennial

satahi सतही *adj.* unidimensional

satark rahanu सतर्क रहनु *v.* watch out

satark rahanu साता *n.* week

satarkta सतर्कता *adj.* aware

satasat साटासाट *n.* exchange

sataun सातौं *n./adj.* seventh

sataunu सताउनु *v.* harass

sataunu सताउनु *v.* molest

sataunu सताउनु *v.* pester

sath dinu साथ दिनु *v.* accompany

sathauanu सताउनु *v.* offend

sathi साथी *n.* companion

sathi साथी *n.* comrade

sathi साथी *n.* fellow

sathi साथी *n.* folk
sathi साथी *n.* friend
sathi साथी *n.* pal
sathi साथी *n.* partner
sathi साठी *n.* sixty
sathma साथमा *prep.* along
satkar सत्कार *n.* hospitality
satkarshil सत्कारशील *adj.* hospitable
sato साटो *n.* shift
sato साटो *n.* substitue
satpher साटफेर *n.* barter
satra सत्र *n.* seventeen
satraun सत्रौं *n./adj.* seventeenth
sattama khadahunu सट्टामा खडा हुनु *v.* represent
sattan साटन *n.* satin
sattari सत्तरी *n.* seventy
satunu सताएनु *v.* persecute
satya सत्य *n.* truth
satyata सत्यता *v.* verity
saugat सौगात *n.* offering
saundarya sambandhi सौन्दय्र सम्बन्धी *adj.* aesthetic
saunf सौंफ *n.* aniseed
saur सउर *n.* birch
saur mandal सौरमण्डल *n.* solar system
sauti garnu साउती गर्नु *v.* whisper
sautini ama सौतिनी आमा *n.* stepmother
sautini bahini/didi सौतिनी बहिनी/दिदी *n.* stepsister
sautini bhai/daju सौतिनी भाइ/दाजु *n.* stepbrother
sautinidaju सौतिनी दाजु *n.* half-brothher
sawahan संवहन *n.* convection
sawar सवार *n.* rider
sawari सवारी *n.* vehicle
sawas श्वास *n.* breath
sawdhan garnu सावधान गर्नु *v.* warmth
sawdhan garnu सावधान *adj.* watchful
sawdhan hunu सावधान हुनु *v.* beware
sawdhani सावधानी *n.* precaution
saya सय *n.* hundred
saya kolo 100 किलो *n.* quintal
saya prati shat सय प्रतिशत *n.* hundred percent
sayad सायद *adv.* perhaps
sayakada सयकडा *adj.* percent
school bhagua स्कूल भगुवा *n.* truant
sdangit karyakram संगीत कार्यङ्क्रम *n.* concert
secretari सेक्रेटरी *n.* secretary
seesa rangko सीसा रंग को *adj.* livid
sekhi na garne सेखी नगर्ने *adj.* modest
seknu सेक्नु *v.* bake
seknu सेक्नु *v.* foment
sekuwa सेकुवा *n.* roast
semestar सेमेस्टर *n.* semester

sena सेना *n.* military
sena सेना *n.* troops
senako ek bhaag सेनाको एक भाग *n.* platoon
senako ek vibhaag सेनाको एक विभाग *n.* brigade
septi pin सेप्टिपिन *n.* safety pin
sero phero सेरोफेरो *n.* surrounding
set सेट *n.* set
setho सेतो *n.* albino
seto सेतो *adj.* white
seto सेतो *adj.* white
seto dhatu सेतो धातु *n.* aluminium
seto kamal सेतो कमल *n.* water lily
seto mato सेतो माटो *n.* kaolin
sewa सेवा *n.* service
shabd शब्द *n.* word
shabd kosh शब्द कोश *n.* dictionary
shabd paheli शब्द पहेली *n.* crossword
shabd rup शब्द रूप *n.* declension
shabd yojna शब्द-योजना *n.* diction
shabdawali शब्दावली *n.* vocabulary
shadbhuj षड्भुज *n.* hexagon
shadyantra षड्यंत्र *n.* conspiracy
shahar शहर *n.* city
shahar ko bahiri bhag शहरको बाहिरी भाग *n.* outskirts
shahari ाहरी *adj.* urban
shahi शाही *adj.* regal
shahid शहीद *n.* martyr
shaili शैली *n.* genre
shaili शैली *n.* style
shaishaw kal शैशव काल *n.* infancy
shaitaan शैतान *n.* devil
shakha शाखा *n.* section
shakti ाक्ति *n.* vigo(u)r
shaktiheen parnu शक्तिहीन पार्नु *v.* devitalize
shaktihin शक्तिहीन *adj.* powerless
shaktihin wyakti शक्तिहीन व्यक्ति *n.* lame duck
shakun शकुन *n.* omen
shakun शकुन *n.* omen
shaman garnu ामन गर्नु *v.* soothe
shamya क्षम्य *adj.* venial
shandar ानदार *adj.* splendid
shandar शान्दार *adj.* superb
shanigraha शनिग्रह *n.* saturn
shaniwar शनिवार *n.* Saturday
shanka शंका *n.* doubt
shanka शंका *n.* jeopardy
shanka शंका *n.* misgiving
shanka janak शंकाजनक *adj.* doubtful
shanka lageko manis शंका लागेको मानिस *v.* suspect
shanka lagne शंका लाग्ने *adj.* suspicious

shanka na garine शंका नगरिने *adj.* unsuspecting

shankaspad ंकास्पद *adj.* questionable

shankha kiro शङ्खे कीरो *n.* snail

shant शान्त *adj.* demure

shant शान्त *adj.* impassive

shant शान्त *adj.* placid

shant शान्त *adj.* quiet

shant शान्त *adj.* serene

shant शान्त *adj.* sober

shanti शान्ति *n.* calm

shanti शान्ति *n.* composure

shanti शान्ति *n.* lull

shanti शान्ति *n.* peace

shanti शान्ति *n.* quietude

shanti शन्ति *n.* tranquility

shanti ko pratik शान्तिको प्रतीक *n.* olive branch

shanti kshetra शान्तिक्षेत्र *n.* zone of peace

shanti sanga शान्तिसँग *adv.* quietly

shantipurn शान्तिपूर्ण *adj.* peaceful

shantipurn sahastitwa शान्तिपूर्ण सहअस्तित्व *n.* peaceful coexistence

shapath patra ापथ प> *n.* affidavit

sharad ritu ारद ऋतु *n.* autumn

sharam सरम *n.* blush

sharan शरण *n.* refuge

sharan शरण *v.* resort

sharan शरण *n.* shelter

sharat शर्त *n.* proviso

shareerik शारीरिक *adj.* corporal

sharir शरीर *n.* body

sharir ko mathillo adha bhag शरीरको माथिल्लो आधा भाग *n.* bust

sharirbaat alag bhaeko शरीरबाट अलग भएको *adj.* disembodied

sharirik म6176शारीरिक *adj.* physical

sharir-rachnako vigyan शरीर रचना को विज्ञान *n.* anatomy

sharnarthi शरणार्थी *n.* refugee

shart शर्त *n.* stipulation

shasak शासक *n.* ruler

shasan chalaunu शासन चलाउनु *v.* govern

shasan kal शासनकाल *n.* regime

shasan wyawastha शासन व्यवस्था *n.* regimen

shashan garnu ासन गर्नु *v.* administer

shat warshiki शतवार्षिकी *n.* centenary

shatabdi शताब्दी *n.* century

shatru ात्रु *n.* enemy

shatru शत्रु *n.* foe

shatruta शत्रुता *n.* enmity

shauchalaya शौचालय *n.* urinal

shayad शायद *adv.* maybe

sheersh शीर्ष *n.* vertex

sheershak ीर्षक *n.* caption

sheershakheen शीर्षकहीन *adj.* untitled

sheesa सीसा lead
sheet शीत *n.* dew
shekshik शैक्षिक *adj.* scholastic
shesh शेष *n.* residue
shikar शिकार *n.* prey
shikar शिकार *n.* victim
shikar banaunu शिकार बनाउनु *v.* victimize
shikar khelnu शिकार खेल्नु *v.* hunt
shikar ko abhiyan शिकार को अभियान *n.* safari
shikari शिकारी *n.* hunter
shikari kukkur शिकारी कुकुर *n.* beagle
shikari kurkur शिकारी कुकुर *n.* hound
shikhar शिखर *n.* apex
shikhar शिखर *n.* top
shiksha शिक्षा *n.* education
shiksha dine शिक्षा दिने *adj.* didactic
shiksha dinu शिक्षा दिनु *v.* educate
shiksha va shikshan sambandhi शिक्षा वा शिक्षण संबंधी *adj.* academic
shikshadhyaksha शिक्षाध्यक्ष *n.* rector
shikshak शिक्षक *n.* teacher
shila शिला *n.* slab
shilpi शिल्पी *n.* artisan
shir dard शिरदर्द *n.* headache
shir posh शिरपोश *n.* headdress
shirako शिराको *adj.* venous
shirshak शीर्षक *n.* headline
shishtachar शिष्टाचार *n.* decorum
shishu शिशु *n.* infant
shishu widyalaya शिशु विद्यालय *n.* kindergarten
shithil शिथिल *adj.* lackadaisical
shithil/durbal hunu शिथिल/दुर्बल हुनु *v.* languish
shitil शिथिल *adj.* languid
shochniya गेचनीय *adj.* deplorable
shochniya शोचनीय *adj.* regrettable
shodh-prabandhan शोध-प्रबन्ध *n.* treatise
shok manaunu शोक मनाउनु *v.* mourn
shok-geet शोक-गीत *n.* dirge
shraddhanjali श्रद्धांजलि *n.* condolence
shraddhanjali श्रद्धांजलि *n.* homage
shradha r dar श्रद्धा र डर *n.* awe
shreni श्रेणी *n.* category
shreni baddha श्रेणीबद्ध *v.* classify
shreshth श्रेष्ठ *adj.* superior
shreshtha श्रेष्ठ *adj.* noble
shri श्री *n.* mr
shri panch ko sarkar श्री पाँचको सरकार *n.* his Majesty's Government
shrikhand श्रीखण्ड *n.* sandalwood
shrimati श्रीमती *n.* mrs
shringar श्रृंगार *n.* make-up
shripech श्रीपेच *n.* crown

shrota gan श्रोतागण *n.* audience
shubha शुभ *adj.* auspicious
shuddha ठीक *thik* correct
shuddha शुद्ध *adj.* pure
shuddha garnu शुद्ध गर्नु *v.* refine
shuddha manle शुद्ध मनले *adv.* sincerely
shuddha seto शुद्ध सेतो *adj.* snow-white
shuddha tulyaunu शुद्ध तुल्याउनु *v.* purify
shudhipatra शुद्धिपत्र *n.* corrigendum
shudhta शुद्धता *n.* purity
shukra graha ुक्रग्रह *n.* venus
shukra tara ुक्रतारा *n.* morning star
shukra war शुक्रवार *n.* Friday
shulakar stambh शुलाकार स्तम्भ *n.* obelisk
shulk dwar शुल्कद्वार *n.* turnpike
shulka शुल्क *n.* fee
shunya ून्य *adj.* desolate
shunya शून्य *n.* nil
shunyawad शून्यवाद *n.* nihillism
shuro शूरो *adj.* bold
shuru शुरु *n.* outset
shuru शुरु *n.* rudiment
shuru शुरु *n.* start
shuru garnu शरु गर्नु *v.* set about
shuru garnu शुरु गर्नु *v.* take to
shuru ko ुरुको *adj.* perliminary
shuru ko kam शुरुको काम *n.* spadework
shuruwat शुरुवात *n.* beginning
shwas prashwas वासप्रश्वास *n.* respiration
shwet patra वेतपत्र *n.* white paper
shyna सेना *n.* army
siddhant सिद्धान्त *n.* doctrine
siddhant सिद्धान्त *n.* motto
siddhant सिद्धान्त *n.* principle
siddhant सिद्धान्त *n.* tenet
siddhant सिद्धान्त *n.* theory
siddhinu सिद्धिनु *v.* exhaust
siddhinu सिद्धिनु *v.* give out
siddhyaunu सिध्याउनु *v.* finish
siddhyaunu सिद्धयाउनु *v.* use up
sidha सीधा *adj.* straight
sidha parnu सीधा पार्नु *v.* straighten
sidha sadha सीधासाधा *adj.* unaffected
sikarmi सिकर्मी *n.* carpenter
sikayat garnu सिकायत गर्नु *v.* complain
sikka सिक्का *n.* coin
sikka huttyaunu सिक्का हुत्त्याउनु *v.* toss up
sikka ko huttyai सिक्का को हुत्त्याइ *v.* toss
sikkha सुक्खा *adj.* arid
siknu सिक्नु *v.* learn
siksha diksha शिक्षादीक्षा *n.* upbringing
silai सिलाइ *n.* needlework

silai kholnu सिलाई खोल्नु *adj.* unpick
silika सिलिका *n.* silica
silot सिलोट *n.* slate
sima सीमा *n.* limit
sima rahit सीमा रहित *adj.* limitless
simana सिमाना *n.* boundary
simana सिमाना *n.* forntier
simanti सिमण्टी *n.* cement
simha सिंह *n.* lion
simhini सिंहिनी *n.* lioness
simi सिमी *n.* bean
simit सीमित *adj.* finite
simit सीमित *adj.* limited
simit rakhnu सीमित राख्नु *v.* confine
simitta सीमितता *n.* limitation
simsim pani सिमसिम पानी *n.* drizzle
simta सिम्टा *n.* pine cone
sinchai सिँचाइ *n.* irrgation
sindur सिन्दूर *n.* vermilion
sinet सिनेट *n.* senate
sinetar सिनेटर *n.* senator
singan सिँगान *n.* mucus
singareako सिँगारिएको *adj.* bedeeked
singarnu सिंगार्नु, सज्नु *v.* adorn
singarnu स्रिगार्नु *v.* decorate
singarnu सिँगार्नु *v.* garnish
singh सिङ्ग *n.* horn
sinu khane pashu/chara सिनु खाने प्शु/चरा *n.* scavenger
sinudi सिउँडी *n.* cactus
sip सीप *n.* craft
sip युक्ति *n.* knack
sip सीप *n.* skill
sip सीप *n.* tact
sipahi सिपाही *n.* soldier
sipahi सिपाही *n.* warrior
sipahiharuko dera सिपाहीहरुको डेरा *n.* billet
sipalu सिपालु *adj.* adept
sipalu सिपालु *adj.* clever
sipalu सिपालु *adj.* expert
sipharish garnu सिफारिश गर्नु *v.* recommend
sipharish garnu सिफारिश गर्नु *n.* recommendation
sipi सिपी *n.* mother-of-pearl
sipi ko tank सिपीको टाँक *n.* pearl button
sippi सिपी *n.* oyster
sippi सिपी *n.* scallop
sira ko jodle chalne injin सिर्काको जोडले चल्ने इन्जिन *n.* jet endine
sirak सिरक *n.* quilt
sirka सिरका *n.* vinegar
sirka chhodnu सिर्का छोड्नु *v.* ejaculate
sisa kalam सिसाकलम *n.* pencil
sisi सिसी *n.* bottle
sisnu सिस्नु *n.* nettle
sit bhetnu सित भेट्नु *v.* encounter
sith mail khanu सित मेल खानु *v.* accord

sittai सित्तै *adj.* free of cost
sittai dieko सित्तै *adv.* gratis
sitthi सिट्ठी *n.* whistle
siune kal सिउने कल *n.* sewing machine
siunu सिउनु *v.* sew
siwaya सिवाय *prep.* except
siwaya सिवाय *prep.* short of
siyo सियो *n.* needle
skart स्कर्ट *n.* skirt
skhalan स्खलन *n.* ejaculation
skiaunu सिकाउनु *v.* instruct
skutar स्कूटर *n.* scooter
skwas khel स्कवास खेल *n.* squash
slipin byag सिलपिङ ब्याग *n.* sleeping bag
smapat garnu समाप्त गर्नु *adj.* abolish
smarak स्मारक *n.* memorial
smarak स्मारक *n.* monument
smaran garnu स्मरण गर्नु *v.* commemorate
smiana सिमाना *n.* border
smriti-lop स्मृति लोप *n.* amnesia
snaga सँग *prep.* with
snan स्नान *n.* bath
snatak स्नातक *n.* graduate
snayu स्नायु *n.* ligament
snayu स्नायु *n.* nerve
snayu pranali स्नायु प्रणाली *n.* nervous system
snayurog स्नायुरोग *n.* neuralgia
soanp सोंप *n.* fennel
sochnu सोच्नु *v.* ponder
soda सोडा *n.* soda
soda pani सोडा पानी *n.* soda water
sodh puchh सोधपुछ *n.* inquiry
sodh puchh garnu सोधपुछ गर्नु *v.* enquire
sodhnu सोध्नु *v.* ask
sohaag सोहाग *n.* borax
sojhai सोझै *adj.* point-blank
sojho सोझो *adj.* naive
sojho सोझो *adj.* unsophisticated
sojho rakhnu सोझो राख्नु *v.* align
sokh सोख *n.* hobby
sokh sayal garne सोख सयल गर्ने *adj.* luxurious
sokhin सोखिन *n.* amateur
sokhsuchak sabdha शोकसूचक शब्द *inter.* alas
sokpa सोक्पा *n.* yeti
soli सोली *n.* funnel
somwar सोमवार *n.* monday
soot सूत *n.* yarn
sopha सोफा *n.* sofa
sorha सोरह *n.* sixteen
sosilo सोसिलो *adj.* spongy
sosnu सोस्नु *v.* absorb
spainko jahaj स्पेनको जहाज *n.* galleon
sparsh स्पर्श *n.* touch
sparshko स्पर्शको *adj.* tactile
spasht स्पष्ट *adj.* blatant
spasht स्पष्ट *adj.* clear

spasht स्पष्ट *adj.* flagrant
spasht स्पष्ट *adj.* obvious
spasht स्पष्ट *adj./adv.* outright
spasht garnu स्पष्ट गर्नु *v.* clarify
spasht sanga स्पष्टसँग *adv.* flatly
spasht wakta स्पष्टवक्ता *adj.* plainspoken
spastha स्पष्ट *adj.* apparent
sphurti dine स्फूर्ति दिने *adj.* bracing
sponj स्पोंज *n.* sponge
srijana/rachna garnu सृजना/रचना गर्नु *v.* create
srishti karta सृष्टिकर्ता *n.* creator
srot स्त्रोत *n.* resource
staggit garnu स्थगित गर्नु *v.* adjourn
stanpayi jantu स्तनपायी जन्तु *n.* mammal
star स्तर *n.* standard
star स्तर *n.* strata
stensil स्टेन्सिल *n.* stencil
sterin स्टेरिङ *n.* steering wheel
sthal स्थल *n.* terra firma
sthal wahini स्थल वाहिनी *n.* battalion
sthalmargbat स्थलमार्गबाट *adv.* overland
sthaniya स्थानीय *n.* location
sthaniya boli स्थानीय बोली *n.* patios
sthapana सीपना *n.* establishment
sthapana/khada garnu सीपना/खडा गर्नु *v.* establish
sthapit garnu स्थापित गर्नु *v.* install
sthayi स्थायी *adj.* permanent
sthayi adesh स्थायी आदेश *n.* standing order
sthayi samiti स्थायी समिति *n.* standing committee
sthir स्थिर *adj.* constant
sthir स्थिर *adj.* motionless
sthir स्थिर *adj.* static
sthir स्थिर *adj.* steady
sthiti स्थिति *n.* circumstance
sthiti स्थिति *n.* situation
sthiti स्थिति *n.* state
stone सङ्गमरमर *n.* marble
stri स्त्री *n.* female
stri jasto purush स्त्री जस्तो पुरुष *n.* sissy
stri rog wisheshgya स्त्रीरोग विशेषज्ञ *n.* gyn(a)ecologist
striko bhitri luga स्त्रीको भित्री लुगा *n.* undies
striko niji kotha स्त्रीको निजी कोठा *n.* boudoir
striling स्त्रीलिंग *adj.* feminine
strirog vigyan स्त्रीरोग विज्ञान *n.* gynaecology
strirulai mohit narne purush स्त्रीहरूलाई मोहित नार्ने पुरुष *n.* ladykiller
studio स्टूडियो *n.* studio
subista sanga सुविबस्तासँग *adv.* safely

suchak-shabad सूचक-शब्द *n.* catchword

suchana सूचना *n.* information

suchana सूचना *n.* notice

suchanapati सूचनापाटी साइनबोर्ड *n.* signboard

suchi सूची *n.* index

suchi सूची *n.* list

suchipatra सूचीपत्र *n.* catalogue

suchit garnu सूचित गर्नु *v.* notify

sudharnu सुधार्न्र *v.* improve

sudharnu सुधार्नु *v.* recast

sudharnu सुधारनु *n.* reform

sudur pashchim सुदूरपश्चिम *adj.* westernmost

suga सुगा *n.* parrot

sugam ritile bager janu सुगम रीतीले बगेर जानु *v.* scud

sugandh सुगन्ध *n.* smell

sugandhit सुगन्धित *n.* aroma

sugandhit सुगन्धि *adj.* fragrant

sugandhit सुगन्धित *adj.* redolent

suhaoudho सुहाउँदो *adj.* appropriate

suhaundo सुहाउँदो *adj.* becoming

suhaundo सुहाउँदो *adj.* pertinent

suhaundo सुहाउँदो *adj.* suitable

sui सुई *n.* injection

sui launu सूई लाउनु *v.* inject

suidinu सुई दिनु *v.* inoculate

suj सुज *n.* inflammation

sujak सुजाक *n.* gonorrh(o)ea

sujhau dinu सुझाउ दिनु *v.* suggest

sukaeko सुकाएको *adj.* desiccated

sukeko सुकेको *adj.* dry

sukeko सूकेको *adj.* wizened

sukh duhkh सुखदुःख *n.* weal and woe

sukh va ullas ko sthiti सुख वा उल्लास को स्थिति *n.* euphoria

sukhad सुखद *n.* idyll

sukkha सुक्खा *n.* drought

suksham parikshan सूक्ष्म परीक्षण *n.* scrutiny

sukshamdarshak सूक्ष्मदर्शक *n.* microscope

sukum basi सुकुम्बासी *n.* squatter

sukumar सुकुमार *adj.* ethereal

sul सूल *n.* colic

suli सूली *n.* cross

suli सूली stake

sum sumyaunu सुमसुम्याउनु *v.* fondle

sumdhur सुमधुर *adj.* melliflous

sumlo सुम्लो *n.* muscle

sumpanu सुम्पनु *v.* entrust

sumpanu सुम्पनु *v.* extradite

sumpanu सुम्पनु *v.* handover

sumpieko kam सुम्पिएको काम *n.* assignment

sun सुन *n.* gold

sun सन *n.* hemp

sun ko jalap सुनको जलप *n.* rolled gold

sunakhari सुनाखरी *n.* orchid

sunar सुनार *n.* goldsmith

sunaulo सुनौलो *adj.* golden
sundar सुन्दर *adj.* beautiful
sundar सुन्दर *adj.* comely
sundar सुन्दर *adj.* elegant
sundar सुन्दर *adj.* lovely
sundar vastra r gehnapat सुन्दर वस्त्र र गहनापात *n.* finery
sundari naari सुन्दरी नारी *n.* belle
sundeni सुँडेनी *n.* midwife
sune anusar सुनेअनुसार *adv.* reportedly
suneko kura सुनेको कुरा *n.* hearsay
sunenischit सुनिश्चित *adj.* cocksure
sungur सुँगुर *n.* pig
sungur सुँगुर *n.* pig
sungur सुँगुर *n.* swine
sungurko khor सुङ्गुरको खोर *n.* sty
sungurko maas सुँगुरको मासु *n.* pork
sungurle bacha janmaunu सुँगरले बच्चा जन्माउनु *v.* farrow
suninu सुनिनु *v.* swell
sunna na sakine सुन्न नसकिने *adj.* inaudible
sunna sakine सुन्न सकिने *adj.* audible
sunne wyakti सुन्ने व्यक्ति *n.* listener
sunnu सुन्नु *v.* hark
sunnu सुन्नु *n.* hear
sunnu सुन्नु *v.* listejn
suntala सुन्तला *n.* citrus
suntala सुन्तला *n.* orange
sunu सुन्नु *v.* hearken
sunwai सुनवाइ *v.* hearing
supar bhajjar सुपरभाइजर *n.* supervisor
supari सुपारी *n.* betel nut
supari सुपारी *n.* nut
supathit सुपठित *adj.* well read
supt सुप्त *adj.* dormant
supurdagi सुपुर्दगी *n.* extradition
surak launu सुराक लाउनु *v.* track down
suraksha सुरक्षा *n.* security
surakshit सुरक्षित *adj.* immune
surakshit chhura सुरक्षित छुरा *n.* safety razor
surakshit garaunu सुरक्षित गराउनु *vc.* secure
surakshit garnu सुरक्षित गर्नु *v.* reserve
surakshit garnu सुरक्षित गर्नु *adj.* reserved
surath सुरथ *n.* spades
surkeni सुर्केनी *n.* loop
surkeni gantho सुर्केनी गाँठो *n.* slip-knot
surknu सुर्कनु *v.* sniff
suro सूरो *adj.* daring
suro सुरो *n.* spike
surti सुर्ती *n.* tobacco
surun सुरुङ *n.* trench
surun सुरुङ *n.* tunnel
survishesh सुरविशेष *n.* vermouth
surya सूर्य *n.* sun

surya ghadi सुर्य घडी *v.* dial

surya grahan सुर्य ग्रहण *n.* eclipse

surya grahan सूर्यग्रहण *n.* solar eclipse

surya kant mani सूर्यकान्त मणि *n.* jasper

surya ko सूर्यको *adj.* solar

surya mukhi phul सूर्यमुखी फूल *n.* sunflower

surya snan सूर्य स्नान *n.* sunbath

suryast सूर्यास्त *n.* sundown

suryast सूर्यास्त *n.* sunset

suryodaya सूर्योदय *n.* sunrise

susapshat सुस्पष्ट *adj.* unambiguous

sushankya शुशंक्य *n.* computer

sushil सुशील *adj.* courteous

sushil सुशील *adj.* seemly

sushil सुशील *adj.* well bred

sust सुस्त *adj.* weak-minded

sut सूट *n.* suit

sut सुट *n.* yard

suti kapada सुती कपडा *n.* linen

suti luga सूती लुगा *n.* calico

suti luga सूती लुगा *n.* nankeen

sutkeri bida सुत्केरी बिदा *n.* maternity leave

sutne bela ma laune kamij सुत्ने बेलामा लाउने कमिज *n.* nightshirt

sutne thau सुत्ने ठाउँ *n.* kip

sutnu सुत्नु *v.* lie down

sutnu सुत्नु *v.* sleep

sutra सूत्र *n.* formula

sutradhar सूत्रधार *n.* compere

suttuk bhagnu सुटुकूक भाग्नु *v.* abscond

sutukka/lukera janu सुटुक्क/लुकेर जानु *v.* sneak

suwidha सुविधा *n.* amenity

suwidha सुविधा *n.* facility

suwidha साुविधा *n.* privilege

swabhavik स्वाभाविक *adj.* radical

swabhavik parinam स्वाभाविक परिणाम *n.* corollary

swabhaw स्वभाव *n.* temperament

swabhaw स्वभाव *n.* trait

swabhawai le स्वभावैले *adv.* naturally

swachand स्वच्छन्द *adj.* unfettered

swad स्वाद *n.* flavo(u)r

swad स्वाद *n.* taste

swadeshi bhasha स्वदेशी भाषा *n.* vernacular

swadhinta स्वाधीनता *n.* liberty

swadilo स्वादिलो *adj.* tasteful

swadilo स्वादिलो *adj.* tasty

swadilo khana स्वादिलो खाना *n.* delicacy

swagat स्वागत *n.* reception

swagat स्वागत *n.* welcome

swagat dwar स्वागत द्वार *n.* welcome arch

swagat garne स्वागत गर्ने *n.* receptionist

swahini संवहिनी *adj.* vascular

swamitwa स्वामित्व *n.* tenure

swan swan garnu स्वाँ स्वाँ गर्नु *v.* pant
swantantra स्वतंत्र *adj.* free
swar स्वर *n.* voice
swarg स्वर्ग *n.* heaven
swarg स्वर्ग *n.* paradise
swargiya स्वर्गीय *adj.* heavenly
swarth स्वार्थ *n.* self-interest
swarth स्वार्थ *n.* selfishness
swarthi स्वार्थी *adj.* selfish
swasni स्वास्नी *n.* wife
swasni ko wash ma rahane स्वास्नीको वशमा रहने *adj.* henpecked
swasth स्वस्थ *adj.* hale
swasth स्वस्थ *adj.* sane
swasthya labh स्वास्थ्यलाभ *n.* recovery
swasthya labh स्वास्थ्य लाभ *n.* recuperation
swasthya wigyan स्वास्थ्य विज्ञान *n.* hygiene
swasthyakar स्वास्थ्यकर *adj.* sanitary
swatantra ruple स्वतंत्र रूपले *adv.* freely
swatantrata स्वतन्त्रता *n.* independence
swawlamban स्वावलम्बन *n.* self-help
swawlambi स्वावलमी *adj.* self-reliant
swayam sewak स्वयंसेवक *n.* volunteer
swayamsiddha स्वयंसिद्ध *adj.* self-evident
sweater स्वेटर *n.* cardigan
sweater स्वेटर *n.* pullover
swechchhachari स्वेच्छाचारी *adj.* high-handed
swetar स्वेटर *n.* sweater
swich स्वीच *n.* switch
swikar garnu स्वीकार गर्नु *v.* accde
swikar garnu स्वीकार गर्नु *v.* agree
swikar garnu स्वीकार गर्नु *v.* concur
swikar garnu स्वीकार गर्नु *v.* confess
swikar na garieko wyakti स्वीकार नगरिएको व्यक्ति *n.* persona non grata
swikar/manjur garnu स्वीकार/मन्जुर गर्नु *v.* accept
swlkriti स्वीकृति *n.* acknowledgement
swikriti स्वीकृति *n.* okay(ok)
syabaas स्याबास *int.* bravo
syabash स्याबाश *adj.* well done
syal स्याल *n.* jackal
syampu स्याम्पू *n.* shampoo
syandwich स्याण्डबीच *n.* sandwich
syar syar awaj niklanu स्यारस्यार आवाज निक्लनु *n.* rustle
syau स्याउ *n.* apple

T

ta pani तापनि *conj.* though

taal badlanu ताल बदल्नु *v.* syncopate

taar तार *n.* chord

taar jasto तार जस्तो *adj.* wiry

taashko khel ताशको खेल *n.* bingo

taasne vastu टाँस्ने वस्तु *adj.* adhesive

taayar टायर *n.* tyre

tab टब *n.* tub

tabela तबेला *n.* stall

tachhnu ताछ्नु *v.* scrape

tadha टाडा *adj.* aloof

tadha टाढ़ा *adv.* away

tadha टाढा *adj.* far

tadha bata garine teli phon टाढाबाट गरिने टेलिफोन *n.* trunkcall

tadha ko टाढाको *adj.* remote

tadha rahanu टाढा रहनु *v.* shun

tagaro तगारा *n.* obstacle

tagat तागत *n.* strength

tagat ko aushadi तागतको औषधि *n.* tonic

tah तह *n.* layer

tah तह *n.* level

tahudi यहूदी *n.* jew

tail chitra तैलचित्र *n.* oil painting

tainath garnu तैनाथ गर्नु *v.* deploy

tainathi तैनाथी *n.* deployment

taip raitar टाइपराइटर *n.* typewriter

taipist टाइपिस्ट *n.* typist

taja ताजा *adj.* fresh

taja garaunu ताजा गराउनु *v.* refresh

taja parnu ताजा पार्नु *v.* recreate

takhta तखता *n.* shelf

takia adima halne simalko rui तकिया आदिमा हाल्ने सिमलको रूई *n.* kapok

takiya तकिया *n.* pillow

takkaadnu टक्क अड्नु *v.* stop dead

taksar टकसार *n.* mint

tal ताल *n.* lake

tal ताल *n.* rhythm

tal jharnu तल झर्नु *v.* condescend

tala तल *n.* down

tala तला *n.* storey

tala jharne wegwan nadi तल झने बेगवान नदी *n.* rapids

tala mathi तल माथि *n.* ups and downs

tala tira तलतिर *adv.* downstairs

talab तलब *n.* pay

talab तलव *n.* salary

talab तलब *n.* wage

talabi suchi तलबी सूची *n.* payroll

talau तलाउ *n.* tier

talcha ताल्चा *n.* lock

talcha ताल्चा *n.* padlock

taleem prapt dal तालीम प्राप्त दल *n.* cadre

taleko jasto khalti टालेको जस्तो खल्ती *n.* patch pocket

talikabadh तालिकाबद्ध *adj.* tabular
talikama तालिकामा *v.* tabulate
talim तालीम *n.* training
talim paeko तालीम पाएको *adj.* trained
talime तालिमे *n.* trainee
talkanu टलकनु *v.* glint
talkaunu टलकाउनु *v.* furbish
tallo तल्लो *adj.* inferior
tallo तल्लो *adj.* lower
tallo the तल्लो तह *n.* substratum
taltul garne kam टालटुल गर्ने काम *n.* patchwork
talu khuile तालुखुइले *adj.* bald
tam tune टाम टुमे *adj.* trim
tama तामा *n.* copper
tamasa तमासा *n.* fun
tamase तमासे *n.* onlooker
tamasha तमाशा *n.* pageant
tamasha तमाशा *n.* show
tambu तम्बू *n.* tent
tamro sanga राम्रोसँग *adv.* smoothly
tan टन *n.* ton(ne)
tana marnu ताना मार्नु *v.* taunt
tana shah तानाशाह *n.* dictator
tanai तनाइ *n.* pull
tanashahi तानाशाही *n.* autocrat
tanau तनाउ *n.* strain
tanau ko kami तनाउको कमी *n.* détente
tandra तन्द्रा *n.* stupor
tandra तन्द्रा *n.* trance
tank टाँक *n.* button
tanka टाँका *n.* stitch
tankai तन्काइ *n.* stretch
tankane तन्कने *adj.* elastic
tankeko awastha तन्केको अवस्था *n.* tension
tanki टंकी *n.* vat
tankieko तन्किएको *adj.* tense
tanma haler kapda banaune wala तानमा हालेर कपड़ा बनाउने बाना *v.* wett
tanna तन्ना *n.* sheet
tannab तनाव *v.* haul
tannu तान्नु *v.* drag
tansinu टाँसिनु *v.* adhere
tansinu टाँसियनु *v.* cling
tanti ताँती *n.* cortege
tap lahar ताप लहर *n.* heatwave
tap napne ताप नाप्ने *n.* thermometer
tapani तापनि *adv.* notwithstanding
taphi टफी *n.* toffee
tapikanu तप्किनु *v.* drip
tapkane thopa तप्कने थोपा *n.* driblet
tapke ताप्के *n.* saucepan
tapkram तापक्रम *n.* temperature
tapsil तपसिल *n.* detail
tapu टापु *n.* island
tapu टापू *n.* isle
tar तार *n.* telegram
tar jhiknu तर झिक्नु *v.* skim
tara तर *conj.* but

tara तारा *n.* star
taragan तारागण *n.* constellation
taraharu madhyako ताराहरूमध्यको *adj.* interstellar
taral तरल *n.* liquid
taral padarthko tol तरल पदार्थको तौल *n.* dram
taral vastuko naap तरल वस्तुको नाप *n.* quart
taral wastu तरल वस्तु *n.* fluid
taral wastu ko nap तरल वस्तुको नाप *n.* pint
tarayukt तारायुक्त *adj.* stellar
tarbar तरबार *n.* sword
tarbuja तरबुजा *n.* melon
tarbuja तरबुजा *n.* watermelon
tarbuja तार *n.* wire
tarch lait टर्चलाइट *n.* flashlight
tarch light टर्चलाइट *n.* torch
tarika तारिका *n.* device
tariph तारिफ/प्रशंसा गर्नु *v.* appluad
tariph तारिफ गर्नु *n.* compliment
tariph garnu तारिफ गर्नु *v.* commend
tariph yogya तारिफयोग्य *adj.* praiseworthy
tark तर्क *n.* argument
tark तर्क *n.* logic
tark hin तर्कहीन *adj.* irrational
tarkari तरकारी *n.* vegetable
tarksangat तर्कसंगत *adj.* logical
tarkshastra तर्कशास्त्र *n.* logic
tarkvirudh तर्कविरूद्ध *adj.* illogical

tarnu टार्नु *v.* avoid
tarpinko tel तारपिनको तेल *n.* turpentine
tarsaunu तर्साउनु *v.* daunt
tarsaunu तर्साउनु *v.* frighten
tarsaunu तर्साउनु *v.* scare
tarul तरुल *n.* yak
tarul तरूल *n.* yam
tarun तरुण *adj.* juvenile
tarun तरुण *adj.* young
tarun तरूण *adj.* youthful
tarya तयारी *adj.* ready
tas तास *n.* card
tas तास *n.* playing card
tasalli तसल्ली *n.* consolation
taskar wyapari तस्कर व्यापारी *n.* smuggler
taskari garnu तस्करी गर्नु *v.* smuggle
tasnu टाँस्नु *n.* paste
taswir तस्वीर *n.* photograph
taswir तस्वीर *n.* picutre
taswir तस्वीर *n.* snapshot
taswir rakhne kitab तस्वीर राख्ने किताब *n.* album
tataunu तताउनु *v.* warm up
tatera rato bhaeko तातेर रातो भएको *adj.* red-hot
tatha kathit तथाकथित *adj.* so-called
tathanyak तथ्यांक *n.* data
tathastu तथास्तु *int.* amen
tatho टाठो *adj.* keen

tathyank तथ्याङ्क *n.* statistics
tatkalik तात्कालिक *adj.* impromptu
tatkalik kshan तात्कालिक क्षण *n.* instant
tato तातो *adj.* hot
tatopani wa baph le polnu तातो पानी वा वाफले पोल्नु *v.* scald
tatparta तत्परता *v.* alacrity
tatt टाट *n.* gunny
tattair piter jodnu तताएर पिटेर जोड्नु *v.* weld
tatte-phate टाटेपाटे *adj.* mottled
tatto तातो *adj.* warm
tattu टट्टु *n.* pony
tattwa तत्त्व *n.* element
tattwa तत्त्व *n.* factor
tattwawdhan तत्त्वाधान *n.* auspices
tauko टाउको *n.* pate
tauko hallaunu टाउ को हल्लाउनु *v.* nod
tauko katnu टाउको काटनु *v.* decapitate
tauko kotne machine टाउको कोट्ने मेशिन *n.* guillotine
tauko shir टाउको, शिर *n.* head
Tauko thokine gari टाउको ठोकिने गरी *n.* headlong
tauliya तौलिया *n.* towel
tawa तावा *n.* griddle
tawa तावा *n.* pan
tayaganu त्यागनु *v.* abdicate
tayar garnu तयार गर्नु *v.* prepare
tayar hunu तयार हुनु *v.* get ready
tayar na bhaeko तयार नभएको *adj.* unprepared
tayari तयारी *n.* preparation
tayari तयारी *n.* readiness
tayari wastu तयारी वस्तु *n.* ready-made
tayksi ट्याक्सी *n.* cab
tebbar तेब्बर *adj.* triple
tebul टेबुल *n.* table
tebul poshak टेबुलपोशाक *n.* tablecloth
tebul tenis टेबुलटेनिस *n.* pingpong
tebul, kurchi, adi टेबुल, कुर्ची आदि *n.* furniture
teekho तीखो *v.* screech
teekho awaaz तीखो आवाज *n.* bleep
teekshan तीक्ष्ण *adj.* acute
teen pakshiya तीन पक्षीय *adj.* trilateral
teen rang bhaeko jhanda तीन रंग भएको झंडा *n.* tricolour
teenguna तीनगुना *adj.* triplex
teenko samuh तीनको समूह *n.* triad
tehro तेहरो *adj.* treble
tej तेज *n.* glare
tej तेज *adj.* smart
tej chal तेज चाल *n.* race
tej le तेजले *adv.* sharply
tejab तेजाब *n.* acid
tejaswi तेजस्वी *adj.* glorious
tejilo तेजिलो *adj.* speedy

tejmandeal तेजमण्डल *n.* halo
teko dinu टेको दिनु *v.* prop
tel तेल *n.* oil
tel bastu तेल बस्तु *n.* oilcake
tel ko kuwa तेलको कूवा *n.* oil well
tel lagaunu तेल लगाउनु *v.* lubricate
tel rang तेल रङ्ग *n.* oil colo(u)r
tel sapha garne karkhana तेल सफा गर्ने कारखाना *n.* refinery
teli bhijan टेलिभिजन *n.* television
teliphon टेलिफोन *n.* phone
teliphon टेलिफोन *n.* telephone
telkhani तेल खानी *n.* oilfield
teniskhel टेनिस खेल *n.* tennis
tereleem टेरीलिन *n.* terylene
terha तेह्र *n.* thirteen
terso तेर्सो *adj.* horizontal
terso तेर्सो *adj.* oblique
terso तेर्सो *adj.* slant
tesro तेस्रो *adj.* tertiary
tesro तेस्रो *adj.* third
thado ठाडो *adj.* steep
thado ठाडो *adj.* vertical
thag ठग *n.* cheat
thagnu ठगनु *v.* deceive
thaha bhaeko थाहा भएको *adj.* known
thaha dinu थाहा दिनु *v.* inform
thaha nadikana sunnu थाहा नदिकन सुन्नु *v.* overhear
thaila थैलो *n.* purse
thailo थैलो *n.* pouch
thakai थकाइ *n.* fatigue
thakai थकाइ *n.* weariness
thakai lagnu थकाइ लाग्नु *v.* tire
thakaune थकाउने *adj.* gruelling
thakaune थकाउने *adj.* tiring
thakeko थाकेको *adj.* exhausted
thakeko थाकेको *adj.* tired
thakeko थाकेको *adj.* washed out
thakeko थाकेको *adj.* weary
thakeko ghoda थकेको घोडा *n.* jade
thakit थकित *adj.* jiggered
thakkar ठक्कर *n.* blow
thakkar khanu ठक्कर खानु *v.* bump
thakkar khanu ठक्कर खानु *v.* collide
thal थाल *n.* dish
thal थाल *n.* plate
thal kamal ko phul थलकमलको फूल *n.* magnolia
thalai ma थलैमा *adv.* red-handed
thalnu थाल्नु *v.* begin
thalnu थाल्नु *v.* commence
thana थाना *n.* police station
thankyaunu थन्क्याउनु *v.* lock up
thankyaunu थन्क्याउनु *v.* put away
thanne थाङ्ने *adj.* ragged
thannu ठान्नु *v.* reckon
thap थाप *n.* plus
thap bhada wa shulak थप भाड़ा वा शुल्क *v.* surcharge
thap sahi garnu थप सही गर्नु *v.* countersigh

thapadi थपड़ी *n.* clap
thapinu थपिनु *v.* accrue
thappad थप्पड *n.* slap
thar thar aunu थरथराउनु *v.* tremble
thar thari थरथरी *n.* tremor
tharho bheer ठाड़ो भीर *n.* bluff
tharho chattan ठाड़ो चट्टान *n.* precipice
tharkanu थर्कनु *v.* vibrate
tharkeko awaj थर्केको आवाज *n.* rattle
tharmas थर्मस *n.* thermos
tharo pahad wa chattan ठाड़ो पहाड़ वा चट्टान *n.* crag
thartharaunu थरथराउनु *n.* quiver
thata garne vyakti ठट्टा गर्ने व्यक्ति *n.* joker
thatta ठटटा *n.* joke
thatta ठट्टा *n.* pleasantry
thatta garne ठट्टा गर्ने *n.* jester
thatta garnu ठट्टा गर्नु *phr.* poke fun at
thatyaulo ठटयौलो *adj.* jocular
thau jahan pani khach ठाउँ जहाँ पानी खस्छ *v.* outfall
thaun ठाउँ *n.* place
thaun ठाउँ *n.* space
thedo टेढ़ो *adj.* cock-eyed
theek ठीक *adj.* precise
theek samay bataune ghari ठीक समय बताउने घड़ी *n.* chronometer
thegana ठेगाना *n.* address
thegana ठेगाना *adv.* whereabouts
thegana badli garnu ठेगाना बदली गर्नु *v.* readdress
thegnu थेग्नु *v.* sustain
thegro थेग्रो *n.* dregs
their थए *v./aux.* were
thekedar ठेकेदार *n.* contractor
thekho soar तीखो स्वर *v.* yell
thekka ठेक्का *n.* contract
thela थुम्को *n.* spur
thela gada ठेलागाडा *n.* pushcart
thes lagnu ठेस लाग्नु *v.* stumble
theula ठेउला *n.* chicken pox
thik ठीक *adj.* accurate
thik ठीक *adj.* alright
thik ठीक *adj.* exact
thik batobat hatnu ठीक बाटोबाट हट्नु *v.* deviate
thik garnu ठीक गर्नु *v.* redress
thik hisab le ठीक हिसाबले *adv.* minutely
thik sanga ठीकसँग *v.* accurately
thik sanga ठीकसँग *adv.* exactly
thik sanga ठीकसँग *adv.* precisely
thik wichar bhaeko ठीक विचार भएको *adj.* right-minded
thikari ko ठिकैको *adj.* moderate
thikkai ठिक्के *adj/adv.* so-so
thiksang ठीकसँग *adv.* duly
thiti ठिटी *n.* damsel
thiti ठिटी *n.* wench

thito ठिटो *n.* lad
thitti ठिटी *n.* gal
thiyo थियो *v./aux.* wart
thiyo थियो *v.* was
thok थोक *n.* bulk
thok थोक *n.* wholesale
thopa थोपा *n.* drop
thopa थोपा *n.* globule
thoplo थोप्लो *n.* dot
thorae gyan थोरै ज्ञान *n.* smattering
thorae pariman थोरै परिमाण *n.* modicum
thorai थोरै *n.* jot
thorai थोरै *adj.* scant
thorai थोरै *adj.* scanty
thorai banki rahanu थोरै बाँकी रहनु *v.* run low
thorea samay matra rahne थोरै समय मात्र रहने *adj.* transitory
thos ठोस *adj.* solid
thotraraddimal थोत्रा रद्दी माल *n.* trash
thotro थोत्रो *adj.* stale
thuk थुक *n.* spit
thuk थुक *n.* spittle
thukne bhadho थुक्ने भाँड़ो *n.* spittoon
thulabadha ठूलाबाड़ा *n.* gentry
thulo ठूलो *adj.* big
thulo ठूलो *adj.* great
thulo ठूलो *adj.* large
thulo ठूलो *adj.* massive

thulo awaj hune ठूलो आवाज हुने *adj.* noisy
thulo awaj le ठूलो आवाजले *adv.* loudly
thulo ba ठूलो बा *n.* uncle
thulo bhul garnu ठूलो भूल गर्नु *n.* blunder
thulo chakku ठूलो चक्कु *n.* jackknife
thulo chingdi machha ठूलो चिङ्गडी माछा *n.* lobster
thulo dhunga ठूलो ढुंगा *n.* boulder
thulo garnu ठूलो गर्नु *v.* enlarge
thulo ghan ठूलो घन *n.* sledgehammer
thulo kathinai ma ठूलो कठिनाइमा *adv.* up against it
thulo mahtav ko ठूलो महत्त्व को *adj.* crucial
thulo ruchi ठूलो रूचि *n.* zest
thulo safalta ठूलो सफलता *n.* wow
thulo samudari machha ठूलो समुद्री माछा *n.* tuna
thulo sankhya ठूलो संख्या *n.* myriad
thulo sipi ठूलो सीपी *n.* clam
thulo sisi ठूलो सिसी *n.* jar
thulo sutne kotha ठूलो सुत्ने कोठा *n.* dormitory
thulo swarma ठूलो स्वरमा *adv.* aloud
thun थुन *n.* dug
thuna थुना *n.* detention
thuna थुना *n.* imprisonment

thunnu ठुङ्नु *v.* peck
thupro थुप्रो *adj.* heap
thupro थुप्रो *n.* hoard
thupro थुप्रो *n.* jumble
thupro थुप्रो *n.* pile
thupro थुप्रो *n.* swarm
thurpanu थुपार्नु *v.* accumulate
thussa pareko ठुस्स परेको *adj.* sullen
thussinu टुसिसनु *v.* sulk
thuta ठुटा *n.* stump
thutuno थुतुनो *n.* snout
thutunu थुतुनु *n.* muzzle
thyroid granthi थाराइड ग्रन्थि *n.* thyroid
tibi टि.बी. *n.* T.B.
tighra तिघ्रा *n.* thigh
tighrako haddi तिघ्राको हड्डी *n.* femur
tikat टिकट *n.* ticket
tika-tippani टिका-टिप्पणी *n.* comment
tikau टिकाउ *adj.* durable
tikau टिकाउ *adj.* lasting
tikharnu तिखार्नु *v.* sharpen
tikho तीखो *adj.* pointed
tikho तीखो *adj.* sharp
tikho तीखो *adj.* shrill
tik-tik awaj टिक टिक आवाज *n.* tick
til तिल *n.* sesame
timi तिमी *pron.* you
timi aphai तिमी आफै *pron.* yourself
timro तिम्रो *adj.* thy
timro तिम्रो *pron.* your
tin तीन *n.* three
tin टिन *n.* tin
tin jagayte टिन जङ्गते *adj.* tinny
tin jana ko samuha तीनजना को समूह *n.* trio
tin pangre saikal तीनपाङ्ग्रे साइकल *n.* tricycle
tini haru तिनीहरू *pron.* they
tini/uni haru ko तिनी/उनीहरूको *pron.* their
tini/uni haru lai तिनी/उनीहरूलाई *pron.* them
tipaani टिप्पणी *n.* note
tipnu टिप्नु *v.* pick up
tipnu टिप्नु *v.* pluck
tir तीर *v.* arrow
tira तिर *prep.* towards
tirkhaeko तिर्खाएको *adj.* thirsty
tirnu parne तिर्नु पर्ने *adj.* payable
tirpaal तिरपाल *n.* tarpaulin
tirth तीर्थ *n.* shrine
tis तीस *n.* thirty
titra तित्रा *n.* partidge
titra तित्रा *n.* partridge
tivra banaunu तीव्र बनाउनु *v.* exacerbate
tiwra तीव्र *adj.* intense
tiwra parnu तीव्र पार्नु *v.* tone up
tiwrata तीव्रता *n.* intensity
tiwrata तीव्रता *n.* keenness
todnu तोड्नु *v.* prise

tokari टोकरी *n.* basket

tokieko तोकिएको *adj.* scheduled

tokieko तोकिएको *adj.* specific

tokieko तोकिए को *adj.* specified

tokieko matra तोकिए को मात्रा *n.* quota

toknu टोक्नु *n.* bite

toknu तोक्नु *v.* prescribe

toknu तोक्नु *v.* specify

toli टोली *n.* squad

toli टोली *n.* team

toli टोली *n.* troop

tolko ekank तौलको एकांक *n.* ounce

tolnu तौलनु *v.* weigh

top टोप *n.* hat

top gola तोपगोला *n.* shot

topi टोपी *n.* cap

topphod तोडफोड *n.* sabotage

tori तोरी *n.* mustard green

toss ठोस *n.* gross

trabhal ejent ट्राभल एजेण्ट *n.* travel agent

traimasik त्रैमासिक *adj.* quarterly

trak ट्रक *n.* truck

trali ट्राली *n.* trolly

traphik ट्राफिंक *n.* traffic

tri bhuj त्रिभुज *n.* triangle

tri khuti त्रिखुटी *n.* tripod

tri murti त्रिमूर्ति *n.* trinity

trikonmiti त्रिकोणमिति *n.* trigonometry

trimukut त्रिमुकुट *n.* tiara

tripai त्रिपाइ *n.* stool

tripat तृप्त *adj.* sated

trishul त्रिशूल *n.* trident

tryaktar ट्र्याक्टर *n.* tractor

tuch तुच्छ *adj.* peddling

tuch samjhanu तुच्छ सम्झनु *v.* disparage

tucha तुच्छा *adj.* measly

tuhine kam तुहिने काम *n.* miscariage

tuhuro टुहुरो *n.* orphan

tukra टुक्रा *n.* bit

tukra टुका *n.* chip

tukra टुक्रा *n.* fragment

tukra टुक्रा *n.* piece

tukra टुक्रा *n.* scrap

tukra parnu टुका पार्नु *n.* chop

tukrukka basnu टुक्रुक्क बस्नु *v.* squat

tula rashi तुला राशि *n.* libra

tulna garn sakne तुलना गर्न सकिने *adj.* comparable

tulna garna na sakine तुलना गर्न नसकिने *adj.* peerless

tulna nahune तुलना नहुने *adj.* incommensurate

tumtum टमटम *n.* gig

tuna/mohit garnu टुना/मोहित गर्नु *v.* enchant

tungo na lageko टुङ्गो नलागेको *adj.* pending

tungoma napungame टुङ्गोमा नपुग्ने *adj.* inconclusive

tupi टुपी *n.* pigtail

tuppo टुप्पो *n.* tip

turnta hune तुरून्त हुने *adj.* immediate

turunt तुरुन्त *adv.* instantly

turunt तुरून्त *adv.* promptly

turunt कुन्त *adv.* readily

turunt तुरुन्त *adv.* straight away

turuntai तूरुन्तै *adv.* immediately

turup तुरुप *n.* trump

tusa टुसा *n.* shoot

tusaro तुसारो *n.* frost

tutaunu टुटाउनु *v.* break

tuti टुटी *n.* faucet

tuti टुटी *n.* nozzle

tuwanlo तुवाँलो *adj.* haze

tweedko luga टुवीडको लुगा *n.* tweed

tyag त्याग *n.* renunciation

tyagnu त्याग्नु *v.* discard

tyagnu त्यागनु *v.* quit

tyahan bata त्यहाँबाट *adv.* thence

tyahan bata त्यहाँबाट *adv.* there

tyahan bata त्यहाँबाट *adv.* therein

tyahandikhi त्यहाँदिखि *adj.* thence

tyaksi ट्याक्सी *n.* taxi

tyandro त्यान्द्रो *n.* shred

tyandro त्यान्द्रो *n.* wishful thinking

tyap-tyap garer टयाप-टयाप गरेर *adv.* pit-a-pat

tyar garnu तयार गर्नु *v.* unlimber

tyas bela dekhi त्यस बेलादेखि *adv.* since

tyas bela ko त्यसबेलाको *adj.* then

tyas karan त्यसकारण *adv./conj.* so

tyas karan त्यसकारण *adv.* therefore

tyas pachhi तयसपछि *adv.* thereafter

tyas pachhi त्यसपछि *adv.* thereupon

tyas upranta त्यसउप्रान्त *adv.* thenceforth

tyas us le त्यस उसले *adv.* thereby

tyasai gari त्यसैगरी *adv.* likewise

tyasaigari त्यसैगरी *adv.* similarly

tyaso bhae ma त्यसो भएमा *adv.* so long as

tyaso bhae ta pani त्यसो भए तापनि *adv.* however

tyaso bhae tapani त्यसो भए तापनि *adv.* nevertheless

tyastai aru kura त्यस्तै अरू कुरा *pron.* what have you

tyehan त्यहाँ *adj.adv.* yonder

tyo त्यो *pron.* that

tyo त्यो *def. art.* the

typhoid टायफाइड *n.* typhoid

tytphut टुटफुट *n.* wear and tear

tyusan टयुसन *n.* tuition

U

u aphai ऊ आफै *pron.* himself

ubhindo उभिण्डो *adj./adv.* upside down

ubhinu उभिनु *v.* stand

ubjau उब्जाउ *adj.* fertile

ubjau उब्जाउ *adj.* productive

ubrieko उब्रिएको *adj.* leftover

ucch adalatka vakil उच्च अदालत का वकील *n.* barrister

ucch darjako उच्च दर्जाको *adj.* posh

ucch pad ki mahila उच्च पद की महिला *n.* dame

ucch padka adhikari उच्च पदका अधिकारी *n.* dignitary

uccharan उच्चारण *n.* accent

ucchkotiko उच्चकोटिको *adj.* deluxe

uchai उचाइ *n.* altitude

uchai उचाइ *n.* height

uchalnu उचाल्नु *v.* elevate

uchalnu उचाल्नु *v.* hoist

uchcha nyayalaya उच्च न्यायालय *n.* high court

uchcharan garnu उच्चारण गर्नु *v.* pronounce

uchchastariya उच्चस्तरीय *adj.* high-level

uchchat lagne उच्चाट लाग्ने *adj.* tedious

uchchat lagnu उच्चाट लाग्नु *n.* bore

uchhinnu उछिन्नु *v.* overtake

uchhinu उछिन्नु outclass

uchhit उचित *adj.* reasonable

uchit उचित *v.* decent

uchit उचित *adj.* due

uchit उचित देखाउनु *v.* justify

uchit उचित *adj.* proper

uchit उचित *adj.* seemly

uchit उचित *adj.* worthwhile

uchit tarika le उचित तरिकाले *adv.* properly

udaas उदास *adj.* dismal

udahara dekhaunu उदाहरण देखाउनु *v.* set an example

udaharan ददाहरण *n.* example

udaharan उदाहरण *n.* illustration

udaharan उदाहरण *n.* instance

udan उडान *n.* flight

udar उदार *adj.* liberal

udar उदार *adj.* open-handed

udarta उदारता *n.* generosity

udasinta उदासीनता *n.* lethargy

udasinta उदासीनता *n./adj.* melancholy

udasinta उदास *adj.* moody

udaunu उदाउनु *v.* rise

uddarta उदारता *n.* bounty

uddeshya उद्देश्य *n.* goal

uddeshya उद्देश्य *n.* purpose

uddhar kosh उद्धार कोष *n.* relief fund

uddharan wakya उद्धरण वाक्य *n.* quotation

uddhrit garna layak ko उद्धृत गर्न लायकको *adj.* quotable

udgar उद्गार *n.* outpouring

udghatan उद्घाटन *n.* opening

udghatan garnu उद्‌घाटन गर्नु *v.* inaugurate

udghatan garnu उद्‌घाटन *n.* inauguration

udghatan ko उद्‌घाटनको *adj.* inaugural

udhanko vigyan उड़ानको विज्ञान *n.* aeronautics

udlyaman उदीयमान *adj.* rising

udus उड्‌स *n.* bedbug

udus उड्‌स *n.* bug

udwaranchinha bandh garnu उ़द्धरणाचिन्ह बन्द गर्नु *v.* unquote

udyam उद्यम *n.* enterprise

udyami उद्यमी *adj.* enterprising

udyami उद्यमी *n.* entrepreneur

udyan उद्योन *n.* park

udyog उद्योग *n.* industry

udyog dhanda उद्योग-धंधा *n.* industry

udyogi उद्योगी *adj.* diligent

ugatanu ओगट्नु *v.* occupy

ugra उग्र *adj.* extreme

ugra उग्र *adj.* turbulent

uhi उही *n.* ditto

uhi उही *adj.* same

uhiarth bijhaune shabd उही अर्थ बुझाउने शब्द *n.* synonym

uhile उहिले *adv.* formerly

uhile उहिले *adv.* previously

ujjadh उजाड़ *adj.* bleak

ujjawal उज्जवल *adj.* effulgent

ujjawal उज्जवल *adj.* respledent

ujjawal neelo उज्जवल नीलो *n.adj.* ultramarine

ujur उजूर *n.* grievance

ujur/bintigarnu बिन्ती गर्नु *n.* appeal

ujyalo उज्यालो *adj.* vivid

ukalo उकालो *n.* slope

ukalo उकालो *adj.* uphill

ukati उक्ति *n.* by-word

ukhaan उखान *n.* adage

ukhalnu उखाल्नु *v.* unroot

ukhan दखान *n.* proverb

ukhan उखान *n.* saying

ukhelnu उखेल्नु *v.* pull up

ukhelnu उखेल्नु *n.* root out

ukhelnu उखेल्नु *v.* uproot

ukhu उखु *n.* sugar cane

ukkanunu उक्काउनु *v.* lever up

uklanu उक्लनु *v.* ascend

uksaunu उक्साउनु *v.* encourage

uksaunu उक्साउनु *v.* instigate

ukti उक्ति *n.* maxim

ulka उल्का *n.* meteor

ullanghan उल्लंघन *v.* contravene

ullanghan उल्लंघन *n.* violation

ullanghan garnu उल्लंघन गर्नु *v.* violate

ullasit उल्लसित *adj.* ebullient

ullekh उल्लेख *n.* mention

ultai dinu उल्टाइदिनु *v.* overthrow

ultatpher उलटफेर *n.* vicissitude

ultaunu उल्टाउनु *v.* turn over

ulti उल्टी *n.* vomit

ultinu उल्टिनु *v.* upset
ulto उल्टो *adj.* opposite
ulto artha ko shabda उल्टो अर्थको शब्द *n.* antonym
ulto palto उल्टोपल्टो *adj.* topsy-turvy
umer उमेर *n.* age
umerle seto bhaeko उमेरले सेतो भएको *adj.* hoary
ummed war उम्मेदवार *n.* candidate
umranu उम्रनु *v.* germinate
umranu उम्रनु *v.* grow
un ऊन *n.* wool
un ko उनको *pron.* her
unchai ऊँचाइ *n.* elevation
unghnu उँघ्नु *v.* doze
uni उनी *pron.* she
uni ऊनी *adj.* woollen
uni aphai उनी आफै *pron.* herself
uni haru उनीहरू *pron.* those
uni suitar ऊनी सुइटर *n.* jumper
unmulan garnu उन्मूलन गर्नु *v.* extirpate
unnais उन्नाइस *n.* nineteen
unnati उन्नति *n.* prosperity
unnati उन्नति *n.* uplift
unyu उन्यू *n.* fern
up pradhyapak उपप्राध्यावक *n.* lecturer
upadhi उपाधि *n.* diploma
upadhryaha उपद्रयाहा *adj.* mischievous
upadro उपद्रो *n.* mischief
upadryaha उपद्रयाक्ष *n.* rogue
upanyas उपन्यास *n.* novel
upanyaskar उपन्यासकार *n.* novelist
upatyaka उपत्यका *n.* dale
upatyaka उपत्यका *n.* glen
upatyaka उपत्यका *n.* valley
upaya उपाय *n.* method
upaya/jukti garnu उपाय/जुक्ति गर्नु *v.* devise
upbhasha उपभाषा *n.* dialect
upchar उपचार *n.* remedy
upchar उपचार *n.* treatment
upchar grih उपचार गृह *n.* clinic
updesh उपदेश *n.* homily
updesh dinu उपदेश दिनु *v.* exhort
upeksha garnu उपेक्षा गर्नु *v.* ignore
upekshit उपेक्षित *adj.* run-down
upgraha उपग्रह *n.* satellite
uphar उपहार *n.* tribute
uphar उपहार *n.* trophy
uphrai उफ्राइ *n.* jump
uphranu उफ्रनु *v.* bounce
uphranu उफ्रनु *n.* buck
upiyan उपियाँ *n.* flea
upkaar garne उपकार गर्ने *adj.* beneficent
upkar garnu उपकार गर्नु *v.* oblige
upkaran उपकरण *n.* equipment
upkaran उपकरण *n.* appartus
upkaran va yantra उपकरण वा यन्त्र *n.* appliance

upkari उपकारी *adj.* helpful
upkhari उपखाड़ी *n.* inlet
upkulpati उपकुलपति *n.* vice chancellor
uplabdha उपलब्ध *adj.* available
uplabdhi उपलब्धि *n.* achievement
upmahadweep उपमहाद्वीप *n.* subcontinent
upmarg linu उपमार्ग लिनु *n.* by-pass
upnaam उपनाम *n.* alias
upnam उपनाम *n.* nickname
upnam उपनाम *n.* pen-name
upnam उपनाम *n.* surname
upniwesh wad उपनिवेशवाद *n.* colonialism
upniyam उपनियम *n.* by-law
uprashtrapati उपराष्ट्रपति *n.* vice president
upruyukt उपर्युक्त *adj.* aforesaid
upsanhar उपसंहार *n.* epilogue
upsaran अपसरण *n.* removal
uptpadan उत्पादन *n.* production
upwijeta उपविजेता *n.* runner-up
upyog garnu उपयोग गर्नु *v.* utilize
upyogi उपयोगी *adj.* useful
upyogi उपयोग *n.* utilization
upyogita उपयोगिता *n.* utility
urenium यूरेनियम *n.* uranium
urenus grah यूरेनस ग्रह *n.* uranus
us ko उसको *pron.* his
usineko masu r sabji उसिनेको मासु र सब्जी *n.* goulash
uslai उसलाई *pron.* him
ussinu उसिन्नु *v.* parboil
ustai उस्तै *adj.* identical
ustai उस्तै *adj.* similar
utaarnu उतार्नु *v.* unlade
utaigik bhayara uffranu उत्तेजिक भएर उफ्रनु *v.* cavort
ute ऊँट *n.* camel
uthal puthal उथलपुथल *n.* upheaval
uthaunu उठाउनु *v.* raise
uthaunu उठाउनु *v.* raise
uthnu उठ्नु *v.* arise
uthnu उठ्नु *v.* get up
utkrisht kirti उत्कृष्ट कृति *n.* masterpiece
utpadak उत्पादक *n.* producer
utpadan उत्पादन *n.* output
utpadn garnu उत्पादन गर्नु *n.* manufacture
utpat उत्पात *n.* turmoil
utpatti उत्पत्ति *n.* origin
utranu उत्रनु *v.* disembark
utranu उत्रनु *v.* touch down
utsahi उत्साही *adj.* zealous
utsahi उत्साही *n.* zero
utsav उत्सव *n.* revelry
utsavko aghilo saanjh उत्सवको अघिल्लो साँझ *n.* eve
utsaw उत्सव *n.* gala
utsaw उत्साह *n.* verve
utsaw उत्साह *n.* vim

utsaw dekhaunu उत्साह देखाउनु *v.* enthuse

utsaw manaaunu उत्सव मनाउनु *v.* celebrate

utsuk उत्सुक *adj.* avid

utsuk उत्सुक *adj.* curious

utsuk उत्सुक *adj.* eager

uttam उत्तम *adj.* excellent

uttam उत्तम *adj.* exquisite

uttapan garnu उत्पन्न गर्नु *v.* evoke

uttar उतार *n.* descent

uttar उत्तर *n.* north

uttar dinu उत्तर दिनु *v.* respond

uttar tira उत्तर तीर *adv.* northward

uttaradhikari उक्राराधिकारी *n.* successor

uttari उत्तरी *adj.* northern

uttari dhruwa उत्तरी ध्रुव *n.* north pole

uttejan उत्तेजन *n.* stimulation

uttejana उत्तेजना *n.* excitement

uttejana उत्तेजना *n.* provocation

uttejit garaunu उत्तेजित गराउनु *v.* arouse

uttejit garnu उत्तेजित गर्नु *v.* agitate

uttejit garnu उत्तेजित गर्नु *v.* excite

uttejit garnu उत्तेजित गर्नु *v.* stimulate

uttejit garnu wa hunu उत्तेजित गर्नु वा हुनु *v.* ferment

uttolak उत्तोलक *n.* lever

uttpadak-sangh उत्पादक संघ *n.* cartel

uttpan garnu उत्पन्न गर्नु *v.* engender

V

vaas वास *n.* habitation

vaasnali वासनली *n.* trachea

vachnu भाँच्नु *adj.* broke

vadi वादी *n.* plaintiff

vahya aakriti वाह्य आकृति *n.* semblance

vaidhya वैध *adj.* licit

vaigayanik वैज्ञानिक *n.* boffin

vakeel वकील *n.* advocate

vaksh वक्ष *n.* thorax

van ko devta वन को देवता *n.* satyr

vanchit garnu वंचित गर्नु *v.* divest

vanjawanu वनज्वानु *n.* thyme

vanropan वनरोपण *n.* afforestation

vanshawali वंशावली *n.* genealogy

vapas linu वापस लिनु *v.* retract

vapas paun naskine वापस पाउन नसकिने *adj.* irretrievable

varansankar वर्णसंकर *n. adj.* hybrid

vardi laune nokar वर्दी लाउने नोकर *n.* flunkey

varisht sadasya वरिष्ठ सदस्य *n.* doyen

varnan garn naskine वर्णन गर्न नसकिने *adj.* indescribable

varnan garn naskine वर्णन गर्न नसकिने *adj.* ineffable

vasiyatnama nalekhi वसयतनामा नलेखी *adj.* intestate

vayu uttapan garne वायु उत्पन्न गर्ने *n.* flatulence

vayuchapmapak वायुचापमापक *n.* barometer

vedi वेदी *n.* altar

vedna वेदना *n.* anguish

veerangna वीरांगना *n.* heroine

veerta वीरता *n.* valour

veertapurn वीरतापूर्ण *adj.* heroic

vesh वेश *n.* guise

veshya वेश्या *n.* trollop

veshya वेश्या *n.* whore

vetanbahek dine suvidha वेतनबाहेक दिइने सुविधा *n.* perquisite

vetanbhogi वेतनभोगी *n.* worker

vetanu वेताणु *n.* leucocyte

vibhin kam garnma sipalu vyakti विभिन्न काम गर्नमा सिपालु व्यक्ति *v.* handyman

vichitar विचित्र *adj.* droll

vidhyut nikalne ek yantra विद्युत् निकाल्ने एक यंत्र *n.* dynamo

vidhyut pratirodhko ekank विद्युत प्रतिरोधको एकांक *n.* ohm

vidushak विदूषक *n.* buffoon

vighatan विघटन dissolution

vigypan tasne phalyak विज्ञापन टाँस्ने फल्याक *n.* hoarding

vikaran विकर्ण *n.adj.* diagonal

vikas विकास *n.* outgrowth

vikrit garnu va hunu विकृत गर्नु वा हुनु *v.* warp

vilamb garne विलम्ब गर्ने *adj.* dilatory

vilamb wa sthagan विलम्ब वा स्थगन *n.* respite

vilap garnu विलाप गर्नु *v.* wail

vilasmaya विलासमय *adj.* plush

vimukh garaunu विमुख गराउनु *v.* estrange

vinodpurn विनोदपूर्ण *adj.* witty

violion jasto baja भाइलिन जस्तै बाजा *n.* cello

viphal hunu विफल हुनु *v.* fizzle

virakt wa wak bhaeko विरक्त वा वाक्क भएको fed

virechan विरेचन *n.* catharsis

virodh garnu विरोध गर्नु *v.* remonstrate

visamay विस्मय *n.* consternation

vish विष *n.* cyanide

vishadgrast विषादग्रस्त *adj.* melancholic

vishakt विषाक्त *adj.* septic

vishalu makura विषालु माकुरा *n.* tarantula

vishalu sarp विषालु सर्प *n.* viper

vishalu vanaspati विषालु वनस्पति *n.* hemlock

vishav विश्व *n.* consmos

vishesh विशेष *adj.* especial

vishesh adhikar विशेष अधिकार *n.* prerogative

vishesh seep विशेष सीप *n.* expertise

visheshan विशेषण *n.* adjective

vishleshan garnu विशलेषण गर्नु *v.* analyse

vishtha विष्ठा *n.* faeces

vishthar garnu विस्तार गर्नु *v.* amplify

visphotak विस्फोटक *n.* dynamite

vitran garnu वितरण गर्नु *v.* dole

vivah yogya विवाह-योग्य *adj.* nubile

vivahit awastha विवाहित अवस्था *n.* wedlock

vivahko विवाहको *adj.* bridal

vivah-purv विवाह-पूर्व *adj.* premarital

vivash bhaer विवश भएर *adv.* perforce

vividh विविध *adj.* diverse

vridhi वृद्धि *n.* growth

vridhi garnu वृद्धि गर्नु *v.* augment

vrihat parti बृहत्पार्टी *n.* rave-up

vush भुस *n.* chaff

vyabhichar व्यभिचार *n.* fornication

vyakat garnu व्यक्त गर्नु *v.* couch

vyakhaya garn naskine व्याख्या गर्न नसकिने *adj.* inexplicable

vyaktiko chaldhal व्यक्तिको चालढाल *n.* mien

vyaktiko hissa toknu व्यक्ति को हिस्सा तोक्नु *v.* allot

vyangyapurn व्यंग्यपूर्ण *adj.* wry

vyarthe nasht bhaeko व्यर्थै न्श्ट भएको *adj.* misspent

vyas व्यास *n.* diameter

vyavsaye-sangh व्यवसाय-संघ *n.* syndicate

W

waak garnu वाक्क गर्नु *v.* retch

wacha वाचा *n.* pledge

wachan वाचन *n.* recital

wachan वचन *n.* word fof honour

wachan baddh hunu वचनबद्ध हुनु *v.* commit

wachik वाचिक *adj.* vocal

wadwiwad वादविवाद *n.* debate

wahan sulk वाहन शुल्क *n.* carriage

wahiyat वाहियात *adv.* absurd

waidh वैध *adj.* legitimate

waigyanik वैज्ञानिक *n.* scientist

waikalpik वैकल्पिक *adj.* alternative

waiwahik वैवाहिक *adj.* matrimonial

wakil वकील *n.* lawyer

wakil वकील *n.* pleader

wakpadyati वाक्पद्धति *n.* idiom

wakta वक्ता *n.* speaker

waktawya वक्तव्य *n.* statement

wakya वाक्य *n.* sentence

wam panthi वामपन्थी *n.* leftist

wam panthi dal वामपन्गी दल *n.* left wing

wamsha वंश *n.* dynasty
wan वन *n.* jungle
wanaspati वनस्पति *n.* flora
wanaspati वनस्पति *n.* vegetation
wanijya वाणिज्य *n.* commerce
wapasi वापसी *n.* return
warant वारण्ट *n.* warrant
warchaswa hunu वर्चस्व हुनु *v.* rule the roost
wardan वरदान *n.* boon
warg वर्ग *n.* genus
warg mul वर्गमूल *n.* square root
warjit kam वर्जित काम *n.* taboo
warn mala वर्णमाला *adv.* alphabet
warnan garnu वर्णन गर्नु *v.* narrate
warnan lekh वर्णन लेख *v.* write-up
warnan/bayan garnu वर्णन/बयान गर्नु *n.* description
warnan/prashamsa garnu वर्णन/प्रशंसा गर्नु *v.* write up
warnungraha वरुण ग्रह *n.* neptune
warpar वारपार *prep.* across
warsh वर्ष *n.* year
warsha वर्षा *n.* rain
warsha वर्षा *n.* rainfall
warsha वर्षा *n.* shower
warsha ritu/yam वर्षाऋतु/याम *n.* rainy season
warshik वार्षिक *adj.* annual
warshik वार्षिक *adj.* yearly
warshiki वार्षिकी *n.* anniversary
warta वार्ता *n.* negotiation
wasantko वसन्तको *adj.* vernal
wasar वासर *n.* washer
wasiyatnama garer marne वसीयतनामा गरेर मर्ने *adj.* testate
wasna वासना *n.* lust
wasta na garne वास्ता नगर्ने *adj.* thoughtless
wastaw ma वास्तवमा *adv.* indeed
wastaw ma वास्तवमा *adv.* truly
wastawik वास्तविक *adj.* actual
wastawik kuro वास्तविक कुरो *n.* matter of fact
wastawikta वास्तविकता *n.* reality
wastra वस्त्र *n.* raiment
wastra dharan garnu वस्त्र धारण गर्नु *n.* apparel
wastu वस्तु *n.* matter
wastu वस्तु *n.* object
wastukar वास्तुकार *n.* architect
watawaran वातावरण *n.* environment
watawaran वातावरण *n.* milieu
wayu वायु *n.* gas
wayu sanchalan वायु संचालन *n.* ventilation
wayumandal वायुमण्डल *n.* atmosphere
wedana वेदना *n.* pang
wedhshala वेधशाला *n.* observatory
weshhah वेश्या *n.* harlot
weshya वेश्या *n.* call girl
weshya वेश्या *n.* prostitute
weshya वेश्या *n.* streetwalker

weshya mohalla वेश्या मोहल्ला *n.* red-light area
weshyawritti वेश्यावृत्ति *n.* prostitution
wibhag विभाग *n.* bureau
wibhajan विभाजन *n.* partition
wibhajit विभाजित *n.* split
wibhajit wyaktitwa विभाजित व्यक्तित्व *n.* split personality
wibhinna विभिन्न *adj.* various
wichar विचार *n.* idea
wichar विचार *n.* notion
wichar विचार *n.* opinion
wichar विचार *n.* point of view
wichar विचार *n.* thought
wichar विचार *n.* view
wichar dhara विचारधारा *n.* ideology
wichar dhara विचारधारा *n.* trend of thought
wichar garnu विचार *n.* concept
wichar garnu विचार गर्नु *v.* consider
wichar garnu विचार गर्नु *v.* think
wicharak विचारक *n.* thinker
wichararth wishaya विचारार्थ विषय *n.* terms of reference
wicharshail विचारशील *adj.* mindful
wicharshil विचारशील *adj.* thoughtful
wicitra विचित्र *adj.* marval (i)ous
widambanapurn विडम्बनापूर्ण *adj.* ironical
widesh विदेश *n.* foreign country
wideshi विदेशी *n.* foreigner
widhan sabha विधानसभा *n.* legislature
widharm विधर्म *n.* heresy
widhwa विधवा *n.* widow
widorh garnu विद्रोह गर्नु *n.* revolt
widroh विद्रोह *n.* coup d'etat
widroh विद्रोह *n.* insurrction
widroh विद्रोह *n.* rebellion
widrohi विद्रोही *n.* rebel
widwan विद्यान् *n.* scholar
widya विद्यान *n.* learning
widyarthi विद्यार्थी *n.* student
wigat विगत *adj.* bygone
wigyan विज्ञान *n.* science
wijaya विजय *n.* conquest
wijaya विजय *n.* triumph
wijayi विजयी *adj.* victorious
wijeta विजेता *n.* champion
wijeta विजेता *n.* victor
wikas विकास *n.* evolution
wikas विकास *n.* development
wikas garnu विकास गर्नु *v.* develop
wikhandan विखंडन *n.* fragmentation
wikiran विकिरण *n.* radiation
wikreta विक्रेता *n.* salesman
wikreta विक्रेता *n.* seller
wikreta विक्रेता *n.* vendor
wiksit hunu wa garnu विकसित हुनु वा गर्नु *v.* evolve

wilakshan विलक्षण *adj.* fantastic
wilap garnu विलाप गर्नु *v.* lament
wilap garnu विलाप गर्नु *v.* moan
wilasi विलासी *adj.* self-indulgent
wiman विमान *n.* aeroplane
wiman apharan garnu विमान अपहरण गर्नु *v.* hijack
wiman apharan garnu विमान अपहरण गर्नु *v.* skyjack
wiman chalak विमानचालक *n.* pilot
wiman paricharika विमान परिचारिका *n.* airhostess
wiman sewa विमानसेवा *n.* airline
wiman sthal विमाानस्थल *n.* airport
winash विनाश *n.* havoc
winash विनाश *n.* ruin
wipakshi विपक्षी *adj.* hostile
wipakshi विपक्षी *n.* opponent
wiparit विपरीत *adj.* contrary
wiparit विपरीत *n.* reverse
wiprit विपरीत *adv.* vice versa
wirahi विरही *adj.* lovelorn
wirahi premi विरही प्रेमी *n.* lovesick
wiram विराम *n.* let-up
wiram विराम *n.* pause
wirodh विरोध *n.* conflict
wirodh विरोध *n.* objection
wirodh विरोध *n.* opposition
wirodh विरोध *n.* protest
wirodh विरोध *n.* restraint
wirodh garna na sakine विरोध गर्न नसकिने *adj.* irresistible
wirodh garnu विरोध गर्नु *v.* defy
wirodh garnu विरोध गर्नु *v.* gainsay
wirodh garnu विरोध गर्नु *v.* oppose
wirodh garnu विरोध गर्नु *v.* resist
wiruddha विरुद्ध *prep.* versus
wiruddha विरुद्ध *prep.* against
wiruddha hunu विरुद्ध हुनु *v.* turn against
wirudh विरूद्ध *adj.* reluctant
wirya वीर्य *n.* semen
wish विष *n.* poison
wish विष *n.* toxin
wishal विशाल *adj.* gargantuan
wishal विशाल *adj.* huge
wishal विशाल *adj.* vast
wishal विष *n.* venom
wishal bajar विशाल बजार *n.* supermarket
wishalu विषालु *adj.* poisonous
wishalu विषालु *adj.* venomous
wishaya विषय *n.* item
wishaya विषय *n.* subject
wishaya विषय *n.* theme
wishaya विषय *n.* topic
wishayabogi विषयभागी *adj.* voluptuous
wishesh विशेष *adj.* partiuclar
wishesh विशेष *adj.* special
wishesh gari विशेषगरी *adv.* especially

wishesh gari विशेषगरी *adv.* particularly
wishesh gari विशेष गरी *adv.* specially
wisheshagya विशेषज्ञ *n.* specialist
wishisht विशिष्ट *adj.* distinguished
wishisht विशिष्ट *adj.* prominent
wishisht विशिष्ट *adj.* remarkable
wishisht gun विशिष्ट गुण *n.* characteristc
wishishtta विशिष्टता *n.* strong point
wishist boli विशिष्ट बोली *n.* jargon
wishphotan विष्फोटन *n.* explosion
wishwa kosh विश्वकोश *n.* encyclop(a)edia
wishwa prasiddha विश्वप्रसिद्ध *adj.* world-famous
wishwa widyalaya विश्वविद्यालय *n.* university
wishwa wyapi विश्वव्यापी *adj.* universal
wishwas विश्वास *n.* belief
wishwas विश्वास *n.* trust
wishwas garnu विश्वास गर्नु *v.* believe
wishwasghat विश्वासघात *n.* infidelity
wishwasnlya विश्वसनीय *adj.* authentic
wistar विस्तार *n.* expansion
wistar विस्तार *n.* span
wistarai umlanu विस्तारै उम्लनु *v.* simmer
wistrit विस्तृत *adj.* elaborate
wiswas garaunu विश्वास गराउनु *v.* convince
wiwad विवाद *n.* contest
wiwad garnu विवाद गर्नु *v.* contend
wiwad, kalah विवाद, कलह *n.* contention
wiwadaspad विवादास्पद *n.* controversy
wiwah bandhan विवाहबन्धन *n.* wedge
wiwah na bhaeko manis विवाह नभएको मानिस *n.* bachelor
wiwah sambandhi विवाह सम्बन्धी *n.* nuptial
wiwah yogya विवाहयोग्य *adj.* marriageable
wiwahit विवाहित *adj.* married
wiwahna bhaeko विवाह नभएको *adj.* unmarried
wiwaran haru विवरणहरू *n.* particulars
wiwaran pustika विवरणपुस्तिका *n.* manual
wiwash garnu विवश गर्नु *v.* pin down
wiweki विवेकी *adj.* judicious
wiweki विवेकी *adj.* prudent
wiweki विवेकी *adj.* rational
wiwidh विविध *adj.* miscellaneous
wiwidh विविध *n.* varied

wiwidh manoranjan विविध मनोरंजन *n.* variety entertainment

wiyog वियोग *n.* bereavement

wriddhi वृद्धि *n.* increment

wrihaspati graha बृहस्पति ग्रह *n.* jupiter

wrishehik rashi वृश्चिक राशि *n.* scorpio

wyagra व्यग्र *adj.* fervent

wyakaran व्याकरण *n.* grammar

wyakhya व्याख्या *n.* explanation

wyakhya garnu व्याख्या गर्नु *v.* illustrate

wyakti व्यक्ति *n.* person

wyaktitwa व्यक्तित्व *n.* individual

wyaktitwa व्यक्तित्व *n.* personality

wyanga chitra व्यंग्य चित्र *n.* cartoon

wyangyapurn व्यङ्ग्यपूर्ण *adj.* sarcastic

wyanjan व्यंजन *n.* consonant

wyapak व्यापक *adj.* widespread

wyapar ka mal saman व्यापारका मालसामान *n.* merchandise

wyapari व्यापारी *n.* businessman

wyapari व्यापारी *n.* merchant

wyapari व्यापारी *n.* trader

wyaparik व्यावारिक *adj.* commercial

wyaparik chinha व्यापारिक चिन्ह *n.* trademark

wyarth व्यर्थ *adj.* vain

wyartha व्यर्थ *adj.* futile

wyasta व्यस्त *adj.* busy

wyawahar व्यवहार *n.* dealing

wyawahar garnu व्यवहार गर्नु *v.* treat

wyawahar garunu व्यवहार गर्नु *v.* behave

wyawahar garunu व्यवहार *n.* behavio(u)r

wyawashtapan व्यवस्थापन *n.* management

wyawastha व्यवस्था *n.* provision

wyawastha व्यवस्था *n.* set-up

wyawastha व्यवस्था *n.* system

wyawasthapika व्यवस्थापिका *adj.* legislative

wyawasthit व्यवस्थित *adj.* businesslike

wyawharik व्यावहारिक *adj.* fard-headed

wyawharik व्यावहारिक *adj.* practical

wyawharik व्यावहारिक *adj.* pragmatic

wyawsthapak व्यवस्थापक *n.* manager

wyayami व्यायामी *n.* gymnast

wyayamshala व्यायामशाला *n.* gymnasiu

Y

yad garnu याद गर्नु *v.* memorize

yadi यदि *conj.* if.

yadyapi यद्यपि *conj.* although
yahan यहाँ *adv.* here
yain ऐन *n.* act
yam graha यम ग्रह *n.* pluto
yas ko यसको *pron.* its
yas le यसले *adv.* hereby
yasai bich ma यसैबीचमा *adv.* meantime
yasai bich ma यसैबीचमा *adv.* meanwhile
yasari यसरी *adv.* thus
yasto यस्तो *adj.* such
yasto awaz यस्तो आवाज *v.* fizz
yata uti यताउति *adv.* to and fro
yatayat यातायात *n.* transport
yatayat ka sadhan rell, bus यातायात का साधन रेलए बस *n.* public transport
yatha sthiti यथास्थिति *n.* status quo
yathapurv sthiti यथापूर्व स्थिति statusquo
yatharthwad यथार्थवाद *n.* realism
yathesht यथेष्ट *adv.* enough
yatna यातना *n.* torture
yatra यात्रा *n.* expedition
yatra यात्र *n.* journey
yatra यात्रा *n.* peregrination
yatra यात्रा *n.* tour
yatra talika यात्रा तालिका *n.* itinerary
yatra/saphar garnu यात्र/सफर गर्नु *v.* travel
yatri यात्री *n.* passenger
yatri यात्री *n.* travel(l)er
yatri samuh यात्री समूह *n.* caravan
yatrihare basnu thaun यात्रीहरू बस्ने ठाउँ *n.* hospice
yatru यात्रु *n.* pilgrim
yaun rog योन रोग *n.* aids
yaunakarshan यौनाकर्षण *n.* sex appeal
yauwan यौवन *n.* youth
yauwanarambh यौवनारम्भु *n.* puberty
yddha wiram युद्धविराम *n.* truce
yi यी *pron.* these
yishu ka updeshharu यिशु का उपदेशहरू *n.* gospel
yisukhisht यिसुखिष्ट *n.* messiah
yo यो *pron.* it
yo यो *pron.* this
yo aphai यो आफै *pron.* itself
yoddha योद्धा *n.* warrior
yog योग *n.* yoga
yogayta योग्यता, क्षमता *n.* competence
yogayta योग्यता *n.* flair
yogi योगी *n.* monk
yogya योग्य *adj.* able
yogya योग्य *adj.* capable
yogya योग्य *adj.* meritorious
yogya योग्य *adj.* worthy
yogya bannu योग्य बन्नु *v.* qualify
yogya/layak banaunu योग्य/लायकबनाउनपु *v.* enable

yogya/uchit hunu योग्य/उचित हुनु
v. deserve
yogyata योग्यता n ability
yogyata योग्यता n. fitness
yogyata योग्यता n. qualification
yogyata योग्यता n. talent
yogyata योग्यता n. worthiness
yojak chinha योजक चिन्ह n. hyphen
yojana योजना n. plan
yojana योजना n. planning
yojana योजना n. scheme
yoni योनि n. vagina
yuddha युद्ध n. warfare
yudhabhyas युद्धाभ्यास n. manoeuvres
yudhsmagri युद्धसमग्री n. ordnance

yug युग n. era
yug युग n. times
yug sandhi युगसन्धि n. turn of the century
yugal gan युगलगान n. duet
yut युत n. sprite
yuva vyakti युवा व्यक्ति n. adult
yuwaragyi युवराज्ञी n. heiress
yuwaraj युवराज n. heir apparent
yuwaraj युवराज n. prince

Z

zip kholnu जिप खोल्नु v. unzip